Mann auf der Couch

Impressum

Textem Verlag, Hamburg 2021
Gestaltung: Christoph Steinegger / Interkool
ISBN: 978-3-86485-242-8
Druck: Memminger MedienCentrum

Michael Hopp
Mann auf der Couch

Textem Verlag 2021

Roman

»Bei allem, was ein Mensch sichtbar werden lässt, kann man fragen: Was soll es verbergen?«
Friedrich Nietzsche

»But the trouble in the world, Lord,
Is much more bigger than mine.
Hey, hey, so I guess I'm doin fine.«
Bob Dylan

»Karl Nagels Selbstmitleid nervt genauso lange, bis klar wird, dass in echt alles nur noch viel schlimmer ist.«
Jan-Paul Koopmann

Nacherzählung	7
Frau Doktor Von	47
Würmchen	70
Stroh zu Gold	95
Mutter	131
Vater	152
Körper	180
Vorgeschichte	226
Ablöse	247
Tempo	280
Musikhören I	319
50 Minuten	330
Anfang vom Ende	345
Die Zeit danach	394
Musikhören II	428
Hey, Alter	455
Bäume im Garten	484
Bringing It All Back Home	503
Sind Sie Frau Doktor Von?	537
Wer jetzt kein Haus hat	544
Ende	579
Danke	581
Anhänge	583

Dr. Von
Nelkenstraße 12
22301 Hamburg

Liebe Frau Dr. Von

Anliegend sende ich Ihnen eine Kontounterlage, die zeigt, dass der Betrag von 560 Euro am 15. 1. 2016 vom Konto Eva Frenz auf Ihr Konto überwiesen wurde. Auch Ihre Kontonummer ist richtig.
Mehr kann ich im Moment nicht zur Aufklärung beitragen.
Bei der Gelegenheit möchte ich Ihnen auch mitteilen, dass ich meine Therapie beenden möchte.
Ich bedanke mich bei Ihnen für die großen Beiträge, die Sie zu meiner seelischen Entwicklung geleistet haben.
Sollten in Ihrer Buchhaltung noch offene Beträge auftauchen, lassen Sie mich das bitte wissen.

Mit den besten Wünschen
Michael Hopp
Hamburg, 23. März 2016

Nacherzählung

Zwei, drei Männer standen unten vor dem Eingang in der Georgenstraße und rauchten. Bei schlechtem Wetter saßen sie in einem Auto und rauchten nicht. Mit der Zeit kam ich drauf, dass es Sicherheitsleute waren. Auch sie kannten mich dann schon und begannen mich zu ignorieren, nachdem sie anfangs noch darauf geachtet hatten, ob mein »Hier ist Michael Hopp« an der Gegensprechanlage tatsächlich mit dem Öffnen der Tür beantwortet wurde. Die unteren Geschosse des mächtigen Altbaus, in dem ich im Münchner Stadtteil Schwabing meine Analyse begann, wurden als Synagoge genutzt. Im Stockwerk ganz oben arbeitete und wohnte Frau Doktor Zu, die in Kanada zur Welt gekommen war. Die breiten Holztreppen im Treppenhaus waren mit einem roten Läufer bespannt, es ging viele Stufen hoch, und oben kam ich außer Atem an. Ich schaffte es kein einziges Mal, die Stufen zu zählen, obwohl ich mir das öfter vorgenommen hatte. Es war das Jahr 1990.

Die Tür stand entweder schon einen Spalt offen oder ich läutete noch einmal an der Wohnungsklingel. Im Türspalt begrüßten mich Doktor Zu und ein kleiner weißer Scottish Terrier, der mich schwanzwedelnd in Empfang nahm, um sich dann wie auf ein geheimes Zeichen wieder zu verziehen. Am Ende der Stunde tauchte er nicht mehr auf. Ins Arbeitszimmer durfte er nicht und hatte das offenbar akzeptiert. Da ich damals selbst einen Hund hatte, der sich an solche Verbote nicht gehalten hätte, erschien mir das wie ein therapeutischer Erfolg, der schon mal vertrauenerweckend wirkte.

Im Flur zog ich die Schuhe aus und hängte meinen Mantel auf einen Ständer. Die Floskeln, die wir dabei austauschten, bezogen sich hauptsächlich auf das Wetter; nicht viel anders als im Zeitungsgeschäft oder mit der Assistentin beim Zahnarzt. Meine Arbeitstasche nahm ich ins Arbeitszimmer mit, denn sie enthielt meinen Kalender. Zunächst setzte ich mich auf die Couch, bevor ich mich dann hinlegte und den Kalender aus der Tasche nestelte, um die nächste und vielleicht auch die übernächste Stunde zu verabreden. Hier waren Doktor Zu und ich eher kompliziert, prüften Optionen, die dann doch nicht funktionierten, bis endlich ein »Wie wäre es mit …« zum Erfolg führte. »Könnte das passen?« »Ja, sieht so aus!« Auch irgendwie entspannend, das Geplänkel.

Den Terminvereinbarungen kommt hohe Bedeutung zu – wie sie gelingen, wie schwierig sie sind, ob sie zu Ärger führen oder nicht. All die scheinbar banalen Umstände werden als Indizien dafür genommen, wie groß die Bereitschaft des Patienten ist, sich auf die Therapie einzulassen. Mitunter beharrt der Therapeut auf Termine, die dem Patienten etwas abverlangen, weil er anderes absagen oder verschieben muss. Die Botschaft ist dann, dass man der Analyse – und damit sich selbst – nicht genug Bedeutung einräumt, solange sie nur ein Termin unter vielen ist.

Warum erzähle ich all diese Details? Sie gehören zum Ritual einer Psychoanalyse. Sie sind eine Art tiefes Durchatmen, bevor das Gespräch beginnt. Und sie haben in ihrer liturgischen Regelmäßigkeit eine entlastende Funktion, weil sie das innere Chaos einrahmen und einem Regelwerk unterwerfen. Dazu gehört auch eine geschärfte Aufmerksamkeit auf dem Hinweg, als wäre es der Weg zum Schafott. Jedem Detail kommt Bedeutung zu. Man will sich mit Dingen verbinden, mit Dingen verständigen. Man ist immer »ich«.

Als Gymnasiast, mit zehn, elf, ging ich in Wien zu einem Nachhilfelehrer für Mathematik, Professor Haas hieß er, Vorname Ernst, er hauste in einer Höhle irgendwo zwischen Gumpendorf und Mariahilf, in einer der engen Gassen, wo sich dauernd Abkürzungen ergeben, wenn man die richtigen Durchhäuser nutzt, wo man sich aber auch böse verlaufen kann. Die Höhle war vollgestellt mit überquellenden Regalen, alle Flächen übersät mit Stapeln von Büchern und Zetteln. Wenn ich reinkam in die stinkige Bude, wurde ich kaum eines Blickes gewürdigt. Ich bekam auch keinen eigenen Platz zugewiesen, sondern musste direkt neben dem übel riechenden Professor sitzen und das Heft auf die kleine Fläche am Schreibtisch legen, die er zuvor durch Beiseiteschieben seiner Zettel freigeräumt hatte. Man konnte kaum atmen. In diesem Zustand der Angst konnte ich nichts behalten, was den Pädagogen zu unverständlichen, mehr an sich selbst gerichteten Flüchen veranlasste. Ich hatte das Gefühl, das hier könnte das Ende sein. Durch Aufgefressenwerden, zum Beispiel.

Um mich zu schützen, hatte ich einen magischen Trick entwickelt. Aus einer Häuserwand am Weg zu Professor Haas pulte ich einen kleinen Stein, für den ich an anderer Stelle der Wand, oder ein Haus weiter, eine passende Lücke suchte, in die ich ihn hineinlegen, manchmal auch hineindrücken konnte. Die Vereinbarung, die ich nun traf, war folgende: Wenn ich lebend aus der Nachhilfe käme, würde ich die Stelle finden – und den kleinen Stein wieder herauspulen und an die alte Stelle legen. Wäre ich aber tot, nun, dann bliebe der Stein in der neuen Lücke und müsse auch sehen, wo er bliebe. So richtig schlüssig ist die Sache nicht; für mich funktionierte sie aber, denn es war mir gelungen, meine Angst auf eine andere Ebene zu verschieben.

Diese »rührende« Geschichte erzählte ich Doktor Zu in München. Natürlich im Bewusstsein gewisser Parallelen mit dem Märchen Hänsel und Gretel, in dem Hänsel, der sich *wirklich* in einer lebensbedrohlichen Situation befindet, mit Körnern Spuren legt, die aber von den Tieren aufgefressen werden. Was ich nicht erzählte, war, dass ich mich am Weg zur Therapiestunde immer genauso fühlte wie damals; wie der Junge mit den Steinchen. Wenn ich dann aber reinkam, war alles gut, ich war in einem Raum angekommen, der mich schützte.

Die Kinder schauen schwer deprimiert unterm Weihnachtsbaum – auf einem Polaroid, das heute gerahmt in der Familiengalerie hinter dem Klavier hängt, aber das so traurig ist, dass sich immer wieder mal jemand erbarmt und es abnimmt. Das traurigste Polaroid der Welt, aufgenommen im gerade noch gemeinsamen Haus in der Brunhildenstraße am Schlosspark in München. Der Blick der Kleinen ist trübe, eines sitzt aufgereiht neben dem anderen, die Schultern hängen, wie die Zweige des Baums im Hintergrund. Die erste Weihnacht ohne Papa. Der ist bei der Freundin. Mama versteckt ihre Tränen hinter der Kamera. Bei Fotos gibt es keine Vergangenheit in der Nacherzählung.

Die Neunzigerjahre waren noch ganz neu, da ist mir etwas Katastrophales passiert, da habe ich etwas gegen die Wand gefahren, da hab ich einen Riesenbock geschossen. Das hallt bis heute nach, der Rauch verzieht sich nie ganz. Riesenbock? Rauch, der sich nicht verzieht? Kindersprache. Mir fehlen immer noch die richtigen Worte für das, was damals war.

»Lesen Sie die Geschichte eines Mannes, der in eine fundamentale Krise geraten war«, lautete der Vorspann zu einem Artikel, den ich damals für den *Playboy* geschrieben hatte. Auch jetzt, 30 Jahre später, hat die Geschichte noch Bedeutung, was man von wenigen meiner Geschichten sagen kann.

Ich hatte, damals in München, meine Frau Pia und unsere gemeinsamen drei kleinen Kinder verlassen, um zu einer Freundin zu ziehen. Es war ein Schock für alle, denn bis kurz davor hatten Pia und ich auf Heilige Familie gemacht, *sehr* heilig. Mit der Moderedakteurin Eloise, sie war zehn Jahre älter als ich, hatte ich vor meinem Auszug zwei Jahre lang »in Schande und Lüge« gelebt. Wir arbeiteten beide in der Redaktion der *Männer Vogue*, und da ich offiziell noch bei der Familie lebte, durfte es niemand wissen. Außerdem war ich der Chef in der Redaktion.

Es gab keinen vernünftigen Grund für dieses monströs lange Heimlichtun, zwei Jahre, es war der reine Irrsinn. Damals gab es noch keine Handys, nur Telefonzellen. Ich kannte jede im Umkreis unseres gemieteten Einfamilienhauses in Nymphenburg und schlich mich unter den absurdesten Vorwänden raus. Der Vorteil ohne Handy war, dass man auf Dienstreisen nicht erreichbar war, und ich hatte in dieser Zeit viele Dienstreisen. Wenn es aber ganz doof kam, lag ein Zettel von zu Hause mit der Aufforderung zum Rückruf schon bei meiner Ankunft an der Hotelrezeption.

Nachdem ich nach zwei Jahren der Heimlichtuerei endlich den Mut gefasst hatte auszuziehen, nahmen Eloise und ich an jedem zweiten Wochenende die drei Kinder. Wir beide tranken zu viel. Mit den Kindern saßen wir viel in Restaurants oder im Biergarten, beim Flaucher an der Isar, herrlich. Wenn wir betrunken waren, fühlte sich alles ganz richtig an.

Der Sex war gut, ich war verrückt danach. Es war intensiver, geiler, als ich es je erlebt hatte. Damit wuchs auch eine Liebe, zumindest ein starkes Bedürfnis, dauernd zusammen zu sein. Ich musste Eloise haben; so ist es richtig gesagt. Sie wusste damals nicht recht, wie es mit ihr weitergehen sollte, hatte gerade ihren Freund rausgeschmissen, einen bourgeoisen Typen, von und zu, Dr. Manfred von Lahn, ohne Arbeit, der mit zwei aufgelesenen Streunerhunden in der Wohnung gesessen hatte und den ganzen Tag wartete, bis sie aus dem Büro kam. Dann wollte er essen, richtig kochen und dann ficken, richtig ficken. Manfred war genauso abgefahren auf sie wie ich. Und da war Adam, ihr pubertierender Sohn aus der Ehe mit einem Wiener Schauspieler, auch er den ganzen Tag zu Hause, in seinem schwarz verhängten Zimmer.

Ich dachte, Eloise irgendwie helfen zu können, sie zu befreien, aber nur, damit sie ganz mir gehörte. Ich schützte sie in der Redaktion, nutzte kaltschnäuzig meine Möglichkeiten als Chefredakteur, damit sie nebenbei ein Medizinstudium in Innsbruck anfangen konnte. Nur, über Nacht fuhr ich sie im Innsbrucker Hotel besuchen, nach der Redaktion aus München raus, über die Berge, runter nach Innsbruck: Am Kassettenplayer im Auto hörte ich Warren Zevon, *Mr. Bad Example*, es war romantisch.

Aber Eloise half auch mir, weil sie schon seit zehn Jahren bei Condé Nast arbeitete, dem amerikanischen Verlag von *Vogue* und damals *Männer Vogue*, wo ich noch ganz neu war. Sie wusste Bescheid, kannte die Tricks, wusste, wie ich vor dem jähzornigen Herausgeber bestehen konnte, einem Amerikaner, der zunächst nach Paris gegangen war und im Münchner Verlag nur Englisch sprach, um damit Macht auszuüben. Cyril Kuhn hatte was von Dennis Hopper; das mochte ich. Er war wie der Amerikaner, der nach Europa kommt, in Wim Wenders' *Der amerikanische Freund*.

Schnell waren Eloise und ich verstrickt, hatten große Pläne, in aller Heimlichkeit. Obwohl ich eine Frau und drei Kinder zu Hause hatte, Tom ging schon zur Grundschule, Amelia zu den Englischen Fräulein in den Kindergarten und Kati war noch ganz klein, wollte ich Eloise unbedingt ein Kind machen. Um auch sie anzubinden? Ich war wahnsinnig.

Ich weiß nicht, wie ernst mich Eloise damals nahm, was *sie* dachte. Wir dachten nicht viel damals. Oder ich erinnere es nicht. Oder nur ich dachte nicht. Nach der Fahrt in den Kindergarten der Englischen Fräulein, direkt am Nymphenburger Schloss, fuhr ich jeden Morgen zu ihr in die Brudermühlstraße ins bodenständige Sendling, nahe der Isar, um sie abzuholen. Ich war verrückt danach, ihr den engen, frisch gebügelten Rock hochzuschieben, den sie sich gerade fürs Büro angezogen hatte, sie trug immer eng, war insgesamt sehr elegant, und ihr die gerade gemachten Haare durcheinanderzubringen.

Und für eine Zeit lang stand ich jeden Monat, immer zwei, drei Tage hintereinander, mit dem Schwangerschaftstest in der Tür, jedes Mal zeigte er negativ an, und wir schliefen sofort miteinander, als könnten wir das Ergebnis korrigieren. In der Redaktion taten wir wieder so, als wären wir nur Kollegen. Mittags gingen wir in eine jugoslawische Kneipe, weil wir wussten, da kommt keiner hin, den wir kannten.

Pia war eine ganz andere Frau gewesen, mädchenhaft, blass, romantisch, keine engen Röcke, eher weite Hippie-Kleider. Eine Engländerin in Wien, Sängerin bei den *Seidenraupen*, einer politischen Folkrock-Band. Als ich sie kennenlernte, begann sie gerade eine Solokarriere. Sie war mir bei einem großen Open-Air-Konzert am Wiener Naschmarkt aufgefallen.

Pia Strong, ihr Name war so prägnant, dass sie keinen Künstlernamen brauchte, war eine kleine, sehr hübsche Frau, mit einer hohen, glockenhellen Stimme, die aber auch sehr laut sein konnte. Joni Mitchell war ihr Idol, einmal hatte Pia sie auf der Straße in New York gesehen.

Es waren Tausende Menschen da am Naschmarkt, Open-Air, Frühling, und gegen Ende des Konzerts, das war Tradition, sang Pia a cappella ein Solostück im Stile von Brecht und Weill, aber vom österreichischen Autor Heinz Unger für sie geschrieben. Es hieß *Komm, sei gemein zu mir* und der Refrain war: »Komm, sei gemein zu mir/komm sei ein Schwein zu mir/So wie du immer warst ...« Das fuhr mir in die Glieder.

Kurz darauf sprach ich sie an, ob sie mir ein Interview geben wolle. Ich arbeitete damals für ein Jugend- und Popmagazin im österreichischen Fernsehen, es hieß *Ohne Maulkorb*, was auch die Haltung sein sollte: bissig, aggressiv, soweit das im Rahmen einer öffentlich-rechtlichen Rundfunkanstalt möglich ist. Zunächst fertigte mich Pias Managerin kaltschnäuzig ab, ich bekam einen roten Kopf und sagte nichts, war noch jung und neu in der Branche. Ich verlor Pia daraufhin aus den Augen. Drei Jahre sollten vergehen, bevor ich sie wiedertraf.

Von Kommunen und Wohngemeinschaften, in denen ich seit meinem Auszug aus der Wohnung meines Vaters gelebt hatte, hatte ich inzwischen die Nase voll und lebte mit der Cutterassistentin Marie, einem sehr jungen Mädchen vom Land, zurückgezogen in einem kleinen Apartment in der Nähe des Franz-Josef-Bahnhofs, erstmals zu zweit.

Ich fuhr damals eine silberne Vespa, Mopedversion. Führerschein hatte ich noch nicht. Ich dachte damals noch nicht daran, meinen Alkohol- und Drogenkonsum einzuschränken, und fürchtete, der Führerschein würde mir dann ohnehin nur abgenommen. Am Wochenende fuhren wir auf der Vespa zu Maries Familie aufs Land, ins Burgenland am Neusiedlersee, brachten die Wäsche zum Waschen mit. Am Rückweg waren wir vollbepackt mit Fleisch und Wurst für die Woche, der Vater fuhr für eine Metzgerei übers Land. Maries Familie nahm mich auf wie ein weiteres Kind, das gefiel mir.

Es war dann nicht meine Idee, Pia, die Engländerin, als Redaktionssekretärin in die neu gegründete Programm- und Kulturzeitschrift *Wiener* zu holen, wo ich gerade den Chefredakteursposten übernommen hatte, sondern die meines Vorgängers Franz Manola, der selten da war, weil er seinen Hauptjob als Feuilleton-Redakteur der konservativen Tageszeitung *Die Presse* und Geschäftsführer des Hi-Fi-Geschäfts *Shortone* nachging. Das meiste davon erledigte er aus dem Kaffeehaus, am liebsten aus dem Café Korb am Tuchlauben.

»Michi«, sagt er zu mir im Korb, er saß immer links hinten, »diese Pia ist voll am Sand, will schon nach England zurück zu ihrer Familie; das mit der Solokarriere klappt nicht, und die *Seidenraupen* sind ihr zu links geworden. Wenn wir uns die holen: Die reißt sich den Arsch auf für uns.« Auch das sprach mich an. Wir waren damals nur vier, fünf Leute in dieser Redaktion, die alle nicht viel da waren. Es war also viel zu tun.

Und Pia kam. Wieder fand ich sie toll, wie sie in ihrer nervösen Art mit dem englischen Akzent in der Redaktion am Telefon saß und das Chaos zwar nicht beherrschte, ihm aber eine freundliche Note verlieh. Einmal in der Woche holte sie ihr ebenfalls englischer Vater zum Mittagessen ab, mit einer Ausstrahlung, als käme er direkt vom Set von *Monty Python's Flying Circus* oder *Mit Schirm, Charme und Melone*.

Ich verliebte mich in die Hübschheit und die Nettheit von Pia und begann, mit ihr immer zwischendurch auf einen Kaffee zu verschwinden. Marie kam mir im Vergleich zu Pia nun viel weniger glamourös vor. Das Burgenland war damals das rückständigste österreichische Bundesland, es gab Burgenländer-Witze.

Ich nahm mir alte Pressefotos von Pia und stellte sie zu Hause ins Regal, um Marie zu verletzen. Als die Vespa den Geist aufgab, schenkte mir Pia das Revell-Modell einer Vespa zum Selberbasteln, mit einem netten, tröstenden Zettel dabei. Dann lud sie mich zum Frühstück zu sich in die Wohnung ein. Der Tisch war liebevoll gedeckt. Ein oder zwei weitere Male wurde ich noch zum Frühstück eingeladen. Nach dem dritten Frühstück gingen wir nicht mehr in die Redaktion an diesem Tag. An einem der darauffolgenden Wochenenden fuhren wir nach Berlin.

Als Marie allein in der kleinen Wohnung saß, zertrümmerte sie das inzwischen aufgebaute Vespa-Modell und klebte einen anderen Zettel dran: »Und das soll Liebe sein?« Eigentlich schon.

Danach ging alles sehr schnell mit Pia und mir. Als unser kleiner Tom unterwegs war, konnten wir uns nichts anderes vorstellen als das Modell Heilige Familie. Pia blieb zu Hause, oder ging dann und wann mal was singen, auch mal ein Jingle für Fruchtsäfte – »Spitz, einfach Spiiitze!« – und ich sollte Karriere machen und das Geld verdienen. Ich lief jetzt schon einige Jahre mit dem Titel »Chefredakteur« herum, das sollte mich unverwundbar machen. Dachte ich.

Ich liebte den kleinen, den großartigen Tom und sah vielleicht auch die Chance, rückwirkend an meiner eigenen frühen Kindheit noch irgendwas zu korrigieren. Meine ganze Scheiße sollte Tom nicht selbst erleben müssen – das Problem war nur, meine Scheiße war der einzige Vorstellungsrahmen. Als gäbe es nichts anderes.

Ich umarmte und umklammerte das kleine Kind im Bett und mein Herz schlug hoch und sandte eine heiße Strömung aus. Doch als ich das erste Mal allein mit ihm im Park war, war mir so langweilig, dass ich dachte, ich werde auf der Stelle verrückt. Ein paar Jahre später war Tom ein Junkie, heroinsüchtig. Da war die Scheiße wieder.

Trotzdem sollten wir in den nächsten fünf Jahren in Wien noch zwei Kinder bekommen, Amelia und Kati, mit nur zwei Jahren Abstand. Wir waren süchtig nach Kindern geworden, auch nach dem Erlebnis des Gebärens, der damals sogenannten sanften Geburt, aus der wir eine Weltanschauung machten; in so was war ich immer gut.

Pia und ich, wir wollten es besser machen als unsere Eltern, die alle getrennt waren, ihre Partner betrogen und verlassen hatten, die im Chaos lebten, in Schande. Und wir sahen uns als die Leidtragenden, als nie erwachsen gewordene Scheidungskinder, die sich mit dem Unglück der Eltern identifizierten. Dass sich das Unglück immer weiter fortpflanzt, von Generation zu Generation, das wollte wir aufhalten, es unseren Kindern ersparen. Und wir wollten unseren Eltern zeigen, wie es besser ging, dass wir es besser konnten. Dass wir *irgendwas* besser konnten, denn unsere Eltern trauten uns auch nicht viel zu, uns mit unseren halb garen Ideen und nicht richtigen Jobs.

Bei mir kam hinzu, ich wollte die Zeit davor beenden und vielleicht auch ungeschehen machen, die wilde Zeit, in der ich Drogen nahm und wahllos mit Männern und Frauen ins Bett ging, sexsüchtig, ohne Halt. Das sollte jetzt vorbei sein. Ein Ortswechsel sollte helfen. Ich hatte gerade einen Job in München angeboten bekommen, das traf sich gut.

In München, wo wir zunächst auch niemanden kannten und mit den drei kleinen Kindern recht allein dastanden, hielten wir an der konventionellen Familienidee fest, was sollten wir sonst auch tun. Ich hatte schon in Wien belehrende Artikel in Magazinen geschrieben, über die »neuen Väter«, die »neue Familie«, wobei das »neu« so gemeint war, dass die Frau auch gerne wieder zu Hause bleiben könne und das Bild der Mutter aufgewertet werden müsse, die Arbeit, die Mütter leisten, sei nicht weniger wertvoll, als wenn sie bezahlter Arbeit nachgingen.

Von meinen Artikeln von damals ertrage ich heute keine zehn Zeilen mehr. Irgendwie hatte ich mich, gerade noch von der Idee der freien Sexualität beseelt, auf einem schmalen Nebenpfad der Alternativbewegung verrannt, hatte nicht nur Blödsinn geschrieben, sondern, was noch schlimmer ist, war auf mein eigenes Geschreibe reingefallen. Hätte ich recherchiert, hätte ich vielleicht auch anderes gesehen.

So schrieb ich aber immer nur über mich selbst und knetete an meinem Leben so lange herum, bis es eine Geschichte hergab. Das taten auch andere. »New Journalism« nannten wir das. Benjamin von Stuckrad-Barre hat es später gut formuliert: »Ich empfinde es als meine Aufgabe, als meinen Platz in der Welt, dass ich mein Leben so lebe, dass ich anderen davon erzählen kann.«

Pia fand das eine Zeit lang ganz romantisch, wie ich den Helden spielte. Eine schräge, verlogene Geschichte, wenn man bedenkt, was nachher dabei herauskommen sollte, als ich sie und die drei Kinder in München sitzen ließ. Pia saß dann natürlich auch ohne Job da. Dieses Desaster war ein Grund, die Analyse bei Doktor Zu zu beginnen. Ich war am Zugrundegehen vor Schuldgefühlen. Pia einfach sitzen gelassen, das Sakrament der Ehe – wir waren ja verheiratet – gebrochen.

Die traurigen Augen der drei Kinder, die mich Tag und Nacht verfolgten. Jetzt war ich auch nicht besser als mein eigener Vater. Was für eine Schande. Schuld. Scham. Konnte mich nirgends mehr blicken lassen. Schließlich war ich gerade noch der ideale »neue Vater« gewesen.

Der Auszug von zu Hause, das Weggehen von den Kindern, dauerte zunächst nur eine Stunde. Eines Sonntagnachmittags, als ich wusste, dass niemand im Haus war, holte ich Klamotten, Bücher und Platten und meinen Philodendron, den ich von meiner Großmutter hatte. Nur so viel wie in das Auto passte, es war ein Kombi, zweimal fahren wollte ich nicht.

Eine Stunde, die bis heute nachwirkt. Das Zeug und mich verstaute ich bei Eloise, die eigentlich gar keinen Platz hatte. Mit Pia einigte ich mich darauf, zu einer Familientherapeutin zu gehen, um den Schaden für die Kinder zu begrenzen. Sie »begleitete« die Trennung, wie man sagt. In den ersten Therapiestunden log ich noch knallhart, die Beziehung hätte sich aus sich heraus ermüdet. Dass es längst schon Eloise gab, verschwieg ich. Nach und nach versank ich so in Scham und Schuldgefühlen, dass ich die Empfindungen anderer gar nicht mehr mitbekam.

Doppelt scheiße für die Kinder, die den Vater verloren hatten, dass er dann, wenn er da war, auch nicht da sein konnte, weil er trauerte und sich schämte – und soff. Mein Schwiegervater, der Brite und strenge Mann, der sich nach seiner Pensionierung von einem Industriejob am C. G. Jung-Institut in Zürich zum Psychoanalytiker ausbilden ließ, sollte recht behalten. Er hatte mir vom ersten Tag an misstraut. Er sah mir an, wie verrückt und instabil ich war. Dass schnell hintereinander drei Kinder kamen, konnte er nie verstehen.

Nach der Trennung schrieb er mir noch Briefe, in krakeliger, aber akkurater Handschrift, beschwor mich, er könne nur helfen, wenn ich meine finanziellen Dinge in Ordnung bringen und offenlegen würde. Ich las sie erst Jahre später, als sie mir beim Aufräumen in die Hand fielen. Einer war mit Schreibmaschine geschrieben: »Dear Michael, I understand from Pia, you are not willing to push through the divorce, Pia wants to get things organized. I am prepared to be as helpful as possible on the condition that you are also absolutely clear that a) you will cooperate in the divorce proceedings (providing obviously that a satisfactory financial arrangement and the mutual care oft the children can be agreed). b) You are prepared to meet with P. and me in Munich, as we did in Salzburg last year – hopefully to negotiate in a fair and honest and understanding fashion.« All dem war ich nicht gewachsen, eine fremde Sprache.

Schon in Wien, zu Beginn der 80er Jahre, hatte ich sehr gut verdient, doch ich gab immer zu viel aus und neigte dazu, Schulden zu machen und dann Geld schuldig zu sein und mich zu schämen, wenn ich es nicht zurückzahlen konnte. In Geldsachen lautete mein Prinzip Verdrängung. All die Schuld und Scham waren ja nicht zu ertragen.

Ich kümmerte mich einfach nicht, las die Post nicht, dachte, ich bin kreativ, das sollen andere machen, der Steuerberater. Ich tat nur so, als würde ich Verantwortung übernehmen. Weil ich ahnte, dass irgendwas nicht stimmt, irgendwas mit mir, machte mir das Leben immer ordentlich Angst.

Angst, dass die anderen merken, dass ich gar nicht so viel kann und weiß, wie ich es vorgebe. Angst, dass der Erfolg damit von einem Tag auf den anderen vorbei sein könnte. Angst vor Beschämung. Angst vor Pleite, Angst, meine Familie nicht mehr ernähren zu können. Eine ganze Liste von Ängsten.

Diese Ängste krochen regelmäßig um vier Uhr morgens unter die Decke, wenn der Alkoholspiegel niedriger war und ich aufwachte. Die Angst, einer anderen Frau zu verfallen und damit meine Familie zu zerstören, hatte ich damals noch am wenigsten. Ich ahnte noch nicht, dass ich selbst für mich die größte Gefahr bin, obwohl es schon schwer zu übersehen war.

Sexualität war etwas Unkontrollierbares, vor allem Sexualität in Verbindung mit Alkohol. Ich lief zu Nutten, ließ da Geld, das ich nicht hatte, wieder Schuld, Schulden, schuldig, sich schuldig machen, wie viele Formen hat das Wort noch, alle passen immer für mich. Ich hatte mit Nutten ungeschützten Sex, weil es geiler war, und in der Nacht dann Panikattacken, dass ich meine Familie mit Aids anstecke.

Am Ende waren alle Ängste nach und nach Wirklichkeit geworden, nur Aids bekamen wir nicht. Das finanzielle Desaster sollte sich noch lange hinausschieben lassen, erst gegen Ende der 90er Jahre musste ich private Insolvenz anmelden, nachdem ich mich mit einer Schrottimmobilie verspekuliert hatte, die mich eigentlich aus den Schulden rausbringen sollte. Aber die Familie war kaputt, und eigentlich konnte ich sie auch nicht mehr ernähren.

Auch der Erfolg, den wir, so ab 1982, 1983, mit dem *Wiener* hatten, sollte mir den Boden unter den Füßen wegziehen. In der Redaktion schwankten wir zwischen Depression und Größenwahn, nichts dazwischen, alles, nur keine reale Sicht der Dinge.

Mit Alkohol ging alles immer leicht. Es war nicht schwer, den Zeitgeist, wie wir es genannt hatten, immer neu aufzukochen, heiß zu machen. Das lief. Teilweise auch mit erfundenen oder zumindest stark übertriebenen Geschichten.

Alkohol und Sex wurden Dämonen in meinem Leben. Wir hatten zwei Sekretärinnen beim *Wiener*. Gudrun hieß die eine Sekretärin und sie blies mir einen, in der letzten Reihe im Bus, auf der Heimfahrt von München, wo die deutsche Ausgabe des *Wiener* startete. Das halbe Team sah zu. Ich war der König. Marianne, die andere, von ihr hieß es, sie hätte was mit einem bekannten Affenzoo-Direktor. Sie musste sich im Hotel nur auf einen Spiegel stellen, er schaute von hinten, das reichte ihm schon. So was törnte mich an. Ich dachte, das macht sie mit mir vielleicht auch.

Ich hatte mit Mechthild, der Anzeigenleiterin, eine wilde Affäre begonnen, wir trafen uns immer erst nach Mitternacht. Mechthild mochte es, wenn sie vorher mit anderen Männern ausging und ich in ihrer Wohnung auf sie wartete. Einmal lud sie mich übers Wochenende in ihr Wochenenddomizil, ein idyllisches kleines Hexenhäuschen in Niederösterreich, direkt an einem Bach gelegen, und sie hatte noch einen anderen Verehrer dazu eingeladen: einen leicht sadistischen Werber, der darauf aus war, ihr den Hintern mit einer edlen kleinen Reitgerte zu versohlen.

Der Werber, er sah auch aus wie ein Werber, erschien Sonntagmorgen zum Frühstück und wir saßen dann zu dritt da und hatten uns nicht viel zu sagen. So was mochte Mechthild. Sie mochte an mir, dass ich alles mitmachte. Am Ende wurde sie so eifersüchtig auf Pia, dass sie eines Tages mein Büro im *Wiener* zertrümmerte. Das änderte aber nichts daran, dass Pia, die Kinder und ich die Heilige Familie waren. Für eine Fotoproduktion für den *Wiener* ließen wir ein gesticktes Kitschkopfkissen herstellen, mit unserem Porträt im ovalen Rahmen. Wahnsinnsgag.

Pia, Tom, die neugeborene Amelia und ich, wir lebten in einer Altbauwohnung am Wiener Stadtrand – viel zu teuer –, die wir aufwendig und auf Pump renovieren ließen, ohne dass sich Zufriedenheit eingestellt hätte. Immer passte was nicht. Immer knackte was zu laut oder es fehlte ein Zimmer. Der Garten war ein kurzer Steilhang, eigentlich unbenutzbar. Aber die Gegend war gut, in der Nähe lagen der Pötzleinsdorfer Schlosspark, der Schafberg und die Rudolf-Steiner-Schule. Und der Gersthofer Friedhof, auf dem meine Familie mütterlicherseits ein Grab hatte. Dass meine geliebte Großmutter in zu Fuß erreichbarer Nähe ruhte, fand ich beruhigend. Ich besuchte ihr Grab dann aber doch nur ein-, zweimal.

Im Stock darüber, es war im Herbst, in der dunkler werdenden Jahreszeit, zog eine alleinstehende ältere Frau ein, vielleicht eine Hexe. Vom ersten Tag an fürchteten wir uns vor ihr, wenn wir sie im Treppenhaus trafen, was zum Glück selten vorkam, denn sie verließ fast nie die Wohnung und bekam auch nie Besuch. Wir hörten sie oben immer nur rumoren, denn die Decken waren dünn. Schleifende Geräusche, schiebende, vor allem nachts.

Die Kinder schliefen, aber Pia und ich, wir fürchteten uns. Ich musste an *Rosemaries Baby* von Polanski denken, mit den satanischen Nachbarn, die mit der Suppe rüberkommen, die den Satan im Mutterleib nähren soll.

Und es kam noch toller: Eines Nachts, und das sollte sich wiederholen ab dieser Nacht, erwachten wir von einem plötzlich eintretenden lauten, krachenden Geräusch über dem Badezimmer. Als ob ein Zweizentner-Mann in schweren Schuhen vom Sessel auf den Holzboden springt. Nachdem das Phänomen vielleicht drei-, viermal aufgetreten war, entwickelte Pia die Theorie, die Nachbarin springe in der Nacht von der Toilette, um uns zu erschrecken und zu terrorisieren.

Da sich eine solche Verdächtigung schwer gegenüber Dritten erheben lässt, ohne dass sie in gewisser Weise auf einen selbst zurückfällt, trauten wir uns nicht, Hilfe zu suchen. Der Mieterverband, den wir schließlich doch kontaktierten, riet uns, wir sollten Tonbandaufnahmen der unheimlichen Geräusche machen.

In München glaubten wir zunächst, dem Horror entkommen zu sein. Dass ich den neuen Job – Chefredakteur der *Männer Vogue* – ohne viel Überlegen zugesagt hatte und wir uns auch so schnell zum Umzug entschieden, hatte auch mit dem Gefühl zu tun, aus Wien raus zu müssen. »Wien macht mich zum Sünder«, dachte ich, »da geht es so leicht, an jeder Ecke ein Kaffeehaus, ein Würstelstand, eine Nutte. Das wird in München anders sein.« Mit Vollgas raste ich in meinem BMW 318i mit Pia auf dem Beifahrersitz und Tom, Amelia und der neugeborenen Kati auf der Rückbank über die Westautobahn und hielt erst vor dem Hotel auf der Münchner Freiheit, in dem wir zuerst untergebracht waren. Der Goldfisch im Glas hatte überlebt, zur Erholung von der Fahrt kam er ins Waschbecken. Tot wäre nicht gut gewesen, kein gutes Omen für die bevorstehende Zeit.

Doch der Horror, dem wir entkommen wollten, nahm in München eher noch zu. Er war doch nicht aus dem oberen Stock im Wiener Haus gekommen. Ich fühlte mich in München einsam. Die Stadt kam mir spießig, unkultiviert und hässlich vor, nicht so schön wie Wien. Am schlimmsten war es an den Wochenenden. Ich saß mit den Kindern allein am Spielplatz im Hirschgarten, eigentlich ein schöner Park mit einem großen Biergarten unter alten Kastanien. Heute kommt er mir wie ein Paradies vor, damals wie die Hölle.

Während ich die Kinder rutschen ließ oder an der Schaukel anschubste, kochte Pia zu Hause, und ich stand da und implodierte vor innerer Leere. Das konnte ich natürlich nicht zugeben, nicht mal vor mir selbst. Ich hatte noch nicht die Reife, der Fürsorge für Kinder etwas abzugewinnen. Das Bravsein war öde und ich trauerte um die wilde Zeit in Wien. Dem Goldfisch ging es für ein paar Jahre noch gut.

Doktor Zu meinte später, die Beziehung zu Pia sei erodiert, habe sich erschöpft, wir hätten uns übernommen, meine Bereitschaft, zu Eloise zu gehen, sei in der Beziehung mit Pia entstanden, hier müsse es Defizite gegeben haben. Wäre diese innere Langeweile ein solches Defizit?

Die zwei Jahre des Belügens und Betrügens, als ich mit Eloise schon mehr Zeit verbrachte als mit Pia und der Familie und trotzdem den Schein aufrechterhielt, interpretierte die Analytikerin milde damit, ich wäre eben noch eine lange Zeit schwankend gewesen.

Eloise meinte später, Pia sei infantil und egozentrisch, sitze den ganzen Tag zu Hause und kümmere sich nicht um mich. Dabei hatte ich sie dazu gemacht. In Artikeln feierte ich mich als »erwachsen«. Der 35. Geburtstag erschien mir ein guter Anlass zu sein. Mit 35 erwachsen? Noch so ein Bombengag.

> Ich hebe ab, wenn das Telefon klingelt. Ich kann meine Ejakulation zurückhalten. Ich esse nicht mehr so viel Bounty. Ich fahre den Tank nicht bis in die Reserve hinein leer. Ich habe mir einen CD-Player gekauft.
>
> ICH BIN 35.
> ICH BIN ERWACHSEN.
> Michael Hopp über das Mannwerden
> Eine Teufelsaustreibung: Mit 35 sollte man's geschafft haben
>
> Ich trage keine Socken. Ich hasse den nicht, der mich auffordert, etwas Anderes zu machen, als ich eigentlich wollte. Ich kann Statistiken lesen. Ich halte Äußerlichkeiten nicht für unwichtig. Ich bin im Elternbeirat des Kindergartens. Ich fahre nicht mehr bei Gelb-Rot über die Kreuzung. Ich sage nicht mehr: »Bei mir war das genauso« oder »Ich habe das ganz ähnlich erlebt«. Ich sorge für meine Familie. Ich finde den Vergleich Saddam/Hitler schlecht. Ich fahre mit dem Auto alle zwei Wochen in die Waschstraße und habe mir für die Innenreinigung einen Autostaubsauger gekauft. Ich liebe meine Frau und meine Kinder. Ich unterbreche

andere nicht. Ich höre zu. Ich habe nichts dagegen, meinen Wohnort zu wechseln.

Ich glaube, dass nur der Kapitalismus die Umwelt sanieren kann. Ich finde meinen Chef gut. Ich lasse Damen den Vortritt. Ich habe eine Balance zwischen Arbeit und Privatleben gefunden. Ich gebe nicht an, bin aber auch nicht understated. Ich lasse mir Kaffee bringen. Ich muss nicht jedes Wochenende in meine Heimatstadt fahren. Ich übersiedle die Schallplatten aus dem Wohn- in das Arbeitszimmer, und die Bücher, die ich gerade nicht brauche, kommen auf den Dachboden. Ich züchte mit meinem Sohn Sumpfschildkröten.

Ich nehme ein Taxi, wenn ich zu viel getrunken habe. Ich schmeiße Taschenbücher weg. Ich lasse Termine beim Therapeuten nicht unter irgendwelchen Vorwänden platzen. Ich gehe zweimal jährlich routinemäßig zum Zahnarzt (nicht nur, wenn ich Schmerzen habe). Ich putze zweimal täglich die Zähne. Ich wasche täglich die Haare. Ich ziehe jeden Tag ein frisches Hemd an.

Ich will meinen Vater nicht umbringen und mit meiner Mutter nicht schlafen. Ich kann meinen alten Vater und meiner alten Mutter helfen. Ich lese meinen Kindern nicht nur Comics vor, die ich auch selber gerne lese. Ich fahre in der U-Bahn niemals schwarz. Ich zahle regelmäßig meine Steuern. Ich mag die Franzosen nicht mehr nicht.

Ich trage nur am Wochenende Jeans und Turnschuhe. Ich bin in kein Fotomodell verliebt. Ich fange keine Schlägereien an, habe aber auch keine Angst davor. Ich kann weinen. Ich denke dreimal täglich an Sex (nicht 20 mal). Ich parke nicht im Parkverbot. Ich fahre auf der Autobahn freiwillig nicht mehr als 130 und im Ortsgebiet nicht mehr als 50 (auf Stadtautobahnen 60).

Ich schimpfe nicht auf Deutschland. Ich lese jeden Monat mindestens drei Bücher. Ich esse Salat, Obst und Gemüse. Ich habe nichts gegen McDonald's. Ich kann heute dieser und morgen jener Meinung sein. Ich spreche laut und deutlich. In Diskussionen achte ich nicht auf den Fluss des Gesprächs, sondern formuliere meinen eigenen Standpunkt, ohne Rücksicht darauf, was gerade gesagt wurde. Ich verschiebe Arbeiten nur, wenn ich gute Gründe dafür habe. Ich versuche mich so weit zurückzunehmen, dass ich einen klaren Blick auf die Dinge habe.

Ich schreibe nicht mehr so viele Artikel in der Ich-Form. Ich rasiere mich jeden Tag. Ich liebe meinen Computer. Ich habe in meinem Hi-Fi-System keine vergoldeten Sicherungen. Ich verspreche keine Geschichten, die dann nie erscheinen. Ich kann nein sagen. Ich kann ja sagen. Ich rede nicht immer von der glorreichen Vergangenheit. Ich finde die Vergangenheit gar nicht so glorreich. Ich kann mich nicht mehr nur unter Journalisten bewegen. Ich interessiere mich für Gynäkologen, Müllverbrennungsexperten, Pharmawissenschaftler und Kunstaugenhersteller. Ich rasiere mich elektrisch. Ich überlege mir nicht mehr, ob meine Unterschrift gut aussieht. Ich lasse meinen Führerschein umschreiben. Ich trage im Büro keine Turnschuhe. Ich sage nicht, dass ich ein Buch gelesen habe, wenn ich es nicht gelesen habe. Ich trage keine ultra-engen Jeans. Ich sehe fern, switche aber nicht durch die Programme. Ich lade Freunde zu mir nach Hause ein und treffe sie nicht nur in Lokalen. Ich lese meine Artikel niemandem vor.

Ich habe keine Angst vor der Zukunft. Ich kann Frauen akzeptieren, die mit mir nicht ins Bett gehen. Ich kann mich von Frauen verbessern lassen. Ich kann mich von Männern verbessern lassen. Ich habe mich mit all meinen alten Feinden ausgesöhnt und mache keine neuen Feinde mehr. Ich bin nicht aggressionsgehemmt.

Ich finde BMW einfach super. Ich bin total normal. Ich rufe meinen Bankdirektor an. Ich kaufe meiner Frau Blumen, auch wenn mich Blumen immer an Friedhof erinnern. Ich habe keine kurzen Affären. Ich gehe nicht zu Prostituierten. Ich bin nicht gegen Werbung. Ich sehe mir Ausstellungen an. Ich verwende am Strand Sonnenschutzmittel. Ich weiß, dass es nur in Amerika Art-directors gibt. Ich kann mich beim Essen beherrschen. Ich gehe nicht in Peep-Shows. Ich bin kein besonders ausgeprägter Individualist. Ich habe gegenüber meinen Kindern Autorität, ohne streng zu sein. Ich habe bei meinen Mitarbeitern Autorität, ohne strikt zu sein. Ich habe natürliche Autorität. Ich kann Autorität akzeptieren. Ich beantworte alle Briefe und Schreiben, die ich erhalte. Ich spare bewusst in manchen Lebensbereichen, um in anderen mehr ausgeben zu können. Ich kann sparen. Ich kann Geld ausgeben. Ich habe nichts dagegen, Kondome zu verwenden. Ich bin immer pünktlich. Ich habe gute Leberwerte. Ich stehe während der Woche jeden Tag um 6 Uhr 25 auf. Ich nehme keine Vorschüsse. Ich habe mich an Kinocenter gewöhnt. Ich bin kein Vampir. Ich hielte es aus, wenn mein Sohn nicht meinen Beruf ergreift. Ich kontrolliere den Reifendruck. Ich stecke Platten ins Cover, nachdem ich sie gespielt haben. Ich esse den Salat gerne vor dem Hauptgericht. Ich wundere mich nicht, wie spießig die Leute sind. Ich wippe nicht mit dem rechten Bein, wenn ich nervös bin. Ich habe keinen feuchten Händedruck. Ich bekomme vom Rasieren keine Pickel. Ich bin nicht ständig verkühlt. Ich vergesse meinen Bankomat-Code nicht.

Ich betrinke mich nicht mit Kollegen. Ich kann mich anpassen. Ich bin nicht zynisch. Ich besuche keine Diskotheken. Ich telefoniere nie länger als zehn Minuten. Ich koche Kaffee nicht zu stark. Ich verwende nicht zu viel Fett beim Schnitzelbacken. Ich finde, Fix & Foxi ist besser als sein Ruf. Ich fahre nie Vollgas. Ich habe eine Auto-Apotheke dabei. Ich kaufe nicht nur ein, was ich selber mag. Ich finde mich nicht besser, weil ich nicht Deutsch bin. Ich hasse es nicht spazieren zu gehen. Ich lüge nicht. Ich rede mich nicht raus. Ich betreibe Sport, aber nicht bis zur totalen Erschöpfung. Ich finde Fitness-Studios nicht blöd. Ich halte Arnold Schwarzenegger für einen sehr intelligenten Menschen. Ich schlafe nicht bis Mittag. Ich finde die Marx Brothers nicht mehr besser als Charlie Chaplin. Ich gehe fast nie nach Mitternacht ins Bett. Ich empfinde es als nichts Besonderes, Österreicher zu sein. Ich gehe nicht mehr so gerne auf den Friedhof. Ich putze täglich meine Schuhe. Ich zahle privat ausgeborgtes Geld spätestens am nächsten Tag zurück.

Ich halte John Lennon und Jim Morrison für maßlos überschätzt. Ich färbe meine Haare nicht mehr. Ich fahre vier Wochen im Jahr in Urlaub. Ich liebe Ämter nicht, aber ich hasse sie auch nicht. Ich versuche immer, alle Papiere dabei zu haben – und wenn ich sie nicht dabeihabe, bin nur ich schuld. Ich glaube nicht mehr, dass Film die wichtigste Kunstform des 20. Jahrhunderts ist. Ich kaufe mir Anzüge. Ich finde die Zeitschrift *Face* sterbenslangweilig. Mir macht es nichts aus, an der Grenze meinen Pass herzuzeigen. Ich interessiere mich für Kosmetikprodukte für Männer. Ich übernehme Verantwortung. Ich halte es aus, wo ich bin, ich halte es aber auch woanders aus. Ich muss nicht immer etwas im Mund haben. Ich kann delegieren. Ich ruhe mich nicht auf meinen Lorbeeren aus. Ich gehe nicht unvorbereitet in Besprechungen. Ich nehme manchmal den Lift, manchmal benutze ich die Treppen.

Ich kann wieder Hermann Hesse lesen. Ich geniere mich nicht, in den Spiegel zu schauen. Ich lese den Spiegel und nicht den Stern. Ich mache Fehler. Ich denke nicht nur an die Worte »richtig« oder »falsch«, wenn ich etwas entscheide. Ich mache keinen Aids-Test. Ich lutsche Pfefferminz-Drops. Ich weiß, was ich kann, und ich weiß, was ich nicht kann. Ich kann mich länger als zwei Wochen für ein Thema interessieren. Ich glaube nicht, dass der Golfkrieg der Anfang vom Ende der Welt ist. Ich denke beim Sex nicht an etwas Anderes. Ich bin von den Grünen nicht enttäuscht. Ich halte meinen Tonabnehmer sauber.

Ich leide unter keinen Allergien. Ich mag Bert Brecht nicht mehr so wie früher. Ich bin nicht depressiv. Ich finde Designer-Produkte besser als No-name-Produkte. Ich wechsle Windeln, aber nicht demonstrativ. Ich trinke Leitungswasser. Ich werde nicht nervös, wenn ich zur Fahrzeugkontrolle angehalten werde. Ich wasche mir nach dem Klo die Hände. Ich spiele Musik nie lauter als Zimmerlautstärke. Ich kläre Probleme nicht, wenn mir nicht danach ist. Ich bin mit meinem Schwanz zufrieden. Ich esse nie Dany mit Sahne von Danone. Ich bin froh, wenn die Waage weniger Gewicht zeigt. Ich habe jetzt Lust, ein bisschen allgemeiner zu werden.

… und erläutere dann lang und breit, warum man (1.) erst mit 35 erwachsen werden kann, (2.) was die Ästhetik des Dienens ist, (3.) warum die Welt erwachsene Männer (wie mich) braucht, und schließe mit:

Auch im Mikrokosmos der Verliebtheiten, Affären und Beziehungen wirkt das Unerwachsene als schleichendes Gift. Frauen wollen keine unerwachsenen Männer (siehe Interview), Männer wollen zwar Mädchen, aber sie dürfen nicht unerwachsen sein. Ich meine, es ist doof, dreimal aus dem Büro anzurufen, man komme in zehn Minuten, sich dann nicht mehr zu melden – und fünf Stunden später einzutrudeln. Einfach doof.

Wiener 4/1990, Seite 22

Eloise brach wie ein Naturereignis in mein Leben, die soeben postulierte »erwachsene« Vernunft war in der Sekunde wieder vergessen. Eloise war ein aus dem Nichts angeflogener Engel, der mich unter seinen Flügeln hatte, wie Bob Dylan sang. »The way you walk and the way you talk.« Diese beiden Arten waren es auch.

Sie war bei mir im Büro gesessen, es ging um ihr Ressort, Männerkosmetik, wir sagten »Beauty für Männer«, und es war ihr sichtbar unangenehm, mit mir zu sprechen, in ihrer schönen, leicht gezierten Sprache, unruhig rutschte sie auf dem Stuhl herum, saß nie gerade, sondern immer nur auf einer Pobacke. Als die Besprechung zu Ende war, sprang sie förmlich aus dem Raum, mit ein, zwei eleganten Sätzen, wie ein Reh, das man eingesperrt hatte. Ich starrte auf ihren festen Po, von dem all diese Bewegungen auszugehen schienen. Ich wusste, dieser Hintern sollte auch der Mittelpunkt meines Lebens werden – aber schon auch die ganze Frau.

Eloise hatte mich auch mit ihrer Unterwäsche wahnsinnig gemacht, diesen wohlduftenden, gemeinen Hybriden aus Spitze und Tanga, wie ich das noch nie gesehen hatte, kein Vergleich zu Pias immer gleichen Baumwollhöschen von Palmers und dem ewigen Windelgeruch im ganzen Haus. So böse Gedanken. Vom kurzfristig guten Menschen, dem tollen, dem makellosen »neuen Vater«, wurde ich wieder zum triebgesteuerten Desperado.

Meine Analytikerinnen waren immer eher auf der Seite von Eloise, das fand ich interessant. In der späteren Hamburger Analyse sagte ich mal, Eloise sei die Liebe meines Lebens gewesen. Jedenfalls der Liebesrausch.

Zu Frau Doktor Zu in der Schwabinger Synagoge war ich auf Vermittlung meines Schwiegervaters gekommen. Spencer, wie ich ihn später nennen durfte, hatte mit ihr in Zürich am C. G. Jung-Institut studiert, schien sie aber nicht recht ernst zu nehmen. Er sprach von ihr immer wie von einem kleinen Mädchen und nannte sie immer nur bei ihrem Vornamen, Joanne. Doktor Zu fand ihn hingegen »very, very nice and polite«. Das ist auch funny an Analytikern: Sie lieben absolut seichte und spießige Kurzcharakterisierungen von Personen; wie meine Großmutter, wenn sie jemanden »sehr, sehr nett und höflich« fand und das in einer Weise aussprach, der man nicht widersprechen konnte. Und so kann ein »very, very nice and polite« auch für einen Psychoanalytiker die absolut hinreichende Charakterisierung einer Person sein.

Drei Jahre später hatte ich den Job beim Männermodemagazin im amerikanischen Verlag verloren, ein

Sommer ohne Arbeit lag vor mir. Ich ließ mir die Haare wachsen, kaufte mir einen Hund und taufte ihn Rocky, streifte durch die Isarauen, hörte für eine Zeit mit dem Trinken auf und schrieb über mich und den Hund.

Die Idylle sollte nicht lange währen. Eine Zeit lang trank auch Eloise nicht mehr und kam mit ihrem in der Zwischenzeit begonnenen Medizinstudium gut voran. Für ein paar Wochen war alles auf Frühling, auf Neuanfang gestellt. Um meinen Wandel zu dokumentieren, ließ ich mir die Haare richtig lang wachsen und sah aus wie ein in die Jahre gekommener Popjournalist. Ich arbeitete für ein buntes Wochenblatt als stellvertretender Chefredakteur und verdiente, zumindest einmal im Jahr, viel Geld mit dem Schreiben des Jahreshoroskops.

Im Jahr 1994 ging ich für einige Wochen nach Wien, um für den Wahlkampf der Sozialdemokratischen Partei eine Zeitschrift zu machen, was so trostlos war, dass ich rückfällig wurde, mich immer schon zu Mittag betrank und am Nachmittag hinlegen musste, um am Abend weitertrinken zu können. Trotzdem schaffte ich irgendwie meine Arbeit. Das war das Gefährliche, denn so gab es keinen Grund, mein Verhalten zu ändern.

Weil es irgendwie prickeln musste, wohnte ich im Stundenhotel, dem berühmten *Orient* am Tiefen Graben. Mit Eloise, die mir nachgefahren war, schmiedete ich nachts in der Bar Pläne, wie ich meine ehemalige Zeitschrift, den *Wiener,* in einer Art Putsch wieder übernehmen könnte. Eine gute Sache war auch, zusammen wieder Whisky zu trinken. Das beflügelte die Gedanken!

Genau. Wir würden wieder nach Wien ziehen, die Kinder könnten kommen, wieso nicht, ist doch super. Dann wäre ich wieder der König von Wien und Eloise die Königin. Am Graben traf ich dann meinen Namensvetter Michael, einen früheren Kollegen, der mir beim *Wiener* für kurze Zeit nachgefolgt war. Ich hatte nie viel von ihm gehalten, spürte vielleicht damals, dass er mir irgendwas voraushatte. Inzwischen arbeitete er in Hamburg, nicht mehr in einer Redaktion, sondern im Verlag. Er lud mich ein, mit dem Hamburger Großverlag ins Gespräch zu kommen. Es würde da demnächst ein Chefredakteur gesucht – TV-Zeitschrift, Programmpresse, das sagte mir damals gar nichts. Ich wusste nicht mal, wie die Hefte hießen. Das war der Beginn meiner Hamburger Zeit, die bis heute anhält. Wien und München waren verbrannt.

Ich war nach Hamburg gezogen, Eloise blieb zunächst in München – wir haben Mitte der 90er Jahre. Das Pendeln zwischen beiden Städten: anstrengend, kostspielig, eigentlich nicht zu schaffen. Jedes Wochenende kam ich nach München, um Eloise zu sehen und für die Münchner Kinder den Wochenendpapa zu spielen, und traf dann auch Frau Doktor Zu. Irgendwas noch Intaktes in mir sagte, es wäre gut, hier dranzubleiben. Ich mochte die Frau auch sehr, sie tat mir gut, mit ihrer freundlichen, absolut neutralen Art.

Vor den Stunden hatte ich immer etwas Angst – die ich mit ein, zwei halben Hellen im Gasthaus ums Eck bekämpfte. Aber selbst wenn ich mit Alkoholfahne in der Stunde auftauchte, begrüßte mich Frau Doktor Zu mit einem dermaßen freundlichen, schwung- und respektvollen »Guten Tag, Herr Hopp (amerikanisch-kanadisch ausgesprochen: »Guten Taaag, Herr H-ooopp«; das »H« war immer ein Problem), dass ich mich sofort wieder hergestellt fühlte. Sie schenkte mir damit zumindest für ein paar kurze Momente die Selbstachtung wieder, die ich gerade zu verlieren begann.

Unter der Woche in Hamburg, ich wohnte in einem hübschen Apartment-Hotel an der Alster, ebenerdig, sogar mit einem kleinen Garten hinten raus, war ich abends genauso haltlos wie während des kurzen Intermezzos in Wien. Soff herum, ging in den Puff, die Auswahl an Mädchen war hier ja unglaublich, Kontakthof, super, allerdings boten sie auch nicht viel und man musste viel mehr als in Wien aufpassen, nicht über den Tisch gezogen zu werden.

Ich begann, auch Eloise zu betrügen, mit der ich dann wieder stundenlang am Telefon hing und meine Einsamkeit beklagte. Trotzdem überredete ich sie, zu mir nach Hamburg zu ziehen, obwohl sie da weder ihrem Studium nachgehen konnte noch einen Job hatte.

In der Zwischenzeit hatte ich eine kleine Wohnung in der Schubackstraße am Hayns Park in Eppendorf, in der sie dann – wenn sie zu Besuch war – saß und für ihr Medizinstudium in Innsbruck zu lernen versuchte. Abends gingen wir mit Rocky raus, von einer Kneipe in die andere, oder auch mal ins Theater. Neben mir konnte Eloise nicht anders als auch zu trinken, in München hatte sie es immer wieder mal geschafft, abstinent zu leben, oder war zur Entgiftung zu F. X. Mayr nach Tirol gefahren.

Wenn sie zurückkam, sah sie immer wunderschön aus, zehn Jahre jünger, und ich war ein paar Stunden wieder neu verliebt oder auf jeden Fall geil auf sie. Ich war ihr Untergang, so wie zuvor der von Pia, könnte man sagen, übelmeinend oder selbstbezichtigend.

Je mehr ich trank, desto paranoider wurde ich, fühlte mich bedroht von Eloises Sohn Adam oder meinem Vorgänger, ihrem früheren Freund Christian. Ich kontrollierte sie mit dauernden Anrufen, erteilte ihr Aufträge, ließ sie sogar Pia und die Kinder in München herumchauffieren.

Eloise begann sich Sorgen zu machen, schlimme Sorgen. Sie bekam die ständig steigenden Schulden mit, die Drohbriefe der Banken, die mich aus Wien und München verfolgten, und den mit den Schulden steigenden Alkoholkonsum. Eines Tages rief sie bei Frau Doktor Zu an, ob sie denn an den Wochenendterminen nicht sehe, dass ich mehr und mehr trinke, mir die Birne wegsoff. Sonst sprach sie ein sehr gewähltes Hochdeutsch.

Frau Doktor Zu, so hat es Eloise später erzählt, hörte sich die Schilderung freundlich an, und wies darauf hin, dass Gespräche mit Angehörigen im Rahmen einer psychoanalytischen Behandlung nicht vorgesehen seien. Es unterläge auch dem Arztgeheimnis, darüber zu sprechen, ob sie ein Alkoholproblem bei Herrn Hopp bemerkt habe. Aber selbst wenn dem so sei, könne sie dies im Rahmen der Therapie nicht ansprechen, solange der Patient das Thema nicht selbst anspreche. In einer Analyse werden Patienten nicht mit Problemen konfrontiert, die von Dritten eingebracht würden. Eloise war darüber sehr erbost und meinte, die Analytikerin verletze ihre Pflichten.

Ich sprach das Thema in den Stunden weiterhin nicht an. Doktor Zu auch nicht. Doch fortan hatte ich ein Gefühl von Schuld und Scham, in einer Situation, in der ich bisher frei davon war. Nun konnten sich meine »Lieblingsgefühle« auch hier endlich ins Recht setzen.

Bezüglich der Trennung von meiner Familie wirkte Doktor Zu in die Richtung, meine Schuldgefühle zu reduzieren und mich in dem, wie ich weiterhin für die Kinder da sein wollte, wie an den Papa-Wochenenden, zu bestärken.

Der Alkohol baute mit der Zeit mehr Schuld auf, als Doktor Zu abtragen konnte. Vielleicht spürte sie das und begann deshalb mit mir zu besprechen, ob es nicht besser wäre, jemanden in Hamburg zu finden, der die Therapie fortsetzte; damit lindere sich auch der zeitliche Stress an den Wochenenden in München. Frau Doktor Zu gab mir drei Namen, einer davon war Frau Doktor Von, zu der ich dann für viele Jahre ging. Doktor Zu tat dies auf diese Analytiker-Art, kleine Zettelchen mit Adressen, krakelig beschriftet, als wäre Papiersparen eine Riesentugend. Ist es ja vielleicht auch.

Zunächst suchte ich allerdings nach einem männlichen Analytiker. Der von den Zettelchen von Frau Doktor Zu – den Namen habe ich mir nicht gemerkt und mich interessierte damals auch nicht, was seine Veröffentlichungen waren – gab mir nach langer Anbahnung einen Besprechungstermin. Mit seinem Bart und dem dicken Bauch war er mir sofort unsympathisch und ich hoffte gleich, also schon im Türrahmen, dass er mich nicht nehmen würde.

In einer zweiten Stunde, die dann nicht mehr die vollen 50 Minuten erreichte, verkündete er das Ergebnis seiner Überlegungen: Ich sei wohl ein »zu hoher Berg«, den er sich in seinem fortgeschrittenen Alter nicht mehr »zu erklimmen« zutraute oder zumuten mochte, ich weiß es nicht mehr. Eventuell, dachte ich damals, roch er auch den Braten – meine eskalierende Sauferei.

Trotzdem hatte ich meinen neuen Job ganz gut im Griff. Ich war bei der Programmzeitschrift *TV Movie* mit ihren damals 120 Mitarbeitern. Ich war wieder mal Chefredakteur. Ein Riesenjob, Millionenauflage in einem hart umkämpften Markt, ein Job von anderer Dimension, als ich das bisher kannte.

Großer Staat, mit drei Stellvertretern anfangs, sowie einem Berater, den ich aus Wien holte: einen Freund von mir, Alex, der beim *Wiener* damals die Programmseiten gemacht hatte, das Wienprogramm, wie es hieß. Ich überließ es ihm, den Kontakt zu meinen Stellvertretern zu halten, denn ich fand sie unsympathisch und hatte Angst, sie würden bemerken, dass ich von Programmzeitschriften nicht viel oder eigentlich gar nichts verstand. Alex war aber ebenfalls keiner, der gern mit Leuten redete.

Ich war viel allein in meinem Eckbüro mit großem Fenster und Blick auf die Deichtorhallen und nickte in der ersten Zeit einfach alles ab, was mir vorgelegt wurde. Die Auflage stieg weiterhin, zwar nicht mehr so schnell wie früher, aber immerhin, sodass ich das Gefühl bekam, alles in allem den Anforderungen zu entsprechen.

Der Alkohol schien meine Karriere sogar zu befördern, weil ich mich furchtloser benahm und nie verlegen war, große Sprüche zu klopfen. Karin Pöbben, meine alleinstehende, über die Maßen aufopfernde Sekretärin hatte alle Hände voll zu tun, meine Aussetzer zu vertuschen und im Büro eine Fassade von »Business as usual« aufrechtzuerhalten. Wenn sie das Gefühl hatte, ich sei schlecht drauf, sagte sie die Termine ab.

Einmal sah ich mich in der Glasplatte des Tischs meines von meinem Büro abgetrennten Besprechungsraums. Ich hatte mir eine Schiebetür einziehen lassen, um dahinter ungestört zu sein und beim Trinken nicht überrascht zu werden. Ich erschrak, wie schlimm ich aussah, wie krank und aufgedunsen, und traute mich erst wieder abends aus dem Zimmer, als alle schon weg waren. Wie ein Gespenst. Dann schlich ich die Treppen hinunter und kurz kam etwas Haltung in meinen Körper, als die Portiers mich mit »Schönen Feierabend, Herr Chefredakteur« in das finstere Hamburg entließen. Erleichterung gab es in der nächsten Kneipe. Sie lag am Burchardplatz gleich gegenüber – der Sprinkenhof. Ich wusste, ohne die Chefredakteurshülle, den Chefredakteurspanzer, mit seiner Wirkung nach außen und nach innen, würde ich in Einzelteile zerfallen.

Wenn die beruhigende, Zuversicht stiftende Wirkung des Alkohols nachließ, war ich von Angst und Scham zerfressen. Aber die Wirkung war ja durch simples Weiter- und Dauertrinken jederzeit wiederherzustellen. Die negativen Gefühle konnten zu keiner Verhaltensänderung führen. Immer mehr benahm ich mich wie ein absoluter Herrscher, dem man keinen Wunsch abschlagen kann, auch keinen sexuellen. Eine ganze Liste von MeToo-Fällen. Ich war dabei, ein richtiges widerliches Arschloch zu werden. Was heißt zu werden. Ich war's schon.

Mit Eloise gab es ein monatelanges Trennen und Wiederzusammenkommen. Es gab Tage, da versteckte sie sich vor mir in der Wohnung der Freundin ihres Sohnes, weil sie meine Nachstellungen nicht mehr ertrug. Es gab schwer betrunkene Liz-Taylor-Richard-Burton-Szenen und eines Tages war sie weg und ich wusste, jetzt lasse ich es besser, sonst passiert noch ein Unglück.

Doch es gab jemanden in der Redaktion, der mich doch liebenswert fand oder zumindest interessant, und ich hatte noch genug Instinkt, diese Chance zu erkennen. Später sagte mir Eva, ich hätte ihrem »Beuteschema« entsprochen, ein Wort, das sie überhaupt gern benutzte. Ich sei zwar kaputt gewesen damals, aber eben auch mächtig, und Macht sei nun mal sexy.

Damals sah ich sie am Büroflur und sie kam mir bekannt vor. Die sieht aus wie Nena, war meine grobkörnige Wahrnehmung. Und hatte ich auf der Weihnachtsfeier vor ein paar Wochen nicht was gehabt mit ihr? Und nachher ins Hotel? Alle Gummibärchen aus dem Goldfischglas am Rezeptionstresen gegriffen und in den Mund gestopft?

Zu Karin Pöbben sagte ich, schau mal nach, da ist eine in der Fotoredaktion, die wie Nena aussieht. Du kennst ja Nena! Die mit »Nur geträumt«. Finde doch mal ihren Namen raus und gib ihr einen Termin. Vielleicht gegen Büroschluss.

Diese Nena ist Eva, die Frau, mit der ich bis heute zusammen bin, mit der ich zwei Töchter habe und eine kleine Kommunikationsagentur in Eimsbüttel, mit der Kombination unserer Nachnamen als Marke, *Hopp und Frenz*, kurz *HuF*.

Eva kommt aus einer Pastorenfamilie mit sieben Kindern. Der Vater, Helmut Frenz, ein berühmter Mann und internationaler Kämpfer für die Menschenrechte. In Chile riskierte er sein Leben, gewährte politisch Verfolgten Kirchenasyl und bewahrte sie vor Folter und Tod. Aber auch ein großer Schwerenöter und Unglücklich-Macher von Frauen. Für mich als Katholik war das neu: der Priester als Ehemann und Vater, dann untreu, und die Familie zerbricht. Die Protestanten sind eine Truppe von Sündern, hatte ich ja immer schon gedacht.

Mit 70 wurde Opa Helmut noch zweimal Vater, die Kinder rätselten, ob er dazu Viagra nahm und wer das einem alten Mann verschreibt. Er starb am Ende auch daran, hatte sich übernommen. Lucia, die junge Frau, mit der er die Kinder hatte und die er aus Chile geholt hatte, war zu schwach, ihn zu retten. Noch im Sterben rief er ihren Namen. Ein seltsames, einsames Ende nach einem bewegten, teilweise heldenhaften Leben.

Als Eloise und ich schon getrennt waren, ätzte sie: »Was ist jetzt mit deiner Pastorentochter? Schafft sie es, dich trockenzulegen? Der Vater kann ja gleich den Segen dazu geben.« Ja, sie schaffte es. Ich verließ Eloise unschön und lud am nächsten Tag Eva ein, mich mit ihrem dreijährigen Sohn Philipp in der Schubackstraße zu besuchen. Es war Samstag und die beiden gingen dann erst Sonntag.

Eva, zehn Jahre jünger als ich, brachte mich abgefuckten alten Sack dadurch vom Trinken ab, dass sie mir ultimativ abverlangte aufzuhören, sonst verließe sie mich auf der Stelle. Schon zwei Tage später sollte ich erfahren: Sie macht ihre Drohung wahr.

Abends, als ich besoffen in ihre kleine Wohnung am Rütersbarg mit dem Holzofen, in der ich nachts immer fror, kam, schmiss sie mich einfach raus, wies mir buchstäblich die Tür. Das war mir noch nie passiert. Aber Eva drang damit durch meinen Dauerdusel. Ich konnte mir erschrocken einen Ruck geben. Und obwohl ich noch weit davon entfernt war, klar zu sehen, sah ich doch eins: »Du bleibst jetzt bei Eva, dann wird sich auch alles andere ordnen.« Nach Liebe war ich damals gar nicht auf der Suche. Ich wollte einfach überleben.

Am Ende hat die Abkehr vom Alkohol die zweite Spielzeit meines Lebens überhaupt erst ermöglicht. Die ganze heutige Existenz, unsere Liebe, das hingekriegte Leben mit den inzwischen großen und erwachsenen Kindern, die Agentur heute – das alles gäbe es nicht, würde ich noch trinken. Ich habe natürlich auch heute Probleme, aber mit Alkohol wären sie viel größer.

So, that's the story of my life als mehr oder weniger Erwachsener. Fürs Erste: Ende der Nacherzählung. Auf den weiteren Seiten dieses Buchs kommt alles noch mal vor und noch mal, wiederkäuend, einkreisend. So wie ich es dann in der Psychoanalyse erlebt habe. Der Blick veränderte sich. Entwicklung setzte ein, na ja.

Frau Doktor Von

Das neue Jahrtausend hatte gerade begonnen. Tonti, meine erste Tochter mit Eva, war auf die Welt gekommen. Ich war clean. Ich trank nicht mehr, nahm keine Drogen und konnte darangehen, in Hamburg die mit Frau Doktor Zu in München begonnene Analyse fortzusetzen. Nach dem ersten gescheiterten Versuch mit dem Mann mit Bart und dickem Bauch, dem ich ein »zu hoher Berg« war. Soll er doch unten bleiben.

»Die Analyse fortzusetzen«, ich nannte das so, aber von Fortsetzung kann mit einem anderen Analytiker eigentlich nicht die Rede sein. Ich war fest entschlossen weiterzumachen, also gut motiviert, aber ohne Alkohol stand ich doch recht wackelig auf den Beinen. Ich hatte selbst entzogen. Auch ohne Medikamente. Die ersten Monate ging ich dreimal in der Woche zur Akupunktur in einer kleinen Praxis hinter der Langen Reihe, das half.

Die Reihenfolge, nämlich zuerst das Alkoholproblem in den Griff zu bekommen und dann wieder in Analyse zu gehen, hatte ich intuitiv gewählt. Meine neue Analytikerin war also Doktor Von, mit Adresse an der Agnesstraße im an der Alster gelegenen Nobelstadtteil Winterhude. Sie wohnte und arbeitete ebenerdig in einem eher schmucklosen Neubau und eröffnete mir in ihrer strengen Art gleich in der ersten Stunde, Leute mit Alkohol- und Drogenproblemen würde sie ohnehin nicht »behandeln«. »Kommt nicht infrage«, sagte sie, »erst muss die Sucht behandelt werden, dann kann die Therapie beginnen.«

Später sollte sich noch zeigen, für wie viel anderes sich Doktor Von auch nicht zuständig fühlte: Depression, Burn-out, Schlafstörungen Knochenschmerzen. Bei all so was verwies sie an den Facharzt oder empfahl Medikamente. In der Psychoanalyse geht es um was anderes, wird anderes behandelt; das sollte ich erst jetzt so richtig lernen.

Ich spürte, hier weht ein anderer Wind als in München. Die Analytikerin gab sich als in Wien geboren zu erkennen, ohne Details, nichts Genaues. Ich trug mir dann im Internet einiges zusammen, eine kurze Erzählung über ihre frühe Kindheit in Wien, ohne genauere Angaben, was die unheimliche Anziehung, die ich von Anfang an empfand, vielleicht noch verstärkte.

Aus München war ich an die große, weite, weiß gestrichene und von Licht und Luft durchflutete Altbauwohnung von Doktor Zu gewöhnt, eine freundliche und harmlose Atmosphäre, zu der nun das eher dunkle und ziemlich enge Apartment von Doktor Von, in dem es immer zu wenig Sauerstoff gab, einen deutlichen Kontrast bildete. Gemeinsam hatten die Wohnungen der beiden Analytikerinnen nur, dass sie in guten und teuren Stadtteilen lagen und dass die Inszenierung, für die sie genutzt wurden und deren Teil ich war, doch recht ähnlich ab lief.

Zu Beginn der Stunde, nachdem die Terminfindung gelungen oder über offene Honorare Klarheit hergestellt war, herrschte zunächst noch ein Zurechtschieben von Dingen, ein letztes Gerücke und Geraschel, Naseputzen, verstohlen auf die Uhr schauen, bevor Stille eintrat und das Atmen eine Rolle zu spielen begann. Wer eröffnete, wer machte den ersten Zug? Meist waren es die Analytikerinnen, die einsetzten, bevor die Stille überhand nahm. Die Stille ist ja unerträglich. Sie kann zu Herzrasen führen oder zu sofortigem Losweinen, wenn man schlecht drauf ist.

Ein kleiner Unterschied zwischen den beiden: Während Doktor Zu auf die Geschichten, die ich mitgebracht hatte, eher neugierig, manchmal erstaunt reagierte (fand sie etwas eklatant, verriet sie dies durch ein Anheben der Augenbrauen), hatte Doktor Von eine eher gereizte, manchmal desinteressierte Ausstrahlung. Oft stellte sie Verständnisfragen, die mir zeigten, wie wenig sie in die Storys eingestiegen war. Mag natürlich auch an den Storys gelegen haben, darüber gibt es noch viel zu sagen, all die Storys in all den Jahren, verrückt.

Was ich nie vergessen werde, ist Doktor Vons Geruch. Der Geruch, der mich umfing, wenn ich ihre Wohnung betrat. Der Geruch war im Winter vielleicht noch betonter und in alle Ecken gepustet durch die zu warme Heizungsluft. Im Sommer war es eher das schläfrige Hängen desselben Geruchs in den Räumen, das Sich-nicht-vertreiben-Lassen durch häufigeres Lüften. Es roch wie bei meiner Großmutter, mütterlicherseits.

Ich liebte meine Großmutter sehr. Nannte sie immer Omi. Und sie roch verdammt noch mal gut! Ich fühlte mich bei Frau Doktor sehr zu Hause.

Zunächst zweimal in der Woche trat ich nun die Zeitreise an, verließ für eine Stunde das an der Jahrtausendwende über sich selbst hinauswachsende, auftrumpfende

Hamburg und verschwand in der sich nach Wiener Nachkriegszeit anfühlenden Alte-Menschen-Höhle, mit ihrer knarzenden Bettbank, auf der ich lag, ihrem Überwurf, dem Wandteppich, dem fest verbauten Bücherregal aus dunkelbraunem Holz, der Messinglampe, der Stehlampe, einer Topfpflanze, der Katze aus Holz. Auf dem Spannteppich noch weitere Teppiche und Läufer, so ausgelegt, dass sie den Weg wiesen. Alles Braun in Braun, ein wenig Grau, das dunkle Rot der Perserteppiche. Ich mag Perserteppiche, bei meiner Oma durfte ich mit dem Kamm die Fransen kämmen.

Die Wohnung meiner Großeltern war wie ein Uterus für mich. Ich war als einjähriges Kind mit meiner Mutter in diese Wohnung gezogen, wo meine Oma praktisch meine Erziehung übernahm. In ihrer dominanten, manipulativen Art wurde sie für mich bald zu einer überlebensgroßen Person, die mich heute noch beeinflusst. Das halbe Buch handelt von ihr.

Als sie gestorben war, löste ich die Altbauwohnung in der Köstlergasse im 6. Bezirk, zwischen Gumpendorfer Straße und Wienzeile, nicht gleich auf, sondern führte sie wie ein Museum weiter – ließ sie dabei aber mehr oder weniger verkommen. Da sie auch gleich ums Eck meiner *Wiener*-Redaktion lag, die damals im »Palmers-Haus« in der Lehárgasse hinter dem Theater an der Wien untergebracht war, benutzte ich sie als Liebesnest, schönes Wort, um amouröse Mittagspausen mit Kolleginnen zu verbringen oder auch frühere, inzwischen anders liierte Freundinnen wieder mal zu treffen. Die jungen Frauen waren immer sehr begeistert von der Atmosphäre. Ich hatte damit etwas ganz Besonderes zu bieten.

Ich liebte es, mich in dem drückend-spießigen Ambiente, direkt neben meiner alten Spielzeugkiste, die der umgewidmete »Offizierskoffer« meines Wehrmacht-Großvaters war, schlecht zu benehmen: Gläser und Kaffeetassen nicht abzuwaschen, sondern stehen zu lassen, benutze Laken oder Decken ebenfalls nicht zu waschen, sondern einfach drauf zu lassen oder in eine Ecke zu knüllen, Spermaflecken auf dem Sofa nicht hektisch wegzuwischen, sondern ganz entspannt einziehen und festtrocknen zu lassen, als Heldenmale meines verwegenen Lebens.

Und da gab es diesen Spiegel im Vorzimmer, mit dem ich ein erotisches Geheimnis teilte. Dieser Spiegel wusste viel über mich. Meine ganze Kindheit lang lebte ich in der Vorstellung, Spiegel würden sich die Bilder merken. Sie nicht nur spiegeln, sondern auch sehen und sich merken. So wie heute das Internet. Mit dem Unterschied – das war meine Vorstellung –, dass die im Spiegel gespeicherten Bilder nur der abrufen kann, der davorgestanden hatte.

Es war so: Als ich sieben, acht Jahre alt war, durfte ich an den »Badetagen« allein in die Badewanne. Das war zweimal in der Woche. In der Regel wurde die Wanne schon eingelassen, während mich meine Großmutter im Wohnzimmer entkleidete, den Pulli über den Kopf zog (»Augen zu!«), die Hosen runter (»erst mit dem rechten Bein raus, dann mit dem linken«), und meinen nackten Körper dann in ein großes Handtuch wickelte. In dieser Weise bedeckt sollte ich durchs dazwischenliegende Vorzimmer ins Badezimmer laufen – laufen, damit mir nicht kalt würde, am Spiegel vorbei.

Vor diesem großen ovalen Spiegel im Vorzimmer überprüfte meine Mutter ihre Outfits, bevor sie sich zum Ball im Hotel Wimberger aufmachte, und meine Großmutter zupfte ihre großen Hüte zurecht, bevor sie in den Burggarten spazieren und dann ins Café Sperl ging. Eines Tages folgte ich auf dem Weg durchs Vorzimmer einer Eingebung: blieb jäh stehen, das Getrampel meiner Füße verstummte, drehte mich mit Rücken und Po zum Spiegel, riss mir das Handtuch herunter, bückte mich, sah über meine Schulter nach hinten, zog mit beiden Händen meine Hinterbacken auseinander und betrachtete meinen After – nur für einen Moment, eine Sekunde, bevor ich mich wieder verhüllte und weiterlief ins Badezimmer, mit hoch schlagendem Herzen.

Das wiederholte sich. Bei den ersten Malen schockierte mich der Anblick meines Arschlochs regelrecht, mein Herz pochte bis zum Hals, dieses irgendwie runzlige, älter als man selbst wirkende, unbeschreibbare Ding, mitten am eigenen Körper, normalerweise Gott sei Dank verborgen. Ich wagte noch nicht, es zu berühren.

Da ich mich aber bei meinem Zwischenstopp vor dem Vorzimmerspiegel in Sicherheit wähnte, weil Oma verlässlich damit beschäftigt war, meine Kleider für den nächsten Tag auf Sauberkeit zu überprüfen, wurden meine Selbstbetrachtungen mit der Zeit etwas länger, aber nie länger als sagen wir zehn Sekunden.

Ich gebe es zu: Gerne wäre ich auch mal allein in der Praxis meiner Hamburger Analytikerin gewesen, im

Wohn-Arbeits-Uterus der »Tante«, wie ich sie schon bald in der Familie nannte, ein bisschen rumräumen, es mir bequem machen, aber dazu kam es nie. Ich war immer nur für kurze Momente allein im Raum. Immerhin, die konnte ich nutzen, um Hänsel-und-Gretel-Spuren zu setzen, indem ich zum Beispiel ein Buch leicht verrückte oder ein winzig klein zusammengelegtes Post-it-Zettelchen, das ich schon vorbereitet hatte, tief unter das Sofa schnippte.

Es ging bei Doktor Von immer streng zu, anders als in München, wo eher Laisser-faire herrschte. Ich musste mir die Schuhe vor der Tür abstreifen, bei nassem Wetter ausziehen, und zwar ohne dumm zu fragen. Unpünktlichkeit wurde mit strengen Blicken geahndet. Kein »Dann gehen Sie bitte schon rein«, sondern: »Dann gehen Sie eben schon rein«, so als müsste man eigentlich weggeschickt werden. Es gab Zeitabzug: »Ihnen ist klar, wir können das nicht einarbeiten. Wir müssen die Stunde pünktlich beenden.«

Terminverschiebungen waren immer ein großes Problem – »Ich verstehe das nicht, dass sie das nicht einhalten können, das muss besser werden« –, Urlaube schienen fast ungehörig: »Ich dachte, Sie haben kein Geld.« Kurzfristige Absagen waren überhaupt nicht vorgesehen: »Es ist Ihnen klar, dass Sie die Stunde bezahlen müssen? Nicht, dass es dann Diskussionen gibt. Solche Diskussionen führe ich nicht.«

In den ersten Jahren hatte ich das Gefühl, dass es noch viele andere Patienten gibt. Nicht wie beim Zahnarzt, aber doch einige. Sicher kommt jeder immer pünktlich, dachte ich, sodass man sich in dem kleinen Vorzimmer nicht begegnet. Zwischen den Stunden ist immer zehn Minuten

Pause. Manchmal kamen mir unsicher wirkende, mittelalte Frauen auf der Straße entgegen oder ich sah auch mal eine Frau im Auto warten, nie einen Mann.

In den Räumen der Praxis, zumindest an den Vormittagen, arbeitete in dieser Zeit wohl auch eine Assistentin, die beim Notieren der Stunden für die Abrechnung bei der Krankenkasse mitzuhelfen schien, was ich aber immer nur dann bemerkte, wenn es »Unklarheiten« bei den Abrechnungen gab, das heißt, wenn ich mal wieder nicht gezahlt hatte. Die Krankenkasse überwies die Beträge immer auf mein Konto, was mich dazu verleitete, das Geld schon mal für anderes auszugeben. Eine neue Schuldenfalle hatte sich aufgetan. Die Assistentin blieb aber so gut wie unsichtbar, eigentlich weggesperrt. Ich kannte sie nur vom Telefon, soweit es überhaupt einen Grund gab anzurufen, da es im System der absoluten Termintreue nicht vorgesehen war. Wenn die Stunde vorüber war, ging die Analytikerin zurück in ihr Arbeitszimmer, zog die Tür hinter sich zu, und während man sich anzog, konnte man durch den schnell kleiner werdenden Spalt vielleicht noch aufschnappen, wie die Assistentin von den Anrufen berichtete, die in der Zwischenzeit eingegangen waren.

Die Assistentin gab sich ganz anders als die Analytikerin. Sie sprach in einer hohen, mädchenhaften Stimme, zuckersüß und wie die Güte in Person. »Good cop, bad cop«, dachte ich, doch so einfach war es nicht. Auffällig war, dass sie nichts selbst entscheiden konnte, sondern jede Antwort auf einen Rückruf oder einen zweiten Anruf verschob. Die dabei verwendete Sprache schien etwas aus der

Zeit gefallen: »Das werde ich der Frau Doktor unterbreiten«, hieß es zum Beispiel, wenn man telefonisch einen Termin verschieben wollte, oder: »Da gebe ich Ihnen einen Rat: Das sprechen Sie bei der Frau Doktor bei nächster Gelegenheit am besten direkt an. Wie wäre das?«

Die feierliche, würdevolle Art der Assistentin mit ihrem unendlichen Respekt vor Doktor Von in Kombination mit den geschäftigen, routiniert wirkenden Abläufen in der Praxis ließen das Bild in mir entstehen, die Analytikerin, die ja vom Alter her schon längst im Ruhestand sein könnte, statt sich hier Stunde um Stunde abzuplagen, sei ein besonders einzigartiger, wertvoller, engagierter, empathischer, aufopfernder, wohlmeinender, guter oder gütiger Mensch, der sich mit dem formellen und oft etwas kühlen Umgang nur schützte.

Und noch etwas führte zu dem Eindruck: Oft, nicht immer, am Ende der Stunde in einem kurzen Moment während der Verabschiedung, schenkte mir die Analytikerin einen Blick. Die großen wasserblauen Augen, in die ich ja sonst nie sehen konnte, weil ich auf der Couch lag, gingen auf, wie die Sonne aufgeht – für den Bruchteil einer Sekunde vielleicht nur – sie strahlten, strahlten, strahlten – und kündeten von Glück, Anteilnahme und Lebensmut. Das Gesicht der alten Frau blieb dabei irgendwie unbeteiligt, aber die Augen – lachten. Jedes Mal aufs Neue berührt von diesem Schauspiel bedankte ich mich so formell wie möglich, mit großem Respekt, verneigte mich kurz und verließ den Raum.

Traum 1
Ich liege mit Eva im Bett – samstagmorgens – wir müssen nicht aufstehen. Der Traum spielt in der Gegenwart, aber die Wohnung ist anders, alles gedrängter, dichter beieinander. Direkt vor dem Schlafzimmer scheint gleich die Küche zu sein. Die Kinder sind schon wach, ich kann mich an unsere Töchter Tonti und T. erinnern. Doch noch jemand ist da, mit dem die Mädchen sprechen, leise. Eva und ich im Bett können nichts verstehen. Doch nach und nach bekommen wir mit: Die Besucher sind Polizisten oder Vollzugsbeamte vom Finanzamt. Die Kinder geben ihnen Auskunft oder versuchen, die Situation zu regeln, ohne uns zu wecken. Ich denke: »Jetzt verlieren wir noch die Wohnung, das Büro ist eh schon weg.« Die Kinder werden das auch nicht aufhalten können, natürlich nicht. Eva und ich stehen lieber nicht auf, ziehen eher die Decke ein Stück höher zum Kinn. Ich merke, dass mein Schwanz halb steif ist. Ich hoffe, dass Eva das merkt und mir einen runterholt. »Hoffentlich geht es gut aus«, denke ich. Ich möchte so gerne noch einmal abspritzen, bevor die Beamten reinkommen. Als ich aufwache, habe ich Angst und eine Erektion.

Frau Doktor Von war klein, etwas gebückt schon, aber flink in ihren Bewegungen. Ich nahm sie die meiste Zeit nur in ihrem Stuhl sitzend wahr. Ich sah sie zum Beispiel nie auf der Straße gehen oder sich in einem Café einen Platz suchen. Sie wirkte weder besonders gesund noch besonders gepflegt. Ich, als der viel Größere, sah manchmal die kahle Stelle auf ihrem Kopf. Alle paar Wochen ging sie offenbar zum Friseur und kam mit einer betoniert wirkenden Dauerwelle zurück, wie ich sie von meiner Großmutter kannte.

Am Anfang noch viermal im Jahr, später seltener flog sie nach New York, erzählte aber nichts darüber. Abwesenheiten kündigte sie auf einem in fetter Schrift ausgedruckten Zettel an: »Vom 3. Mai bis 26. Mai 2010 ist die Praxis geschlossen.« Er lag am Couchtisch und wirkte wie eine amtliche Verordnung. Sie ging davon aus, dass man als Patient den Zettel las, sich den Inhalt merkte und die eigenen Planungen anpasste. Damit hatte ich öfter Probleme, aber warum eigentlich?

Wer war Doktor Von? Wer war sie wirklich? In Wien geboren, in Amerika Philosophie und Literatur studiert, Ausbildung am C. G. Jung-Institut in Zürich, psychoanalytische Praxis in New York und Hamburg.

Vons Bücher kaufte ich mir alle, bestellte sie neu oder antiquarisch im Internet. Eins fand ich zufällig am Ausverkaufstisch einer Buchhandlung in der Langen Reihe in Hamburg. Später bekam ich heraus, dass sie eine Tochter hatte, die in Amerika Analytikerin war, und einen Sohn, der manchmal kam und den Fernseher, das Internet und das Mail-Programm einrichtete.

Wenn ich im Vorzimmer den Mantel ablegte, lugte ich dann und wann durch die Küchentür, wenn diese mal einen Spalt weit offen stand. Drinnen sah es chaotisch und etwas eklig aus, ungewaschenes Geschirr, offene Marmeladengläser.

Und immer wieder versuchte ich, einen Blick in das Arbeits- und Wohnzimmer zu erhaschen, wenn sie nach der Begrüßung kurz darin verschwand, um ihre Mappe zu holen. Ein großer, aber niedriger Raum, in dem mehrere Schreibtische kreuz und quer standen, eher wie in einem Büro, jeder vollgeräumt mit Bücher- und Papierstapeln, Mappen, dazwischen Beistelltischchen mit Lampen, Fotokopierer und Drucker.

Die Bücher waren sehr unterschiedlich. Man spürte, Doktor Von hatte als Autorin verschiedene Ansätze verfolgt und – wenn ich mir das Urteil erlauben darf – ihre »Buchstimme« nie gefunden. Es gibt einen kleinformatigen Ratgeberband, dann eine Art Traumerklärungsbüchlein und ein professionell gemachtes, etwas plakatives Sachbuch.

In den letzten Jahren hatte sie nur in analytischen Fachbuchverlagen veröffentlicht, in kleinen, teuren Auflagen und ohne breiten Buchhandelsvertrieb. Die Texte wirkten auf eine lieblose Art akademisch und unredigiert, kein Schritt auf den Leser zu, wie nicht zur Veröffentlichung gemacht.

Aus den Büchern lässt sich ihre wissenschaftliche Entwicklung in Umrissen erkennen. Sie war einen ungewöhnlichen Weg gegangen. Einen, der sie womöglich ein wenig einsam machte: von Freud zu Jung und wieder zurück zu Freud. Ich denke, sie konnte Jung, wenngleich sie ihm von der Lehre her eher verpflichtet war, den üblen Umgang mit Frauen nicht verzeihen, seine karrieristische Art und das unsympathisch Wackelige im Umgang mit dem Nationalsozialismus. Freud stand ihr näher, als Jude und als einer, der vor dem nationalsozialistischen Terror fliehen musste.

Anfangs interpretierte ich die wenigen Informationen über sie noch so, dass sie eine zweite Praxis in New York unterhielt. Das fand ich natürlich beachtlich und gab gleich damit an. Aber es war nur eine Vermutung oder etwas, das ich toll gefunden hätte. Erst als ich mich mehr mit der Person der »Tante« zu beschäftigen begann, stieß ich auf einen kurzen autobiografischen Text in einer analytischen Zeitschrift, in dem sie preisgab, in »zwei Welten« zu leben. In Hamburg, wo sie als Psychoanalytikerin praktizierte, und in White Plains in der Nähe von New York, wo sie Mitglied einer liberalen Synagoge war.

Die Kenntnis der Wiener Herkunft der »Tante«, die sie ein einziges Mal erwähnte, hatte mich gleich dazu verleitet, sie als »Große Mutter aus Wien« zu installieren, als jemand, der meine Großmutter besiegen und übertreffen konnte – vielleicht eher eine strenge Version meiner Großmutter, denn richtig streng war Omi ja nicht, sie machte mich eher mit einem System aus Manipulation und Belohnung gefügig. Bei Doktor Von gab es keine Belohnung, das fand ich unerträglich.

Diese anachronistisch wirkende Strenge führte bei mir dazu, dass ich wie ein fauler Schüler versuchte, das System zu unterlaufen – zum eigenen Schaden. Ich hatte es ja geschafft, hatte es auch hier geschafft, Schulden zu machen, und redete mir nun ein, die Art, mit der Doktor Von mit meinen Problemen umging – für meine Begriffe unverständig, herzlos, prinzipiell Mitleid vorenthaltend –, habe sozusagen keinen Lohn verdient.

Das Gefühl, übersehen zu werden, machte mich oft wütend, heimlich natürlich nur, und es führte über lange Phasen zu einer Grundstimmung der Verärgerung und Frustration. Allerdings nie so sehr, dass ich daran gedacht hätte, mit der Therapie aufzuhören. Über die Psychoanalyse wurde gesagt, sie sei nichts anderes, als eine nachgeholte Erziehung, das stimmt.

Ich habe es schon erwähnt, die Wohnung von Doktor Von hätte auch in Wien liegen können. Das Ächzen und das Knarren, wenn man sich auf die Ottomane setzte, der Urindampf in der Toilette, Teppichläufer, die wie Wegweiser aufgelegt sind, die Topografie der abgewetzten Stellen. Wien.

Wir beide, Doktor Von und ich, hatten Wien verlassen. Sie *musste* Wien verlassen, im Jahr 1938. Der Vergleich ist unangemessen, geschmacklos. »Ich hing sehr an Wien. Vielleicht gilt das für alle Wiener«, schreibt sie in ihrem autobiografischen Text.

Ich verließ Wien aus vergleichsweise banalen Gründen: Ich rechnete mir in Deutschland bessere Chancen aus. War es das? Nein, das hatte ich gar nicht überblickt damals, aber abzuhauen schien eine gute Idee zu sein. Vor ungeklärten Beziehungen, vor Schuld und Schulden. Ich betrog mich anfangs mit der kindischen Vorstellung, die Bank finde mich nicht in München. Mahnschreiben, die mir dann doch zugestellt wurden, schmiss ich einfach weg, wie es sich gehört, wenn man an seinem finanziellen Untergang arbeitet.

Doktor Von ging 1938 mit ihrer Mutter, die Amerikanerin war, zunächst für ein Jahr nach Paris, dann zu Verwandten nach San Francisco, studierte in Northampton, Massachusetts, schrieb sich 1947 an der Uni in Zürich ein, arbeitete in München bei Radio Free Europe, kam wieder zurück nach Zürich, inzwischen hatte sie eine Tochter geboren und begann die Ausbildung am C. G. Jung-Institut. Ging danach, da sie in der Schweiz mit inzwischen zwei schulpflichtigen Kindern keine Aufenthaltsgenehmigung bekommen konnte, wieder ein Jahr nach Österreich. Doch in dem Land, aus dem sie als »Fremde« verjagt worden war, fühlte sie sich wieder fremd. Sie zog zu ihrem Mann nach Hamburg und schloss Mitte der 70er Jahre ihre Ausbildung am Bremer Institut für Analytische Psychologie ab, in dem damals Jungianer und Freudianer gemeinsam lehrten.

30 Jahre später tauche ich in ihrer Hamburger Praxis auf, eine verlorene Seele, mit Sehnsucht nach der Heimat und doch dem festen Plan, mich hier festzusetzen. Beide waren wir fremd. Gegenüber anderen, aber womöglich auch uns selbst gegenüber – irgendeinen Grund wird es ja gehabt haben, dass Von eine Psychoanalyse gemacht hat, den ersten Schritt zur Ausbildung als Analytikerin.

Haben diese Gemeinsamkeiten – okay, sie sind nur von mir unterstellt – eine Rolle gespielt, als sie mich als Patient genommen hat? Bei Doktor Zu in München hatte ich die Therapie abgebrochen, auch, weil das Hin und Her mit Hamburg zu mühsam geworden war, und zu teuer, ich war damals schon dabei pleitezugehen. Ein Analytiker in Hamburg hatte mich nach zwei Probestunden abgelehnt. Auch das wusste Von, als sie mich das erste Mal empfing.

In den ersten Stunden saß ich ihr noch auf dem Fauteuil gegenüber und hatte Sichtkontakt. Das Ermessen von Reaktionen wäre damit möglich gewesen, doch da kam nicht viel. Ich schreckte nicht davor zurück, Doktor Von bei passenden Stellen mit dem Blick zu fixieren, doch sie war es, die oft den Blick nicht hielt, das Gesicht von mir wegdrehte und aus dem Fenster schaute, als müsse sie da etwas kontrollieren.

Psychoanalyse ist alles andere als ein Gespräch, das war offensichtlich, und so nahm ich das Angebot, in die liegende Position auf die Couch zu wechseln, das schon in der zweiten oder dritten Stunde kam, gerne an. In einer dieser Stunden offenbarte mir die »Tante« auch, mit mir arbeiten zu wollen, wie sie es ausdrückte, und jetzt mal die ersten 30 Stunden bei der Kasse zu beantragen. Ich war erleichtert, »genommen« worden zu sein, und vereinbarte motiviert die ersten Termine.

Obwohl ich angezogen war von dem vertrauten Alte-Leute-Geruch und dem aus der Zeit gefallenen Ambiente der Praxis, ahnte ich von Anfang an, dass in diesem Behandlungszimmer auch anderes lauerte: Unverständiges, beharrlich Fremdes, Gar-nicht-Nahes und auch Feindseliges. Man könnte sagen, mein eigenes Wesen, das sich bekanntlich auch jederzeit gegen mich selbst wenden konnte. Hier auf der knarzenden Ottomane konnte es auch Stress geben. Die Schwierigkeiten, Stunden zu verschieben oder einen Urlaub anzusagen, waren nur erste Anzeichen.

Es schien das Gegenprogramm zu Frau Doktor Zu in München, mit ihrer immer freundlichen, liberalen, oft auch etwas chaotischen Art, die immer nahbar blieb. Ich wusste um ihre Ehe mit einem im Stadtteil bekannten Neurologen, bei dem meine Ex Pia als Sprechstundenhilfe arbeitete. Die gelben Gummistiefel des kleinen Sohnes lagen im Flur. Dann der kleine weiße Scottish Terrier, mit dem auch jemand runter musste. Alles war viel konkreter, nachvollziehbar.

Auch bei Doktor Von gab es ein Tier, ein alte Katze, die während der ersten beiden Stunden durchs Zimmer lief oder durch das handbreit geöffnete Fenster in den Garten verschwand. Als sie eines Tages fort war und ich nachfragte, hieß es, sie sei gestorben, und als ich im harmlosen Konversationston nachfragte, ob sie sich eine neue holen wolle, beschied sie mir streng und abschließend: »Nein, auf keinen Fall.« Damit war klar, dass die Katze nie mehr Gesprächsthema sein würde.

Hatte mich Doktor Zu also deshalb an Doktor Von vermittelt, weil sie dachte, ich bräuchte mehr Struktur, mehr Strenge, etwas, das sie mir so nicht geben konnte? Hat sie mich abgeschoben, aus dem Gefühl heraus, nicht an mich heranzukommen, oder weil ich alkoholisiert auf der Couch lag, eigentlich nicht ansprechbar? Erschien ich ihr auch als »zu hoher Berg«. Ich erinnere mich noch an die Worte, die am Anfang der »Abschiebung« standen: »Melden Sie sich bei Doktor Von«, sagte Doktor Zu eines Tages in einer für sie überraschenden Bestimmtheit. »Ich habe Sie angekündigt. Doktor Von ist eine sehr erfahrene Therapeutin. Sie wird Ihnen helfen können.«

Doktor Von weigerte sich von Anfang an, der Behandlung eine Struktur zu verleihen, zumindest eine, die ich erkannt hätte, und es gab auch keinen zeitlichen Horizont. In den ersten Jahren sorgten nur die Einreichungen bei der Krankenkasse für Zäsuren. Dreimal bekamen wir Nachschlag, nach 120 Stunden wechselte ich in den Status des Selbstzahlers. Was hatte sie der Kasse über mich berichtet? Sie schien geschickt zu sein in dieser Hinsicht. Einmal bat sie mich, ich solle bis zum nächsten Mal einige Ziele aufzuschreiben, was ich in der Therapie erreichen wolle, sie brauche das für die Kasse. Ich tat das folgsam, gab es ab und es war nie wieder die Rede davon.

Traum 2
Ich bin in einer Fantasy-Wüstenlandschaft. Allein. Es ist Nacht. Ich sitze auf dem Fahrrad. Eine große Weite. In einiger Entfernung mit Mauern befestigte Siedlungen, dahinter Burgen und Schlösser, Zinnen, die in die Höhe ragen. Da muss ich hin, zu der Siedlung. Aber mit dem Rad komme ich im Sand nicht weiter und meine Leute habe ich längst verloren. Da höre ich Stimmen und ein junger kräftiger Mann bleibt neben mir stehen, ebenfalls auf dem Fahrrad. Seine Freunde fahren weiter. Ich kann mich nicht verständigen, aber der Junge versteht, dass ich auch zum Schloss muss. Ich denke, ich bin gerettet, da radelt er los und gibt mir ein Zeichen, ich solle ihm folgen. Das Zeichen kenne ich aus meiner Kindheit, wenn sich in unserer Fahrrad-Gang – hatte ich so was wirklich, eine Fahrrad-Gang? – ein Anführer herauskristallisiert

hatte, gab er mit dem rechten Arm dieses Folge-mir-Zeichen, das man wahrscheinlich auf der ganzen Welt versteht. Ich versuche also zu folgen, aber ich merke gleich, es wird schwer, in dem Tempo mitzuhalten – und der Junge wird für mich nicht langsamer werden, er muss sich selbst beeilen. Es ist meine letzte Chance.

Noch einmal dreht er sich um, gibt wieder Zeichen, diesmal aber um mir zu bedeuten, ihm in einen Tunnel hinein zu folgen, den ich in der Entfernung vage erkennen kann: Nicht viel mehr als ein großes Loch im Wüstenboden, als wären wir in einer gigantischen Sandkiste. In freudiger Erwartung, es würde jetzt etwas leichter, hole ich auf und erreiche den Eingang des Tunnels. Drinnen ist es erleuchtet, Fackeln sind aufgestellt, es geht kurz bergab, und ich fühle mich der Rettung nah, als würde ich jetzt nur runtersausen müssen und dann wäre alles gut. Doch wieder gibt der Junge Zeichen, kürzer als vorhin, als könnte er die Hand nicht so lange vom Lenker nehmen. Wir haben eine kurze Talsohle erreicht, von da geht es in einer engeren Röhre steil nach oben. Mein Führer rast voran. Ich denke mir, ich muss jetzt gut Schwung nehmen, um in der steilen Röhre zumindest ein Stück weit voranzukommen. Doch ich bleibe schnell hängen, der Sand wird immer weicher, die Räder drehen sich nicht mehr. Der Junge ist weg.

Meine Hoffnung war immer, dass Doktor Von mit ihrer Wiener Herkunft empfänglich sein müsste für meinen Kindheitskram aus der Nachkriegszeit. Aber ich übersah, dass ich ein kleiner Nazi war und sie eine Jüdin, die aus Wien flüchten musste, weil man sie da getötet hätte. Vielleicht will sowieso niemand mit auf meine Reisen in die Vergangenheit, weil es Reisen in die Angst sind.

Es gibt einen Ort in Wien, da geht es besonders viel um Angst, das ist der Prater. Besuche dieses Vergnügungsparks mit dem zur Weltausstellung 1873 errichteten Riesenrad – damals das höchste der Welt, das lernten wir in der Schule – standen in meiner Kindheit mit Feiertagen in Verbindung. Zu Ostern, am 1. Mai, zur Erstkommunion und Firmung ging man in den »Wurstelprater«. Unterm Jahr in den Prater zu gehen hatte eher etwas Anrüchiges, das machten die Halbstarken oder die Arbeitslosen, die dort in den Spielhallen herumhingen.

Ich liebte es als Kind, in wechselnder Besetzung von Familienmitgliedern, in den Prater zu gehen, aber meine Nerven machten oft nicht mit. Wenn, meist lange vorher, die Ankündigung eines Praterbesuchs kam, meist durch meine Großeltern, bekam ich das Kotzen, und man konnte nur hoffen, dass es bis zum großen Tag wieder vorbei war. Für Angst war immer gesorgt im »Wurstelprater«, schon der Wurstel – der Kasper – war zum Fürchten, sein hölzernes Gesicht mit den toten Augen. Angst haben konnte man auf dem Toboggan, der angeblich ältesten Holzrutsche der Welt, und den Hochschau- und Geisterbahnen. Das traute ich mich ohnehin alles nicht. Erst mit dreizehn, vierzehn, als ich schon Bier trank. Als junger Mann, der den Prater als geeigneten Ort zum coolen Schulschwänzen auserkoren hatte, konnte man sich fürchten, von Halbstarken verprügelt zu werden, die ihr Revier verteidigten oder einem einfach eine Packung »Hobby«-Zigaretten abnehmen. Und Mädchen konnten sich fürchten, in den Praterauen vergewaltigt zu werden.

Heftiges Erschrecken auch bei der Kinderautobahn, auf der man sich einbildete, selbst zu lenken, in Wirklichkeit fuhren die Autos auf Schienen, die aber vor Hindernissen so knapp abbogen, dass man jedes Mal Panik hatte, gegen die Wand zu fahren. Ich zwängte mich noch als Erwachsener hinein, meine eigenen Kinder erstaunt und viel weniger schreckhaft am Nebensitz. Für mich als Kind kam also eigentlich nur die Grottenbahn infrage, da war ich recht tapfer. Grottenbahnen waren dazu da, den Kleinen Angst zu machen beziehungsweise sie an die Angst zu gewöhnen. Da wurde viel geweint, geschluchzt, laut geschrien, leise gewimmert, entweder noch am Schoß des Vaters sitzend oder schon allein festgeschnallt auf der Bank der Gondel. Die Füße reichen noch nicht bis zum Boden bei der ruckeligen, zunächst zögerlichen, aber doch unaufhaltsamen Fahrt in das finstere Loch des Eingangs. In Deutschland sagt man Märchenbahnen dazu, in Österreich Grottenbahnen. In den künstlichen Grotten »warteten« die Märchenfiguren und blieben über viele Jahre völlig unverändert. Dieses Warten – dass diese Figuren (Wesen?) dauernd warteten, hier drin waren, während man selbst draußen sein Leben führte, aber dann doch immer wieder zurückkam – war der Kern des Unheimlichen. Sie warteten ja auf dich! Diese Figuren wurden über die Jahre immer staubiger. Es gab weniger bewegliche Teile, weil die Mechanik irgendwann hängen geblieben war. Die Hexe konnte nicht mehr mit dem Kopf nicken, der Wolf im Bett der Großmutter nicht mehr das Maul aufreißen, kaputte Teile wurden durch offensichtlich unpassende ergänzt. Aber alles zusammen gab sich alle Mühe, immer gleich zu wirken, immer zu warten, schließlich waren es alte, traditionsreiche Fahrgeschäfte und die Alles-bleibt-immer-gleich-Illusion ist in Wien die mächtigste aller Illusionen.

Ich stieg in diese Grottenbahn mit drei Jahren, mit vier, mit fünf, mit sieben, mit zehn und mit vierzehn, auch mit sechzehn, dann mit einem Mädchen und setzte alles daran, ihr die Zunge in den Mund zu stecken, bevor es wieder ins Helle hinausging. Später wollte ich die eigenen Kinder in meinen Kindheitsgrusel hineinzwingen, um die Einsamkeit und die Hilflosigkeit von anno dazumal abzumildern. Geteiltes Leid. Es ist ein psychologisches, mystisches Experiment, von dem ich nicht lassen kann, die eigenen Kinder mitzunehmen auf die Reise in die Vergangenheit und zu gucken: Wie fühlt sich das an? Wird die Angst weniger? Oder wirkt sie ansteckend? Die ganze Inszenierung könnte ein Zauberversuch zur Erlösung aus der Kindheit sein. Kann aber sein, dass er nicht funktioniert, weil der Nicht-Erlöste nicht selbst der Zauberer sein kann.

Frau Doktor Von ließ solche Erzählungen meist unkommentiert. Nie ließ sie sich verleiten, nur ein Wort über ihre eigene Kindheit zu verlieren. »Waren Sie im Theater«, fragte sie manchmal, wenn ich von Besuchen in Wien berichtete, »oder waren Sie in der Oper?« Das Burgtheater und die Staatsoper waren Orte, an denen sie glückliche Stunden erlebt haben musste; so viel wurde über die Jahre unserer therapeutischen Beziehung dann doch deutlich. »Nein, ich war im Prater«, sagte ich dann. »Im Prater, wieso im Prater«, fragte sie, als wäre es der letzte Ort, an den man gehen konnte. Dort war es viel zu trashig für Doktor Von, die Wagner liebte und nicht die dröhnenden Schlager im Wurstelprater.

Gerne hätte ich es ihr recht gemacht. Es hätte in den Jahren mit ihr ohnehin nichts Größeres gegeben für mich, als Doktor Von in Wien ins Burgtheater oder in die Oper auszuführen, ins Burgtheater am Ring, vielleicht in den *Heldenplatz* von Thomas Bernhard. Ich wusste ja, das liebte sie auch. Einmal hatte ich ihr einen Bildband über die Häuser von Thomas Bernhard mitgebracht. Ich sah ihr über die Schulter, stehend, während sie durchblätterte, das Buch dann aber streng zur Seite legte und in den Therapiestunden-Modus überging.

Würmchen

Am 15. Mai 1955 sprach Außenminister Figl im Schloss Belvedere: »Österreich ist frei.« Im Wochenschau-Bericht kommt es so rüber, als ob er die Worte auf dem Balkon gerufen hätte, vor jubelnder Menschenmenge. Und genau das war über Jahrzehnte der Gründungsmythos der Zweiten Republik. Inzwischen weiß man, dass der Bericht – sagen wir mal – geschicktes Storytelling war. Als wäre das gerade unterzeichnete Dokument eine Sporttrophäe, reißt Figl, der zusammen mit den Außenministern der Alliierten auf dem Balkon steht, den Staatsvertrag in die Höhe, die Minister lachen, die Menge unten im Park des Belvedere jubelt, es wird Walzer getanzt. »Österreich ist frei.« Aber frei wovon eigentlich? Frei von den Besatzern, die ja eigentlich Befreier waren, von der Besetzung durch die »Siegermächte«, die das Dritte Reich besiegt hatten. Frei sein ist so eine Sache. Wovon die Österreicher frei sein wollten, das war die Schuld.

Würmchen erlebte die Szenen in Finsternis und in Einsamkeit. Die Worte drangen nur als Geräusche zu ihm durch. Würmchen war seit zwölf Wochen unterwegs und im Leib seiner Mutter, die mit ihrer Zwillingsschwester Ida gekommen war, um die prominenten Politiker einmal live zu sehen. Prominente hatten sie schon immer interessiert. Sie waren auch begeisterte Autogrammjäger vor der Bühnentür des Wiener Burgtheaters.

Die Zweite Republik war also gerade ein halbes Jahr alt, als Würmchen in der Kinderklinik des Allgemeinen

Krankenhauses zur Welt kam, an einem Mittwoch, den 23. September. Vielleicht um Aufmerksamkeit auf sich zu ziehen, war das Neugeborene am ganzen Körper rot gefleckt, Röteln, und kam in Quarantäne. Ansteckungsgefahr für die Schwangeren auf der Station.

Nicht nur in Österreich, sondern auch bei Würmchen war nicht ganz klar, wohin die gerade gewonnene Freiheit überhaupt führen sollte. Für Würmchen jedenfalls sah es von Anfang an nicht so aus, als ob der Weg vom Drinnen zum Draußen an irgendeinen erstrebenswerten Ort führen würde. Frei sein ist auch für Würmchen so eine Sache. Es wird darin nie besonders talentiert sein.

Das Neugeborene konnte nicht gestillt werden. Die Umstellung der Ernährung auf das noch neue »Milupa« führte dazu, dass es mal eher dick war (da riefen sie: »So süß, wie ein kleiner Chruschtschow«, nach dem damaligen Generalsekretär der KPdSU, der ein kugelrundes Gesicht hatte) und mal eher dürr und dünn, eben ein Würmchen. Der Kosename sollte mich noch lange begleiten. Zu lange. Und harmlos war er auch nicht. Würmchen – das bin ich, als halbe Missgeburt.

Ich weiß nicht mehr, wer mir das »Würmchen« verpasst hat. Es hing Jahre an mir, auch, weil sich meine Eltern lange nicht auf einen Vornamen einigen konnten, »Michael« wollte meine Mutter, »Karl« mein Vater. Würmchen blieb ich, bis ich in die Schule kam. Dann wurde ich zum »Michi«. 1989, als ich nach Deutschland ging, taufte ich mich selbst in Michael um. Aber Würmchen lauerte immer in den Kulissen. »Würmchen, dein Auftritt bitte«, so verstand ich es, wenn ich von den Analytikerinnen den Satz »Wenn Sie wollen, können Sie auch über ihre Kindheit erzählen« hörte. Das sagten beide in denselben Worten zu mir. Sie verlangten es mir aber nicht ab. Und ob ich wollte! Ich war fixiert auf die Vorstellung, dass es in der Psychoanalyse um Kindheit geht, um die Frühe und die Schäden, im Prinzip um das Würmchen also.

Womit sich die Analytikerinnen beim Patienten Michael Hopp herumschlagen mussten, war also kein Verdrängen oder Verschweigen, eher das Gegenteil. Es war eine Fixierung, ein total enthemmter Exhibitionismus in Bezug auf die frühen Jahre, auf die Würmchen-Jahre, auf Ereignisse in dieser Zeit, die beim Erwachsenwerden angeblich hinderlich sind, ein schwerer Fall von Nicht-Erlösung aus der Kindheit. Jedes Mal, wenn ich zu Frau Doktor Von oder früher auch Frau Doktor Zu kam, wurde ich wieder zu Würmchen. Als ginge es immer noch darum, schlechte Schulnoten zu entschuldigen.

Wir waren meist zu viert im Raum: die Analytikerin, Oma, Würmchen und ich. Meine Großmutter wachte aus dem Jenseits streng darüber, ob ich Würmchens Geschichte richtig erzählte. Und das bedeutete immer auch: ausreichend unterhaltend, spektakulär. Wie bei Johannes Mario Simmel, den sie verehrte.

»Aus deiner Kindheit kann man einen Roman machen, Michi«, hatte sie einmal gesagt. Und so nutzte ich die Therapiestunden, um den Stoff schon mal vorzusortieren, führte die Würmchen-Storys vor, meine eigene Art von gutem Storytelling. In einer Art innerem Monolog mit dem Zuhörer, schon leicht transzendental, den Blick dahin gerichtet, wo nichts Lebendiges war, ließ ich Bilder aus der Kindheit aufsteigen, Erinnerungsblasen, nur dazu da, zu zerplatzen und einen üblen Geruch zu verbreiten.

Es war aber nicht nur in der Psychoanalyse so, auch schon davor schnitt ich mir ständig irgendwas raus aus meiner Würmchen-DNA und begründete Dinge damit, entschuldigte eigene Schwächen, verweigerte Verantwortung, denn am Ende war ich ja nur das Würmchen. Je öfter mich das innere Würmchen als Missgeburt anrief und je öfter ich es erhörte, umso monströser wurde es, bestimmender. Ein Psycho-Leierkasten, und ich konnte mich nicht beherrschen, ihn immer wieder anzukurbeln. Ach und Weh! Das Lamento wird erträglicher zur Musik von Bob Dylans »Subterranean Homesick Blues«, so eine Art Heimweh ist es bei mir ja auch.

Sie nannten mich Würmchen

Mein Vater so grausam zu meiner Mutter
Hochschwanger
musste sie Kohle aus dem Keller holen
Das wenige
das er verdiente
als junger Bauingenieur
brachte er nicht nach Hause
sondern gab es aus
für Zigaretten
und kleine Mocca.

Sie nannten mich Würmchen
Noch als ich eins war
ließ er sie sitzen
Und wir zogen zu ihren Eltern
meinen Großeltern
zu Oma.

Das Geld
gab er aus
für Zigaretten
und kleine Mocca
Sie nannten mich Würmchen.

In diesem Blues kommt mein Vater schlecht weg. Als ein schrecklicher und brutaler Mensch, ein Prolet – zwar nicht der Herkunft, aber seinem Verhalten nach. Wie er schon sprach! Alleine das »L«, das er wie ein »Prolet aus dem Glasscherbenviertel Hernals« herausschnalzte, indem er zwischen Zungen und Gaumen einen weiteren, nicht gehörigen Halbton einfügte und das »L« eben nicht schön aussprach, wie es sich im »Schönbrunner Wienerisch« gehört, um das sich meine Oma bemühte und wie sie es mir eintrichterte.

In der Psychoanalyse war das immer mein Anfang vom Lied: Meine Eltern, sie waren so jung, meine Mutter, der zweite Zwilling, erst 18, als ich geboren wurde. Das stimmt so auch. Vor der Geburt gab's schon den ersten Hammer: Ich sollte abgetrieben werden. Der Frauenarzt soll seine

Praxis am Donaukanal gehabt haben. Ich weiß nicht, woher ich das weiß, ich weiß es aber ziemlich sicher. Ich denke heute noch daran, wenn ich mal im Auto vom Flughafen Schwechat kommend nach Wien reinfahre. Wahrscheinlich hat es mir Oma gesagt. Denn als ich zwölf, dreizehn war, als »man mit mir schon reden konnte«, benutzte sie oft Horrorgeschichten aus meiner frühen Kindheit, um Vertrauen aufzubauen und mich zu manipulieren.

Ich hatte entsprechende Träume. Da saß ich im Wartezimmer eines Arztes. Gleich dahinter lag ein weiteres, nur schummrig erleuchtetes Wartezimmer für Kinder, mit vielen Spielsachen drin. Dort sah es aus wie in einem Kindergarten, aber mit zu wenig Licht. Todgeweihte Kinder, die da spielten? Meine Mutter war in Begleitung ihrer beiden Eltern gekommen, weil sie noch minderjährig war. Regie führte meine Großmutter, die mit ins Ärztezimmer ging. Opa (und ich?) warteten draußen. »Der Eingriff ist nicht möglich«, sagte meine Großmutter mit Grabesstimme, als sie und meine Mutter wieder herauskamen, meine Mutter weinte.

Also musste ich zur Welt kommen. Der Arzt wollte die Abtreibung nicht machen, auf Schwangerschaftsabbrüche stand damals noch Gefängnisstrafe. Kurz davor waren an meiner Mutter schon »welche gemacht« worden. Welche, also mehr als einer, so erzählte es mir Oma. Noch später, in den Abtreibungsdiskussionen der 70er Jahre erfuhr ich, wie gefährlich illegale Abtreibungen gewesen waren, wie viele Frauen daran starben. »Dann wären wir beide tot gewesen«, dachte ich. »Mama und ich.«

Meinen Großeltern hielt ich zugute, dass sie mit dem Arzt am Donaukanal doch eine recht gute Adresse ausgesucht hatten. Und ich las, dass die illegalen Abtreibungen mit den unmöglichsten Werkzeugen durchgeführt wurden – Kleiderhaken. Heute noch muss ich jedes Mal daran denken, wenn ich einen Kleiderhaken in die Hand nehme. Ich hasse diese dünnen Drahtdinger aus der Reinigung, die wird man doch nicht genommen haben.

Mit solchen Storys gelang es mir immer wieder, mich in Szene zu setzen, in den ersten »gruppendynamischen« Therapien in Wien, die ich schon in den 70er Jahren besuchte, um in den aus Mehrfachbeziehungen und Rumvögeln resultierenden Kränkungen zu schwelgen. Später dann auch bei den Analytikerinnen in München und in Hamburg. Ich nutzte die Therapien als Bühne, meinen jeweils aktuellen Zustand aus meiner Kindheit und Jugend abzuleiten, als ein zwangsläufiges Ergebnis der Menge an Grausamkeiten, die sich da finden ließen. Der Stoff ging mir nie aus. Die Würmchen-Saga. So endlos und ohne Alternative wie Bob Dylans *Never Ending Tour*.

Es ist schwer zu beschreiben, wie die Analytikerinnen darauf reagierten. Manchmal fürchtete ich, die oft skurrilen, tragisch-komischen, manchmal auch brutalen und ekelhaften, immer stark vom Zeitgeist der 50er Jahre geprägten Anekdoten verfehlten ihre Wirkung oder ließen sich doch nicht so einfach auf meine aktuelle Gestimmtheit beziehen, wie ich das immer gedacht hatte.

Die Analytikerinnen behandelten mich immer wie einen erwachsenen Menschen, womit sie mich eventuell überschätzten, aber vielleicht gehörte das zur Methode. Als Zeichen der Erwachsenheit deuteten sie schon, dass ich in die Analyse kam, also offenbar bereit war, in meine Entwicklung zu investieren: Zeit und Geld. Die Verstrickung mit meiner Großmutter und meine Identifikation mit Würmchen blendeten sie eher aus oder hätten sich mit dem Schnelldurchlauf begnügt, während ich auf Repeat beharrte.

Jetzt, wo ich auch hier Würmchen wiederauferstehen lasse, frage ich mich, welche Bedeutung es heute noch für mich hat und ob der Blick auf meine Kindheit aus *seinen* Augen der richtige ist. Die ganze Würmchen-Scheiße deprimiert mich. Sie macht mich heute noch klein und jämmerlich. Warum zählen die Verbote und die Gebote aus meiner Kindheit immer noch? Kann ja eigentlich nicht sein. Heute noch sage ich, ich *darf* das und das nicht mehr machen: »Ich *darf* E-Mails nicht mehr unüberlegt beantworten« und nicht: »Ich beantworte E-Mails nicht mehr unüberlegt.«

Und wenn ich mehrmals im Jahr aufwache und glaube, meine Großmutter lebt noch, dann gilt natürlich auch noch alles, was wir mal vereinbart haben. Was ich versprochen habe. »Versprichst du mir das, Michi? Du weißt, was man verspricht, hält man.« »Ist versprochen und wird nicht gebrochen«, bestätigte ich, oft auch verweint, als neu beschworenen Vorsatz, mit Rotz in der Nasenrinne und zittriger Unterlippe, wenn das Versprechen bereits gebrochen war, etwa jenes, Hausaufgaben nicht mehr zu verschweigen – nie mehr, nie! Ein Schwur wie der kontrapunktische Chor bei Kurt Weill in *Die sieben Todsünden*, eine meiner Lieblingsplatten.

Und noch ein Versprechen habe ich, hat Würmchen Oma gegeben – und das ist sicher auch ein Grund, warum wir auf der Couch gelandet sind. Wir hatten ihr geschworen, die Storys meiner Kindheit nicht verschwinden zu lassen. Auch nicht, wenn sie mal tot ist und nicht mehr selbst darüber wachen kann, dann schon gar nicht. Und welch bessere Bühne könnte ich aufbieten als ein Analysezimmer? Wo könnten sie mehr qualifizierte Aufmerksamkeit erfahren als im Beichtstuhl der Psychoanalyse? Eine größere Verneigung vor der Rolle meiner Großmutter als Spiritus Rector meiner Kindheit war gar nicht denkbar!

Ich war ein guter Enkel, der beste. Ihre weiteren Enkel, die beiden Kinder der Zwillingsschwester meiner Mutter, hatte meine Großmutter gar nicht wahrgenommen. Irgendwie fremd waren die, mit einem deutschen Vater, konnten auch kein richtiges Wienerisch. Ich, das Würmchen, der Michi und all seine späteren Verwandlungen, war ohnehin besser (eigentlich: lieber) als alle anderen, hatte alle anderen aus dem Feld geschlagen, war am Ende der Einzige geblieben, der was wert war. Freie Fahrt, freier Flug, freier Raum, alles nur für mich allein, die Realität bleibt draußen. Hier kann mich keiner abtreiben.

In meiner Familie aber, unter den Lebenden, kann ich nicht existieren. Da bin ich ein Zombie, ein Untoter. Kann keinen Kontakt halten. Fühle mich immer fremd, schlecht, unterlegen. Angegriffen, obwohl mir keiner was tut.

Die Zwillingsschwester meiner Mutter lebt noch, Tante Ida. Sie führte ein erfolgreiches Leben, ging nach Tokio, war dann in Deutschland verheiratet, ihr Mann Direktor beim Chemiekonzern Bayer. Tante Ida ist jetzt eine sehr alte Frau. Ich habe sie seit vielen Jahren nicht gesehen. Oft denke ich mir, ich sollte sie noch sehen, bevor sie stirbt, es wäre eine Möglichkeit, noch einmal eine Nähe zu meiner Mutter herzustellen. Oft habe ich richtig Sehnsucht danach, am späten Nachmittag im Herbst.

Tante Ida hatte mir vor 30 Jahren unterstellt, ich hätte die Ausgaben, die ich bei der Pflege meiner Großmutter in ihren letzten Jahren hatte, nicht ordnungsgemäß abgerechnet, mich bereichert daran. Das verletzte und beschämte mich so sehr, dass ich jeden Kontakt abbrach. Vor Kurzem bekam ich einen Brief von ihr, sie zöge jetzt mit ihrem Mann in ein Altenwohnheim. Ich dachte, sie ist meine einzige nähere Verwandte, die noch lebt, ich sollte den Kontakt wiederaufnehmen, bevor sie stirbt, nachher würde es mir leidtun. Ich schrieb zurück, noch recht tapfer, ich hatte es in den Computer getippt und dann nur einmal ausgedruckt und mit der Post verschickt und gelöscht, also habe ich den Text nicht mehr, alles andere, das ich schreibe, lege ich irgendwie ab. Tante Ida antwortete:

Lieber Michael!
Dass ich mich über Deine Nachricht wirklich sehr gefreut habe, merkst Du ja an meiner sehr prompten Reaktion. Warum nach dem letzten Annäherungsversuch der Kontakt wieder so schnell angerissen ist, weiß ich nicht.

Du bist mein einziger Neffe, ich würde es gut finden, wenn wir mal ausführlich miteinander sprechen würden. Hier unsere Telefonnummer ... Die beste Zeit wäre nach 18.30, da gibt es keinerlei Aktivitäten und wir sind selten »aushäusig«.

Ich sag jetzt »auf bald« und viele liebe Grüße
TANTE Ida

Ich rief nicht an. Schaffte ich nicht. Warum? Ein Verhalten, in dem ich mir selbst unerklärlich und fremd bin, das mich selbst beschädigt. Es tut mir nicht gut, den Kontakt zu Menschen abzubrechen oder abgebrochen zu lassen. Es ist unvernünftig, irrational, destruktiv, wie auch das komplette Ignorieren meiner Geschwister und Cousins. Es ist Würmchens Rache, doch das schadet sich nur selbst damit. Wenn es um das Blut der Herkunft geht, ist es untherapierbar und auf archaische Weise ungerecht, wie es nur Gott sein darf, wenn er Kain und Abel in den tödlichen Konflikt treibt, weil er Abels Opfergabe akzeptiert, die von Kain aber nicht, ohne ersichtlichen Grund. Diese Geschichte gefällt mir, in ihrer Unverständlichkeit. Gott ist nicht gerecht, das müssen wir mal annehmen, da wäre schon viel erreicht. Gott gibt den Menschen damit auf, mit solchen Ungereimtheiten zu leben.

Auf der Analysecouch liegend bemühte ich mich, die Würmchen-Geschichten »mit Abstand« zu erzählen, reflektierte und analysierte, als wäre alles längst »bewältigt«, konnte aber wahrscheinlich nicht verbergen, wie gegenwärtig vieles für mich war. An manchen Stellen brach die Stimme, ganz gleich, wie oft ich die Geschichten schon erzählt hatte. Vielfach handeln sie von Scham und Beschämung, viel Angst kommt darin vor, vieles ist brutal und ekelerregend, und das erzählte Ereignis war auf jeden Fall geeignet, ein »Trauma« hervorzurufen, so sah ich es schon früh. Mit jedem Mal des Neuaufwärmens wurde das »Trauma« noch größer, immer größer.

Eine dieser Geschichten handelt von unglaublich kratzigen Hosen aus steifem Material, die ich, wenn wir »schön« ausgingen, anziehen musste, was mich hysterisch weinen und strampeln ließ, bis es eine Ohrfeige setzte, meist von meiner Mutter, die eine hinterfotzige Art hatte, diese Ohrfeigen zu »verteilen«. Der Schlag auf die Backe kam schnell und ohne Ansatz, wie man beim Boxen sagen würde. Die demütigende Wirkung wurde verstärkt, weil man zu doof war auszuweichen. Oft pisste ich im Lauf des Tages dann auch noch die Hosen voll, machte mein Lulu hinein, weil mein Penis, mein »Zipferl« sagten die Erwachsenen, zu kurz war, um aus dem – das kam noch dazu – fast unmöglich zu öffnenden Hosenschlitz herauszuschauen.

In einer anderen Geschichte geht es um den Gestank von »Kochsalat« aus der Küche, der gröberes Unheil ankündigte, denn mir ekelte so vor dem Gericht, dass ich es nicht essen konnte. Die bei meinen Großeltern ohnehin geltende Regel, was auf den Teller kommt, wird gegessen, galt bei dem verkochten Grünzeug umso mehr, denn es stand im Ruf, gesund zu sein, besonders »eisenhaltig«, in Wirklichkeit war es das billigste unter allen Gemüsen, ein Nachkriegs-Arme-Leute-Essen. Wenn ich bis zum Ende der Mahlzeit den Kochsalat nicht gegessen hatte, hieß es, ich müsse so lange sitzen bleiben, bis der Kochsalat »weg« ist, und wenn es bis zum Abend dauerte. Damit abgeräumt werden konnte, musste ich mit meinem Teller zu meinem Kindertisch übersiedeln; als zusätzliche Strafe mit dem Blick zur Wand. Ich saß in der Falle, denn je länger ich das Essen verweigerte, desto kälter wurde der Kochsalat und desto ekliger.

Meine Oma hielt so eine Quälerei ziemlich lange durch. Vielleicht war es eine halbe Stunde, für mich als Kind ein halbes Leben. Meist beendete sie das Drama, indem sie nach dem Abwasch auf mich zustürzte, mich auf meinem Kindersessel zu sich drehte und mir – »So, Michi, jetzt drei Löffel« – drei Suppenlöffel von dem Kochsalat hineinstopfte. Mein Kinn hielt sie dabei eisenhart fest, damit ich nicht nach links oder rechts ausreißen konnte. Die Löffel zählte sie laut deklamierend mit, wie beim Vorsprechen am Burgtheater: »Eins – zwei – drei.«

Natürlich war das alles nichts Besonderes. Man darf nicht vergessen, ich komme aus den 50er Jahren. Nachkriegszeit im »befreiten« Wien. Gestern war noch Faschismus, aber auch heute war noch nichts frei, nichts. Die Besiegten und Gedemütigten aus dem Russlandfeldzug, so wie mein Großvater, verprügelten Frauen und Kinder und konnten nie zur Rechenschaft gezogen werden, denn sie weinten und prügelten und weinten danach wieder.

Ständig floss Blut. Der Tod von Tieren wurde brutal zelebriert. Zum Huhn bekam man für die Suppe den abgehackten Kopf mit eingepackt. Ich weinte und lief mit dem Hühnerkopf in der Hand durch die Wohnung. Ich mochte den Geruch nachher auf den Händen. Ich dachte, wenn ich den Kopf rette, rette ich das ganze Tier. Im Park durfte ich ihn dann eingraben, beerdigen. Das spielte ich später noch mit meinen Kindern, wenn wir ein ganzes Huhn kauften. Sie fuhren aber nicht so drauf ab wie ich damals.

Wenn mein Großvater sturzbetrunken von der Weihnachtsfeier nach Hause kam, schlug er sich am Heimweg den Kopf an und das Blutgerinnsel marmorierte seine Glatze, wie heute bei Horrorfiguren aus Plastik. Einmal fand ich ihn frühmorgens laut schluchzend am Klo sitzen, den blutigen Kopf, der wie halb abgehackt nach unten hing, mit beiden Händen abgestützt, schlafend! Als es einem der Wellensittiche schlecht ging, war das für meinen Großvater der Grund, ihn zu vergasen, ohne Anführungszeichen. Er drehte den Backofen auf – in Wien wurde damals noch mit richtigem, giftigem Gas gekocht –, entzündete aber keine Flamme, schloss die Klappe. Fertig war die Gaskammer. Ich schrie und weinte, denn der Vogel lebte ja noch, und ich verstand zwar das Gaskammerprinzip nicht, aber ich wusste, dem Tier wird was angetan. »Es ist das Beste für ihn, es ist das Beste für ihn«, beschwor meine Großmutter, die irgendwie zu vermitteln suchte zwischen dem stummen, mit starrem Blick die Tötung betreibenden Großvater und dem Enkel am Rande des Nervenzusammenbruchs.

Am Abend erzählte meine Großmutter einer Freundin am Telefon: »Wir hatten heute ein Drama! Stell dir vor: Daddy hat den Wellensittich vergast. Aber es war die beste

Lösung.« Die beste Lösung! Da meine beiden Analytikerinnen jüdisch waren, war ich natürlich neugierig, wie sie auf die gruseligen Nazi-Episoden meiner Kindheit reagieren würden. Vielleicht wollte ich mich neben ihnen als »Opfer« inszenieren. Die Freude einer Reaktion darauf machten sie mir aber nicht. Sie gingen darüber hinweg und ließen mich allein mit dem ganzen monströsen Quatsch.

Meine Großmutter nannte ihren Mann nach dem Krieg Dad oder Daddy, um ihre Sympathie mit der Siegermacht der Yankees zu dokumentieren. Sicher auch, um ihren Mann zu quälen und sich vielleicht vom Leib zu halten, denn er hasste die Amerikaner und ihren beginnenden kulturellen Einfluss. Als Opa erfuhr, dass in meiner Schule Kaugummi, Bubble Gum, aufgetaucht war, rief er den Direktor an, um sich zu beschweren. Solche Dinge waren zu Hause verboten. Dafür gab es umso mehr davon bei meinem Vater, bei dem ich jedes zweite Wochenende war und zu dem ich mit zwölf ziehen musste.

Als ich eines Abends beim »Nachtmahl« mit den Großeltern und meiner Mutter begeistert von Papa erzählte, bei dem ich so viel Ketchup bekäme, wie ich wolle, und es mir sogar auf das Weißbrot schmieren dürfe – noch ein Skandalthema, denn bei den Großeltern gab es nur Schwarzbrot –, fing ich mir von meiner Mutter die Ohrfeige meines Lebens. Wieder ohne Ansatz aus dem Handgelenk, großflächig gelandet, sodass es richtig brannte. Wie ich es mir erlauben könne, den Großvater so aufzuregen, denn jetzt hätten wir doch *alle* das Theater.

Meine Großmutter konnte es aber auch nicht sein lassen, ihren Mann zu provozieren. Bei jedem Kinobesuch am Büfett kaufte sie den amerikanisch und nicht österreichisch wirkenden Schokoriegel Nuts und ließ auch mich davon kosten: »Michi, das ist ein Gedicht!« Mein Großvater schlich dann auf der Straße zehn Meter vor uns, den Blick auf den Boden gerichtet, die Hände hinten verschränkt und redete den ganzen Tag kein Wort mehr. Jeder verlorene Streit um das amerikanische Teufelszeug stürzte ihn tiefer in die Depression.

Meine Mutter sah die Dinge meist entspannter, hörte, wenn auch leise, den ersten, schüchternen, oft noch eingedeutschten Country, Rock'n'Roll und Twist, den der aus Salzburg sendende US-amerikanische Besatzungssender Rot-Weiß-Rot spielte. Und ich entdeckte mit und bei meinem Vater den Flash einer »eisgekühlten Coca-Cola«, den unfassbar fruchtigen Geschmack einer Fanta und das milde, exotische Aroma des Bounty-Riegels, den ich heute noch liebe und über viele Jahre täglich brauchte.

Zu meinem Großvater fand ich erst wieder einen Zugang, als ich als vierzehnjähriger Gymnasiast dem Kommunistischen Bund beigetreten war. Mein Freund Hans, der ein Honda-Moped hatte und seine blonden Locken so lang trug wie Roger Daltrey von The Who, und ich, wir waren die zwei Maoisten in unserer Klasse und fuhren nachmittags in die chinesische Botschaft, um uns Propagandamaterial zu holen, die kleine rote Plastikausgabe der »Worte des großen Vorsitzenden«, Mao-Postkarten, Sticker, Ansteck-Buttons, Parolen zum Abziehen und Aufkleben, mit denen wir unsere Schulhefte verzierten: »Nicht für die Schule, für das Volk lernen wir.« Das Prunkstück war eine Sonderausgabe der Peking-Oper, ein Album mit mehreren farbigen Vinyl-Singles. Mehr aus Verlegenheit wollte ich sie meinem Großvater zum Geburtstag schenken, da vertraute er mir an, dass er auch ein Bewunderer Maos sei, vor allem wegen der Disziplin.

Traum 3
Ich bin mit unserem neuen Elektroauto unterwegs, allerdings nicht in der Fahrerposition, sondern am Hintersitz. Ich weiß nicht genau, wer fährt, vielleicht Eva. Neben mir sitzt Fred, ein junger Trainee in unserem Büro, von dem ich im wirklichen Leben gerne hätte, dass er beginnt, wie ich zu denken, damit er mich eines Tages im Büro entlasten kann. Aber am Ende stellt sich die ganze Idee als Quatsch heraus, vielleicht ist ja meine Art des Denkens gar nicht gut für das Büro, und wenn noch mehr so denken wie ich, umso schlechter. Es ist ein toller Sommerabend, wir sind am Land unterwegs, vielleicht auf der Suche nach einem See, in den man nach einem heißen Tag noch springen könnte. Plötzlich kommt das Auto zum Stehen. Herrliche Landschaft, aber weit und breit keine Ladestation. Ich merke, dass ich pissen muss, und erleichtere mich nahe neben dem Auto, so, als wollte ich, dass Fred meinen Schwanz sieht. Mein Schwanz ist wunderschön, dick, groß, halbsteif, gerade so, dass Pinkeln noch geht. Dann beginne ich mit dem Ladekabel zu hantieren, Fred bleibt im Auto sitzen. Plötz-

lich hält Fred ein Verbindungsstück in der Hand, er hat es aus seiner Hosentasche geholt und hält es aus dem Autofenster. Ich denke: »Ja, das ist die Lösung, wir müssen das nur verbinden, dann haben wir wieder Strom.« Ich freue mich, ihn dabeizuhaben. Doch bevor wir wieder losfahren, möchte ich für alle Eis und was zu trinken holen. Ich nehme einen dicht bewachsenen Wald- und Wiesenweg und finde einen Kiosk. Laufe darauf zu, wie ein Verdurstender. Der Inhaber, ein älterer Mann, sieht mich misstrauisch an. Der Kiosk führt viele Zeitschriften, die meine Aufmerksamkeit auf sich ziehen, Eis und Getränke sind schon vergessen. Am Fenster entdecke ich einen Stapel Comics, oben drauf liegt eine Ausgabe der Micky Maus. *Ohne den Besitzer zu fragen, lange ich hin und nehme das* Micky Maus-*Heft vom Stapel runter. Darunter liegt ein* Fix & Foxi-*Heft und drunter noch eins und noch eins. Aber nicht alle von derselben Ausgabe, sondern lauter verschiedene, wie aus einer Sammlung.*

Zum Zeitpunkt des Traums gibt es *Fix & Foxi* nicht mehr. Ich selbst war im wirklichen Leben der, der vor Jahren versucht hat, das längst eingestellte Heft wiederzubeleben, und wir sind krachend gescheitert.

Ich frage den Mann, wo er die Hefte alle herhabe. Er sagt, das ginge mich nichts an. Ich will jetzt zurück zu unserem Auto und finde es nicht mehr. Ich wache auf in dem Gedanken, mir merken zu müssen, wo es diese tolle Sammlung von Fix & Foxi-*Heften gibt.*

Davor, in der frühen Kindheit, war da noch das Blau, das magische, leuchtende, irgendwie unfassbare Blau einer Heidelbeere in einem Kinderbuch. Der Duft der Brotkruste in Kärnten, wenn ich mit meiner Mutter zur Sommerfrische da war. Die Angst um sie, wenn sie nachts nicht nach Hause kam, bei Gewitter, ich allein im Pensionszimmer, sie unterwegs mit dem »Hannes aus Deutschland«, den wir untertags im Schwimmbad kennengelernt hatten. Immer viel Angst um die Mutter. Viele Episoden, Mikrodramen. Immer tröstend das Aroma des »Kupfertiefdrucks« des neuen *Micky Maus*-Hefts – der am intensivsten war, wenn ich die neue Ausgabe aus der Trafik geholt hatte, beim ersten Aufblättern. Ganz anders das immer schon Muffige, immer schon Staubige meines Teddybärs Orsi, den ich heute noch habe, ein Geruch wie mein Körper, gäbe es keine Badewannen. Ein original Steiff-Tier, wie Oma und Mama nicht müde wurden zu betonen.

An Stellen wie diesen konnte in den Analysestunden die Nachfrage kommen, was denn ein Steiff-Tier sei. Bei beiden Analytikerinnen konnte ich nicht voraussetzen, die von der deutsch-österreichischen Nachkriegsgeschichte geprägten Kultmarken meiner Kindheit zu kennen. Ich erinnere mich, dass mich diese Nachfragen reizten – wie kann man Steiff-Tiere nicht kennen? – und ich mich an diesen Stellen unverstanden fühlte oder jedenfalls nicht so gut verstanden wie von meiner Großmutter. Ein Vergleich, dem jede Frau in meinem Leben unterzogen wird.

Aber das eigentlich Interessante war doch: Ich hatte Orsi immer behalten, 60 Jahre und mehr, heute sitzt er im Bücheregal im Schlafzimmer, in einer Lücke in der österreichischen Literatur: Heimito von Doderer, Arthur Schnitzler, Peter Handke, Thomas Bernhard, Elfriede Jelinek, Orsi. Über viele Jahre versuchte ich alles, damit meine Kinder eine ähnliche Bindung zu Kuscheltieren aufbauen, an Weihnachten lagen neue große und kleine Plüschtiere unter dem Baum. Keins durfte je weggeworfen werden, nach all den Jahren waren es zwei große Säcke im Keller bei mir in Hamburg, denn ich hatte alle Stofftiere, nachdem sie die Kinder weggelegt hatten, immer wieder eingesammelt und sah meine Aufgabe darin, ihnen Asyl zu gewähren.

Als ich Alkoholiker war in der ersten Zeit in Hamburg, vor Frau Von und nach Frau Zu, lief ich eines Abends nach der Redaktion bei Karstadt Sport in der Spitalerstraße vorbei und kaufte mir für mein Hotelzimmer einen Affen von Steiff, recht groß, 30 Zentimeter hoch. Wie der Alkohol sollte er immer bei mir bleiben, so was Ähnliches dachte ich. Ich weiß nicht, ob ich das den Analytikerinnen erzählte. All meine routinierte Offenheit folgte doch auch dem Prinzip, einiges zu offenbaren, um anderes umso besser verstecken zu können. Es gab immer zwei Arten von Geschichten: solche, die ich routiniert und exhibitionistisch ausstellte und die sich wohl vor allem auf Ereignisse der früheren Kindheit bezogen, und einen X-rated-Bereich, wo es mir selbst wehtat, Geschichten, mit denen ich allein bin, die auch nicht von meiner Großmutter durchmanipuliert waren. Die Geschichte von dem Alkohol-Affen gehört dazu.

Als Kind hatte ich Orsi mit dem Finger ein Loch in den Po gebohrt. Da lebte Oma zwar noch, ich habe es ihr aber auch nicht auf die Nase gebunden. Dann riss der Bauch auf, Orsi wurde ganz schlapp, weil die Füllung austrat. Das erste Mal wurde er noch in Wien genäht. Später legte ich ihn allen meinen Kindern ins Bett, ich weiß aber nicht, ob sie auch an seinem Po rummachten. Am Ende war Orsi, nach mir und den fünf Kindern, schlaff, tot. Vor zehn Jahren, in Hamburg, fand ich einen Puppendoktor in Schnelsen. Ein kleiner, vollgeräumter, man könnte fast sagen verwunschener Laden – wovon leben die eigentlich? – mit kaputten (kranken?), abgetragenen, weggelegten Stofftieren. Eine Puppenklinik eben. Direkt an einer Autobahnbrücke gelegen. Nach zwei Wochen war Orsi wieder fit, neu gefüllt, pralle Muskeln wie auf Anabolika.

Das mit dem Po-Loch-Bohren traute ich mich auch nicht der »Tante« in Hamburg zu erzählen. Die Geschichte mit dem Puppendoktor schon. Es war ein Flop. Für das Seltsame daran hatte sie keinen Sinn, eher empfand sie die ausführliche Schilderung als Verschwendung unserer wertvollen Zeit. »Wenn das Tier jetzt repariert ist«, sagte sie und vermied es, den Namen Orsi auszusprechen, »dann wird es ja wieder eine Zeit halten, könnte man annehmen. Sie haben ja bezahlt, oder?«

Es war ja nicht nur die Orsi-Firma Steiff, die in meiner Kindheit eine Rolle spielte. Es waren noch viele andere Marken und Markenartikel, die mich faszinierten. Das war natürlich ebenfalls schwer in den Analysestunden unterzubringen. Warum bin ich so ein Markenfreak? Für meine Kinder gibt es nur eine Marke, die heißt Apple, andere sind weit abgeschlagen und wechseln häufig. Ich dagegen erlebte Dutzende Marken schon in früher Kindheit als leuchtende Fixsterne auf einem sonst eher trüben Firmament, sie wirkten magnetisch auf mich, machten Gegenstände magisch, luden sie mit Gefühlen und Bedeutung auf. Ganz so, wie ich es später im Beruf als Wirkung von Produktmarken lernen und verstehen sollte.

Vor allem »die Hefte«, meine über alles geliebten Hefte, mit denen ja alles begann, mit den magischen Markenlogos, die ich auf Pauspapier nachzeichnete: Walt Disneys (die Schreibschrift) *Micky Maus* (die dicken Blockbuchstaben, die sich lustig aneinanderlehnen). Rolf Kaukas *Fix & Foxi*. Die *Donald Duck*-Sonderhefte. Band 1, »Das Gespenst von Duckenburgh«. Als ich das Heft bekam, stellte ich mich sofort krank und lernte es auswendig, Seite für Seite, im Bett, las die Texte mit verstellter Stimme in verteilten Rollen.

Ich hatte Glück, mein Vater hatte nichts gegen Comics, las mir sogar daraus vor, an den Wochenenden, an denen ich bei ihm sein durfte. Wenn wir an den Papa-Wochenenden zusammen auf dem Sofa lagen und er dann einschlief und ich nicht wagte aufzustehen, um ihn nicht zu wecken. In den Heften waren Anzeigen für Dinge, die ich haben musste: Carrera-Autobahn, Autos von Cox. VDO-Tachometer fürs Fahrrad. Pelikan-blaue Füller für die Schule. Süßlich duftende Edding-Radiergummis. Space Pen von Fisher, der erste Weltraumkugelschreiber, der an der Decke schreibt. Bazooka-Kaugummi, mit den

Bazzooka Joe-Comics, vier, fünf Bilder auf einem glänzenden »Papierl«, nicht größer als die Verpackung, darauf auch noch ein Gewinnspiel, mit dem man ein Fernrohr gewinnen konnte.

Heute erscheint es mir so: Mithilfe von Dingen, die ich mit übertrieben viel Bedeutung auflud, Fetischen sozusagen, versuchte ich Verbindungen herzustellen. Die beste Verbindung zu meinem Vater bestand in den *Micky Maus*- und *Fix & Foxi*-Heften, sicher auch in der »Kleinbahn«-Eisenbahn, die er mir schon zu meinem dritten Weihnachten schenkte und der Carrera-Autobahn mit den Cox-Autos, alles Dinge, die er auch selbst liebte.

Meine Analytikerinnen reagierten unterschiedlich auf die Geschichten. Am Ende schnurrt ja alles zur Anekdote zusammen. Während Frau Doktor Von überhaupt nicht zu erkennen gab, ob sie die Geschichten interessierten oder sie ihnen irgendeine Bedeutung beimaß, schaute Doktor Zu amüsiert und oft auch etwas erstaunt drein. An den Markengeschichten ist nichts dran, das ist klar, so ein auf Zeiträume bezogenes Set von Marken ist heute ein normales Marketinginstrument, wenn historische Marken wiederbelebt werden sollen, wofür ich eine gute Zielgruppe bin. Afri Cola gibt's jetzt wieder, wie geil, und auch der Almdudler war nie ausgestorben und mit der Europäischen Union kommt er jetzt in jedes deutsche Supermarktregal. So wie die Manner-Schnitten aus Wien, seit 1898.

Zwischen meiner Mutter und mir, in der Zeit bei den Großeltern, spielte zum Beispiel der sensationelle Geschmack von Heidelbeer-Joghurt eine große Rolle, gleich nachdem er erfunden wurde. Heidelbeer-Joghurt der Marke Nöm Mix – niederösterreichische Molkerei Mix. Ich weiß nicht, wieso es das in Wien gab, aber es gab nur Nöm Mix und nur in den Sorten Heidelbeere und Himbeere. Später kam noch Erdbeere dazu, dann wieder einige Jahre nichts Neues, dann Ananas. Aber keine der neuen Sorten war besser als Heidelbeere. Die Anfangsfaszination rührte sicher von dem irren magischen Blau in dem Bilderbuch. Heute noch habe ich den Kühlschrank voll mit Heidelbeer-Joghurt und ich liebe die große Auswahl und Markenvielfalt, die man in jedem Supermarkt hat. Der Überfluss, der aber auch gewisse Dinge entwertet. Ein Nöm Mix Heidelbeere ginge hier unter.

Meine Mutter kaufte manchmal ein Nöm Mix Heidelbeere in einem Milchgeschäft am Heimweg vom Büro. Nur eines, denn sie sparte immer. Das teilten wir dann, das heißt, sie steckte mir einige Löffel davon in den Mund. Und ich führte einen übertriebenen Freudentanz auf, bevor ich ermahnt wurde, wieder »normal« zu werden. »Michi, jetzt kannst du wieder normal werden«, das hörte ich oft, wenn ich mit Grimassenschneiden oder eigenartigen Verrenkungen auf mich aufmerksam machte. Oder aus Langeweile im Rahmen der offenen Tür lehnte, mich durch ruckartige Bewegungen der Schultern abstieß und innerhalb des Rahmens von links nach rechts schleuderte. Ich war schnell gewachsen, mit meinen langen Gliedmaßen kam ich mir oft vor wie Doctor Octopus in den *Die Spinne*-Heften.

Als ich in den 80er Jahren zum ersten Mal den Film *Harold und Maude* sah – der exzentrische, ständig Selbstmorde markierende Junge Harold, der die ältere Exzentrikerin Maude in den Tod begleitet –, ging ich wie elektrisiert aus dem Kino: *Ich war* Harold. Die simulierten Selbstmorde – herrlich! Meine Überzeugung, dass ich irgendwie anders, gestört, neurotisch bin, rührt auch von diesem Film her.

Meine Analytikerinnen gingen beide gern ins Kino. Frau Doktor Von noch mehr als Doktor Zu. Deshalb wurden Filmvergleiche immer gern genommen. »Das ist ja witzig, dass sie auf die Idee kommen, sie könnten hier ähnlich sein«, sagte etwa Doktor Zu, während Doktor Von nur kurz aufhorchte und die Diskussion mit einem resigniert und etwas traurig wirkenden »Daran kann ich mich jetzt nicht erinnern« abbrach, so als gebe es öfter etwas, an das sie sich nicht erinnerte.

Stroh zu Gold

Oma war damals noch keine 50. Hochgewachsen, größer als die anderen 50er-Jahre-Frauen, kräftig, aber nicht muskulös, eher teigig, eine immer weiße Haut, sie fand es unmöglich, in der Sonne zu bräunen, ein zartes Gesicht, auf dem man die junge schöne Frau von den alten Fotos noch erkennen konnte.

Eine starke Frau. Ihr Mann, mein Großvater, war zerstört vom Russlandfeldzug gekommen. Ohne im wirklichen Leben je eine Hose getragen zu haben, hatte Oma in der Familie immer die Hosen an, auch auf eine manipulative bis hinterhältige Art. Auf die beiden Zwillingstöchter – meine Mutter und Tante Ida – übertrug sie gnadenlos ihre eigene Idee vom Frausein, so zwischen Sissi und Femme fatale. Die beiden sollten die »neuen Kessler-Zwillinge« werden – das waren bekannte Schlager- und Tanzmädchen damals – oder sie hatten angeblich zumindest das Zeug dazu, bis auf das Singen, na ja. Aber auf jeden Fall was Außergewöhnliches, Stars, bekannt, im Radio. In den 50er Jahren gab es noch keine Castingshows. Sonst wären Mama und Tante Ida garantiert darin aufgetaucht.

Die Fotografin Wölfel hatte ihr Geschäft am unteren Ende der Mariahilfer Straße, schräg gegenüber den Non-Stop-Kinos, in das ich mit meinen Großeltern sonntags nach dem Mittagessen ging, um die *Austria Wochenschau* und die *Fox Tönende Wochenschau* zu sehen, bevor wir einen Fernseher bekamen. So stand das im Staatsvertrag, Information sollte die Österreicher entnazifizieren. »Wir schauen noch bei der Wölfel vorbei«, hieß es dann, denn die Fotografin ließ die Fotos, die sie von den schönen Zwillingen aus der Stiftgasse gemacht hatte, übers ganze Jahr im Schaufenster hängen, und wir spazierten wie zufällig vorbei, um das zu kontrollieren. Das war auch schon die ganze Promotion für die neuen Kessler-Zwillinge, aber aus meiner kindlichen Wahrnehmung war das schon unglaublich viel, denn die Verwandten anderer Kinder aus meiner Klasse hingen da nicht. Wir waren was Besonderes.

Eines Tages hing auch mein Foto da. Die Aufnahmen waren eine Tortur gewesen, die kurze Lederhose, die ich trug, steif wie ein Brett, ich weinte, fühlte mich am ganzen Körper unangenehm, machte noch kurz vorher in die Hose. Würmchen. Dem Foto ist das nicht anzusehen. Blonde Locken, Pausbäckchen, den Blick mit den hellblauen Augen (die Farbe sieht man nicht am Schwarz-Weiß-Foto), nach oben gerichtet, himmelwärts, als könne ich sie schon erkennen, meine strahlende Zukunft. Denn jetzt sollte auch ich ein Star werden, was Außergewöhnliches, bekannt, im Radio, das spürte ich, wie ich dastand vor dem Schaufensterkasten, der sogar rausschaute auf die Mariahilfer Straße, nicht hinten, ein wenig versteckt, wo die Starfotos von Mama und Tante Ida hingen.

Kinderstar, klar, der Hübscheste, der Süßeste. Wiener Sängerknabe, das hätte ja nahegelegen, allerdings nicht. Seltsamerweise musste ich nie in diese Institution des Horrors und mich antatschen lassen oder mit den Erziehern onanieren. Bei mir ging es nie ums Singen, auch nicht bei meiner Mutter und meiner Tante, die eher als »Manne-

quins« vorgesehen waren, wie es damals hieß. Vielleicht auch als Ost-Agentinnen, wie Mata Hari, die von Oma herbeigeführte Liaison meiner Mutter mit einem glatzköpfigen Konsul in Bratislava legte dies nahe. Am Ende erschoss sich »Onkel Ernst«, der Konsul. Angeblich, so hieß es in der Familie, mitten durch seine pockennarbige Knollennase. Sein Unglück war auch, so reime ich mir das zusammen, dass meine Mutter es vermied, sich von ihm ficken zu lassen. Wenn wir in seiner Diplomatenvilla nächtigten, nahm sie mich mit ins Bett wie einen Schutzschild.*
Eindeutig, bei mir war das festgestellte Talent das Schreiben.

* Woher weiß ich das alles? Ich erinnere es, ich erinnere mich an mein Gefühl damals. Ich weiß, der autobiografischen Erinnerung ist zu misstrauen. »Alle unsere Erinnerungen«, sagt Wilhelm Wundt, eine Zeitgenosse Sigmund Freuds, »bestehen aus Dichtung und Wahrheit. Bilder der Erinnerung verändern sich unter dem Einfluss unserer Gefühle und unseres Wollens zu Fantasiebildern, und im Allgemeinen betrügen wir uns selbst hinsichtlich ihrer Ähnlichkeit mit wirklichen Erlebtem.« An Tatsachen oder daran, wie es wirklich war, kann man sich nicht lange erinnern, wenn man es damals überhaupt entsprechend wahrgenommen hat. Was bleibt, sind die inneren Bilder. Unter einem Alter von zwei Jahren gibt es überhaupt keine Erinnerung, sagt die Forschung heute. Diese Lücken füllen Menschen wie meine Großmutter mit ihren Geschichten auf, die Biografie wird damit zum Konstrukt, in dem sich eigene und fremde Bilder überlagern. Sich auf einzelne Aspekte in einer sinnstiftenden Absicht zu beziehen, wie es immer meine Idee von Psychoanalyse war, nannte Sigmund Freud die »Nachträglichkeit«. Der Vorteil, den laut Freud das Individuum

Unter anderem auch deshalb, weil ich, noch bevor ich in der Schule war, begonnen hatte, Lobgedichte auf meine Oma oder meine Kinderärzte zu verfassen. Schon als ich als neun Monate altes Baby in der Wiege lag, schrieb Oma Texte in meinem Namen und verlieh mir damit eine künstliche, eine falsche Stimme.

Wenn ich die Würmchen-Texte aus dieser Zeit heute ansehe, graut mir vor dem zwänglerischen, eingeschränkt wirkenden Geist, der peinlich nach beschönigendem Aus-

> aus dieser nachträglichen Verknüpfung von »vergangenem Affektgeschehen« und »kognitiver Gegenwart« zieht, liegt in der »omnipotenten Kontrolle«, die es damit über die eigene »Geschichte« erhält. Die Analyse unterläuft diese Kontrolle, indem sie sich ohnehin nicht, anders als ich anfangs naiv annahm, auf das Was bezieht, sondern auf das Wie und das Warum der angesprochenen Aspekte. Ein Buch wie dieses hat dagegen den Vorteil, dass es nur der Qualität als relevanter Lesestoff verpflichtet ist und damit Spielräume ins Fiktionale eröffnet, die mir als Autor die omnipotente Kontrolle meiner Geschichte, die ich in der Analyse zu verlieren drohte, wieder zurückgibt. Der Leser ist kein Analytiker, er hat mich bezahlt, nicht ich ihn, er will mich nicht heilen, und was wahr ist und was nicht, spielt eine untergeordnete Rolle bzw. kann er nicht kontrollieren. Wir können es uns aber auch leichter machen und bezüglich des Zusammenhangs von Schreiben und Leben auf das Zitat von Benjamin Franklin zurückgreifen: »Either write something worth reading or do something worth writing.« Ob meine Oma eine tolle Frau war oder nicht, werden wir so gesehen nie mehr herausfinden, ich nicht, meine Familie nicht und auch nicht die Leser dieses Buchs. M. H.

druck sucht und unbeholfen nachplappert, was man ihm an Klischees vorgibt. Das Sprachvermögen erscheint mir eher unterentwickelt.

Ich zitiere hier aus diesen Texten, sie lagen bisher in einer über Jahrzehnte nicht angefassten Mappe. Über den Verlauf des Buchs sollten Bezüge sichtbar werden, die diese Texte verständlicher machen, oder auch nicht, ist mir auch egal. Es tut mir leid, den Leser hier nicht besser führen zu können. Ich habe die Texte von den getippten Originalen auf graugelbem, fast schon zerfallenem Papier abgetippt, als rein mechanischen Vorgang, ohne sie dabei zu lesen. Fast mit geschlossenen Augen.

Wie schon beschrieben, den ersten hier wiedergegebenen Text ließ sich meine Großmutter von mir als neun Monate altem Baby aus dem Gitterbett »diktieren«, das sollte der Gag sein. Sie begann damit, meine fiktionale Kindheit zu kreieren, auf die sie heute noch das Copyright hält. All die falschen Bilder, die mich viele Jahre lang geleitet haben.

Ich ertrage es nicht, diese Texte zu lesen. Dem Leser mag ich es aber nicht ersparen. Sie sind für mich die schlimmste Pornografie. Ich habe nichts gegen Pornografie unter Erwachsenen, aber ich finde Kinderschändung widerlich. Die Scham bleibt beim Opfer, also bei mir, und lastet auf ihm, also auf mir. Ich bin bereit.

Wien, 22. Juni 1956
Liebe Oma, lieber O-Dad!
Mama schreibt nach meinem Diktat. Im Liegen kann ich meine Gedanken besser sammeln. Außerdem

schreibe ich noch zu unleserlich (nicht viel mehr als sie), sagt sie.

Unterbrechung --- Ich hab schon wieder Schimpfe gekriegt. Dabei hab ich bloß ein bissel Kakao, den ich gerade getrunken hab, gleichmäßig im Bett und auf meinem Pullover verteilt. Es ist doch so lustig, wenn man frisch angezogen wird, aber Mama versteht das nicht.

Viele Bussi und Dankeschön für den schönen Brief. Aber nicht einmal aufmachen hat sie ihn mich lassen, geschweige denn zerreißen. Das wäre doch so schön gewesen. Nicht einmal die eigene Post kriegt man in die Hand. Und wer weiß, ob Mama auch alles richtig vorgelesen hat? Ja, jetzt werde ich schon 9 Monate und in ein paar Jahren brauche ich meine Post nicht mehr zu diktieren.

Gestern haben's mir schon ein Sportkabriolet gekauft, damit mich alle Leute sehen können. Es hat schon viele Vorteile. Alle Spielsachen kann man so schön hinauswerfen und dann kann ich runtergreifen bis auf die Erde und da gibt's doch so viele schöne Sachen zum Aufheben. Außerdem habe ich ein Regenmanterl für den ganzen Wagen gekriegt, wo nur mein Gesicht herausschaut. Da werde ich bestimmt nicht drunter sitzen bleiben.

Ich habe mir zwar zum Geburtstag die oberen Zähne gewunschen, damit ich endlich was Ordentliches essen kann, die hab ich natürlich nicht gekriegt. Nie darf ich das haben, was ich will, nur das, was die Großen wollen --- und das will ich aber meistens nicht.

Heute hab ich endlich einmal Gelegenheit gehabt, meinen Spinat mit der Hand zu befühlen. Gleich war Mama wieder böse und dabei habe ich doch nur mit der »grünen« Hand ei-ei gegeben.

Jetzt muss ich aufhören zu diktieren, weil ich schon wieder schlafen muss (ich werd's sicher nicht tun). Ich bin doch schließlich kein kleines Baby mehr! Ich freu mich schon sehr aufs Allotria treiben mit Opa, das mach ich jetzt schon gerne. Ich werd schon dazu schaun mit dem Größerwerden! Mir ist ja eh schon so langweilig im Bett. Was kann man denn da schon anstellen?

6. Schularbeit, am 10. Mai 1965

Muttertag
Gestern stand ich schon zeitig in der Früh auf, um den Muttertagstisch herzurichten. Leise zog ich das Muttertagsgeschenk und die Muttertagstorte hervor. Auf Katzensohlen bereitete ich den Muttertagstisch vor. Jetzt wollte ich den Frühstückskaffee herrichten. Rums, fiel der Anzünder herunter. Doch Gott sei Dank merkte niemand was. Als der Kaffee fertig war, wollte ich Mama aufwecken, doch da fiel mir ein, dass ich das Gedicht noch nicht fließend konnte. Schnell wiederholte ich die schwersten Zeilen des Gedichts:
»… keinem wehtun, niemand kränken und an alles soll die denken …« Als ich es fließend konnte, weckte ich Mama auf: »Alles Gute zum Muttertag!«

Schnell holte ich die Torte aus dem Kühlschrank. Als ich nach dem Frühstück das Gedicht aufsagte, bekam ich dafür 20 Schilling. Da freute ich mich (sehr) wie ein Schneekönig. Jedenfalls war der gestrige Tag für mich ein schönes Erlebnis.

Arbeit: 1 Form: ½

Dozent Spitzi

1.) *Der Spitzi, der Spitzi, das ist ein Dozent*
   der den Onkel Stefan kennt.
2.) *Früher haben sie zusammen studiert*
   heut ist Spitzis Haar meliert.
3.) *Er ist so was, was man Bakteriologe nennt*
   nicht jeder im Land diesen Ausdruck kennt.
4.) *Spitzi heilt den Michi, so gut er kann*
   darum ist er für Michi der Supermann.
5.) *Spitzi redet bei der Vorlesung sehr gescheit*
   zu lehren andre, noch dumme Leut.
6.) *Fürs A.K., fürs A.K.**
   da ist der Spitzi da!

* Wiener Allgemeines Krankenhaus
Das Gedicht ist während eines Krankenhausaufenthalts entstanden, als ich 13 war.

Michis Aussprüche

»Oma, Du bist meine Genossin!«
»Warum?«
»Weil Du mich jeden Tag genießt.«

»Oma, Du kannst dicker werden und platzen.«
»So?«
»Dann kann ich Dich wieder aufblasen.«

»Opa, Du bist ein Kriegsversehrter!«
»Warum?«
»Weil Dir doch die Haare fehlen.«

Würmchen sollte also um jeden Preis zum Wiener Schreiberknaben werden. Schrieb zuerst mit der Hand, ungelenk mit dem Füller von Pelikan, und dann getipptes Zeug, auf der Reiseschreibmaschine Regina, die ich benutzen durfte. Aber nicht kaputt machen, hieß es, wenn ich versuchte, mit dem ganzen Unterarm auf alle Tasten gleichzeitig zu drücken.

Schreiben auch deshalb, weil Johannes Mario Simmel bei Oma im Kopf herumspukte. Bei Mama und Tante Ida waren es die Kessler-Zwillinge – aber eben ohne Gesang und Tanz –, da war mein Auftrag schon stimmiger. Und Oma war nun also die Managerin des Wiener Schreiberknaben, nahm mir dabei auch vieles ab, auch schon mal das Schreiben selbst. Meine altklugen Sprüche schrieb meine Großmutter mit und legte die Zettel in eine Schatulle, zusammen mit einer Locke meines »goldblonden« Kinderhaars und den ausgefallenen Milchzähnen. »Daraus kannst du dir mal eine Kette machen, Omi«, sagte ich.

Sie formte mich sprachlich, geistig, wie es Gott mit Eva tat, aus Adams Rippe. Alles durchgeknallte, völlig irreale Bilder. Ihre eigenen Wünsche und Fantasien sollten auf mich übergehen. Am Ende standen immer Lob und Belohnung. Und wenn die Belohnung – wie beim Hausaufgabenmachen, bei dem sie täglich dabeisaß – nur darin bestand, nach der letzten Zeile aufspringen zu dürfen und mit einem großen Satz auf die Ottomane zu springen. Sie räumte dann den Schulranzen ein. Davon bin ich heute noch geprägt, da ich es als Zumutung und schlimme Kränkung empfinde, nach dem Schreiben selbst aufräumen zu müssen – und nicht sofort Lob zu bekommen.

Die schrecklichsten Verse, die ich schrieb, offenbarten für Oma mein »Riesentalent«, das sie gleich an die große Glocke hing, beim Mittwochskränzchen, das sie im Café Sperl abhielt. Der »nächste Simmel«, klar. Johannes Mario Simmel war der Bestsellerautor der 60er Jahre, an dem ich mich heute noch orientiere, wenn es um verkäuferische, Aufmerksamkeit erregende, gute Titel geht. *Liebe ist nur ein Wort. Es muss nicht immer Kaviar sein. Alle Menschen werden Brüder. Die Antwort kennt nur der Wind. Niemand ist eine Insel. Mit den Clowns kamen die Tränen. Hurra wir leben noch.* Ich kann gar nicht aufhören, sie hinzutippen.

Oma impfte mir mit ihrer Begeisterung ein, dass Texte etwas enorm Wichtiges sind, eigentlich etwas Lebenswichtiges. Aus Kindersicht: etwas Magisches, etwas Lebensrettendes. Der Glaube an diese Magie trägt mich heute noch. Inzwischen ist es weniger ein Glauben, eher eine Gewissheit und im wirklichen Leben die einzige Möglichkeit – in vielen Situationen. Ich kann mich heute noch schriftlich besser ausdrücken als mündlich. Und ich bekomme kritische Situationen, zum Beispiel in unserer Agentur, manchmal besser in den Griff, indem ich sie aufschreibe, irgendeinen Text dazu mache, ein Papier, wie der Laden zu sanieren sei, endlich nach vorn zu bringen, weil Schreiben für mich die beste und fast die einzig mögliche Form des Nachdenkens ist.

Ich kann es auch anders sagen: Im Schreiben kann ich mit meinem inneren Selbst Kontakt aufnehmen, oder ist es das Ich?

Das Einzige, worauf ich mich am Ende beziehen kann, ist der kleine Junge, das Würmchen an der Schreibmaschine, der ich mal war, der ich noch bin, das Zirkuskind, das Omakind, das dressierte Kind, der Wiener Schreiberknabe, in seinem Drang, in seinem Zwang zu gefallen. Der, der nur geliebt wird für das, was er tut – nicht für das, was er ist. Das, was er ist, ist krank. So sah mich Oma, so sehe ich mich bis heute immer wieder.

Aber auch Oma stand unter Druck. Ich unterstelle ihr das. In ihren Übertreibungen bezüglich meines Talents verbarg sich nichts anderes als die Scham an der ausnahmslosen, absoluten, gnadenlosen Mittelmäßigkeit der ganzen Familie, ihre, wie sie es empfand, zu geringe Teilhabe an den Segnungen des beginnenden Wirtschaftswunders.

Scheitern war für die ganze Familie Programm. Freilich war es ein um jeden Preis zu verdeckendes, zu versteckendes Scheitern. Scheitern an allem. An der Zeit, im Beruf und immer wieder in der Liebe. Depression, Sucht. Und die Sehnsucht, dem Jammertal zu entkommen, wie es den Gestalten der Nachkriegswelt bei Simmel gelang.

Doch ganz und gar übel war es auch wieder nicht. Es gab auch Kreativität in der Familie, kreative Momente. Mein Großvater väterlicherseits, ein Architekt; anders als Omis Mann war er wegen Schwerhörigkeit und Depression nicht zum Krieg eingezogen worden. Er machte wunderschöne Kupferstiche – etwa ein Porträt seiner Frau, meiner anderen Großmutter –, die in all dem Elend wie vom Himmel gefallen wirkten. Aber es reichte nicht. Am Ende ist er vor Scham in die Taubheit geflüchtet. Und war doch der, der am besten zuhören konnte in der Familie.

Auf mir – in der Zwischenzeit hatte ich mich vom Würmchen zum Michi entwickelt – ruhte nun die Hoffnung, wenigstens seitens meiner Großmutter, ich könne es richten; mit einem großen, echten Erfolg vom Versagen der Sippe ablenken, es überstrahlen. Mein Vater war viel weniger überzeugt von mir. Ihn stieß das Theater meiner Großmutter um meine angeblichen Talente eher ab. Vielleicht empfand er mich auch als Konkurrenz. Genau die Rolle hatte er schon gegenüber seinen viel zu alten und früh hinfälligen Eltern gespielt, auch er hatte richten sollen, was die beiden nicht mehr vermochten.

Ich bin ja offenbar noch mehr als mein Vater in die Falle gegangen und habe es sogar noch als Krönung empfunden, die Scham-Last der ganzen Sippe zu tragen. Wenn ich wieder mal meinen Superhit »Die Ballade von Sucht und Scham« anstimmte, fand Doktor Von die Storys meist unerheblich – das sagte sie so nicht, aber sie ließ es mich durch ein wiederkehrendes kaltschnäuziges Übergehen meiner Schilderungen spüren.

Einmal meinte sie, meine Neigung, durch Nachforschungen in der Vergangenheit ein angeblich erlittenes Unrecht aufzuklären, sei zwar ehrenhaft, ich dürfte aber nicht erwarten, damit im Nachhinein für ordentliche Verhältnisse sorgen zu können, Gerechtigkeit herstellen zu können oder Genugtuung zu erfahren. Ist ja auch richtig so. Ich müsste mir längst selbst sagen, dass an der Geschichte was nicht stimmt. Sage ich mir aber nicht. Das auftrumpfende Über-Ich, mit all seinen nicht erfüllbaren Forderungen, hat heute noch leichtes Spiel.

Dass ich einem »sehr starken Über-Ich« genügen müsse, war übrigens das einzige Befundartige, das ich je von Doktor Von zu hören bekam. Obwohl ihre Bücher voll davon sind, vermied sie mir gegenüber jede fachliche Terminologie, unterlief sie eher. Wenn ich über »Schuldgefühle« klagte, fragte sie eher so was wie: »Was meinen Sie eigentlich, wenn Sie von Schuldgefühlen sprechen?«

Ja, was meine ich eigentlich? Keine Ahnung. Alles reichlich theoretisch. Praktisch wird es nur insofern, als der ganze Quatsch irgendwo abgespeichert ist für alle Zeiten, in einer schwarzen Cloud mit einer Riesendatei all meiner Sünden und Schwächen, die über mir schwebt, jeden Tag des Jahres, immer. Oder anders: Ich stecke in einem Dickicht und komme nicht weiter, und dieses Buch soll die Machete sein, mit der ich mich frei schlage.

Die Ballade von Sucht und Scham

Reden wir jetzt von meiner Sucht nach Lob und Scham,
woher sie rührt.
Unnützes Wissen,
Meine Großmutter,
Die Frau, die mich erzog,
Die Frau, die mir immer als Erstes einfällt,
Wenn ich an meine Kindheit denke,
Vielleicht auch,
Wenn ich an Frauen denke,
Meine Oma. Große Liebe.

Affenliebe,
Wie Äffchen lieben.
Sagte sie.

War schnell mit Lob bei der Hand,
Wenn ich etwas »Kreatives« tat,
Meine Großmutter,
Meine geliebte
Und bis heute
Sogenannte Oma,
Super-Oma,
Ohne die, man muss es sagen,
es dieses Buch nicht gäbe,
Ohne die es mich nicht gäbe, yeah.

*Aber
Ich lernte bei Oma auch etwas
Übles
Und süchtig Machendes,
Mit geringem Einsatz
Hohe Wirkung zu erzielen,
An Lob und Belohnungen zu kommen,
Wenn ich es nur geschickt anstellte.*

*Sie zu ergaunern.
Oft reichten
Schon ein paar Zeilen,
Oder etwas
Mit der Reiseschreibmaschine
Getipptes,
Das schon toll war, nur weil es getippt war.
Tippen war damals noch toll.*

*Tipp, Tipp
Super, Michi!*

*Auch die abgetippten ersten Seiten
Von Karl Mays Winnetou I
Für Cornelia
Als Geschenk
Weckten Omas Begeisterung.*

*»1. Ein Greenhorn. Lieber Leser,
Weißt Du, was das Wort Greenhorn bedeutet?*

Eine höchst ärgerliche und geringschätzige
Bezeichnung für jeden,
Auf den sie angewendet wird.«

Tipp, tipp, so wie hier jetzt.
Super, Michi!

Michi war mein Übergangsname,
Zwischen Würmchen und Michael,
Zum Michael wurde ich erst,
Als ich zu arbeiten begann, yeah.

Doch bezahlt man
Für dieses Lob
Einen hohen Preis,
Den Preis eines ständigen Schuldgefühls.
Der Preis ist hoch.

Hat man das Lob
und die Belohnung
Auch wirklich verdient?

Oder ist man nur
Ein aufgeblasener
Nichtskönner?
Wichtigtuer?

Ein »Nachmacher«,
Wie wir als Kinder sagten.

Was passiert,
Wenn man auffliegt?
Die Hosen verliert?

Was passiert,
Wenn man erkannt wird als der,
Der man wirklich *ist?*

Dann geniert man sich,
Sagten wir Kinder in Wien.
Sich zu Tode genieren,
Das war eine Redewendung.

»Schäme Dich, Michi«,
Sagte meine Mutter oft.
Und wenn ich
Angestrengt
Versuchte,
Selbstbewusst zu wirken,
Schrie sie:
»Und du
Schämst dich
nicht einmal!«

Dieses leichte,
Gefährliches Spiel
Hat mich süchtig gemacht.
Alles klar.
In aller Schrecklichkeit
und Peinlichkeit, yeah.

Damit verbunden
Scham-süchtig.
Die perverse Lust
An dem Risiko aufzufliegen, yeah.

Lob kann mich anspornen,
Ausbleibendes Lob
Bringt mich
Dramatisch
Aus der Spur.

Keine gute Voraussetzung,
Wenn man ernsthaft
An einem Text
Arbeiten möchte.

Ernsthaft, na ja,
Dieses Buch.

Tipp, tipp,
Super, Michi!

Aber Lob
Kann Mich
Auch traurig machen.

Plötzliche
Gefühlsaufwallung,
Schüttelfrost
(leichter)

Schuldgefühl
(gegenüber anderen)
Scham
(gegenüber sich selbst).

Hektische Flecken im Gesicht
Vielleicht,
Ich sehe mich dann ja selbst nicht.
Ja, wieder toll gemacht, Herr Hopp.
Vor einiger Zeit bekam ich Lob
Von einer Frau,
Ich hatte ein Projekt
Gut vorangebracht.

Sofort entglitten
Mir die Züge,
Ein peinliches Gefühl entstand,
Für alle.
Ich fühlte mich nackt,
Beschämt.

Scham = wenn etwas sichtbar wird,
Das man nicht zeigen will.
Das habe ich schon bemerkt,
Sagte die Frau.
Lob, das erträgt er nicht, der gute Mann.

Aber ohne Lob
Kann er auch nicht,
Der gute Mann, yeah!

Aber
Warum
Konnte das Lob,
Oma sparte ja nicht damit,
Nicht positiv
Auf meinen Selbstwert
Wirken?

Warum?
Woher
Kommt
Das Misstrauen
Gegenüber dem Lob?

Die Furcht davor.

Da sind
Menschen,
Denen egal ist,
Welche Art von Lob
Von wem
Sie bekommen,
Sie nutzen es
Auf jeden Fall
Für sich, yeah.

Der Grund,
Warum ich das nicht
Kann,
Kann

Nur in einem schon vorher
(Anderswo?)
(Von wem?)
Zerstörten Selbstwertgefühl
Liegen,
Weil
Mein
Scham- und Schuld-Konstrukt
Von der unumstößlichen
Voraussetzung ausgeht,
Ich sei eben
Und tatsächlich
Ein Nichtskönner.

Ich
Bin
Ein
Nichtskönner, yeah!

What have they done to my Selbstwert?

Zum Betrügen gezwungen,
Daher das Schuldgefühl,
Das die Scham erzeugt,
Die Schande
Und die Schmach,
Den heißen Stoff
Mit einem Webfaden Geilheit.

Aber wer hat eigentlich je gesagt,
Wer hat eigentlich je gesagt,
Dass ich ein Nichtskönner bin?
Woher kommt die Idee?

Eigentlich
Hat das noch nie
Jemand
Außerhalb der Familie
Gesagt,
Nur innerhalb.

Im Gegenteil,
Im Beruf
Gelte ich
Über all die Jahre
Als alles andere
Als ein Nichtskönner.

Tipp, tipp,
Super, Michi!

Da gelte ich
Vielleicht eher
Als verpfuschtes Talent.
Als einer,
Der ehrgeizig ist,
Der viel gemacht hat,
Viel Verschiedenes,
Ohne Zusammenhang,

*Sprunghaft,
Unkonzentriert.*

*Am Ende
Weiß man nicht,
Was es soll, yeah.*

Mein Vater war nicht überzeugt von mir, das stimmt, für ihn war ich das Würmchen und später der Michi mit zwei linken Händen, der feige Michi, der verlogene, der immer den Weg des geringsten Widerstands geht, wie er sagte; ein widerlicher Spruch. Franz Kafkas Vater war bekanntlich auch nicht von seinem Sohn überzeugt. Ja, der Vergleich ist unangemessen. Mit dem *Brief an den Vater* gelang es Kafka, für das Leid der Missachtung durch den Vater eine angemessene Sprache zu finden. Er hat das Nichtskönner-Bild, das der Vater von ihm hatte, nicht übernommen. Ich schrieb nie einen solchen Brief. Vielleicht auch, weil meine Großmutter in übertriebener Weise an mich glaubte. Man könnte sagen: Im gleichen Ausmaß, wie mich mein Vater unterschätzte, überschätzte mich meine Großmutter. Meine Mutter hielt, glaube ich, auch nicht viel von mir, aber das hat mich nie beschäftigt, warum eigentlich? Jedenfalls, in diesem Szenario habe ich offenbar bis heute keine Balance gefunden, die Selbstverachtung bildet so was wie die Innenseite von Anflügen des Größenwahns. Das gekränkte Ich lebt in einer ständigen Verwirrung.

Die Folge ist, ich bin (mitunter, oft, nicht immer) überempfindlich gegen jede Widerrede, gegen jede Kleinigkeit, die mich in meiner immer fragilen Großartigkeit anzweifelt. Es gibt viel Unangenehmes in meinem Leben: etwa der ganze Komplex mit dem ständigen Schuldenmachen, fast eine Sucht, ständig wo Schulden zu haben, das ist ja bis heute nicht ganz vorbei.

Es gibt vieles, das nach dem Konzept der Psychoanalyse – auch Frau Doktor Von hatte es so angedeutet – mit gekränktem Narzissmus, mit Größenfantasien zu tun hat, die darin bestehen, die Realität nicht anzuerkennen. Jedes Mal, wenn ich einen Text abgebe, hege ich die Erwartung, dass er großartig gefunden wird und natürlich keine Nachbesserung notwendig ist. Schließlich habe ICH den Text ja gemacht. Eine Art feudales Prinzip; meine Oma hatte mich ja auch zum Prinzen gemacht. Und sterbe gleichzeitig tausend Tode, dass mir der Text um die Ohren fliegt. Von diesem Zwiespalt ist meine gesamte Arbeit als Autor und Journalist geprägt. Ich habe keine innere Festigkeit, weiß nicht, was ich wirklich kann. Die ersten Jahre mit dem Schreiben, ab 1973, waren sprunghaft und konfus. Wenn ich heute in den teilweise schon 40 Jahre alten Mappen mit ihren inzwischen vergilbten Manuskriptblättern krame, erscheinen mir die Texte wie von mehreren Personen verfasst.

Am Gymnasium ein dogmatischer, von der aufkommenden Linken geprägter Kasernenhofton, dann eine LSD-getränkte, gefühlige Selbstbedauerungslyrik, ich wollte ja eigentlich Lyriker werden, die ich auch in Lesungen vortrug, und auf der anderen Seite zwänglerische, streng aufgebaute Sprachexperimente auf der Schreibmaschine, deren formale und technische Begrenzung ich damals ganz gut nutzte, besser als heute die Entgrenzung durch das digitale Schreiben, bevor es dann mit den ersten journalistischen Texten wieder politischer wurde, weil das politische Schreiben, in dem Umfeld, in das ich geraten war, das einzig Relevante war. Ich wollte es unbedingt erlernen.

In den 80er Jahren bewegte sich mein Schreiben irgendwo zwischen Underground, Jugendkultur und kommerziellem Lifestyle, im Prinzip die Mischung, für die *Wiener* und später – da kommen ich noch drauf – *Tempo* standen. Ich hatte vieles gemacht, aber nichts richtig, so könnte man es sehen, beziehungsweise so findet es mein Über-Ich.

Als man – ebenfalls noch Mitte der 80er Jahre – mich zum ersten Mal zu den »Edelfedern« zählte, dachte ich vor allem, wie gut mir die Tarnung meines Nichtskönnens gelungen sei. Die ständige Angst, mit dem Schwindel aufzufliegen, verstärkte meine Empfindlichkeit gegen Kritik, die ich mit allen Mitteln abzuwehren versuchte, am liebsten durch den Schutz, den eine hervorgehobene Position bot.

Darin mag auch der Grund liegen, warum ich immer wieder in die Position eines Chefredakteurs geraten bin, also der war, über dem, theoretisch, keiner mehr ist, dass ich der war, der sich nicht ausbessern lassen muss. Doch innen drin änderte sich nichts. Weiterhin musste ich viele schlimme Nächte in nass geschwitzten T-Shirts aufwenden, um den falschen Thron, auf den mich Oma gesetzt hatte, zu verteidigen.

Als ganz junger Mann schaute ich mir vieles bei meinem Lehrer Günther Nenning ab, dem damals berühmten österreichischen Journalisten und Herausgeber. Günther war einer, an dessen Texten niemand etwas ändern durfte. Es wäre in der damaligen Redaktion der Zeitschrift *Neues Forvm*, so antiautoritär sie sich auch nach außen auch gab, niemand auf die Idee gekommen, dies zu tun.

Damals erschien mir dieses Privileg erstrebenswert, klar, da wollte ich auch mal hin. Einen ähnlichen Status hatte Rudolf Augstein beim *Spiegel*. Ich merkte aber auch, dass die *Forvm*-Redaktion unter Günthers oft eitlen und irgendwie affigen Texten zu leiden begann, die mit der zunehmenden Ablehnung übrigens noch eitler und affiger wurden. In der sogenannten Blattkritik, einer Konferenz, in der zurückliegende Ausgaben besprochen wurden, sagten die meisten, Günthers Texte nicht gelesen zu haben. Sie wussten, das traf ihn am meisten. In seiner Herrscherrolle war es einsam um ihn geworden.

Jedenfalls, der lauernde narzisstische Größenwahn, dem ich ja immer und immer genügen muss, verbraucht viel Energie, die ich sonst anders nutzen könnte. Natürlich habe ich mir inzwischen eine dickere Haut antrainiert. Aber der Impuls der Kränkung, der Stich ins Herz, der kurze Anfall von Hass, das Aufwachen in der Nacht wegen solchem Blödsinn, das ist alles noch da.

Frau Doktor Zu in München hat mir mal das Persona-Konzept bei Jung erklärt. Dass die Persona im Prinzip die Maske sei, die man herzeige, wobei man es in der Hand hat, welche das sein soll, und sich dahinter das wahre Gesicht, eine Art »inneres Ich« mit seinen Gefühlen verbirgt. Das schien mir immer plausibel, damit konnte ich was anfangen. Heute kann ich meine Maske immer überzeugender vor mir hertragen, und ich freue mich diebisch, wenn mein Gegenüber nicht bemerkt, dass sich dahinter immer noch der kleine Junge versteckt, der darauf wartet, vom Lob seiner Großmutter beschämt zu werden.

Rumpelstilzchen

Es war einmal ein Müller, der war arm, aber er hatte eine schöne Tochter. Nun traf es sich, dass er mit dem König zu sprechen kam, und um sich ein Ansehen zu geben, sagte er zu ihm: »Ich habe eine Tochter, die kann Stroh zu Gold spinnen.«

Der König sprach zum Müller: »Das ist eine Kunst, die mir wohlgefällt; wenn deine Tochter so geschickt ist, wie du sagst, so bring sie morgen in mein Schloss, da will ich sie auf die Probe stellen.« Als nun das Mädchen zu ihm gebracht ward, führte er es in eine Kammer, die ganz voll Stroh lag, gab ihr Rad und Haspel und sprach: »Jetzt mache dich an die Arbeit, und wenn du diese Nacht durch bis morgen früh dieses Stroh nicht zu Gold versponnen hast, so musst du sterben.« Darauf schloss er die Kammer selbst zu, und sie blieb allein darin.

Da saß nun die arme Müllerstochter und wusste um ihr Leben keinen Rat: sie verstand gar nichts davon, wie man Stroh zu Gold spinnen konnte, um ihre Angst ward immer größer, dass sie endlich zu weinen anfing. Da ging auf einmal die Türe auf, und trat ein kleines Männchen herein und sprach: »Guten Abend, Jungfer Müllerin, warum weint sie so sehr?« – »Ach«, antwortete das Mädchen, »ich soll Stroh zu Gold spinnen und verstehe das nicht.« Sprach das Männchen: »Was gibst du mir, wenn ich dir's spinne?« – »Mein Halsband«, sagte das Mädchen. Das Männchen nahm das Halsband, setzte sich vor das Rädchen, und schnurr, schnurr, schnurr, dreimal gezogen, war die Spule voll.

Dann steckte es eine andere auf, und schnurr, schnurr, schnurr, dreimal gezogen, war die zweite voll: und so ging's fort bis zum Morgen, da war alles Stroh versponnen, und alle Spulen waren voll Gold. Bei Sonnenaufgang kam schon der König, und als der das Gold erblickte, erstaunte er und freute sich, aber sein Herz ward nur noch goldgieriger. Er ließ die Müllerstochter in eine andere Kammer voll Stroh bringen, die noch viel größer war, und befahl ihr, das auch in einer Nacht zu spinnen, wenn ihr das Leben lieb wäre. Das Mädchen wusste sich nicht mehr zu helfen, da ging abermals die Türe auf, und das kleine Männchen erschien und sprach: »Was gibst du mir, wenn ich dir das Stroh zu Gold spinne?« – »Meinen Ring von dem Finger«, antwortete das Mädchen. Das Männchen nahm den Ring, fing wieder an zu schnurren mit dem Rade und hatte bis zum Morgen alles Stroh zu glänzendem Gold gesponnen. Der König freute sich über die Maßen bei dem Anblick, war aber noch immer nicht Goldes satt, sondern ließ die Müllerstochter in eine noch größere Kammer voll Stroh bringen und sprach: »Die musst du noch in dieser Nacht verspinnen: gelingt dir's aber, so sollst du meine Gemahlin werden.« – Wenn's auch eine Müllerstochter ist, dachte er, eine reichere Frau finde ich in der ganzen Welt nicht. Als das Mädchen allein war, kam das Männlein zum drittenmal wieder und sprach: »Was gibst du mir, wenn ich dir noch diesmal das Stroh spinne?« – »Ich habe nichts mehr, das ich dir geben könnte«, antwortete das Mädchen. »So versprich mir, wenn du Königin wirst, dein erstes Kind.« Wer weiß, wie das noch geht, dachte die Müllerstochter und wusste sich auch in der Not nicht anders zu helfen; sie versprach also dem Männchen, was es verlangte, und das Männchen spann dafür noch einmal das Stroh zu Gold. Und als am Morgen der König kam und alles fand, wie er gewünscht hatte, so hielt er Hochzeit mit ihr, und die schöne Müllerstochter ward eine Königin.

Über ein Jahr brachte sie ein schönes Kind zur Welt und dachte gar nicht mehr an das Männchen: da trat es plötzlich in ihre Kammer und sprach: »Nun gib mir, was du versprochen hast.« Die Königin erschrak und bot dem Männchen alle Reichtümer des Königreichs an, wenn es ihr das Kind lassen wollte: aber das Männchen sprach: »Nein, etwas Lebendes ist mir lieber als alle Schätze der Welt.« Da fing die Königin an zu jammern und zu weinen, dass das Männchen Mitleiden mit ihr hatte: »Drei Tage will ich dir Zeit lassen«, sprach es, »wenn du bis dahin meinen Namen weißt, so sollst du dein Kind behalten.«

Nun besann sich die Königin die ganze Nacht über auf alle Namen, die sie jemals gehört hatte, und schickte einen Boten über Land, der sollte sich erkundigen weit und breit, was es sonst noch für Namen gäbe. Als am andern Tag das Männchen kam, fing sie an mit Kaspar, Melchior, Balzer und sagte alle Namen, die sie wußte, nach der Reihe her, aber bei jedem sprach das Männlein: »So heiß ich nicht.« Den zweiten Tag ließ sie in der Nachbarschaft herumfragen, wie die Leute da genannt würden, und sagte, dem Männlein die ungewöhnlichsten und seltsamsten Namen vor: »Heißt du vielleicht Rippenbiest oder Hammelswade oder Schürbein?« Aber es antwortete immer: »So heiß ich nicht.« Den dritten Tag kam der Bote wieder zurück und erzählte: »Neue Namen habe ich keinen einzigen finden können, aber wie ich an einen hohen Berg um die Waldecke kam, wo Fuchs und Has sich gute Nacht sagen, so sah ich da ein kleines Haus, und vor dem Haus brannte Ein Feuer, und um das Feuer sprang ein gar zu lächerliches Männchen, hüpfte auf einem Bein und schrie:

»Heute back ich, morgen brau ich,
Übermorgen hol ich der Königin ihr Kind;
Ach, wie gut ist, dass niemand weiß,
dass ich Rumpelstilzchen heiß!«

Da könnt ihr denken, wie die Königin froh war, als sie den Namen hörte, und als bald hernach das

Männlein hereintrat und fragte: »Nun, Frau Königin, wie heiß ich?«, fragte sie erst: »Heißt du Kunz?« – »Nein.« – »Heißt du Heinz?« – »Nein.«

»Heißt du etwa Rumpelstilzchen?«
»Das hat dir der Teufel gesagt, das hat dir der Teufel gesagt«, schrie das Männlein und stieß mit dem rechten Fuß vor Zorn so tief in die Erde, dass es bis an den Leib hineinfuhr, dann packte es in seiner Wut den linken Fuß mit beiden Händen und riss sich selbst mitten entzwei.

Ich kann das hier alles nicht erzählen, ohne auf das Märchen *Rumpelstilzchen* der Gebrüder Grimm zu sprechen zu kommen. Die Geschichte von der Müllerstochter, die für den König Stroh zu Gold spinnen muss, wobei ihr ein böser Zwerg hilft, der dafür aber ihr erstes Kind als Opfer fordert.

Als Kind konnte ich mit dem *Rumpelstilzchen* auch deshalb nicht so viel anfangen, weil es für einen kleinen Buben keinen rechten Einstieg über Identifikation anbietet. Die Müllerstochter tat mir zwar leid, aber ich wollte nicht sie *sein* (das sollte sich später ändern). Dass das *Rumpelstilzchen* über die Jahre und Jahrzehnte trotzdem zum wichtigsten Märchen meines Lebens werden sollte, rührt weniger aus meiner Kindheit als aus meiner Zeit als Vater her. Mit Bruno Bettelheims *Kinder brauchen Märchen* hatte sich bis in das letzte Kinderarztwartezimmer die Einstellung gegenüber Märchen gewandelt. Schon vorher hatte vor allem die Psychoanalyse nach C. G. Jung neben Archetypen und

Mythen auch mit Märchen zu arbeiten begonnen, die sie sowohl von ihrer Entstehung wie auch von ihrer Wirkung als Bilder der Seele auffasst, als bildgebendes Verfahren sozusagen, das innere Vorgänge sichtbar und damit besprechbar werden lässt. In ihrer Mehrdeutigkeit und oft auch Unverständlichkeit ähneln Märchen ja auch stark den Träumen, dem anderen Arbeitsmaterial der Psychoanalyse, ja sind ihnen in ihren Ursprüngen vielleicht sogar verwandt.

Ich begann, zuerst Tom, dann Amelia und Kati und später auch Philipp, Tonti und T. – also nach und nach all meinen Kindern und damit auch über viele Jahre – intensiv Märchen vorzulesen. Dabei entwickelte sich, schon bei Tom, *Rumpelstilzchen*, zum Hit; bei den weiteren Kindern in unterschiedlicher Ausprägung. Ich erinnere mich aber daran, dass Tonti stark darauf reagierte. Aber was heißt, sie reagierte stark? Eher war es doch so, dass ich es war, der das *Rumpelstilzchen* immer wieder anbot, weil es mich mit jedem Lesen mehr in einen Zustand der Erregung und der Ergriffenheit versetzte, nur mit belegter Stimme schaffte ich es bis zum Schluss.

Das Raten der Namen gegen Ende – »Heißest du Kunz?« – »Nein.« – »Heißest du Heinz?« – »Nein.« – deklamierten wir dann schon im Chor oder mit verteilten Rollen, ergänzten den Originaltext durch immer neue Namen – »Heißest du Franz?« – »Heißest du Ferdinand?« bis zu »Heißest du Donald?« – »Heißest du Furzpopo?« – und skandierten schließlich im Chor »Heißt du etwa Rumpelstilzchen?« in mehrmaliger Wiederholung.

Das war der Höhepunkt, unübertrefflich, die Klimax, die kultische, ekstatische Wiederholung in gesteigerter

Form, eine Art Orgasmus, der Vater mit seinen Kindern, so eine Art Psycho-*Re-enactment*, immer wieder, kurz vorm Einschlafen, wir nannten es Vorlesen.

»Heißt du etwa Rumpelstilzchen?« – in diese Aufdeckung des Namens legte ich die allerhöchste Bedeutung und riss die Kinder mit in diesen Sog. Den weiteren Verlauf, wenn das Rumpelstilzchen im Schock, enttarnt zu sein, »Das hat dir der Teufel gesagt, das hat dir der Teufel gesagt« ausruft, bevor es sich in der Mitte entzweireißt, gestaltete ich als verebbende Antiklimax, mit leiser, ruhiger, fast schon verebbender Stimme, als wäre der auf die Aufdeckung folgende Selbstmord (wenn auch im Affekt, »vor Wut«) das Normalste von der Welt und auch die geeignete, irgendwie aussöhnende Vorstufe zum Gute-Nacht-Kuss, der gleich darauf folgen sollte.

Das alles tat ich viele Jahre, auch schon, als ich in Psychoanalyse war, völlig unbewusst. Das Kinderzimmer war mir ein geschützter Raum, in dem ich mich gehen ließ und mich selbst zum Kind verwandelte. Ich merkte dabei lange nicht, welche Macht das Rumpelstilzchen über mich ausübte.

Bei Doktor Von und Doktor Zu wollte ich natürlich auch über das Rumpelstilzchen sprechen, ich glaubte ja zu wissen, welche Bedeutung Märchen bei den Jungianern hatten, und ich sah die beiden als »Jungianer« an, weil ich das schicker und spannender fand.

Es war kein besonderer Erfolg. Doktor Zu in München empfand die Beschäftigung mit dem Märchen und welche Rolle es in der Erziehung der Kinder spielte als »schön und interessant«. Dagegen ließ Doktor Von, mit listig und auch immer etwas amüsiert blinzelnden Augen, nur ein »So, so« vernehmen, wie wahrscheinlich immer, wenn ich mich in dubiosen Erklärungen und Interpretationen verlor, die nur von mir ablenken beziehungsweise die Zeit in der Stunde vorübergehen lassen sollten.

Trotzdem, das Rumpelstilzchen ist aus meinem Leben nicht wegzudenken. Zwar noch nicht als Kind, aber als vorlesender Erwachsener hatte ich meine Identifikation in dem Märchen gefunden, eine Identifikation, die so stark war, dass sie mich blind machte für das Schicksal vor allem des Rumpelstilzchens – ich war zur Müllerstochter geworden, die durch den magischen Deal in die Lage versetzt wird, Stroh zu Gold zu spinnen – das von meiner Oma maßlos und aus Eigennutz überschätzte Stroh in meinem Kopf zum Gold bewunderter Texte und Artikel zu spinnen. Hier gehen wir ganz an den Anfang meines Schreibens, hier wird meine ganze Scham/Schuld-Geschichte aktiviert, hier warten der Scharlatan und der Nichtskönner in den Kulissen, dem Talent und Fähigkeit nur geliehen sind, und zwar auf Grund eines Deals, der ihn erpressbar macht.

Im Märchen würde die Müllerstochter, die inzwischen dank Rumpelstilzchens heimlicher Spinn-Dienste vom König geheiratet worden war, in der Sekunde die Gunst des Königs verlieren, wenn sich herausstellte, dass sie Stroh gar nicht in Gold verwandeln kann. Und auch ich würde alle Liebe und alles Ansehen verlieren, wenn sich herausstellt, dass mein Talent nur geborgt ist. Das ist das, was ich täglich fürchte. Als Eva und ich vor zehn Jahren auf der Suche nach einem Namen für unser Büro waren, stand »Stroh zu Gold« ganz oben auf der Liste der Möglichkeiten. Eva kannte meinen Rumpelstilzchen-Komplex. Dass man es auch positiv sehen kann, »Was ist so schlecht an Stroh, vielleicht kann ich ja auch wirklich was in der Zwischenzeit«, geht in meinem Rumpelstilzchen-Komplex unter.

Ich denke, als ich damals, ganz am Anfang, unter Omas Fuchtel zu schreiben begann, tat ich es schon als Müllerstochter – und bin es heute noch, in meinem ängstlichen, kleinen inneren Selbst. Auf die Perspektive der Müllerstochter fixiert ist auch mein Blick auf den Schluss des Märchens, wenn ich mich schadenfroh und hinterhältig freue, wenn das Rumpelstilzchen enttarnt wird, wenn die Müllerstochter (übrigens gar nicht selbst, sondern durch erschwindelte Dienste der Häscher des Königs) den Namen herausfindet, das Rumpelstilzchen benennen kann und damit unschädlich macht.

Auch dieses Motiv ist für mich wie eine Schallplatte, die hängen bleibt, und ich habe gelähmte Beine und kann nicht aufstehen, um den Tonarm zu heben – weil ich noch bis vor Kurzem bis zum Umfallen an den Zauber des Benennens geglaubt habe. Benennen beim Schreiben, alles muss in Worte verwandelt werden, damit es seinen Schrecken verliert, nie darf etwas sprachlos bleiben. Und in der Analyse und der Faszination daran: Was an Komplexen, an Ängsten, an Unverständlichem an sich selbst benannt werden kann, ist schon so gut wie weg, behoben, geheilt. Ich erinnere mich, dass ich diese These schon bei Doktor

Von anbrachte, und heute verstehe ich, dass sie sie nicht der Rede wert fand.

Oder vielleicht sah sie nur, mit ihrer Erfahrung, ihrer Weisheit, dass ich noch weit davon entfernt war, mich aus der Opferrolle zu lösen, und dass dies noch Zeit brauchen werde, bis ich beginne, Verantwortung zu übernehmen, und aufhöre, es mir leicht zu machen und nicht an die wirklich wunden Punkte zu gehen.

Ich wusste es zwar und hatte Freuds Traumdeutung zu Hause stehen, trotzdem hatte ich es über Jahre nicht richtig kapiert: Das Besprechen der Träume ist das Wichtigste in der Psychoanalyse – und es ist etwas, davon bekam ich dann doch eine Ahnung, das immer hilft. Das ist selbst dann so, wenn man es nicht gleich merkt oder ein Traum zunächst unverständlich oder sinnlos scheint und auch die Besprechung kein Ergebnis bringt, jedenfalls nicht für den Moment. In der Betonung von Traumdeutung unterscheidet sich die Psychoanalyse von allen anderen Therapierichtungen.

Das wusste ich, und ich vertrat es auch überheblich in Gesprächen in der Familie oder mit Freunden. Trotzdem verhielt ich mich in den Stunden oft anders, indem ich die beiden Therapeutinnen mit Schilderungen aus dem Alltag überschüttete, in einer dringlichen, Mitleid heischenden, auf Identifikation abzielenden Weise. Gleich zu Beginn der Stunde, ohne die Chance zu nutzen, dass sie vielleicht auch einen anderen Verlauf nehmen könnte.

Mit Doktor Von in Hamburg hatte sich mit der Zeit eine Struktur der 50-minütigen Stunde herausgebildet. Die ersten 20 Minuten ließ mich Doktor Von gewähren, um dann den Versuch zu unternehmen, den endlosen Redefluss von seltsam verbittert vorgetragenen Alltagsbanalitäten zu unterbrechen. Meist mit der in eine Pause hinein gestellten Frage: »Haben Sie einen Traum mitgebracht?«

Wenn ich zu dem Zeitpunkt der Stunde schon frustriert oder verärgert war, was immer wieder mal vorkam, antwortete ich darauf eventuell mit einem gequälten »Nein, ich träume im Moment nicht, dafür schlafe ich viel zu schlecht« (in der Erwartung, bei Von den anteilnehmenden Gedanken »Warum schläft er denn so schlecht, der Arme, hilft die Therapie denn nicht?« auszulösen) oder mit einem trotzigen »Ich weiß nicht, ich kann mir meine Träume nicht merken im Moment«.

Es gab eine Phase – es war ein langer warmer Sommer, eine Zeit, die ich damals als zusammenhängend empfand –, als ich die Bedeutung des Gesprächs über die Träume fast übertrieben stark beherzigte. In der Zeit begann ich die Stunden mit der Schilderung eines Traums – ohne Erwähnung alltäglicher Ereignisse, ohne anekdotische Rückgriffe auf die Kindheit. Keine 20-minütigen Intros, sondern sozusagen von null auf hundert.

Der Nachteil der Methode war, dass es kaum einen Traum gibt, der sich 50 Minuten am Stück behandeln lässt, sodass sich die Frage nach einem Thema für die verbleibende Zeit stellte. Selten war jedoch ein zweiter aktueller Traum zur Hand. Also kam ich auf meine Alltagsgeschichten zurück, die sich allerdings in der zweiten Hälfte der Stunde schon anders anfühlten. Anders, als wäre ich damit gleich mit der Tür ins Haus gefallen.

Einen Traum aber gibt es, den konnte ich wie einen Joker immer einsetzen, wenn die Zeit in der Stunde lang wurde. Es ist ein Traum, den ich wahrscheinlich als Kind geträumt hatte, und wahrscheinlich die Jahre danach auch immer wieder. Romantisch könnte man sagen, es handle sich um meinen »Lebenstraum«, oder um einen zentralen Traum, das klingt fachmännischer. Meine Oma musste ihn sich schon anhören, der Kinderarzt, der Schulpsychologe, die Mitstreiter diverser gruppendynamischer »Gruppen«, die ich in den 70er Jahren besuchte, die erste Analytikerin, die zweite, aber auch über all die Jahre Frauen, deren Nähe ich suchte. Immer erschien mir dieser Traum das geeignete Vehikel, etwas über mich zu erzählen. Und damit eine Wirkung zu erzielen, die Anteilnahme praktisch erzwingt.

Mir fällt es schwer, diesen Traum aufzuschreiben. Gebe ich ihn damit weg? Bei den Analytikerinnen konnte ich ihn immer wieder neu erzählen. Nicht nur, wenn er mir in der Nacht davor erschienen war.

Ein Traum ist keine feststehende Aufnahme, die immer gleich bleibt, wenn man sie abspielt. Ein Traum ist eher wie ein guter Song, der immer neue Verbindungen mit einem selbst und mit anderen eingeht, sich immer wieder neu anfühlt. Der vergangene Traum *erscheint* einem auch nicht, das klingt zu sehr nach Filmvorführung, nach zurücklehnen und später interpretieren. Ein Traum ist immer live. Der Träumer ist der Autor und der Regisseur und er spielt alle Rollen, er *ist* alle Rollen. Aber es gibt keine Aufzeichnung, nur die Erinnerung an die eine Aufführung. Ein Traum ist auch keine Story, auch wenn es in der Vermittlung keine andere Form gibt als die der Nacherzählung. Oft hatte ich das Gefühl, dass ich den Traum in der Stunde nicht gut nacherzählt hatte, nicht richtig.

Oft vielleicht auch absichtlich falsch, um eine bestimmte Wirkung zu erzielen. Und immer auch zensierend, allzu Beschämendes weglassen, die Pornoszenen rausschneiden. Na ja, ich träume nie Porno. Höchstens ein Gefühl von Anfassen oder Angefasstwerden, aber ohne richtige Bilder.

Mit dem Erzählen von Träumen kann man sein Gegenüber manipulieren. Noch mehr aber sich selbst. Über Träume zu lügen, ist die einzige Lüge, die nie jemand aufdecken kann. Das ist verführerisch. Aber ich muss mich nicht quälen mit solchen Gedanken. Wahrscheinlich ist es so, dass die Analytiker gar nichts anderes erwarten, als ständig Unwahres, manipulativ Nacherzähltes aufgetischt zu bekommen. In der Summe ergeben auch all die Unwahrheiten ein Bild. Und sicher verrät man sich da, wo man es am wenigsten glaubt. Man könnte auch sagen: Ein Traum ist am Ende das, was man daraus macht.

Ein Traum hat auch keine Länge, die sich in Zeit messen ließe. Als der Traum, um den es hier geht, noch *neu* war, schien er mir ewig lang. Später wurde er immer kürzer. Das Unheimliche war, dass er immer wiederkam, auch in Versionen, ich während des Träumens aber nicht bemerkte, dass es sich um eine Wiederholung handelte. Erst im Aufwachen konnte ich erkennen, dass es wieder derselbe Traum war.

Nach diesem Muster brauchte es auf der Welt nur einen Film zu geben, denn jedem Menschen käme er bei jedem Mal Ansehen neu vor. So eine Art Fluch. Dazu verdammt, immer wieder ... Das Rumpelstilzchen zerreißt sich in der Luft, als die Müllerstochter seinen Namen nennt. Bei meinem Traum hat das nicht funktioniert, es war ihm egal, ob ich Worte für ihn gefunden hatte.

Erst in den letzten zwei, drei Jahren ist er verschwunden. Der Traum handelt von Angst, wenn ich es in einem Satz sagen müsste. Also, raus damit. Was soll schon passieren? Noch eine falsche Nacherzählung. Ich mache es kurz. Je kürzer ich es mache, desto weniger kann falsch sein, rein auf die Menge von Worten bezogen.

Das ist die Story, das sind ihre wiederkehrenden Elemente: Ich bin mit meiner Mutter in einer engen Kammer eingesperrt, so etwas wie eine Umkleidekabine im Schwimmbad. In der Tür der Kabine ist ein Loch und durch dieses Loch steckt eine Hexe einen ihrer langen, dünnen Finger. Ich stehe da mit nacktem Oberkörper und habe quälende Angst, dass der Finger der Hexe meine Brust berühren könnte – das darf auf keinen Fall passieren. Meine Mutter, sie ist kleiner als ich, steht hinter mir, ich versuche, sie mit meinem Körper zu schützen.

Der Finger der Hexe kommt immer näher, was bedeutet, dass ich meine Mutter immer mehr an die hintere Wand der Kabine drücken muss. Das kann nicht lange gut gehen. Ich schreie vor Angst – und wache auf.

Jetzt steht er da, der Traum. Ich will das gar nicht durchlesen. Wie finden Sie ihn, den Traum? Haben Sie jetzt Mitleid mit mir? Habe ich Sie mit meiner Scham angesteckt? Einmal habe ich diesen Text vorgelesen, öffentlich, vor Leuten, die mich nicht kennen. Es blieb still, während ich las. Die Leute hörten zu. Aber nachher, nach der Lesung, wollte niemand mit mir sprechen. Als ob ich schlecht röche, stänke. Das Interpretieren des Traums ist ja auch irgendwie Scheiße. Nur so viel: Ich bin mit meiner Mutter in einer bedrohlichen, sehr engen Situation. In einer Höhle. In einem Uterus. Das ist schon verkehrt. Ich müsste ja in ihrem Bauch sein, aber sie ist offenbar auch noch Kind. Ich bin damit überfordert, sie zu beschützen, kann es aber auch nicht sein lassen. Nehme ihr auch die Luft zum Atmen, indem ich mich gegen sie drücke. Aber wer ist die Hexe? Und der Zeigefinger, der uns bedroht? Nicht berühren, sonst bist du tot.

Ich kam nicht rechtzeitig, als meine Mutter starb. Wir hatten damals, zu Beginn der 2000er Jahre, einen kleinen Verlag, wir legten Rolf Kaukas Comic *Fix & Foxi* neu auf, ich hatte kein Geld, war damals schon in Insolvenz und bekam nur das Existenzminimum ausbezahlt, aber Joe, mein Partner im Verlag, war so freundlich, mir den Flug nach Österreich zu finanzieren. Und ein Mietauto, mit dem ich vom Flughafen in Wien in das Kaff in der Steiermark kommen konnte, in dem meine Mutter den letzten Lebensabschnitt verbracht hatte. Mit Lungenkrebs lag sie jetzt auf der Intensivstation.

Eine Krankenschwester rief mich in Hamburg auf dem Handy an, ob ich der Sohn sei, es stehe nicht gut um meine Mutter, und hielt ihr den Hörer hin. Ich hörte ein Röcheln von weit weg, es war nicht zu verstehen, ich sagte: »Mama, ich mach' mich auf den Weg.« Als ich spätabends im Krankenhaus ankam, war es zu spät.

Sie war nur noch ein Haufen Knochen unter einer dünnen Decke, viel weniger als ein erwachsener Mensch.

Die Schwester ließ mich mit dem Leichnam allein, aber ich konnte nicht weinen. Ich fand, dass sie im Gesicht erlöst aussah. Plötzlich war auch wieder zu sehen, dass sie einmal eine sehr schöne Frau gewesen war. Schöne Frau … Meine Mutter war eine verdammte Schönheit, ihr Arschlöcher!

Lange Jahre ihres Lebens war sie Alkoholikerin, hatte einen Mann, der sie verprügelte und dann selber am Suff zugrunde ging. Warum war sie Alkoholikerin geworden? Spielte ich eine Rolle dabei? Weil sie mich, ihr Kind, an die Großmutter verloren hatte? Na ja, könnte man so sehen. Die ganze Tragödie zog sich über Jahrzehnte, seit ich zehn, elf war. Mein Vater nahm mich damals zu sich, aber ich wollte eigentlich nicht dahin. Man kann es sich vorstellen, die Mutter-Kind-Beziehung war von den Umständen immer stark beeinträchtigt und blieb unter ihren Möglichkeiten, um es mal im Stil eines Wirtschaftsberichts auszudrücken. Einmal, als Zehnjähriger, schwamm ich meiner Mutter nach, recht weit hinaus in den See, weil sie so tat, als würde sie sich umbringen wollen. Oder nicht nur so tat, wie sollte ich das wissen. Ein paar Mal erlebte ich meine Mutter so betrunken, dass sie mich nur anglotzte und nicht erkannte. Und ich schwang mich als Zwanzigjähriger heldenhaft auf und lieferte sie in die Psychiatrie ein, weil ich das als einzigen Weg sah, sie vor ihrem wütenden Mann zu schützen.

Das waren alles gute Geschichten für die Analyse, dachte ich. Ich erzählte sie meiner ersten und meiner zweiten Analytikerin, ohne dass es viel bewegt hätte. Das war alles tragisch, ja, traurig, aber die Schäden waren auch schon verbucht, was soll man groß dazu sagen? Die wirklich tragischen Sachen sind vielleicht auch egal im Leben, jedenfalls nicht so wichtig, wie man glaubt. Wir stolpern über Maulwurfshügel, nicht über Berge, sagt ein chinesisches Sprichwort.

Als sie dann tot war, wirklich tot, das heißt, als das richtig bei mir ankam, als ich in der Nacht allein aus dem Krankenhaus in den Gasthof fuhr, in dem ich nächtigte, und als ich am nächsten Morgen aufstand, sah dann doch alles ganz anders aus. Meine Mutter war tot, aber die Geschichte war nicht zu Ende.

Ich hatte geplant, nicht gleich wieder nach Hamburg zu fliegen, sondern ihre kleine Wohnung, sie lebte zuletzt in einer betreuten Wohneinrichtung, zu räumen. Ich hatte mich dazu schon in Hamburg entschlossen, um nicht bald wieder nach Österreich fahren zu müssen. Am ersten Tag nach dem Tod den ganzen Krempel gleich zu entsorgen – diese Idee wirkte, als ich dann vor Ort war, zu prosaisch und gefühlskalt. Auch waren die testamentarischen Angelegenheiten noch nicht erledigt – die Sachen gehörten mir nicht.

Aber wenn ich im Umgang mit meiner Mutter etwas gelernt habe, dann ist es der Vorsatz, dass man Gefühle nicht überbewerten soll, und Regeln auch nicht. Beides kann einem schnell zu viel werden.

Es waren drei Tage, die ich noch in dem Ort blieb. Ich erledigte Dinge auf der Behörde und auf der Bank, aß im Wirtshaus Leberknödelsuppe und bekam mit, dass meine

Mutter, obwohl man ihre Krankheit kannte, bei den Leuten eigentlich gut angesehen war.

Es habe schlimme Zeiten gegeben, sicher, aber in den letzten Jahren, vor allem seit der Mann tot sei, sei das doch alles zur Ruhe gekommen.

Die Wohnung war viel ordentlicher, als ich gedacht hatte. Am Tisch, an dem sie gesessen hatte, lag alles in Reichweite – die Patiencen und die Puzzles, die Kreuzworträtsel und die Illustrierten, und ein Packen Briefe von der Zwillingsschwester aus Deutschland, die Briefmarken ausgeschnitten, um sie später in eine Schale mit lauwarmem Wasser zu legen, bis sie sich ablösten und getrocknet werden konnten.

Ich begann mit den Kleiderschränken. Sie waren zahlreich und größer, als mir das je aufgefallen war. Vollgepackt ohne Zwischenräume, alles eng an eng – in der strengen Ordnung einer Kleiderkammer. Da hingen Westen, Jacken, Blazer, Blusen, Röcke, sie sagte immer »Schoß«, Kostüme, Kleider, Stoffhosen, Shorts und Jeans, Strümpfe, Strumpfhosen, aufwendige Unterwäsche, Monstren von Büstenhaltern, Strumpfbandhalter, angedeutete Korsagen.

Nichts war planlos oder chaotisch oder schmuddelig, alles war sauber, gepflegt, jedes Teil hatte seinen Platz. Betreten begann ich, die Sachen auszuräumen, und bemerkte, dass sie auch nach den Jahreszeiten geordnet waren: die Wintersachen, die Übergangssachen, auch das Wort verwendete sie, die Frühjahrssachen zum Beispiel in der Farbe Flieder, die Sommersachen, mit den lustigen bunten Shorts, und die Herbstsachen, da kann man schon eine Weste vertragen, wenn die Tage kürzer werden!

Ähnlich reichhaltig, aufgeräumt und sortiert fand ich dann auch den Schuhschrank. Das Badezimmer mit den Haltegriffen um Wanne und Toilette und den Anti-Ausrutsch-Matten ließ zwar erkennen, dass der Mensch, der hier wohnte, einer »Pflegestufe« zuzuordnen war, jedoch waren die »Etagere« (ihr Wort) und der kleine Spiegelschrank vollgeräumt mit teils angebrochenen, teils noch verpackten Kosmetik- und Pflegeartikeln, wie ich das sonst nur bei Teenagern kannte.

Ich war gerührt von dem, was ich sah. Obwohl ich wusste, dass meine Mutter zusammen mit ihrer Zwillingsschwester als junges Mädchen im Wien der frühen 50er Jahre so eine Art selbst ernannte bzw. von meiner Oma ernannte Schönheitskönigin war. Die beiden waren wirklich sehr schön, ich habe Fotos, die das belegen.

Aber ich hatte nicht bemerkt, dass sie sich diese Seite bewahrt hatte: diese, ja, Würde und Selbstachtung, diesen Willen zur Selbstbehauptung und die Freude an einer auf Überlegenheit abzielenden Inszenierung. So was Marilyn-Monroe-haftes, obwohl sie eher wie Gina Lollobrigida aussah. Eigenschaften, die in starkem Kontrast stehen zu dem, was ihr im Leben widerfuhr. Oder eine Überlebenstechnik, die, wenn sie denn eine sein sollte, nicht so richtig funktioniert hatte.

Meine Mutter war Sekretärin, in den vielleicht 20 Jahren, die sie gearbeitet hatte. Nach ihrer Matura war ich gleich zur Welt gekommen und zu Höhenflügen ließ sich mit

Baby schlecht ansetzen. Anders bei Ida, der Zwillingsschwester, die im österreichischen Außenamt begann, auch als Sekretärin, sich von da ins Vorzimmer des Bundeskanzlers Leopold Figl hocharbeitete und schließlich in die österreichische Botschaft nach Tokio ging.

Meine Mutter schien zufrieden zu sein mit ihrem anspruchslosen Job bei der Heizungsfirma Körting in der Zollergasse, wo Oma und ich sie am späten Nachmittag abholten, und ich hatte als Kind das Gefühl, alle mochten sie da, sie war gut angesehen, ich hätte stolz sein können auf meine Mama. War ich auch.

Sie sprach nicht viel darüber, sie sprach eigentlich nie über sich, ich merke jetzt beim Schreiben, wie wenig ich über sie weiß. Oma war immer dazwischen. In ihrer letzten Firma – da trank sie schon und hatte lange Krankenstände, wenn sie wieder von ihrem Mann verprügelt worden war – hatte sie sich zur »Chef-Sekretärin« hochgearbeitet, bevor man sie dann wegen der Trinkerei rausschmiss, aber auf freundliche Art, mit einem guten Zeugnis, das hatte ich mal in der Hand.

Jetzt, wo sie tot war, schämte ich mich, denn ich hatte über all die Jahre nur die negativen, schrecklichen Seiten gesehen – dabei war sie doch auch eine TOLLE FRAU. Eine tolle Frau.

Eine schöne, erotische Frau, mit Lust an der Liebe und von Männern begehrt. Sie konnte gut Walzer tanzen, war in der berühmten Tanzschule Ellmayer gewesen. Sie war charmant und hatte Humor. Sie hatte damals schon einen Führerschein, als es noch eine Seltenheit für eine Frau war, und ein eigenes, von den Großeltern finanziertes Auto, einen grünen VW Käfer, den wir »Flossie« nannten und mit dem wir bis nach Kärnten in die Sommerfrische fuhren, eine Weltreise damals, über den 1.000 Meter hohen Semmering, Schicksalsberg, der in der ersten Hälfte der Strecke liegt.

Sie war tüchtig und beliebt in ihrem Büro. Sie hatte eine eigenartig runde Schrift, die Buchstaben stark nach links stehend, als würden sie von rechts angeblasen. Sie konnte schwierige Sachen wie die »Zwergerl« aus der Zeichentrickversion von Disneys *Schneewittchen* zeichnen, immer gleich. Wenn wir im Gasthaus saßen und mir langweilig wurde, ließ sie mir diese Zwergerl auf einer Papierserviette entstehen, immer sofort, nie ließ sie mich warten. Ich starrte dann auf die Zwergerl und sie taten mir gut.

Alkohol war wahrscheinlich schon früh ein Problem. Die hässliche Trennung von meinem Vater. Die Niederlage, mit mir, ihrem einjährigen Sohn, wieder bei den Eltern einziehen zu müssen. Die Mutter, meine Großmutter und Oma, die mich ihr praktisch wegnahm und sich überall als meine Mutter ausgab, sie war ja gerade mal Anfang 50 und sah blendend aus. Der Komplex gegenüber der Zwillingsschwester, die viel tüchtiger war.

Meine Mutter dachte zunächst, indem sie ihr meinen Vater weggeschnappt und als Erste ein Kind, mich, bekommen hatte, die Nase vorn zu haben, aber es verkehrte sich schnell ins Gegenteil. Sie saß mit mir in Wien bei den Eltern fest.

Als Ausgleich begann sie, viel wegzugehen, zu trinken, Männer kennenzulernen. Auch meine Großeltern versuchten, sie wieder unter die Haube zu bekommen, gaben heimlich Heiratsanzeigen auf. Für sie war meine Mutter ein labiles, unselbstständiges Wesen, für das unbedingt ein Mann gesucht werden musste.

Die Kandidaten gingen bei uns ein und aus. Onkel Jürgen. Onkel Max. Onkel Gregor. Onkel Ernst. Am Ende Onkel Herbert, ein frisch aus dem Knast entlassener Betrüger und Heiratsschwindler, der bald beginnen sollte, meine Mutter grün und blau zu prügeln. Sie musste ja beschützt werden.

Ich schlief mit meiner Mutter in einem schmalen Kabinett, die Betten waren Fuß an Kopf aneinandergestellt. Wenn sie ausgegangen war, wachte ich, nachdem ich eingeschlafen war, das erste Mal um zehn Uhr wieder auf und fragte: »Mama, bist du da?«, wenn keine Antwort kam, noch mal, und noch mal. Wenn ich wieder einschlafen konnte, wiederholte ich das um elf Uhr noch mal, um Mitternacht – mein japanischer Micky-Maus-Wecker von Sony, den mir Tante Ida aus Tokio mitgebracht hatte, zeigte mir mit trübgrünen Phosphorzeigern, wie spät es war. Wenn dann kein »Michi, ja, ich bin da« kam, lief ich rüber zu meiner Großmutter ins Bett.

In der Früh war Mama dann meist da, manchmal aber auch nicht. Dann rief mein Großvater die Polizei und machte die Vermisstenanzeige. Ich schrie und weinte, warf mich auf die Ottomane und trommelte mit den Fäusten »Meine Mama ist tot, meine Mama ist tot«. Obwohl sie immer wieder auftauchte, ein, zwei Stunden später, konnte ich natürlich nicht in die Schule gehen, gab ich jedes Mal die Vorstellung, so wie Opa jedes Mal die Vermisstenanzeige aufgab.

Das war die Zeit, als ich begann, um meine Mutter Angst zu haben, erdrückende Angst. Fast jede Nacht träumte ich den Hexentraum, ich bin mit ihr in der Kammer und versuche, sie zu beschützen. Dr. Zu in München maß ihm einige Bedeutung bei und fand es ungewöhnlich und wahrscheinlich prägend, wenn ein Kind seine Mutter schützen muss, statt umgekehrt.

Als Onkel Herbert dann bei uns einzog, auch meine Großmutter war seinem Charme erlegen, wurde diese Angst immer größer und immer berechtigter. Ich musste zum Übernachten ins Nebenzimmer ziehen, aus unserem Kabinett hatte mich Onkel Herbert verdrängt, die beiden Betten standen jetzt als Doppelbett zusammengezwängt auf der Fensterseite, so eng, dass man von der Seite kaum noch reinkonnte.

Die Sexgeräusche hörte ich durch die dünne Wand, ohne noch zu wissen, was Sex ist. »Was spürst du denn da«, sagte Onkel Herbert zum Beispiel, »ich weiß nicht«, sagte meine Mutter, »etwas Hartes«. Onkel Herberts sonore Arbeiterführer-Stimme bekam etwas Grunziges, Stöhnendes. »Das ist mein Stock, an dem kannst du dich festhalten.« Ich dachte, die beiden seien durch den Burggarten nach Hause gegangen und hätten einen Stock mitgenommen, wie ich das auch manchmal tat. Aber warum ins Bett? Als Waffe? »Der ist hart, der Stock«, hörte ich Onkel Herbert sagen, »steinhart, nicht wahr?« »Ja, steinhart«, sagte meine Mutter, jetzt war auch ihre Stimme verändert, sie sprach langsamer als sonst, dehnte die Worte. »Ja, wirklich steinhart«, wiederholte sie jetzt, und ich hörte ein wetzendes, rhythmisches Geräusch. »Du bist eine geile Sau«, hörte ich Onkel Herbert jetzt sagen, und jetzt saß ich aufrecht im Bett, in der Angst, auf diese Beschimpfung würde etwas Schreckliches folgen. »Tut immer so brav, mit ihrem blonden Buben, der immer dabei sein muss – und ist aber in Wirklichkeit die geilste Sau, die man sich überhaupt vorstellen kann.«

Jetzt war ich auch angesprochen? Sollte es auch mir an den Kragen gehen? »Hör auf, Herbert«, sagte jetzt meine Mutter, »Du hast zu viel getrunken, hör auf jetzt.«

Ich saß immer noch im Bett, wagte kaum zu atmen, denn ich wollte nicht gehört werden, nicht ertappt beim Lauschen, ich spürte, dass ich mich mit dem Lauschen irgendwie schuldig machte, aber was heißt Lauschen, ich war geweckt worden von den Geräuschen. Aus dem Nebenzimmer drang ein künstliches, höhnisches Lachen, lauter als die anderen Geräusche, fast so laut, dass es meine Großeltern wecken könnte, dachte ich. »Will mir die kleine geile Sau vielleicht vorschreiben, wie viel ich trinken darf?«, hörte ich Onkel Herbert in diesem höhnischen, herrischen Ton sagen.

Die Atmosphäre, die aus dem Zimmer nebenan drang, war so mit Gewalt aufgeladen, dass ich mit dem Schlimmsten rechnete und drauf und dran war, zu meiner Großmutter rüberzulaufen, aber ich wagte es nicht, denn meine Schritte hätten mich auf dem knarzenden Parkettboden verraten.

»Damit du aufhörst, Scheiße zu reden, stecke ich dir den Stock jetzt rein, ich reiß dich auf, du blöde Hure. Hure. Nutte. Fickhure.« Ich hörte jetzt Stöße, das Knarren des Betts und die immer lauter werdenden Schmerzensschreie meiner Mutter. Es ging nur kurz. Dann war sie tot. Dann hörte ich das Schnarchen von Onkel Herbert, von meiner Mutter nichts. Konnte er neben der Leiche so tief schlafen, dachte ich noch, dann schlief ich auch ein.

Am nächsten Morgen war meine Mutter wieder lebendig und nicht mal schlecht gelaunt. Sie machte sich hübsch und sah immer noch gut aus. Onkel Herbert fuhr sie mit seinem Opel Caravan ins Büro und setzte sich dann ins nächste Café, um die Zeit bis zum Abend totzuschlagen, wenn er bei uns wieder zum Abendessen auftauchte.

Ein paar Jahre später war meine Mutter schwere Alkoholikerin, ich brachte sie in die Psychiatrie, ich konnte sie nicht beschützen, wieder ein paar Jahre später war ich selbst Alkoholiker, wie das Leben so spielt, cool. Jetzt, beim Räumen ihrer Wohnung, jetzt, wo sie tot ist und ich nicht tot, ich lebendig, endlich ein klarer Unterschied, jetzt sollte alles ganz schnell gehen.

Ein seltsamer, ungekannter Furor hatte mich erfasst, ich war plötzlich doppelt so schnell wie sonst und doppelt so stark und ich begann, die Schränke auszuräumen, leer zu machen, alles muss leer werden! Erst noch ordentlich, die Sachen noch einmal zusammenlegend, bevor sie in die Kiste kommen, dann immer schneller und chaotischer, als stünde ich in einem Wettbewerb, der nur das Ziel hat, die

Wohnung möglichst schnell leer zu bekommen, besenrein, redete ich mir ein, so eine Wohnung muss doch besenrein übergeben werden, ungeachtet dessen, was in ihr noch ist und wie es eigentlich behandelt werden müsste.

Alles muss raus aus dieser Höhle, alles, was an Wirklichkeit gemahnt, hier kann ich endlich mal Realität vernichten, die sonst immer mich vernichtet. Und am Ende gehört die Höhle mir allein.

Am Ende schmiss ich die Sachen in die Kisten, die Klamotten, die Kosmetikartikel und Medikamente, arbeitete mich vor in die Küchennische, zu Büchern und Dokumenten, Fernseher und Radio, Mobiltelefon mit Ladestation, kämpfte mich durch Mengen an Kleinkram und Schreibzeug. Wolle, Zwirn, Nadel. Was ein Mensch so hat. Meine Mutter. Drei volle Tage verbrachte ich in der Wohnung meiner toten Mutter.

Zum Schlafen ging ich in die Pension, obwohl ich kurz daran dachte dazubleiben, das war mir dann aber doch unheimlich. Es gab auch Momente wo ich dachte, ich könne jetzt genauso gut bleiben. Ich war angekommen. Zurückgekommen. Aus dem, was angeblich mein Leben sein sollte, wieder zurückgetreten. Da würde ich nicht fehlen. Hier würde ich mehr gebraucht. Bei mir. Nur mehr auf ganz kleiner Fläche. Nicht mehr die große, überfordernde, Angst machende, die ich in dem anderen Leben zu bespielen versuchte.

Am ersten Tag verpackte ich, am zweiten verlud ich die Kisten in den Mietwagen und am dritten brachte ich sie zum Sperrmüll. Am vierten machte ich sauber – »besenrein«. Alle Spuren meiner Mutter ausgelöscht. Bitte sehr!

Ich musste oft hin- und herfahren, in das kleine Mietauto ging nicht viel rein. Ich machte alles allein. Das Haus schien verlassen, kein anderer Mieter ließ sich blicken, die Straßen waren leer gefegt und nicht einmal am Müllplatz gab es jemanden, der mich herumkommandierte, wie ich es aus Hamburg gewohnt war. Ich konnte die Kisten irgendwo reinschmeißen, was mir gelegen kam.

Ein geiles Gefühl, eine sexuelle Erregung überkam mich, es muss doch Nutten geben in diesem Kaff, Scheiße, so viel Geld habe ich gar nicht. Oder soll ich mir allein mitten im Wohnzimmer einen runterholen? Stehend, mit diesen angezogenen Arschbacken, wie es mich Onkel Herbert gelehrt hatte?

Zur Ruhe kam ich erst, als ich in der komplett leeren Wohnung stand. Was war geschehen? Es waren noch Spuren meiner Mutter da, graue Ränder an der Wand, wo ein Schrank gestanden hatte, abgewetzter Bodenbelag, wo sie mit ihrem Stuhl hin- und hergerückt war –, aber nichts mehr, das auf ihr Leben, ihre Persönlichkeit schließen ließ.

War es das, was ich erreichen wollte? Meine Mutter auslöschen. Übrigens nannte ich sie immer »Mama«, eigentlich zärtlich. Warum nenne ich sie hier immer »Mutter«? Warum so kalt, brutal? Noch immer stand ich da. Noch mal der Gedanke: Wie wäre es, hier einzuziehen? In die Räume der Mutter, die ja nichts anderes sind als der Mutterleib, eingedrungen zu sein – und dann dazubleiben. Bei der Hausverwaltung anzurufen, die würden sich wundern. In Hamburg alles sein zu lassen und hier … sozusagen als Sohn neu zu beginnen? Alles, was stören könnte, ist jetzt ja weg. Die Höhle meiner Mutter – neu beziehbar.

Mir tat der Rücken weh vom Schleppen, das zeigte mir, dass alles ganz real war.

Eine Kiste nahm ich nach Hamburg, vor allem Fotos, ein schmuddeliger alter Plastikkoffer, vollgepackt mit Schwarz-Weiß-Dias aus den 50er Jahren. Und einen Kaktus, eine unschöne, verkrümmte Pflanze in einem halb verfaulten Topf, fast hätte ich ihn weggeschmissen. Ich ahnte damals noch nicht, wie sehr er mir ans Herz wachsen, zum Fetisch werden sollte. Der Kaktus steht heute im Badezimmer, und indem ich ihn pflege, halte ich Kontakt zu Mama. Ich pflege ihn schlecht, aber er kann das ab. Alle paar Tage halte ich kurz den Duschkopf über ihn und drehe kurz das Wasser auf, heiß oder kalt, egal, wie's kommt. So eine Brutalität gehört bei mir dazu.

Aufgeregt lief ich in Hamburg zur Analytikerin. Diesmal gab es ja wirklich was zu besprechen! Gleich zu Beginn der Stunde erzählte ich von der Reise zu meiner toten Mutter, allerdings anders als hier in der schriftlichen Nacherzählung. Eher sachlich, ohne die Uterus-Arie.

Die Analytikerin, die mir etwas übel gelaunt vorkam, vielleicht auch nicht ganz bei der Sache, ließ den Bericht unkommentiert stehen. Während meines Vortrags reagierte sie auf ihre unaufgeregte, unerschütterliche Art und gab mir nur mit einem fallweisen »Ah, das ist interessant« oder »Ah, da sehen Sie mal, das hätten Sie nicht gedacht« zu erkennen, dass sie zuhörte. Gut, es war auch kein Traum.

Ich erzählte auch von dem Kaktus. »Ah, ein Kaktus«, sagte sie, »interessant.« Kurze Pause. »Sie wissen, ein Kaktus braucht Kaktuserde, das ist eine bestimmte Erde.« Pause.

»Wissen Sie das?« »Ich werde mich erkundigen«, sagte ich schuldbewusst und wusste in dem Augenblick schon, dass ich mich nie erkundigen würde. Circa einmal im Jahr frage ich Eva, ob sie wisse, ob es Kaktuserde gebe. Sie weiß es auch nicht. Dem Kaktus geht es gut, er ist einige Zentimeter gewachsen in den 15 Jahren, seit meine Mutter tot ist.

Frau Doktor Von hütete sich, das Ereignis hochzustilisieren, und beschloss die Stunde mit der Bemerkung, ich hätte jetzt ja viel nachzuarbeiten, wo ich doch lange weg gewesen sei. Nachzuarbeiten, sagte sie, aber ich hatte den Eindruck, sie meinte nicht die Sache mit meiner Mutter. Mama. Vielleicht hatte sie sogar damals schon Lunte gerochen, dass ich mich auch in ihren Unterleib vorarbeiten würde, mit allen Mitteln.

Traum 4
Doktor Von schließt ihre psychoanalytische Praxis. Das entnehme ich einem hektografierten Zettel, den ich aus einem handbeschrifteten Kuvert ziehe. Gleichzeitig ist es eine Einladung: Alle ehemaligen Patienten werden zu einem Abschiedsessen in die Mövenstraße, in ihre Wohnung und Praxis, eingeladen. Ich komme hin. Die Räume sind anders, in einem ist eine Küche mit Tresen, zehn, zwölf Leute sind da, Licht ist nur über dem Herd, auf dem ein großer Topf Wasser erhitzt wird, ich bekomme mit, dass es Spaghetti geben soll. Doktor Von ist nicht da, vielleicht warten alle. Es ist schummrig im Raum, nur der Ofen mit dem Topf ist erleuchtet, alles andere im Halbdunkel. Ich kann keine Gesichter

erkennen. Trotzdem kommen mir die Leute alle sehr »alternativ« vor, Frauen mit Brillen und in großen Kleidern, bärtige Männer in Pullovern, wie Pastoren. Niemand spricht mich an, ich bin mir auch nicht sicher, ob ich gesehen werde. Ich muss hier weg. Als ich mich aus dem Raum stehlen will, kommt mir im Flur, der jetzt wieder originalgetreu ist, Frau Köhler, die Assistentin von Doktor Von, entgegen und sagt: »Gut, Herr Hopp, dass ich Sie so schnell erwische, Frau Doktor Von möchte dringend mit Ihnen sprechen. Sie wartet im Badezimmer auf Sie.« Die Tür ins Badezimmer, an der ich in Wirklichkeit oft vorbeigegangen war, steht einen Spalt breit offen, Dampf dringt durch die Türspalte. Ich drücke die Tür vorsichtig auf, das kleine Badezimmer ist nebelig vor Dampf und heiß wie eine Sauna, in der Badewanne liegt Doktor Von, vom Körper kann ich nichts sehen, er ist unter Schaum, am Kopf trägt sie eine Badehaube aus blassgrünem Plastik. »Sie wollten mich sprechen?«, sagt sie. Ich bin plötzlich im Badezimmer meiner Großmutter. Ich spanne die Oberschenkel an, damit die Grübchen entstehen, wie es mir Onkel Herbert, der Mann, der so oft meine Mutter verprügelt hat, einmal in diesem Badezimmer gezeigt hat. Die Grübchen, mit denen die Männlichkeit erwacht.

Vater

Einen der wichtigsten Träume meines Lebens träumte ich gar nicht selbst. Sondern mein Vater. Jetzt kommt's. Jetzt wird es eklig. Hatten wir schon das Thema Scham? Ich muss so zwölf, dreizehn gewesen sein. Mein Vater hatte abends Leute zu Besuch, ich saß dabei und aß noch was. Geschäftsfreunde, wie man damals sagte, andere Freunde hatte er nicht, bis auf einen, Onkel Stefan, einen fast blinden Zahnarzt, aber mit Katja, dessen viel jüngerer Frau, sie wurde »Katze« genannt, ging er ins Bett. Dann war es mit der Freundschaft auch vorbei und die ganze Familie hatte keinen Zahnarzt mehr.

Es kam immer wieder vor, dass er mich vor Leuten bloßstellte. Der Michi, der hat zwei linke Hände, sagte er dann oft. Oder: Der Michi, der geht immer den Weg des geringsten Widerstands. Held ist er keiner, der Michi. Doch diesmal, vor den Geschäftsfreunden, kam es massiver.

»Ich hatte einen seltsamen Traum«, sagte mein Vater – in Wirklichkeit wahrscheinlich auf Wienerisch: »I hob an komischen Traum ghobt« – »ich lag im Bett, und mir ist eine Karotte aus dem Oasch gewachsen. Und dann kam der Michi angehoppelt, er war ein Hase, und begann daran zu knabbern.« Ich war wie erstarrt. Ich sprang nicht auf und lief nicht davon. Ich denke, ich saß einfach da und sagte nichts oder lachte mit. Kaute langsam weiter, dann war der Mund leer. Auch den Gästen muss es peinlich gewesen sein. Aber ich weiß es nicht mehr.

Ich erinnere mich nur an den Traum des Vaters und dass er ihn in meiner Anwesenheit vor anderen erzählte, und ich denke, dass es wirklich so war. Dass es *wirklich* so war! HEUL DOCH! Das klingt so jämmerlich, das ist die Scham, die mich klein und unbeweglich macht, JEDEN TAG, IMMER! Selbst das Schreiben über Scham macht mich klein (deshalb müssen die Buchstaben groß sein), es ist das Schämen für das Schämen, ein dauerndes Spiegelkabinett, aus dem es für mich kein Entrinnen gibt. Scham ist die vorweggenommene Schande, bevor es aufgefallen ist also. Schlecht auffallen, das gilt es immer zu vermeiden, immer schon. Der Schande entgehen, das war auch bei Oma das Wichtigste. Es gab Filme damals, die hießen *Die Schande*, es war ein großes Thema der Zeit.

Warum hat mein Vater den Traum so exhibitionistisch erzählt? Wollte er was verbergen damit? Er ist tot, ich kann ihn nicht mehr fragen. Ich tat es aber auch nicht, als er noch lebte. ES IST SO PEINLICH. DAS SCHEISSEN. DAS SCHEISSEN EINER KAROTTE. DAS KNABBERN AN DER SCHEISSWURST, DIE EINE KAROTTE IST. ODER UMGEKEHRT. Eigentlich sagt der Vater ja, aus dem Arsch »gewachsen«. DER HASE SEIN. Der Vater sein. IN WAS FÜR EINEM FILM SIND WIR HIER? PASOLINI. GASTMAHL DER LIEBE. DAS KRANKE, DAS IRRE, DAS ABNORMALE. SICH ERNÄHREN VOM DRECK DES VATERS. Der aber auch eine Karotte ist. MAL NACHGEFRAGT: IST DIE KAROTTE NICHT AUCH EIN SCHWANZ, DER IM ARSCH AUS-

UND EINFÄHRT? EIN KNÜPPEL? WIE SOLL ES JETZT WEITERGEHEN? WAS KANN JETZT NOCH KOMMEN?

Noch mal anders nachgefragt, sachte, sachte, brachte mein Vater in dem Traum und mit dem Traum, indem er ihn halböffentlich erzählte, etwa eine gewisse Geringschätzung mir gegenüber zum Ausdruck? Der Sohn, der seine Karottenscheiße frisst? Sieht so aus. Könnte sein! Heiße Theorie. Wahrscheinlich! Durchaus! Die Worte kannst du alle vergessen. IST DAS JETZT DIE RICHTIGE SCHEISSPERSPEKTIVE?

Warum das ausgraben, wieder und wieder, noch einmal und noch einmal. Hier jetzt wieder. Ich wünschte, meine Geschichte mit dem Vater wäre unwichtig.

Ich müsste mich damit nicht belästigen. Ich wäre frei davon. Alle wären frei davon. Die beiden Analytikerinnen. Die Psychoanalyse. Dieses Buch. Man denkt sich, man erzählt die Geschichte, dann wird sie irgendwie fachmännisch kommentiert, zurechtgeknetet, handlich gemacht, verliert mit der Zeit ihren Schrecken, oder ihre Wirkung. Aber die Geringschätzung durch den Vater verliert ihre Wirkung nicht.

Na ja, Doktor Von sagte mir jedenfalls, wenn es wie häufig um die Schwierigkeit ging, mich über meinen Vater zu erheben, ich solle mir bewusst machen, ich hätte in meinem Leben viele Sachen besser gemacht als mein Vater in seinem Leben. In dem Alter, in dem ich jetzt bin, war mein Vater ein alkohol- und tablettensüchtiges Wrack, verarmt, allein, von allen verlassen, von mir auch. Und hatte nur noch wenige Jahre zu leben. Mir geht es blendend dagegen. Bin nicht süchtig, nicht verarmt, nicht allein, nicht verlassen. Das müsste mich doch trösten. Trösten, das sagte sie nicht. Trost ist keine Kategorie in der Psychoanalyse. Sie sagte wahrscheinlich eher, ich solle das auch sehen oder zu sehen versuchen.

»Glauben Sie eigentlich, dass Sie depressiv sind?«, fragte mich Doktor Von dann und wann, vielleicht einmal im Jahr. Ganz arglos, als gehöre es gar nicht hierher. »Na ja, irgendwie vielleicht schon«, sagte ich dann, »manchmal bin ich so niedergeschlagen, dass ich kaum atmen kann.« »Dann müssen Sie sich was verschreiben lassen«, sagte die Analytikerin dann, »es gibt heute gute Medikamente.« »Ich will mir nichts verschreiben lassen«, sagte ich dann, »ich denke mir, was wir hier machen, hilft auch.« »Sie können sich das ja überlegen«, sagte sie dann, oder: »Wollen Sie sich das überlegen?« Ich mache einen Termin bei dem Psychiater, den sie empfiehlt, fahre hin, gehe dann aber nicht rein.

Mein Vater war Baumeister und Architekt, mein Großvater auch schon. Beide hatten den gleichen Vor- und Zunamen. Mein Großvater war künstlerisch begabt, er entwarf in Otto Wagners Architekturbüro im Wien des beginnenden 20. Jahrhunderts Jugendstil-Kandelaber, die heute noch an der Außenseite der Hofburg am Heldenplatz hängen. Heldenplatz! Stolz! Mein Vater entwarf Einfamilienhäuser oder renovierte einmal die Halle eines Autodroms im Wiener Prater, das fand ich toll. Der Großvater wurde mit Mitte 30 so depressiv, dass er nicht mehr arbeiten konnte. Er saß nur mehr da und rieb sich den Kopf, bis alle Haare ausgefallen waren. Dann taub. Die Großmutter führte die Baufirma weiter, auf kleiner Flamme, aus dem Kabinett. Bald verließ auch sie nicht mehr das Haus.

Mein Vater war das einzige Kind und fühlte sich für seine Eltern verantwortlich. Er besuchte sie jeden Tag, jahraus, jahrein, brachte warmes Essen. Mein Großvater liebte ihn »abgöttisch« – das Wort hörte ich immer in dem Zusammenhang –, wenn er ging, legte er »Junge, komm bald wieder« von Freddie Quinn auf, laut, denn er war fast taub, und öffnete das Fenster in den Hof. Dann weinte er. Die Geschichte schreibe ich schon das dritte Mal, jedes Mal wird sie noch kitschiger. Die ersten beiden Male benutzte ich sie, um meine Leidenschaft für Vinyl-Schallplatten herzuleiten, Ego-Folklore, riecht schon schlecht. Mein Großvater liebte meinen Vater nicht nur, er war auch stolz auf ihn – auf seine Firma, auf das viele Geld, das er eine Zeit lang verdiente, die großen amerikanischen Autos. Der Chrysler Barracuda, mit dem Klang einer Schiffsturbine.

Ich konnte nicht in diese Fußstapfen treten. Meine Mutter wollte auch nicht, dass ich denselben Namen trage, das heißt, ich trage den Namen Karl nur als ersten Vornamen, der nur in Dokumenten steht. Die ersten Jahre weigerte sich mein Vater, den von meiner Mutter und ihren Eltern durchgesetzten Vornamen Michael zu benutzen. Warum durfte ich nicht König Karl III. sein? Wäre mein Leben dann anders verlaufen? Denke ja. Man nannte mich

Würmchen. Na und dann die Story mit der Karotten-Scheißwurst.

Immer alles am Laufen halten, keine Überbetonungen, keine Monokausalitäten, keine Klumpenbildung, im Rückblick war das die Strategie meiner beiden Analytikerinnen, ohne dass sie je so ausgesprochen worden wäre. Zunächst spielen da auch Vater und Mutter keine hervorgehobenen Rollen und man darf sich eine Psychoanalyse eben nicht so vorstellen, dass schon in der ersten Stunde das »ödipale Dreieck« nach Sigmund Freud verhandelt und geguckt würde, in welcher Form der Ödipus-Komplex zum Ausdruck kommt.

Es war immer eher ich, der davon besessen war, es müsse doch ein »großes Ding« geben, ein Trauma, einen zentralen Komplex, an dem alles (was eigentlich?) seinen Ausgang genommen hat. Mit diesem detektivischen Ehrgeiz verbunden ist eine Denkweise, die das vorhandene Material, die sich dauernd verändernden Erinnerungen immer aufs Neue durchgeht, in willkürlicher, kreisender Reihenfolge, ein System drehender Scheiben als Mechanik dieses Denkens. Erinnerungselemente kommen auf so einer Drehscheibe immer wieder mal vorbei und müssen immer wieder neu untersucht werden. Die Leute, die dafür zuständig sind, stellen ihre Aufgabe nie infrage. Bei diesen Untersuchungen werden allerdings immer andere Kriterien angewendet, man könnte heute von »Suchbegriffen« oder von »Abscannen« sprechen.

So war ich in meinen Stunden nie verlegen, immer wieder Versatzstücke meiner Lebensgeschichte im Raum lebendig werden zu lassen, neu zu arrangieren und ins Verhältnis zu setzen – und sie dann nach immer anderen »Suchbegriffen« durchzugehen. Welche Rolle spielte mein Vater bei meiner Schwulwerdung, Nichtschwulwerdung, welchen Anteil hatte er an der Art, wie ich meine Rollen als Vater und als Journalist wahrnahm? Dem Suchkriterium Vater (ich sprach schon routiniert von meinem »Vater-Thema«) widmete ich dabei besonders viel Raum in meinen Stunden und jetzt auch in diesem Buch, weil es ein so großes Thema ist, dass man, selbst wenn man mit der Schrotflinte darauf schießt, eine gute Chance hat, ins Schwarze zu treffen, das »große Ding« festzumachen.

Nehmen wir mal an, sie wäre das »große Ding«, die Beziehung zu meinem Vater, was sehen wir da? Zunächst einmal erntete ich bei ihm, während mich meine Oma in den Himmel gehoben hatte, eher Ablehnung oder Ignoranz, und ich musste kämpfen, überhaupt beachtet zu werden. Und er hatte einen grausamen Hang, mich klein zu machen, abzuwerten, meinen frühkindlichen Kosenamen »Würmchen« nicht als Kosewort aufzufassen, sondern die Erbärmlichkeit, das Ausgeliefertsein des Wurms zu betonen. Als mir später klar wurde, dass sich das ganze Leben um das Entkommen aus der Erbärmlichkeit und dem Ausgeliefertsein dreht, bei meinem Vater genauso wie bei mir, entstand ein Wettbewerb, wer darin besser ist, dem Schicksal davonzurennen.

Das »große Ding«, hier wäre es, es lastet schwer ... Na ja, ich hätte das ja in all den Jahren überwinden können. Aber offenbar »tut« der Fluch ja auch was für mich ... Gibt dem blöden Über-Ich, das mir nichts zutraut, recht, versorgt mich mit irren Mengen von Schuld und Scham und bewahrt mich davor, Verantwortung zu übernehmen. Oder ist das nur die Ausrede für die Ausrede?

Das »große Ding« wäre also: Ich konnte meinem Vater nicht gefallen, hätte ich ihm gefallen, wäre alles anders gekommen, alles … super Ausrede, hier spricht Würmchen. Denn im wirklichen Leben hatte ich eben doch einen Ausweg gefunden. Die vorenthaltene Anerkennung durch den Vater brachte mich dazu, mir andere Vaterfiguren, Ersatzväter zu suchen und mein Leben und Streben stark nach ihnen auszurichten. Eine Strategie.

Ich war kein unschuldiges Kind, wusste immer auch, wie ich meinen Vater treffen konnte, verstand schon früh, ihn mit Ersatzvätern eifersüchtig zu machen, gustierte unter den wechselnden Freunden meiner Mutter, ernannte »Onkel Max«, »Onkel Hannes« und vor allem auch »Onkel Herbert« schnell auch mal zu »Vatis« und provozierte damit meinen Vater.

Vati Herbert lehrte mich zu duschen, statt zu baden, um schneller zum Mann zu werden und tatsächlich hatte ich unter der Dusche vor ihm meine erste Erektion. Vati Herbert schleuderte mich notorischen Feigling akrobatisch durch die Luft, Vertrauensübung nannte er das, hatte er in seiner Agentenausbildung gelernt, schmuggelte mich in jugendverbotene Kinovorstellungen, stellte mir Bier statt Apfelsaft hin, und die ersten Male beduselt fand ich »Vati« noch toller. Meinem echten Vater erzählte ich stolz davon – »Bei Vati Herbert darf ich das und das«.

Vati Herbert, dieser ekelerregende Mann mit dem Frauenmörder-Bart, zog mich auf unheimliche Art an, wie meine Mutter ja offenbar auch. Ungut wurde es erst, als er begann, im Rausch meine Mutter zu verprügeln, und ich infolge eines Gerichtsbeschlusses auf Antrag meines Vaters zu ihm übersiedeln musste, was mich mit einer anderen Art von Angst erfüllte, denn der Schutz durch meine Großmutter fiel damit weg. Mein Vater aber hatte sich damit wieder ins Recht gesetzt. Den Triumph wollte ich ihm nicht gönnen. Nachdem er mich zu sich geholt hatte, zettelte ich einen Aufstand gegen ihn an.

Mein gesamter Karriereweg ist gesäumt von älteren Männern, Chefredakteuren, Verlegern, denen ich gefiel bzw. denen ich zu gefallen verstand. Ich habe mich auch sehr bemüht. Dieses Gefallen aufrechtzuerhalten und vielleicht sogar zu steigern, war das wahre Motiv meiner Bemühungen. Der Verleger ist für Journalisten eine archetypische Vaterfigur, mit allen Konsequenzen. Wir sind verdammt, zu diesem Archetypus ein Verhältnis zu finden.

Deshalb könnte man doch auch sagen, das »große Ding«, der zentrale Komplex, vom Vater zur Kackwurst gemacht worden zu sein, hat mich erfolgreich gemacht, hat mich eine Strategie entwickeln lassen, die im Kern zwar neurotisch ist, aber auch erstaunlich gut funktioniert. Die Erklärung wirkt immer so, als wäre ich schon dabei, den Mechanismus hinter mir zu lassen. So weit bin ich aber nicht. Noch mit Ende 50, also vor ein paar Jahren, habe ich mich in eine derartige Vater-Konstellation begeben, aus der ich mich mithilfe einer anderen, neu aktivierten Vaterfigur zu befreien versuche.

Es hört nicht auf. Ich spüre heute noch, dass ich mich nicht motivieren kann oder depressiv werde, wenn nicht ein Vater bereitsteht, der lobt und mir dann und wann die Wangen tätschelt. »Das ist unser Küken«, sagte ein bald 70-jähriger Herausgeber und Verleger zu mir, dem bald 60-Jährigen – er, ein großer Menschenfänger, hatte erkannt, wie mit mir umzugehen ist, und tätschelte tatsächlich meine Backe. Oma muss nicht mehr loben, das machen jetzt die alten Männer.

Das wäre also mein großes Ding, und wenn ich es in allen Verästelungen betrachte und in den beträchtlichen Folgewirkungen bis zum heutigen Tag, ist es wirklich ein großes Ding. Und was wurde in meinen Analysestunden dazu gesagt? Nicht viel. Stille. »Das kann vielleicht so sein« war das Einzige, was sich Doktor Von abringen ließ. Mag so sein, mag aber auch nicht so sein. Sind Sie sicher? »Es ist normal, dass man sich Vaterfiguren sucht«, sagte sie auch, »so wie Sie ja auch als Vaterfigur gefunden werden – das gibt es doch auch, soviel ich weiß, oder?«

Keineswegs wurde mir geraten, sofern überhaupt etwas geraten wurde, in Hamburg jedenfalls nicht, die ganze Sache infrage zu stellen oder mich hier zu korrigieren. Selbst die aktuelle Geschichte mit dem bald 70-jährigen Herausgeber wurde freundlich aufgenommen, steckte ich in Problemen, hieß es: »Haben Sie denn schon mit Herrn Bissinger gesprochen? An Ihrer Stelle würde ich mal mit Herrn Bissinger sprechen. Er kann sicher helfen.«

Man kann es ja auch so sehen, dass ich mein düster wirkendes Lebensschicksal in etwas umgemünzt habe, das irgendwie funktioniert und mir ein doch ziemlich gutes Fortkommen ermöglicht. Mein Vater, der mich sadistisch kleingehalten hatte, ist später elendig zugrunde gegangen, während ich mir gewisse Überlebenstechniken angeeignet habe. Dumm gelaufen, aber eigentlich doch für ihn.

Beim Thema Geld und Schulden war ich in einer bestimmten Phase meines Lebens allerdings dazu verdammt, die Tragödie meines Vaters zu wiederholen.

»Das ist lustig, das ist schön, das ist das Zugrundegehen«, schrieb Konrad Bayer, es muss ja nicht wahr werden. Aber stimmt es wirklich, was ich hier schreibe, dass ich aus dem Ärgsten schon raus bin? Jetzt sieht es wieder nicht danach aus. Nein, ich bin nicht besser als mein Vater, warum will ich das überhaupt?

»Sie machen doch eigentlich alles besser als Ihr Vater, sehen Sie das denn nicht«, sagte die Analytikerin in Hamburg. Na ja. Mit dem Anerkennen dieses Umstands stünde ich ohne Ausrede da, meine eigenen Schulden nicht zu bezahlen, zum Beispiel die bei der Analytikerin, die da vor mir sitzt.

Zum Überwinden des Vaters – aber was heißt Überwinden, es geht um einen realistischen Blick – gehört übrigens auch das Betonen anderer Erlebnisse als der negativen, es gab ja nicht nur Übles und Gemeines und Herabsetzendes. Die Ausflüge ins Café Signal, in dem eine Modellbahn ihm den kleinen Mokka und mir den Almdudler brachte. Die Samstagmittage, wenn ich bei ihm zu Besuch war und wir auf dem Sofa lagen und er die neue *Micky Maus* UND die neue *Fix & Foxi* vorlas, in einem Rutsch, alle Geschichten, bevor er einschlief und ich stocksteif (die Couch war so eng), aber glücklich an die Decke starrte, bis ich auch einschlief.

Das alles begann ich erst in der Analyse zu sehen – die Bilder waren davor regelrecht ausgelöscht –, zu sehen und wertzuschätzen und mit den anderen, negativen in ein Verhältnis zu setzen.

Die Aussöhnung, wie man so schön sagt, die übrigens auch ein Grund ist, in Analyse zu gehen, gelang, und es fühlte sich wunderbar an. Ich hatte einen guten Vater, er hatte getan, was in seinen Kräften stand – und nicht getan, was er nicht vermochte. Und die Analyse hat mich von einer übertriebenen negativen Legende befreit, die mich tatsächlich dazu verdammt hätte, bis ans Lebensende Fehler zu wiederholen, das Würmchen mit der Kackwurst zu bleiben. Hier wäre mal ein Kapitel mit Happy End.

Ich saß da und weinte, das war das eine Mal. Nicht weil mich mein Vater so schlecht behandelte, sondern weil ich ihn so liebe. Das habe ich mir dann doch gemerkt.

Im Sinne der Aussöhnung könnte man auch milde sagen, mein Vater hatte viel Pech mit mir, und ich mit ihm. Das ist ein Unglück. Hatten meine Kinder mehr Glück mit mir?

»Ihr Vater hat sich auf seine Art sicher bemüht«, höre ich noch Doktor Von sagen, »oder denken Sie, er hat sich nicht bemüht?« Ich hatte die Frage damals rhetorisch verstanden und nicht beantwortet und war frustriert, dass die Analytikerin bei der Suche nach dem »großen Ding« wieder mal nicht mitmachte und zu erkennen gab, es sei an der Zeit, meinen Vater selig ruhen zu lassen. Aber ich, ich habe immer noch eine Rechnung offen mit meinem

Vater und kann die Bücher nicht schließen, auch wenn mir das nicht hilft.

Meine Eltern waren sehr jung, als ich geboren wurde, 18 und 19, Teenager-Eltern in den 50er Jahren, als es das Wort noch gar nicht gab. Schon nach einem Jahr trennten sie sich, hässlich, mit schlimmen Vorwürfen. Mein Vater wollte die ganze Geschichte hinter sich bringen, aber es gab ja den Buben, mich. Den Buben, der eher nach der Mutter kam und von der inzwischen verhassten mütterlichen Familie geprägt war, also meinen Großeltern, bei denen meine Mutter und ich wohnten.

Wie meine Mutter hatte ich »zwei linke Hände«, wie meine Mutter war ich eher »musisch« und technischen Dingen nicht so zugeneigt wie Papa, der Bauingenieur und Architekt. Nie im Leben wäre ich auf ein Gerüst geklettert, lieber saß ich im Auto und las die *Micky Maus*. Als mir mein Vater ein Modellflugzeug kaufte, baute ich es sehr schlecht zusammen – eine Enttäuschung für den Vater. Ich saß da und heulte Rotz und Wasser. Ich konnte ihm nicht gefallen, das war der Beweis.

Solche Episoden gibt es viele und ich habe sie alle vor meinen beiden Analytikerinnen ausgebreitet. Meine Sehnsucht, ihm zu gefallen, eskalierte in späteren Jahren, als ich als junger Chefredakteur in gewisser Weise erfolgreich war und nun damit versuchte, meinem Vater zu imponieren. Dass ich, der Tölpel, das Würmchen, Chefredakteur geworden war, CHEFREDAKTEUR, das müsste doch zumindest ein Anfang sein, dachte ich.

Mein Vater nutzte die Situation aber eiskalt aus – »Jetzt, wo du so erfolgreich bist, Michi, verdienst du ja auch sicher gut« – und ließ mich für Kredite bürgen, die er nicht mehr bezahlen konnte. Ich unterschrieb, um ihm zu gefallen, vielleicht auch aus Feigheit und der Unfähigkeit, Nein zu sagen.

Es ging um viel Geld und die Schulden brachten mich über viele Jahre in ernste Probleme. Nicht bis heute, das würde ich nicht sagen, aber manches hat damals begonnen. Nein, mein Vater ist nicht an »allem« schuld. Das kann man vielleicht über die Psychoanalyse sagen: dass sie nach vielen Anwendungen einen gewissen Gerechtigkeitssinn produziert, eine Art Pflichtgefühl, Dinge ausgewogen darzustellen.

Ich stand also mit den Schulden da. Wenn ich mit zittriger Stimme nachfragte, ob er sich an der Rückzahlung beteiligen wollte, kündigte er Zahlungen an, die nie kamen. Die Gespräche verliefen in einer Atmosphäre, als wäre ich schuldig – und nicht er. Die »äußere« Realität verflüchtigt sich in solchen Konstellationen, verblasst gegenüber der inneren, die das Handeln diktiert.

Sieht so aus, als wäre damals der Grundstein gelegt worden für meine Schuldenkarriere, der Grundstein für meine spätere Pleite und Insolvenz. Die Schulden für meinen Vater waren das erste fette Minus auf meinem Konto, und ich sollte bis heute nicht mehr ins Plus kommen. Tief- und Höhepunkt meiner Schuldenkarriere war die private Insolvenz, die ich im Jahr 2000 anmelden musste, in dem Jahr, in dem ich Doktor Von kennenlernte. Ich musste über sieben Jahre mit dem Existenzminimum auskommen, alles, was ich darüber hinaus verdiente, ging an die Gläubiger.

Eva half mir durch die Dürreperiode. Meinen Plattenspieler, meinen einzigen Wertgegenstand, konnte ich all die Jahre retten, nur einmal drohte der Insolvenzverwalter, ihn abzuholen. Auch mit Schallplatten hatte ich Glück, es war die Zeit, als es interessantes Vinyl noch zu Spottpreisen auf Flohmärkten gab. Und mit der Zeit machte es mir sogar Spaß, mich in das Angebot von Aldi einzuarbeiten und mich samstags friedlich und demütig in die Schlange der Habenichtse vor der Kasse zu stellen, also in die Schlange der normalen Menschen, zu denen ich auch zu gehören begann.

Trotzdem, die Insolvenz war nach der Alkoholsucht der zweite große Scham-Komplex meines Lebens. Ich verbarg sie vor den Leuten, bestellte im Restaurant nur ein Getränk, ich hatte ja schon vorher gegessen. Auch vor den Kindern getraute ich mich erst viel später, meine Pleite einzugestehen, nach und nach, Andeutungen in einzelnen Gesprächen, die ganze Wahrheit, die Kombination aus Schulden & Alkohol, wahrscheinlich bis heute nicht, aber vielleicht ist das Ganze vielleicht doch nicht so interessant, wie ich denke, oder so bedeutsam, für andere. Wenn die Kinder älter werden, ist es nur noch eine alte Geschichte für sie. Sie sind mit ihrem neuen Leben beschäftigt, während ich mit meinem alten dasitze.

Als ich wieder eine Anstellung als Chefredakteur in einem großen Verlag bekam, musste ich die Insolvenz beim Vertragsgespräch mit dem Vorstand erklären. Das war ein gutes Training und ich machte auch die Erfahrung, dass es Verständnis und Unterstützung gibt. Auch heute, wenn ich dieses Buch schreibe, ist unsere Agentur jederzeit vom

Absturz bedroht. Der Umgang mit Geld ist die Krankheit meines Lebens. Mit dieser Krankheit kam ich auch bei Doktor Von an, und an dieser Krankheit sollten wir auch scheitern, dann, am Ende.

Als die sieben Jahre vorüber waren und die private Insolvenz zu Ende ging, ich war erstmals im erwachsenen Leben schuldenfrei, führte ich keineswegs Freudentänze auf. In den Stunden mit Doktor Von hatte sich herausgestellt, wie sehr ich die Insolvenz auch als Schutz empfunden hatte, als Schutz vor den Gläubigern, aber auch vor mir selbst, weil ich mich nicht weiter verschulden konnte. Ich konnte einfach keinen Unsinn machen. Die Insolvenz war ein geschützter Raum für mich, wieder so eine Art Uterus, in dem ich mich entwickeln konnte. Und die Scham passte ohnehin in mein Konzept.

Für meine Entwicklung mussten allerdings die Mütter meiner Kinder bitter bezahlen, für die ich auch kein Geld mehr hatte. Bei Pia konnte die englische Familie aushelfen. Eva war ohnehin gewohnt, auf eigenen Beinen zu stehen. Ich musste mein überforderndes Wochenend-Papi-Herumgefahre extrem reduzieren. Damit kam ich aber auch zur Ruhe und konnte mich auf mein Leben in Hamburg konzentrieren. Am Ende, das dachte ich mir zwar damals noch nicht, damals plagten mich mehr die Schuldgefühle, aber heute denke ich es, am Ende haben die Kinder mehr davon, einen halbwegs reifen Vater zu haben als jemanden, der die Kontrolle über sein Leben verloren hat, aber jedes zweite Wochenende vor der Tür steht.

Das Ende der Insolvenz war unspektakulär. Emotional war ich seltsam abgestumpft, weder hasste ich meinen

Vater, der am Anfang meines Schuldendesasters stand, noch den Insolvenzverwalter noch die Bank, die mich und viele andere mit der Finanzierung einer überteuerten Eigentumswohnung in Berlin in die Pleite getrieben hatte. Ich blieb Aldi-Kunde und kaufte auch weiterhin Platten vom Flohmarkt. Es war alles, wie es ist oder wie es war. Schule des Lebens. Danke, Papa.

Bei Doktor Von war meine persönliche Pleite ohnehin nie richtig angekommen. Den Zusammenhang mit den Ur-Schulden, die mir mein Vater angehängt hatte, fand sie sicher zu weit hergeholt. Ich erklärte ihr den Hergang und die Rechtslage einer privaten Insolvenz mehrmals, sie verstand es nie richtig. Vielleicht hatte ich nur nicht die richtigen Worte gefunden, oder sie maß dem Drama nicht die Bedeutung bei wie ich lange Zeit. »Was bedeutet es denn jetzt, wenn Sie keine Schulden haben?«, fragte sie mich etwa und ich reagierte gereizt, was soll es denn schon bedeuten, dass ich eben keine Schulden mehr habe!

Die Weisheit, die in dieser Frage steckt, erkenne ich erst heute. Ja, was bedeutete es? Jetzt erkenne ich: Ich war nur teilweise geheilt. Denn ich vermied es weiterhin, meine Finanzen in die Hand zu nehmen, sondern übertrug die Rolle des Insolvenzverwalters auf Eva, die sich um unsere inzwischen gemeinsamen Finanzen kümmerte. »Mit Geld habe ich heute eigentlich nichts mehr zu tun«, sagte ich manchmal in der Stunde, als könne ich mir das leisten.

Mit Eva, wir waren zu der Zeit ja schon dabei, uns selbstständig zu machen, hatte ich eine gemeinsame Kasse, die sie verwaltete, und ich bekam nur eine Art Taschengeld, es war mir auch recht so. Damit kam ich in die peinliche Situation, immer wieder mal betteln zu müssen, ob ich mir denn eine Schallplatte oder ein Buch oder ein Hi-Fi-Teil kaufen »dürfe«, was Eva auf Dauer unsexy fand.

Mein weiterhin gestörtes Verhältnis zu Geld offenbarte sich auch in dem ständigen Ärgernis um die Bezahlung meiner Rechnungen von Doktor Von, was eskalierte und zum Abbruch der Therapie mit beitrug. Das Anerkennen der Realität – und Rechnungen, die man für erbrachte Leistungen erhält, sind so eine Realität – enthält für mich Unerträgliches, heute noch rede ich rum, finde Ausreden und bekomme, wenn ich dann mit dem Rücken zur Wand stehe, einen kindischen Wutanfall.

Dieses negative, von Angst und Abwehr geprägte Verhältnis zum Geld führt auch dazu, dass es mir schwerfällt, um Geld zu kämpfen, Forderungen durchzusetzen, Verhandlungen zu führen. Für einen Unternehmer, der ich heute bin, eine schlechte Voraussetzung. Was sich in meinen Größenfantasien abspielt, verflüchtigt sich sofort unter dem kritischen Blick eines Gegenübers.

Hier waltet auch mein überstrenges Über-Ich, dem ich einfach nicht genügen kann. Was ich für meine Leistung auf die Rechnung schreiben kann, erscheint mir immer zu viel, ich will es immer reduzieren, so sehr wir das Geld auch brauchen, um auch die Gehälter unserer Angestellten bezahlen zu können. Nicht gut.

Geblieben aus der Schuldenkonstellation mit dem Vater, wenn wir hier Kausalitäten annehmen wollen, ist auch mein Unvermögen, Nein zu sagen. Ich konnte nicht Nein sagen, als Tom begann Drogen zu nehmen, was er mir später bitter vorhielt. Eventuell bin ich mit den später nachgekommenen Kindern wie den beiden Mädchen Tonti und T. etwas besser geworden, aber viel nicht. Und ich kann im Geschäft nicht Nein sagen, oder fast nicht, wenn ein Deal ganz schlecht ist und man eigentlich Nein sagen müsste, allein um Selbstbewusstsein zu zeigen oder um die Kosten wieder einzuspielen. Nein sagen fällt mir auch schwer, wenn Mitarbeiter Forderungen stellen, die mir eigentlich gegen den Strich gehen oder die ich mir gar nicht leisten kann.

Diese Schwäche gilt zwar mitunter als sympathisch, aber man wird damit nicht richtig erfolgreich. Nicht Nein sagen können kann auch lebensgefährlich sein, da fällt mir ein Traum ein. Ich fahre mit hoher Geschwindigkeit auf ein Hindernis zu, aber mein rechtes Bein ist bleischwer, ich kann nicht auf die Bremse steigen.

Im wachen Leben entwickelt sich mein rechtes Bein tatsächlich in diese Richtung. Ich habe eine Arthrose im Hüftgelenk und an schlechten Tagen muss ich das Bein mit beiden Händen anheben, um es im Auto entsprechend in Position zu bringen. Überhaupt bemerke ich, dass sich mit dem Älterwerden meine Macken immer deutlicher am Körper abbilden. Die Füße schmerzen, weil ich die Last nicht mehr tragen kann, sagt der Osteopath.

Mein Vater ist schon lange tot, er starb zwei Jahre nach meiner Mutter, völlig verarmt. Als er in dem Alter war, in dem ich jetzt bin, ging es ihm sehr, sehr schlecht, so schlecht, wie es einem Mann nur gehen kann. Ruiniert von Tabletten und Alkohol, ein Mann, der alles verloren hatte, den Besitz, die Frauen, die Kinder. Der aber Größe darin zeigte, das alles zu ignorieren. Noch ein paar Monate vor seinem Tod gelang es ihm, an einen gebrauchten Mercedes zu kommen, mit dem fuhr er ohne Führerschein zu imaginären Terminen.

Jetzt, wo alles zu spät ist, suche ich die Nähe zu meinem Vater. Ich bin 64 Jahre alt, er ist vor 18 Jahren gestorben. Ich denke jeden Tag mehrmals an ihn, aber »an ihn denken« trifft es eigentlich nicht, eher erscheint er mir, verknüpft mit Körpergefühlen, Gerüchen, Bildern, beim Blick auf meine Hände, sie sind so groß wie seine, oder wenn ich nackt vor dem Spiegel im Badezimmer stehe. Ähneln sich unsere Körper? Ich habe ihn nie nackt gesehen. Ich habe ihn nie beim Sex gehört.

Nur Noni, seine zweite Frau und meine Stiefmutter, der ich in der Pubertät erotisch sehr nahe gekommen war, vertraute mir einmal an, mein Vater habe eine »sexuelle Eigenheit« – es war damals die Zeit der endlosen Aufklärungsgespräche zwischen Eltern und Kindern, YouPorn gab es noch nicht –, eine Eigenheit, über die sie nicht sprechen könne. Ich hoffte immer darauf, Noni, so nannten meine Kinder ihre Stief-Großmutter später, würde einmal darauf zurückkommen, aber die beiden, die Stiefmutter und mein Vater, haben das Geheimnis mit ins Grab genommen.

Meine Fantasie war immer, es sei etwas Anales gewesen, das hätte sich dann sozusagen auf mich vererbt, oder etwas Orales, das heißt, sie musste ihm dauernd einen blasen. Der Wunsch besteht bei mir weniger, die wenigsten Frauen können das, eigentlich nur Nutten, und wenn es schlecht gemacht wird, ist es unangenehm.

Papa hatte Haare auf der Brust, ich nicht. Schon mit 50 bekam er einen leichten Buckel, ich gehe mit 64 Jahren noch stramm. Er war nicht sportlich, ich bin es auch nicht. Er konnte aber manche Dinge sehr gut, wenn es ihm der Beruf abverlangte oder der Selbstinszenierung diente, zum Beispiel gelenkig wie ein Affe ein Baugerüst hochklettern, mit »Jaxon & James«-Hut, tiefschwarzer Sonnenbrille und einer »Smart«-Zigarette im Mundwinkel. Als Kind starb ich vor Neid und Scham. Heute noch, wenn ich Baustellen sehe, muss ich an ihn, den Baumeister, denken. Wie er mich, ich war sieben, acht Jahre alt, mitnahm, um mir seine Welt zu zeigen. Wie ich trotzig im Auto sitzen blieb, den Blick starr in die *Micky Maus* gerichtet. Ich las nicht, ich hatte nur Angst, wovor eigentlich? – eventuell auch auf das Gerüst klettern zu müssen.

Neben dem Haus in Hamburg-Lokstedt, in dem ich mit Eva und Tonti und T. lebe, ist seit einem halben Jahr eine große Baustelle, eine Neubausiedlung entsteht. Große Kräne stehen da, die in der Nacht den Himmel über unserem Haus beleuchten, wie ein künstliches Firmament. Am Anfang dachte ich, die Baustelle würde uns stören. Doch inzwischen sehe ich jeden Morgen aus dem Fenster und erfreue mich an den Fortschritten. Ich denke an meinen Vater, wie er aus dem Volvo steigt und alle zusammentrommelt und das Kommando übernimmt, und Teil, wichtiger Teil, eigentlich der zentrale dieser Welt des Werdens ist.

Schon bald werden Kinder einziehen, die hier, in diesen Häusern, erwachsen werden und später mit weicher Stimme von ihrem Elternhaus sprechen werden. Es freut mich zu sehen, wie in den ausgehobenen Gruben über Nacht Keller gemauert werden, ich bewundere die rasende Geschwindigkeit, in der Mauern wachsen, nach dem Bauklötzchen-Prinzip, wie mit Lego-Steinen. Ich bin fasziniert von der rätselhaften Choreografie der Bauarbeiter, wie sie nie richtig zusammenarbeiten, sondern seltsam vereinzelt über das ganze Gelände verstreut herumstehen.

Morgens beim Brötchenholen beim Bäcker am Rand des Baugeländes treffe ich auf diese Bauarbeiter, die dann vielleicht schon ihr zweites Frühstück holen. Es sind Menschen, auf die ich sonst nie treffe, auch nicht bei Aldi. Sie sehen gefährlich aus, ungewaschen, unrasiert, kräftig, auf archaische Art männlich mit ihren großen Körperteilen. Sie sind stark. Sie kommen aus Polen, Lettland, Litauen, Rumänien, aus all den nahen, aber mir fremden Ländern, die ich nur aus dem Eurovision Song Contest kenne.

Aber vielleicht spielen bei den Bauarbeitern die Sprachunterschiede gar keine Rolle, weil sie eine universelle Sprache entwickelt haben, die Bausprache. Auch die Sprache meines Vaters war ganz anders, wenn er mit seinen Arbeitern sprach, bellte. Der entfernteste Ort, von dem »seine« Arbeiter herkamen – zuerst war ich stolz auf meinen Vater, dass er Arbeiter »hatte«, später hasste ich ihn dafür als Kapitalistenschwein, dass er sie ausbeutete –, war das Burgenland. Die sprachen aber auch schon damals eine andere Sprache, die ich nicht verstand, wie Kroatisch oder

Ungarisch. Sie hatten keine Zähne und rochen stark und ich fürchtete mich.

Nachdem mein Vater das erste Mal mit seiner Baufirma pleitegegangen war, richtete er sein Büro in der Wohnung in der Margaretenstraße ein. Mein Kinderzimmer, Jugendzimmer, ich war damals 14 und es hing voll mit Postern der Beatles, der Archies (gezeichnet) und von Barry Ryan, lag nahe der Eingangstür, durch die in der Früh um 5:30 Uhr die Arbeiter kamen, um von meinem Vater zu erfahren, auf welche Baustelle sie fahren sollten.

Oft kamen sie auch nur, um die Mitteilung zu erhalten, dass mein Vater an dem Tag keine Arbeit für sie hatte, laut fluchend und Türen knallend verließen sie das Büro dann wieder und fuhren zurück ins Burgenland.

In dieser Zeit lagerte in einem Abteil meines Schranks einiges Werkzeug von meinem Vater, diese harten, mich überfordernden Gegenstände, mit denen ich nichts zu tun haben wollte. Oft riss er morgens meine Tür auf, machte die Deckenbeleuchtung an und rumpelte mit dem Werkzeug herum, während ich noch im Bett lag, ohne ein »guten Morgen« und ohne mich eines Blicks zu würdigen. Am schlimmsten war, wenn er den Raum wieder verließ, das Licht ausmachte, die Tür hinter sich schloss und ich im Dunkeln oder Halbdunkeln – die Tür war eine Glastür, ich sah immer schemenhaft, was auf der anderen Seite vorging – allein zurückblieb.

Papa konnte mir nicht deutlicher zeigen, dass ich das Würmchen war, das nutzlose, unsichtbare Würmchen.

Wenn es im Vorzimmer wieder ruhig geworden war, drehte ich mich oft auf die andere Seite und holte mir einen runter. Das lenkte mich ab und es war etwas, von dem ich das Gefühl hatte, man könne es mir nicht wegnehmen. Es ging immer irgendwie, es kostete nichts, es war meins und in gewisser Weise war es auch »Ich«, es war mein weißer Saft, der hier austrat, in dem meine Lebensenergie steckte. Dass ich damit etwas abgab, in die Welt brachte, das es vorher da noch nicht gab, spürte ich schon daran, dass ich nach dem Abspritzen todmüde wurde.

Auf der anderen Seite tat ich es auch für meinen Vater, der mir immer über die Schulter schaute auf meine »zwei linken Hände«, auf meine »Wichsgriffel« (hat er das je gesagt?), die sie in dem Augenblick ja wirklich waren, obwohl ich ordnungsgemäß mit der rechten Hand wichste, und nicht mit beiden. Ich war damals der festen Überzeugung, dass mein Vater einen größeren Schwanz hatte als ich, viel größer, ich hatte die Vorstellung, sein Schwanz sei schlaff so groß wie meiner voll erigiert. Wie groß wäre dann der Schwanz meines Vaters in voller Erektion? Ein Prügel, eine Waffe, ein Schwert. Das sich jederzeit gegen mich richten kann.

Papa roch nach Pitralon, einem in den 30er Jahren entwickelten Traditionsrasierwasser. Die braunen Glasflaschen mit dem schwarzen Verschluss und dem roten Label standen immer im Bad herum, nie gingen sie aus. Mein Vater war immer glatt rasiert, ich kenne überhaupt kein Barthaar meines Vaters, und danach brauchte er die »desinfizierende« Wirkung des Pitralons, die einherging mit dem starken Geruch nach Teer, Nadelholz und Kampfer, ein schwerer, eigentlich medizinischer Geruch, der nachher noch lange im Badezimmer stand. Papa nutzte das Rasierwasser – man begann damals schon, Aftershave zu sagen – aber auch zwischendurch, nachdem er zum Beispiel auf der Toilette gewesen war, Männerdüfte gab es damals noch nicht.

Papa roch den ganzen Tag stark nach Pitralon, zog eine richtige Fahne hinter sich her, für mich als Kind hatte das den Vorteil, dass ich schon vorgewarnt war, wenn er da war. Als ich meine erste elektrische Eisenbahn bekam, zu Weihnachten 1958, roch es nach Pitralon, aber auch, als er mich ins Gebet nahm, dass es in der Schule nicht so weiterginge. Es roch nach Pitralon, wenn ich am Samstagmittag beim *Micky Maus-* und *Fix & Foxi*-Vorlesen an ihn geschmiegt auf der Couch lag, und es roch nach Pitralon, als er mir eine knallte und ich mit dem Kopf gegen die Klotür flog, weil ich sein Büro verwüstet und mit Farbspray »Kapitalistenschwein« an die Wand gemalt hatte.

Als junger Mann hatte ich den Duft immer noch in der Nase, wollte aber nicht selbst danach riechen, fast schon wie stinken kam es mir vor, Pitralon hatte in der Zwischenzeit den Ruf, billig zu sein, uncool. Das Männer-Aftershave war nach und nach durch »Männerdüfte« verdrängt worden. In den 80er Jahren, in der Zeit bei *Wiener* und *Tempo*, rochen wir alle nach »Cool Water« von Davidoff, danach nach »Égoïste« von Chanel. »Égoïste« gab ich später an Tom und Evas Sohn Philipp weiter, die sich damit vielleicht mit mir verbunden fühlen, hoffentlich auf eine freundliche Art. Den letzten Egoisten-Duft, den ich Tom zu Weihnachten schenkte, schenkte er mir allerdings ungeöffnet anlässlich eines Umzugs zurück.

Da Eloise Kosmetik-Redakteurin war und es in dem Männermagazin im Verlag Condé Nast »Männer Beauty«-Seiten gab, war ich plötzlich auch beruflich mit dem Thema befasst und begann Männerduft-Kritiken zu schreiben. Es sollte mehr als reine Produktwerbung sein, aber den Firmen auch nicht wehtun. In der Psychoanalyse bei Doktor Von in Hamburg konnte ich mit meinem Fachwissen nicht punkten. Nachdem ich zu den ersten Stunden duftend gekommen war, bekam ich den Rüffel, ich solle auf das Einparfümieren verzichten, auch andere Patienten wollten den Raum noch benutzen. Dabei dachte ich, ich röche gut!

Im neuen Jahrtausend hatte ich Eloise und den Job im amerikanischen Männermodemagazin längst verloren, und schon lange bekam ich keine Düfte mehr in die Redaktion geschickt. Ich hatte Geldprobleme, und wenn ich mal welches zur eigenen Verwendung hatte, kaufte ich mir lieber Bücher, Platten oder hielt mein Hi-Fi-System am Laufen.

Männerdüfte interessierten mich zwar weiterhin, aber die Versorgung mit den hochwertigen, teuren Produkten war nicht mehr gewährleistet. Das gefiel zwar Doktor Von, aber mich konnte es nicht froh machen, ich wollte mir von ihr nicht alle Laster austreiben lassen. Vor zwei, drei Jahren wurde ich in der Hamburger Drogeriekette Budnikowsky fündig, die mit ihrem vielfältigen Angebot von Spitzwegerichtee, »Pronto Classic«-Möbelpolitur (die ich zum Reinigen meines Antriebsriemens beim Plattenspieler verwende) bis zu Tofuwurst, Manner-Schnitten aus Wien und preisgünstigen Massagestäben aus allerlei Lebensnöten hilft.

In einer Filiale in Hamburg-Eimsbüttel gibt es ein Regal mit Rasierwasser und da stand eine unscheinbare grüne Verpackung mit der Aufschrift »Pitralon« – in einer Preshave- und einer Aftershave-Variante. Zuerst dachte ich an eine Fälschung, da die 125-mg-Packung aber nur 4,80 Euro kosten sollte, griff ich beherzt zu. Doktor Von musste es ja nicht wissen, da Pitralon, wenn es denn das echte war, hundertmal penetranter und aggressiver riecht als die eleganten Düfte, die ich für die Stunden nicht nehmen sollte.

Seither nehme ich das neue »Pitralon«, bei Wikipedia kann man nachlesen, wie weit es, nach einer bewegten, europaweiten, bald hundertjährigen Geschichte mit vielen Eigentümerwechseln und Markenrelaunches, überhaupt noch original ist – und was hieße schon »original«, für mich zählt ja nur die Zeit, in der mein Vater es verwendete. Und es macht mich jeden Morgen froh.

Das Design ist zwar viel langweiliger als zu der Zeit, als mein Vater es benutzte, damals machten sich »Pitralon«-Anzeigen sogar in Artdirector-Zeitschriften wie der *twen* gut, das »Präparat«, so wurde es einst genannt, riecht aber noch ähnlich, wenn dem Geruch auch eine entscheidende Note fehlt und er sich schneller verflüchtigt als früher. Vielleicht bot mein Vater eine besonders gute Haftfläche, während ich eher duftabstoßend bin.

»Pitralon« brennt immer noch leicht, wenn man es aufträgt, und kann seine Herkunft als Arzneimittel nicht verleugnen. Es ist noch viel besonderer, als ich je gedacht hätte, denn es wurde, das erfahre ich erst jetzt aus Wikipedia, anfänglich nicht als Körperpflegeprodukt, sondern als Arzneimittel gegen Pilzerkrankungen der Haut sowie von Kopf und Barthaaren, gegen eitrige Ekzeme und infizierte Wunden entwickelt: Die erkrankten Stellen sollten vier- bis sechsmal pro Tag je fünf bis zehn Minuten lang mit einem vollgetränkten Wattebausch bedeckt werden. Wegen seiner besonderen Eigenschaften gehörte das Präparat zur Feldausstattung der deutschen Wehrmacht. Geil!

Die Baustelle am Nachbargrundstück, das »Pitralon«, das Brennen, wenn man es aufträgt, und der zweifelhafte, etwas halbseidene, billige (4,80 Euro!) Geruch, den man dann verströmt, nichts bringt mich meinem Vater näher. Wenn ich aus unserem Fenster auf die Baustelle blicke und dabei, also gleichzeitig, das Rasierwasser auftrage, kann ich mich praktisch zu ihm hinbeamen. Ironie ist auch scheiße, sagte ich schon, und Doktor Von ließe mir das alles nicht durchgehen. Nazi-Duft. Der Duft, das Rasierwasser, es schmerzt beim Auftragen.

Schmerzensmänner sind wir, die anderen Schmerzen zufügen, mein Vater und ich.

Körper

Die Psychoanalyse ist keine Fitnesswelt. Doktor Von zum Beispiel machte keinen besonders gesunden Eindruck, die eklige Küche mit den offenen Marmeladegläsern, den ganzen Tag in der stickigen, überheizten Bude hocken, jede Stunde nur zweimal rausgeschlurft, einmal den Patienten nach der Stunde hinausbegleitet und den neu ankommenden hinein.

Mir ging es nach der Stunde Liegen mit wenig Sauerstoff auch immer schlecht, Pochen hinter der Schläfe, Schwindel, verdammt, es ist kalt. Der Körper ringt um Beachtung, könnte man meinen. So eine Psychoanalyse kommt ohne Körper aus, ignoriert ihn. Alles ist Geist. Der Geist steuert zwar auch, wie der Mensch mit seinem Körper umgeht, misst dem aber keine allzu große Bedeutung bei.

Wenn man einmal auf der Couch gelandet ist, spielt die Lehre von der Psychosomatik keine Rolle mehr, wird eher als Banalität abgetan. Wenn ich auf körperliche Beschwerden zu sprechen kam, auf meinen rechten Fuß etwa, bekam ich Ratschläge wie »Da müssen Sie sich einen Facharzt suchen«, »Wenn Sie Schmerzen haben, müssen Sie Schmerzmittel nehmen« oder »Es gibt heute sehr gute Operationen, erkundigen Sie sich mal«.

Mein Körper. Sollte er doch eine Rolle spielen? Welche könnte das sein? Ich weiß nur, mein, Würmchens, dünner, fahler Körper machte immer Probleme, wurde eher verhüllt, versteckt, ich komme ja noch aus den 50er Jahren.

Ich kann mich nicht erinnern, als Kind je gestreichelt worden zu sein. Ich meine am Körper, auf der Haut, nicht auf den Kopf oder die Wangen getätschelt, das schon. Heute sagt man, Kinder sterben, wenn man sie nicht berührt. Ich überlebte vielleicht, weil es mir gelang, eine gewisse Aufmerksamkeit gegenüber meinem Körper und seinen Funktionen zu erzwingen. Ich war immer irgendwie krank, eingebildet oder echt, erzwang damit Fürsorge, war aber auch eklig und ansteckend, das war der Nachteil.

Mein Körper war das Schlachtfeld aller Konflikte in meinem Leben, dauernd signalisierte er »Mit mir stimmt was nicht, mit mir stimmt was nicht!« – dabei blieb er aber immer unsichtbar. Unter dicken Decken und Tuchenten versteckt, durch Schlafanzüge, Schals und Socken unsichtbar gemacht. Ich selbst kannte meinen Körper nicht, hatte Angst vor seinen Reaktionen, die meist was Negatives bedeuteten.

Eine wichtige Rolle spielte dabei meine Großmutter, bei der ich mit meiner Mutter in der Stiftgasse in Mariahilf lebte, in einer Dienstwohnung des Kaufhauses Herzmansky, gegenüber der Stiftskaserne. In Omas Haushalt herrschte auf mich, das Würmchen, bezogen eine Art grundsätzlicher Hypochondrie, gepaart mit ihrem Hang zu unerbittlicher Übertreibung.

Dass das Würmchen so viel krank war (»keine gute Konstitution«), war für Oma schon mal eine gute Geschichte, dass die Krankheiten aber auch noch »selten«, »mysteriös« und »eigentlich weiß man noch nicht viel darüber« waren, die noch bessere. Ich machte Oma die Freude, sehr, sehr oft krank zu sein, über bestimmte Zeiten sicher einmal in der Woche. Wenn ich von meinem Körper berichte, fallen mir nur Krankheiten ein.

Eine Grundversorgung mit Krankheit übers Jahr war mit meinem »chronischen« (ja!) »acetonämischen Erbrechen« gegeben. Ich kotzte eine übel riechende, nach Aceton, also Nagellackentferner stinkende Brühe, wenn nur etwas annähernd »Nervenbelastendes« bevorstand. Das konnte eine Schularbeit sein, das Jugendsingen am Schillerplatz, ein Theater- oder Zirkusbesuch oder auch die geplante Reise ins Ferienheim. Egal, ob freudiger oder ernster Anlass – für mich war einfach alles Stress –, ich kotzte verlässlich wie ein Uhrwerk und lag im Bett und löffelte mit zittrigen Fingern und bebenden Lippen Einbrennsuppe. Angeblich das Einzige, was ich vertrug.

Der Gestank in der Wohnung muss schlimm gewesen sein, aber meine Großmutter ertrug es gut gelaunt, als hätte ihr was gefehlt, wäre ich ein normales Kind gewesen. Sie bekämpfte den Geruch mit »Airfresh«-Raumspray – ein ganz besonderer Geruch, auf den ich ein paar Jahre später wieder stoßen sollte, wenn ich mit gefälschtem Schülerausweis freitagnachmittags ins Pornokino schlich, wo mit demselben Spray gearbeitet wurde, um den Gestank vollgewichster und nur halb eingetrockneter »Tempo«-Taschentücher zu bekämpfen.

Das Repertoire an Krankheiten war mit dem acetonämischen Erbrechen bei Weitem nicht ausgeschöpft. Unterm Jahr konnte ich noch Akzente setzen mit der »afrikanischen Papageienkrankheit«, die ich mir angeblich von unserem Wellensittich Otti geholt hatte und die mich immer wieder für Tage – Gliederschmerzen! Fieber! – ans Bett fesselte. Und ungefähr gleich oft war mein Darm von Würmern befallen, oft schon in der Größe »kleiner Schlangen«, wie Oma klagte, was eine Teilnahme am Unterricht natürlich unmöglich machte.

Ich hockte zu Hause viel auf der Toilette, immer in der Hoffnung, dass die »kleine Schlange« wieder austreten würde, was aber nie geschah. Als unbegründet erwies sich auch meine schlimme Befürchtung, sie könnte sich eines Tages aus meinem Mund hervorschlängeln, etwa beim Jugendsingen am Schillerplatz. Daran, ein Mädchen zu küssen, dachte ich damals noch nicht.

Neben acetonämischem Erbrechen, afrikanischer Papageienkrankheit und Wiener Wurmbefall bekam ich häufig »Feuchtblattern«, große, juckende, nässende Rötungen am ganzen Körper, die nie richtig »diagnostiziert« werden konnten, weil sich jeweils das »volle Krankheitsbild«, wie der Kinderarzt beklagte, noch nicht zeigte. Also musste ich noch einen Anlauf nehmen, noch mal krank werden und hatte nach einiger Anstrengung wieder meine rote Landkarte auf der Brust.

Ich glaube, die »Feuchtblattern« waren die Krankheit, bei der Oma die Wohnung mit feuchten Laken vollhängte, die mir in der Nacht wie Gespenster erschienen und mit ihrem fahlen Schein in der Dunkelheit Angst machten.

Aber es gab noch mehr Krankheiten, die es auf mich abgesehen hatten. Wenn ich nach einer Woche im Bett (Minimum!) wieder an die frische Luft ging, passierte es oft, dass ich – einmal nur die Wollmütze vergessen – mit einer »Stirnhöhlenentzündung« nach Hause kam, mit der »nicht zu scherzen« war – wenn ich mich bückte, floss der ganze Rotz hinter der Stirn zusammen und drohte meinen Schädel von innen zu sprengen – und die sich leicht zu einer »eitrigen Stirnhöhlenentzündung« auswachsen konnte, wenn dann zum Rotz eben noch der Eiter kam. Der Druck hinter der Stirn stieg dann noch höher, klar.

Altklug plapperte ich die Sprüche der Kinderärzte nach, es wurden immer neue beigezogen, am liebsten vom »Breier'schen Kinderspital«, »das sind großartige Ärzte, Michi«, sagte Oma, und wenn sie mich »vor dem Lichtausmachen« fragte, wie es mir denn gehe, antwortete ich mit tieftraurigem Blick: »Omi, ich habe Angst, ich werde eitrig im Kopf«, was Oma glücklich machte angesichts ihrer immer größer werdenden Aufgabe.

Meine Mutter hatte keine Chance, schaut man sich die Geschichte aus ihrer Sicht an, müsste man sagen: Sie hatte das eigene Kind an die Mutter verloren, jedenfalls das Pflegerecht. Ich glaube, meine Mutter fand mich eher eklig, mich und meine Krankheiten. Wenn sie nachts mit einem Mann nach Hause kam, war es natürlich peinlich, wenn die Wohnung voll feuchter Laken hing, es nach Aceton stank und ihrem Buben Schlangen aus dem Arsch krochen.

Das Bett war immer mehr zu meinem natürlichen und idealen Lebensraum geworden, hier fühlte ich mich sicher, hier bekam ich die Aufmerksamkeit vor allem meiner Großmutter, nach der ich süchtig wurde. So ergab es sich, dass ich – wenn gerade keine halbwegs »echte« Krankheit im Anzug war – erfinderisch wurde und am Morgen, wenn ich zur Schule sollte, Fieber zu simulieren begann.

Oma machte es mir leicht: Ich brauchte nur über Übelkeit oder Kopfweh zu klagen, schon kam sie mit dem Fieberthermometer an und verschwand gleich wieder aus dem Zimmer, um einen Tee aufzusetzen. Die paar Minuten, bevor sie wiederkam, nutzte ich, um den Fiebermesser an die Glühbirne der Leselampe zu halten, bis die Quecksilbersäule auf etwa 37,3 bis 37,5 Grad stand – und klemmte ihn dann wieder unter die Achsel.

Damit war mindestens ein Tag im Bett erreicht, denn meine Großmutter schaltete angesichts meiner »erhöhten Temperatur« sofort auf Der-Michi-ist-krank-Modus, machte das Bett neu, sorgte mit dem bewährten »Stoßlüften« für einen erhöhten Sauerstoffgehalt im Raum, brachte Tee, Wasser, Zwieback ans Bett und arrangierte meine Bücher, die Comics und den Kassettenrecorder in Reichweite ums Bett. Ein Paradies!

Und das Beste: Es stellte sich heraus, dass das getürkte Fieber umso glaubhafter wirkte, je öfter es mich befiel – denn so fügten sich die einzelnen Attacken nach und nach zu einem neuen Krankheitsbild zusammen (»häufig morgens erhöhte Temperatur«), dem sich das Ärztekonsortium widmen konnte.

Nach solchen »Krankheitstagen« war ich abends nicht müde und konnte nicht einschlafen. Im Halbdunkel starrte ich auf meine Winnetou (Pierre Brice)- und Nscho-tschi (Marie Versini)-Poster an der Wand, drehte mich auf den Bauch, presste meinen Leib gegen die Matratze und fasste mit meiner rechten Hand unter dem Laken vorsichtig auf die rechte Pobacke, die ich anzuspannen begann. Dabei fantasierte ich, mein Po sei der von Winnetou oder der von Nscho-tschi, welcher genau, darauf konnte ich mich nicht festlegen. Eine Hand, zwei Hintern, die von Winnetou und Nscho-tschi, mit meinem eigenen praktisch drei, unendliche Möglichkeiten. Fühlte sich großartig an, Würmchens wundersame Reise in die Welt des Sex.

Mein Körper und ich verbrachten viel Zeit im Bett in diesen Jahren, im Lebensalter zwischen acht und zwölf. Damit war es vorbei, als ich zu meinem Vater ziehen musste – und dort erst mal *richtig krank* wurde. Der Schock des Umzugs, dachten meine Oma und ich, wir dachten immer dasselbe. Sie dachte vor, ich nach.

Als ich zwölf war, hatte Onkel Herbert meine Mutter so oft verprügelt und ihr so viele Veilchen verpasst, dass sich mein Vater veranlasst sah, mich zu sich zu nehmen, kein guter Umgang, mein neuer »Vati«, der Herbert.

Mein Vater lebte in der Zwischenzeit mit einer anderen Frau zusammen, mit Trude, und fühlte sich damit auch in der Lage, für meine weitere Erziehung zu sorgen, auf meine Mutter war kein Verlass mehr, und immer nur bei den Großeltern, das sah auch nicht gut aus.

Man schleppte mich also zum Jugendamt, ich wurde befragt, aber es war klar, dass am Ende herauskommen sollte, dass es für mich bei meinem Vater besser sei als bei meiner Mutter.

Direkt vom Jugendamt ging es in die Wohnung meines Vaters, am Margaretenplatz, auf der anderen Seite des Wienflusses und des Naschmarkts. Ich erinnere mich, wie Trude den Volvo fuhr, mein Vater war plötzlich verschwunden. Am Rücksitz lag als Willkommensgeschenk ein dickes, rot eingebundenes Buch mit Indianer-Geschichten, ein Sammelband mit einer guten, beruhigenden Ausstrahlung, den ich lange behielt, obwohl ich darin nie viel las.

In der Wohnung wartete ein eigenes Zimmer auf mich, Schreibtisch vorm Fenster, Regal, Bett, alles da. Das Zimmer ging in den Hinterhof, vor meinem Fenster stand ein Kastanienbaum, es war ruhig und schön. Viel schöner als der brutal-kahle Hinterhof bei meinen Großeltern, der für die Spatzen zur Falle wurde, wenn sie sich von den Tauben zu weit nach unten jagen ließen.

Doch das Zimmer war am Anfang ein Albtraum für mich. Da ich bei meinen Großeltern mit meiner Mutter ein kleines Kabinett geteilt hatte, hatte ich noch nie allein in einem Raum übernachtet, genierte mich aber natürlich, das zuzugeben, da mich mein Vater ohnehin für einen Hasenfuß hielt. Meine Rettung war Trude, seine zweite Frau, die mich mit behutsamen Licht-im-Vorzimmeranlassen-/Tür-einen-Spalt-auflassen-Ritualen an das Alleinsein in einem finsteren Raum gewöhnte.

Tante Trude, so musste ich meine neue Stiefmutter zunächst nennen, saß auch oft noch lange bei mir am Bett, während mein Vater schon schlief. Da ich langsam in die Pubertät kam, verliebte ich mich in sie und ging die Sache auch verhältnismäßig forsch an. Inzestschranke gab es keine, sie war ja nicht meine leibliche Mutter, und falls doch, weiß ich nicht, ob ich mich daran gehalten hätte. Vor dem Schlafengehen, wenn sie schon im Bademantel war und ich im Pyjama, umarmte ich sie, drängte ihr Küsse auf und rieb meinen steifen Schwanz gegen ihren Bauch.

Sie tat so, als würde sie es nicht merken, wahrscheinlich hatte sie in der Zeitschrift *Eltern*, die gerade in Mode gekommen war, nachgeschlagen, dass Ignorieren die beste Methode sei.

In der Schule, dem Gymnasium in der Amerling-Gasse in Wien-Mariahilf, wurde ich immer schlechter, ich konnte mich auf Hausaufgaben nicht konzentrieren, schlich dauernd auf die Toilette und drückte an meinem Schwanz herum, was aber noch zu nichts führte. Als ich in der dritten Klasse des Gymnasiums war, tauchten ein, zwei Klassen über uns die ersten »linken« Schüler auf, Georg, Walter und Daniel, sie waren im VJM, dem Verband Jüdischer Mittelschüler, was ich exotisch und anziehend fand. Am Skikurs am Zauchensee, an dem mehrere Klassen teilnahmen, eskalierte die Situation, weil Georg die »kritischen Schüler« eines Morgens nach dem Frühstück aufforderte, die weitere Teilnahme am Skiunterricht zu verweigern, und zu einer Versammlung auf dem Zimmer aufrief. Dass Schüler solche Rechte haben, hatten einige von uns dem *Kleinen Roten Schülerbuch* aus dem Frankfurter Verlag Neue Kritik entnommen, das unter den Schulbänken gelesen und intensiv verliehen wurde.

Im Zimmer saß der dickliche Junge mit den fettigen langen Haaren und einer dicken schwarzen Brille auf der oberen Etage des Stockbetts und las aus *Theorie und Praxis der antiautoritären Erziehung* von A. S. Neill vor, dem berühmten rororo-Taschenbuch des Summerhill-Gründers. Im Rahmen einer antiautoritären Erziehung, stellte der schlaue Georg das Vorgelesene geschickt in den Zusammenhang, könnten Schüler natürlich niemals gezwungen werden, an irgendetwas teilzunehmen, so gesehen sei es auch unser »natürliches Recht«, die Teilnahme am Skikurs zu verweigern und auf dem Zimmer zu bleiben.

Nach diesem Morgen war für mich alles anders, ich hatte die Überzeugung gewonnen, dass es ein Leben jenseits von dem gab, das ich bisher kannte, astronomisch weit jenseits. Daniel, der Stillere von den dreien, der immer amüsiert wirkte und mit schnellen, wachsamen Blicken über seine randlose Brille guckte, ohne etwas zu sagen, wurde später Zentralsekretär der GRM, der trotzkistischen »Gruppe Revolutionärer Marxisten«, der »österreichischen Sektion der IV. Internationale«, wie sich die Truppe bei ihren Versammlungen im Café Museum vorstellte. Daniel redigierte schon als 18-Jähriger das GRM-Organ *rotfront*. Später wurde er außenpolitischer Korrespondent des *Standard*.

Daniel, den später alle Dany nannten, vielleicht sogar den »roten Dany«, wie Daniel Cohn-Bendit in Deutschland, war mit seinem politischen Auftritt mein Vorbild, ich hatte aber immer Angst, bei Weitem nicht so intelligent und gebildet zu sein wie er. Ich denke, das sah Dany auch so, der meine kurz darauf folgenden ersten journalistischen Gehversuche nie der Rede wert fand.

Für Daniel blieb ich immer der jüngere, etwas unkontrollierte Pennäler vom Skikurs am Zauchensee, der am Abend der Neill-Lesung vor lauter innerer Spannung förmlich explodierte, mit zwei anderen Buben in ein Mädchenzimmer einbrach, die im Schnee vorm Fenster gekühlten Fruchtjoghurts stahl und als Dankeschön Schnee und Eisklumpen in die Kissenüberzüge stopfte.

Es sollte noch einige Zeit so bleiben, dass bei dem Schüler Michael Hopp infantile Pubertätsexzesse und politische Aktion praktisch in eins fielen, aber eigentlich war auch nichts schlecht daran.

Zurück in Wien rief ich, in meiner Klasse ziemlich isoliert, ohne mich mit irgendjemandem abzusprechen, eine »selbstverwaltete Schülergemeinde« ins Leben, die ein »Raucherkammerl« für die Schüler erstreiten wollte, was eines Nachmittags, als wir zum Turnunterricht an der Schule waren, im Einbruch in das »Geografie-Kammerl« gipfelte, wo wir uns ziemlich idiotisch neben dem Bügel mit den aufgehängten leinwandgroßen Landkarten aufstellten und unsere »Tschick« demonstrativ am geölten Holzboden austraten.

Zwar brach kein Brand aus, aber die Schule musste ich dann doch verlassen, was auch eine mehr oder weniger von mir allein angezettelte Kampagne mit Flugblättern nicht verhindern konnte, die ich im Heim der katholischen Jungschar in der Bienengasse abgezogen hatte, in das ich sonst zum Tischtennisspielen ging.

IM STETEN BEMÜHEN UM »ORDENTLICHE« SCHÜLERAKTIVITÄT WURDE NUN EIN ENGAGIERTER SCHÜLER SUSPENDIERT
Aufgrund der in den letzten Tagen permanent stattfindenden Kreuzverhöre wurde ein Schüler suspendiert (darf die Schule derzeit nicht betreten). Damit

ist die liberale Maske des BG 6, die durch das sogenannte »wohlwollende Verhalten« der Professoren die Widersprüche der österreichischen Mittelschulen (Lernmotivation durch Leistungsdruck, Auswendiglernen von Fakten, keine Mitbestimmung und demnach Einsicht in die Inhalte und Verhaltensweisen, teilweise sinnlose Unterrichtsinhalte, Abhängigkeit von professoraler Willkür, unsicheres Verhältnis zur Sexualität, kein Sexualkundeunterricht) zu verdecken suchte, endgültig gefallen.

Die wahre Ursache für die Suspendierung wird wohl das kritische Engagement (Flugblätter und politische Diskussionen in der Klasse) sein. Da die willkürliche Entfernung eines kritischen Schülers jedem demokratischen Verständnis widerspricht, wird der betreffende Schüler sich dennoch im Unterricht einfinden!

Wenn der Herr Hofrat dennoch auf der Suspendierung besteht, wird er höflichst ersucht, vor der Klasse des betreffenden Schülers dies zu motivieren und sich anschließend einer Diskussion zu stellen.

Zur Diskussion der Zielvorstellungen und zur Einleitung erster Schritte treffen sich die Aktivisten (jeder kann Aktivist werden !!!) und interessierte Lehrer am Samstag, 8. September 1973, 16 h im Café MUSEUM (Operngasse)

Weil ich mich mit der selbstverwalteten Schülergemeinde mehr oder weniger als gescheitert empfand, wollte ich einen Gang höher schalten und überredete meinen friedliebenden und eher phlegmatischen Freund Hans, bei dem zu Hause wir am Plattenwechsler der Eltern am Nachmittag immer Singles von den Troggs, den Doors und Napoleon XVIII. hörten, mit mir eine Partei zu gründen, ja, eine Partei.

Diese Partei sollte gut lateinisch *Impetus* (Angriff!) heißen und das Konzept verfolgen, ehemalige Nazis aufzudecken, die nach dem Krieg wieder im Schuldienst untergekommen waren. Gerade an der Amerling-Schule gab es davon eine ganze Menge, wie sich über die Jahre herausstellte. Auch mit dem in meinem Flugblatt als Herrn Hofrat angesprochenen Schulleiter hätte es wahrscheinlich nicht den Falschen getroffen.

Die von Hans und mir an Samstagnachmittagen gestarteten *Impetus*-Aktionen erschöpften sich jedoch darin, die Privatadressen unbeliebter Professoren zu ermitteln, ihre Wohnungstüren mit Hakenkreuzen und dem Schriftzug »Impetus« zu besprayen – und Fersengeld zu geben, wie es die *Lupo modern*, die wir gerade noch gelesen hatten, wohl genannt hätte.

Als wir nach einer Aktion an der Wohnungstür unseres Mathematik-Professors Sichrovsky, eines groß gewachsenen, unsicheren Manns, der im immer gleichen Trevira-Anzug den Unterricht abhielt, die Belvederegasse hinunterliefen, sahen wir, wie er uns auf der anderen Straßenseite entgegenkam, ja, das musste er sein, er war nicht so gut zu erkennen, denn auf der Straße trug er einen Hut, den er in der Schule nicht aufhatte.

Hans und ich, mit hochroten Köpfen, schwer außer Atem, flüchteten in einen Hausgang und brüllten mit letzter Kraft quer über die Straße: »Sichrovsky, du Sau, wir holen dich, Sichrovsky, du Sau ...«

Die darauffolgende Stille lastete schwer auf uns. In gedrückter Stimmung suchten wir noch eine Telefonzelle und informierten die *Austria Presse Agentur* von unserem Anschlag, indem wir in vorausgeahnter Terroristenmanier eine vorbereitete »Erklärung« vom Zettel ablasen. Tatsächlich erschien am nächsten Tag eine kleine Meldung in der reaktionären, der Industriellenvereinigung nahestehenden Tageszeitung *Die Presse*.

Wenige Wochen später starb Professor Heinz Sichrovsky an einem Herzinfarkt und *Impetus* stellte seine Tätigkeit ein, ohne dass Hans und ich je groß darüber geredet hätten.

Das Jahr 1969, ich war 14, wirkte wie ein Erdbeben auf mich, es machte mir aber keine Angst, ich lief nicht davon, eher wollte ich die stärksten Ausläufer erwischen und mich richtig wegtragen lassen. Es begann mit dem *Twen Shop* im Wiener Messepalast, einer Art Jugendmesse, veranstaltet von der bürgerlichen Tageszeitung *Kurier* und der ÖVP-nahen Jungarbeiterbewegung. Bei freiem Eintritt erlebte ich da das Konzert von *Novaks Kapelle*, mit ihrem Song »Hypodermic Needle«, die Verstärker so aufgedreht, dass ich dachte, ich müsse mir die Ohren zuhalten, hätte das nicht uncool gewirkt. Tief beeindruckt, fast schockiert war ich von Sänger Walla Mauritz, mit der aus der Hüft- und Glocken-Hose hinten herauslugenden Pofalte, wie er sich am Höhepunkt des Songs auf den Bühnenboden warf und sich wie ein zuckender Riesen-Embryo einrollte.

Ein Urerlebnis, erstmals hatte ich etwas empfunden, von dem ich heute noch nicht frei bin, eine Mischung aus Stärke – der Lärm, das Saurauslassen – und Schwäche – das Zugedröhnte, das Rumstolpern, der Embryo.

Das war jetzt Kultur für mich, vielleicht noch das Theaterstück *Magic Afternoon* von Wolfgang Bauer, nichts anderes kam mehr infrage. Kein »Theater der Jugend«-Abonnement mehr im Renaissance-Theater mit den Nazi-Stücken von Annelies Umlauf-Lamatsch aus den 30er Jahren.

Später drehte ich beim Fernsehen eine Dokumentation über *Novaks Kapelle*, in der ich den Sänger, Walla Mauritz, wie auf Frank Zappas Toilettenposter, am Klo interviewte und ihn mit ängstlicher Stimme fragte: »Was willst du mit deiner Musik ausdrücken?« – und er antwortete in breitestem Wienerisch: »Goa nix. Des Anzige, wos i ma ausdruck, is a Wimmerl am Oarsch.« Heute steht das Video bei YouTube, es haben sich aber nur 30 Leute angesehen.

Auf dem *Twen Shop* ging es für mich aber nicht nur Richtung Pop, sondern auch Richtung Politik. Ich bekam ein Flugblatt in die Hand gedrückt, das den *Twen Shop* als zu kommerziell und als reaktionär brandmarkte – ich war mitten in die später sogenannte »Twen-Shop-Revolte« geraten. »Ihr kommt gar nicht mehr zum Twen Shop oder ihr kommt bewaffnet« hieß es da, Herausgeber war die Spartakus Kampfbund Jugend, mit einer Adresse in der Theobaldgasse im sechsten Bezirk, am halben Weg zwischen meiner Volksschule und dem Gymnasium Amerlinggasse. Genannt war in dem Flugblatt auch der

Kritische Klub in der Museumstraße 5, der später berühmten Adresse von Günther Nenning und des *Neuen Forvm*, wo ich vier Jahre später zu arbeiten beginnen sollte. Mein halbes Leben war auf diesem Flugblatt vorgezeichnet.

Michael Genner, der für den Inhalt verantwortlich war, wurde wenig später verhaftet, wegen Anstiftung zum Aufstand angeklagt, von einem Geschworenengericht wegen »Aufwiegelung« zu einem Monat »schwerer Kerker« verurteilt, kam jedoch nach sechs Monaten Untersuchungshaft frei.

Ich lernte den unheimlichen Mann mit der vorgewölbten Stirn, den stechenden schwarzen Augen und der bellend lauten Stimme später in der Spartakus-Kommune in der Theobaldgasse kennen, wo ich eines Nachmittags mit meinem Freund Hans vorstellig wurde. Wir wollten »mit dem Genner« über eine Kooperation mit meiner damals eigentlich schon entschlafenen »Bewegung« *Impetus* sprechen, in Wirklichkeit ging es mir aber um die Mitarbeit an der Spartakus-Zeitschrift *Nachrichten für Unzufriedene*, die mich ebenso stark elektrisiert hatte wie der Auftritt von *Novaks Kapelle*.

Auf dem Titel war eine pornografische Zeichnung zu sehen, ein Riese von Junge, der mit seinem emporschnellenden steifen Schwanz den spießigen Kaffeetisch seiner Zwergen-Eltern in die Luft schleudert, abgedruckt aus dem im März Verlag erschienenen Comic *Anne und Hans kriegen ihre Chance*. Dieser Junge, der wollte ich sein.

Zur Redaktionskonferenz wurde ich eingeladen, und ich versuchte auch, an anderen Treffen teilzunehmen, bei denen nie klar war, ob sie wirklich stattfanden und wer dabei sein sollte. Ich hockte viele Nachmittage unsicher und schüchtern auf dem Matratzenlager im Gemeinschaftsraum und beobachtete die Spartakisten, das Paar Norma und Jakob Mytteis, die hier auch wohnten, den Sänger Willi Stelzhammer, die Bürohilfe Kati, die mich immer zur Tür reinließ, ohne mich eines Blicks zu würdigen.

Ich aber ließ Kati, heimlich und verstohlen, nie aus den Augen, wenn ich da war, fantasierte, sie hätte viele dichte Schamhaare, »einen irren Busch«, wie ich es auf den Nacktbildern von Yoko Ono mit John Lennon gesehen hatte, die in der *underground* erschienen waren, und stellte mir vor, ich würde am Spartakus-Schreibtisch mit ihr pudern, wie man damals in Wien sagte. Politik, Schreibtisch und Sex kamen damals schon ganz klar zusammen, Sexpol. Bei der Redaktionskonferenz für *Nachrichten für Unzufriedene* bekam ich den Mund nicht auf und es fragte mich auch niemand.

In den Treffen ging es um die Aktion »Öffnet die Heime«, die ein schönes linksradikales Thema war, denn die »Bundeserziehungsanstalten« wie Kaiser-Ebersdorf oder Kirchberg wurden damals noch wie Gefängnisse in einer Diktatur geführt, die Kinder von Nazi-Pädagogen unter Drogen gesetzt, verprügelt, missbraucht.

Entsprechend rau war die Basis der Spartakisten, es waren aus Heimen Ausgerissene, Schulabbrecher und ausgestiegene Lehrlinge, die nicht über Schulungszirkel, sondern über das Gruppenerlebnis und das »eiserne Zusammenhalten« zu Spartakus gefunden hatten.

Dagegen war ich ein Milchbubi und bekam schweißnasse Hände, als mir vor einer Demo ein fetter Schraubenschlüssel in die Hand gedrückt wurde, den ich mir in den Stiefel stecken sollte. Aber da wir uns in einem ständigen »Kampf« befanden, konnte man gegen eine Bewaffnung nicht viel einwenden. Ernst wurde es, als ich den »Auftrag« bekam, beim Überfall auf ein Nazi-Lager in Mürzzuschlag mitzumachen. Ich hatte mich zunächst dafür angeboten, weil mein Vater in der Nähe, am Semmering, das Ferienhaus hatte und ich dachte, ich könne am Wochenende da einfach kurz mal verschwinden und ein paar Nazis verkloppen.

Ich fühlte mich zunächst anerkannt, wenn auch zu einem hohen Preis, sagte alles zu – verlor dann aber komplett die Nerven und meldete mich nie wieder bei Spartakus.

Das Verhältnis zu meinem Vater verschlechterte sich in dieser Zeit rasend schnell. Ich war schwach in der Schule, feig und verschlagen, verschwieg schlechte Schulnoten und Zeugnisse und war in seinen Augen ein Wirrkopf. Er hatte mir, wie das so seine Art war, einen Privatdetektiv nachgeschickt und aufgedeckt, dass ich die Nachmittage nicht beim Musiklehrer, sondern bei Spartakus in der Theobaldgasse verbrachte.

Er begann es offen zu bereuen, mich zu sich geholt zu haben. Ich erinnere ihn zu sehr an meine Mutter, die er doch gerade verlassen habe, weil er ihre Art nicht ertrage. »Jetzt sitzt der Bua da«, beklagte er sich einmal vor Gästen, ich saß dabei, »und glotzt mich mit demselben Blick an. Wie habe ich das verdient?«

Meine Rache bestand darin, krank zu werden, damit hatte ich ja schon Erfahrung, jetzt aber *wirklich* krank zu werden, eine zunächst rätselhafte Knochenmarkseiterung am rechten Unterschenkel, die mich für ein Jahr ins Bett zurückkehren ließ. Danach hatte ich den Anschluss in der Schule verloren und wechselte an ein uninspiriertes Realgymnasium, eine Zeit, in der ich wie tot war und weder schrieb noch irgendwelche politischen Aktivitäten entwickelte. Erst 1973, als ich eine Buchhändlerlehre begann und dann auch schnell von meinem Vater auszog, wurden das Schreiben und die Faszination für alles, was linksradikal war, wieder lebendig.

Es begann mit Schmerzen unten am rechten Schienbein. Ich war zwölf, viel mit dem Rad unterwegs, ein angeschlagenes Schienbein war da nichts Besonderes, aber diesmal war es anders. Das war kein kuscheliges Kotzen und Kacken wie mit Omi und das Fieberthermometer musste ich diesmal nicht an die Leselampe halten.

Es stieg von selbst auf 42 Grad Fieber, der Schmerz am Bein war unerträglich, als würde das Schienbein explodieren wollen, platzen, und ich verlor das Bewusstsein. Mein Vater schleppte eine ganze Reihe von Ärzten an, doch keiner konnte eine Diagnose stellen. Schließlich kam ich ins Kinderspital – Verdacht auf Meningitis, Rückenmark wurde entnommen, ich lag auf der Quarantäne-Station. Mein ohnehin schon seltsamer Körper wurde jetzt nur noch mit Gummihandschuhen berührt. Ärzte und Schwestern trugen Mundschutz, wenn sie den Raum betraten.

Den Film *E. T.* von Steven Spielberg gab es damals noch nicht, aber es war alles ähnlich. Ich meine die Szenen, wenn der Außerirdische zu sterben droht. Mein rechtes Schienbein schmerzte immer mehr, die Ärzte fanden das nicht relevant, bis eine der Schwestern Alarm schlug. Daraufhin wurde mein Schienbein angebohrt – und, so wurde mir nachher erzählt, der Eiter schoss wie eine Fontäne an die Decke des Operationssaals. Ejakulation mit Eiter. Diagnose: akute Eiterung des Knochenmarks, Osteomyelitis.

Ein Mädchen auf meiner Station des Kinderspitals hatte dieselbe Erkrankung, im rechten Oberarm – er wurde ihr abgenommen. Es gab damals noch keine Antibiotika, die stark genug gewesen wären, die Eiterung in Schach zu halten. Ich konnte es mir damals nur im Nachhinein zusammenreimen: Mein Vater schien zur Höchstform aufzulaufen, um die drohende Amputation des rechten Unterschenkels seines Sohnes zu verhindern.

Er verlegte mich in die Universitätsklinik des Allgemeinen Krankenhauses in Wien, dort war der »Lehrstuhl für Chemotherapie« gerade erst gegründet worden. Prof. Dr. Hermann Spitzy, Inhaber des Lehrstuhls, nahm sich meines Falls an – ein Riese von Mann mit großer pockennarbiger Knollennase und einer tief dröhnenden Baritonstimme, der immer nach Alkohol roch und sich damit rühmte, dass es die Wiener Polizei nicht wage, ihm, der internationalen Medizinkoryphäe, den Führerschein abzunehmen, wenn er in eine Kontrolle gefahren war.

Aus Japan ließ Professor Spitzy ein besonders hoch dosiertes, in Österreich noch nicht zugelassenes Antibiotikum, es hieß Vibramycin C, schicken und machte mich zu seinem Versuchskaninchen, schob mich im Rollstuhl in die Vorlesung, ließ mich für die TV-Reihe *Aus der Wiener Medizinischen Schule* filmen, als Exempel, welch großer Durchbruch Prof. Dr. Spitzys Therapie sei.

Im Krankenhaus gefiel es mir jede Woche besser. Ich begann es zu genießen, nicht in die Schule zu müssen, und fand es toll, wie sich alle um mich kümmerten und mir bei jedem Besuch etwas mitbrachten: Hohes-C-Orangensaft, Zeitschriften, Musikkassetten. Ich war wieder in die liegende Position zurückgekehrt, wie bei Oma. Da mein Vater eine Zusatzversicherung abgeschlossen hatte, lag ich im Zweitbettzimmer. Oft kam jemand Neues, meist Jugendliche, einmal ein erwachsener Mann, der unangenehm roch. Aber keiner blieb so lange wie ich, am Ende ein halbes Jahr.

Ich las den ganzen Tag, wahllos alles. Eine freundliche Krankenschwester hatte mitbekommen, dass mir immer wieder mal der Lesestoff ausging, und brachte mir stapelweise alte *Auto Motor Sport*-Hefte ihres Sohnes, die ich verschlang, ohne mich für Autos zu interessieren. Irgendjemand brachte mir jeden Montag den *Spiegel*, den ich noch am gleichen Tag auslas, von der ersten bis zur letzten Seite.

Stiefmutter Trude brachte mir das *Sgt. Pepper*-Album der Beatles, es war der Mai 1967. Ich konnte es im Krankenzimmer nicht anhören, aber ich starrte schon mal stundenlang auf das vieldeutige Cover mit den Beatles in den seltsamen Militäruniformen und versuchte, die Texte zu verstehen. »Lucy In The Sky With Diamonds«, alles klar ... Sie waren nicht leicht zu lesen, denn sie waren über die

Fotos gedruckt. Ich hatte schon vor meiner Krankheit das Beatles-Album *Revolver* besessen und mit dem Bleistift die Zeichnung von Klaus Voormann vorne drauf abgepaust, die Haare der Beatles, dick wie Spaghetti, die ineinander verschlungen waren und kleine Nester bildeten, in die ausgeschnittene Fotos montiert waren. Haare als Medium, mit Message. Solche Haare wollte ich auch. Und die Sonnenbrillen, wie sie die Beatles auf der Rückseite trugen, Sonnenbrillen in der Nacht, das Foto war schwarz-weiß und die Lampions leuchteten in Weiß.

Am Nachttisch lag auch eine Ausgabe des ersten Bands von *Das Kapital* von Karl Marx, ich wollte das Studium des Marxismus nicht vernachlässigen, kam aber nicht recht weiter und las immer wieder nur die ersten Seiten.

Nachmittags um 15 Uhr hörte ich jeden Tag mit Kopfhörer die *Musicbox* auf Ö3, die Frank Zappa spielte, und spätabends altkluge Popsendungen, vor allem das irgendwie satirische *Pop Secret* mit André Heller und Wolfgang Hübsch und *Entre Nous* mit Hübsch und Erika Mottl, die sich gegenseitig Lieder von Leonhard Cohen vorspielten und sich mit ihren Burgtheater-Stimmen anflirteten.

So vergingen die Wochen, die Monate und mir fehlte es an nichts. Nach und nach wurde ich wieder mobilisiert, eine hübsche Krankengymnastin kam täglich und massierte mich, und als ich das erste Mal wieder selbst gehen sollte, war ich schockiert, dass ich es praktisch verlernt hatte.

Allerdings hatte es mir auch nicht besonders gefehlt. Bald war klar, das Bein konnte dranbleiben, nach sechs Monaten kam ich wieder aus dem Krankenhaus, es war Sommer. Mein Vater hatte in der Zwischenzeit einen Bungalow am Semmering, dem Wiener Haus- und Zauberberg, gebaut, in einen Hang hinein, wie er in der Baumeistersprache sagte.

Als er mich das erste Mal nach der Zeit im Krankenhaus, mein Bein noch bis über den Oberschenkel dick eingegipst, auf den Semmering mitnahm, hoch hinauf die Serpentinen der Semmering-Straße, über den Pass, dann ein Stück weit hinunter auf der steirischen Seite, konnte ich die Treppen den Hang zum Haus hinauf nicht selber nehmen. Da setzte er mich kurzerhand in den Lastenaufzug, der von den Bauarbeiten noch dastand, und Seil und Motor zogen mich nach oben.

Würmchen kehrt zurück, in einer Sänfte auf Rädern! Das berührte mich, das fand ich toll, das erzähle ich heute noch meinen Kindern. Dem Papa fällt ja wirklich immer etwas ein, dachte ich damals, da muss man ihm nachsehen, wenn er sonst ein wenig grob ist.

Außerdem, aber den Zusammenhang stellte ich erst später her, hat er mir das Bein gerettet, immerhin, große Tat, ein Bein zu retten, das Bein des Sohnes, der ich bin.

Ein paar Jahre später versuchte ich mich zu revanchieren, es ging um meines Vaters großen Zeh, rechts, wir bleiben im Genre. Papa war am Semmering, an diesem Hang zum Haus hinauf, beim Rasenmähen auf der feuchten Wiese ausgerutscht, mit dem Fuß unter die Messer gekommen, der Zeh war ab. Blutfontäne, Panik.

Trude wickelte den blutenden Fuß in Tücher und fuhr los, mit dem Vater auf dem Beifahrersitz ins nächstgelegene Krankenhaus. Ich stand auf dem Hang rum und weinte und zitterte am ganzen Körper, da fiel mein Blick, ohne dass ich noch gesucht hätte, auf die abgetrennte Zehe in der Wiese. Noch gut erhalten lag sie da.

Mutig nahm ich die schon kalt gewordene Zehe mit zwei Fingern, lief ins Haus, steckte sie in eine Tiefkühltüte – und machte mich mit dem Rad, die Tüte mit der Zehe rechts am Lenker baumelnd, auf den Weg ins Krankenhaus.

Mit jedem Kilometer vergrößerte sich die Gewissheit, mit der Geschichte groß rauszukommen. Ich sah schon die Schlagzeilen auf der Zeitung vor mir, »Bub (15) rettet Fuß des Vaters«. Auch Oma wäre begeistert gewesen.

Im Krankenhaus angekommen, ich weiß nicht mehr, wie ich es überhaupt fand, lief ich auf den OP-Saal zu, in dem die Operation gerade stattfand, und wurde von einer Schwester abgefangen, die mir die Tüte abnahm. Dafür sei es leider zu spät, sagte sie, der Fuß sei von den schnell drehenden Messern des Rasenmähers zu sehr beschädigt, als dass noch etwas drangenäht werden könnte. Ob ich mir die Hände waschen wolle?

Die Krankenschwester sagte dies in einem Ton, als hätte ich mir die ganze Aktion sparen können. Ich schämte mich, war mein wichtigtuerischer Impuls in der ganzen Sache entlarvt? Was würde bei meinem Vater ankommen? Würde ich in seiner Achtung steigen? Mehr geliebt werden? Würde er mich besser finden?

Würmchen kam mit der Geschichte also nicht in die Zeitung und mehr geliebt wurde es auch nicht. Allerdings wurde die Story in der Familie auch nicht verschwiegen, immer dann, wenn vom Unfall meines Vaters die Rede war, fand sie Erwähnung, oder ich bekam Gelegenheit, mich damit kurz hervorzutun. Wen die Story am wenigsten beeindruckte, war mein Vater. Für ihn war es nur ein weiterer meiner Flops. Es reicht ja nicht, aufs Tor zu schießen, du musst auch treffen, Michi. So wie ich mit deinem Bein damals, das ist jetzt ja noch dran.

Anderen Verwandten fiel an der Geschichte weniger das Heldenhafte und die halsbrecherische Fahrt ins Krankenhaus auf als meine offenbar niedrige Hemmschwelle, abgetrennte Körperteile anzufassen. Und einer, der so was Ekliges macht, muss ja selber irgendwie eklig sein. Abgetrennte Körperteile! Anfassen! Igitt!

Was wäre aus Würmchen geworden mit nur einem Bein? Wäre das Leben leichter oder schwerer verlaufen? »Was denken Sie denn darüber?«, fragte die Analytikerin in Hamburg, aber ließ sich dabei anmerken, dass sie die hypothetische Frage nicht besonders interessant fand.

Meine Freundin Ramona, mit der ich gegen Ende der 70er Jahre in Wien eine Zeit lang zusammenlebte, meinte, der leicht humpelnde Gang, der mir von der Knochenmarkeiterung geblieben war, sei mein Stigma, das ich zur Entwicklung meiner Kreativität nutzen könnte.

»Sehen Sie das denn auch so?«, fragte die Analytikerin, weckte damit in mir aber nur Unlust, mich weiter mit dem Thema zu beschäftigen.

Traum 5
Unser Büro macht ein Sommerfest. Wir sind irgendwo draußen, nicht bei uns im Garten des Büros. Es ist

noch früh, alle haben noch die Arbeit im Kopf oder machen auf ihren Handys rum. Die Atmosphäre ist friedlich und freundlich. Es sind viele Mitarbeiter gekommen, vielleicht alle, die wir je hatten. Ich bin allein, gehe von einem zum anderen. Ich versuche, mit den Grüppchen oder mit Einzelnen ins Gespräch zu kommen. Irgendwas ist mit meiner Stimme, mit meinen Ohren. Ich verstehe nichts, werde nicht verstanden. Jemand drückt mir ein Dokument in die Hand, ich sehe es an, es ist voll von Fehlern. Ich gehe auf den Mitarbeiter zu, von dem ich denke, er sei verantwortlich. Er sieht mich freundlich an, aber auch durch mich durch, als würde er mich nicht kennen. Jetzt kann ich auch nicht mehr richtig atmen. Als ich schreien möchte, wache ich auf. Ich bin voll Hass auf meine Mitarbeiter, mein Herz rast.

Meine Großmutter war als mein Spiritus Rector immer auch der Überzeugung, dass die großen und kleinen Dramen meiner Kindheit eine Riesenstory seien, eine Soap, lange bevor Soaps erfunden waren. Sie hatte ein untrügliches Gefühl dafür, dass es nur darauf ankommt, aus Erinnerungsfetzen etwas neu zusammenzusetzen, etwas, das einen in Szene setzt, eigentlich so wie dieser Text. Nach Wahrheit fragt keiner mehr, wenn die Übertreibungen erst ihre Wirkung entfaltet haben.

Würmchens Mythos. Was wäre denn Griechenland ohne Homer und die *Ilias*? Gäbe es gar nicht. Ich war noch keine 15, als mir Oma den Rat gab, doch alles einmal aufzuschreiben, damit hätte ich sicher Erfolg wie Johannes

Mario Simmel. Ich fühlte mich damals überfordert, gerade erst war ich am Abtippen von Karl Mays *Winnetou I* gescheitert. Ich wollte die Abschrift Cornelia, einer Schulkollegin, in die ich verliebt war, zum Geschenk machen, aber dann war es mir doch zu viel geworden.

Schon mit 18 war ich der festen Überzeugung, irgendwie anders zu sein, irgendwie gestört, kränklich, neurotisch, sexuell anders –, und folgte dem Rat der Oma, machte etwas daraus, war darin raffiniert und bald auch routiniert. Ich schmiedete erst schwüle und dann schwule Gemeinsamkeiten mit Jungs und schmeichelte mich bei Mädchen ein, indem ich mit meiner »schwierigen Kindheit« deren Mutterinstinkt weckte. Ich bekam sie damit oft ins Bett, nein, nicht ins Bett, am Anfang reichte es ja schon, wenn sie mir für einen Moment – Pulli rauf, runter, einmal noch, bitte! – die Brüste zeigten und beim nächsten Mal auch kurz anfassen ließen – aber nicht wehtun.

Ich machte mich mit meinem Psychokram in Selbsterfahrungsgruppen und in gruppendynamischen Sitzungen interessant, in die ich schon als ganz junger Mann lief, und bestritt damit später viele, sehr viele psychoanalytische Stunden.

Immer all die Storys noch mal rausgehauen, die Nagellackentferner-Kotze und der Riesenwurm im Arsch, die verprügelte Mutter und die Gaskammer für den Wellensittich, noch mal benutzt. Immer wieder die Playtaste gedrückt fürs Megavideo meiner Kindheit, meinen inneren YouTube-Channel, in den man beliebig oft reinsehen kann, vor- und zurückspulen. Und jetzt taucht alles wieder auf,

auf vielen Seiten dieses Buchs. Klar sind die alten Geschichten jetzt schon zum Kotzen, aber damit sind sie nicht aus der Welt geschafft.

Ich war ein hübscher junger Mann, wie mein Vater es auch gewesen war. Blond, etwas feminin, ein Flaum von Bart, keine Haare auf der Brust, ein langer, schlaksiger, nicht recht kontrollierter Körper. Als ich 15, 16 war, erzählte mir mein Vater, er selbst sei als Junge, wenn er nachts auf dem Heimweg das »Platzl« überquert habe, von »Warmen« belästigt worden, die sich um die Toilettenhäuschen am Naschmarkt herumgetrieben hätten.

Um sich die »Warmen« vom Leib zu halten, habe er sich eine »Gummiwurst« besorgt, eine mit einem Gartenschlauch überzogene Eisenkette. Papas Stimme war belegt, er musste sich oft räuspern. Die Art der Erzählung schwankte zwischen dem Anvertrauen eines Geheimnisses und einer gefährlichen Drohung, das war nicht richtig zu erkennen.

Sonst hatte er mich sexuell nicht aufgeklärt, das war die Aufklärung, reichte ja auch. Einmal erzählte er mir die Gummiwurst-Geschichte, als wir im Auto fuhren, in einem seiner röhrenden Turboautos des Angebermodells Chrysler Barracuda, und als er den Zweck der Gummiwurst beschrieb, setzte er zu einem riskanten Überholmanöver an. Ich habe heute noch Angst beim Überholen.

Zurück auf der rechten Fahrspur holte er wie zum Beweis die Gummiwurst unter seinem Sitz hervor und hielt sie mir unter die Nase, offenbar um mir zu demonstrieren, dass er sich heute noch jederzeit verteidigen könne – einen »Warmen« zusammenschlagen, wenn er sich an ihn, meinen Vater, heranwagte. Vielleicht war ich ja der »Warme«, den er meinte.

Die Gummiwurst war auch ein Phallussymbol, so reimte ich es mir später zusammen, ein gefährlicher Riesenschwanz, der den Schwulen vielleicht gefallen hätte, aber natürlich nicht, wenn sie ihn über den Kopf gezogen bekämen. Mit so einem Phallus kann man gut zuschlagen und man kann ihn jemand anderem, aber auch sich selbst hineinstecken.

In diesem Augenblick, damals, im Chrysler Barracuda meines Vaters, begann in mir eine Verwandlung vorzugehen. Ich wurde der vom Vater verprügelte Homosexuelle. Wenn ich von ihm nicht geliebt wurde, wollte ich gehasst werden, gefürchtet, jedenfalls an diesem intensiven Gefühl meines Vaters teilhaben. Ich wollte schwul werden, auf der Stelle, werden wir ja sehen, was passiert.

Und noch aus einem anderen Grund fand ich es eine gute Idee: Mein Körper, so dachte ich, könnte für Homosexuelle ja attraktiv sein, er ist ja so ähnlich wie sein Körper, der es ja auch war, oder er bildete sich das zumindest ein. Bis dahin war mir mein Körper eher mangelhaft vorgekommen, das könnte ich jetzt auch ändern. Als Kind in der Badehose genierte ich mich, weil ich mir dünn und schwach und fast ohne Muskeln vorkam und immer Angst hatte, verprügelt zu werden. Ich hatte auch Angst, ich sei nicht genug entwickelt, mit allem zu spät dran. Alle anderen hatten schon ihren ersten Samenerguss, ich aber noch nicht.

Ich pinkelte absichtlich ein wenig ins Bett, weil meine Stiefmutter glauben sollte, ich hätte schon abgespritzt. Ich dachte, ich könnte sie damit anlocken und dazu bringen, mich zum Samenerguss zu bringen. Wenn ich eine Erektion hatte und es Sommer war, lag ich ohne Decke da und hoffte, sie würde in mein Zimmer kommen und irgendwas mit meinem Schwanz machen.

Ich litt unter einer Vorhaut-Verengung und der daraus folgenden Vorhaut-Entzündung, meine Erektion sah erbärmlich aus, wenn ich im Bett liegend den Bauch hinuntersah, wie eine zerstörte Version der Gummiwurst des Vaters. Die pralle Eichel bläulich rot, die Ränder der Vorhaut entzündet. Durch die zu kleine Öffnung konnte die Eichel nicht nach vorne rausschlüpfen, wie es wohl sein müsste, das dachte ich mir schon. Das brannte, das tat weh und an Pinkeln war in dem Zustand nicht zu denken.

Ich schlich in das Mariahilfer Kino mit den Sexfilmen, weil ich die vage Idee hatte, da eine Art Erlösung zu finden. Und tatsächlich, als ich den Hintern der ungarischen Schauspielerin Terry Torday in einem »Wirtinnen«-Schwank von Franz Antel sah, geschah es – und mein schmerzender Schwanz pumpte drei, vier kleine Fontänen von Sperma in meine Unterhose, allerdings auch wieder in dieser zerdrückten, zerquetschten Gesamtanmutung. Aber es war geschafft!

Ohne große Hemmung vertraute ich mich in den nächsten Tagen meinen Freunden Hans, mit ihm hatte ich die politische Partei *Impetus* gegründet, Stefan und Michi an, getrennt, nicht allen auf einmal. In unterschiedlichen Konstellationen erlernten wir in den nächsten Monaten die Onanie und wie man die Freude daran auch teilen kann, in allen Feinheiten, schneller, langsamer, verzögern … jeeetzt!!!

Das Einanderzuschauen, das Es-sich-gegenseitig Machen, linke Hand, rechte Hand, das Gekichere und Gekudere, wenn einer dann ejakuliert hatte und den anderen erwischte: »Du Sau, das giiibt's ja nicht, das machst du jetzt weg, oder ich bring dich um!«

Bei Michi, der in der Margaretenstraße gleich gegenüber wohnte, im Haus des »Film Casinos«, bestand an Nachmittagen immer die Gefahr, seine Mutter könne aus dem Büro heimkehren. Einmal sprangen wir mit erigierten Schwänzen im Wohnzimmer rum und präsentierten mit durchgestrecktem Kreuz unsere abstehenden Penisse, als wären sie Bajonette. Gleichzeitig schüttelten wir einer imaginären Person die Hand und verneigten uns vor ihr. Die harten Jungenschwänze wippten lustig auf und ab im Takt der Verbeugungen: »Schönen Nachmittag, Frau Lohn«, riefen wir und konnten uns kaum halten vor Lachen, »wir haben hier heute eine Überraschung für Sie!« Superlustig, finde ich heute noch, verwenden Sie es gerne gegen mich!

Vom Sex mit gleichaltrigen Jungs war es kein großer Schritt zu Sex mit erwachsenen Männern. Das Po-Loch von Orsi und die Popos von Winnetou und Nscho-tschi, mein eigene Po-Betrachtung vorm Vorzimmerspiegel meiner Großeltern – vielleicht war am Ende mein Arschloch mein attraktivster Körperteil, könnte ja sein –, die »Gummiwurst« meines Vaters und mein Wunsch, es mit ihr zu tun zu bekommen, schließlich die fröhlichen Wichs-Nachmittage mit den gleichaltrigen Jungs: Meine Kindheit und meine Pubertät waren voll von homosexuellen und vor allem von analen Motiven.

Mit 18 begann ich, in einer Buchhandlung zu arbeiten, in einem sehr traditionellen, konservativen Geschäft in der Kärntner Straße, der Buchhandlung Prachner. Ich war gut und fleißig und talentiert. Aus Sicht der Buchhandlung hatte ich nur den Nachteil, dass ich wie eine Elster klaute, Bücher stahl. Das taten wir »linken« Buchhändlerlehrlinge damals alle, wir taten es ja in der hehren Absicht, die Bücher umzuverteilen. Zum Beispiel an Haschischraucher mit fettigen Haaren, die sie eh nicht lasen, sondern weiterverkauften, um sich die nächsten Joints zu finanzieren. Guter Zweck jedenfalls.

Aber ich tat noch was anderes Verbotenes. Abends, nach der Arbeit in der Buchhandlung, schlich ich oft mit klopfendem Herzen in der am Heimweg gelegenen Opernpassage herum, weil ich gehört hatte, dass sich auf den Toiletten da Schwule trafen. Dass man so was »Klappen« nennt, lernte ich erst ein paar Jahre später in Berlin. Jetzt, beim Herumsuchen für dieses Buch, fand ich einen Text dazu, den ich in der Zeit geschrieben habe, ganz nüchtern war ich wahrscheinlich nicht. Die Musik von Edgar Broughton, ein schwerer, irgendwie hetersoexueller, zugedröhnter Bluesrock, fiele mir heute dazu nicht mehr ein, eher »Waiting for my Man« von Velvet Underground, aber das wäre wieder zu naheliegend.

die musik von edgar broughton
darum vögelt euch frei enge jeans wirtshausgeruch bleibt sicher im mantel hängen frische luft ist nicht frisch wo ist ein klo die musik von edgar broughton scheißweltstadt wo is a klo steifer hindert beim gehen wenn die blase voll ist soll man sie entleeren klostiegen geruch die musik von edgar broughton nach urin brunze kot scheiße und viel desinfizierer einen grünen geruch verbreitend kurzes voeyeuristisch in die länge gezogenes intermezzo pissrinne mit möglichst wenig tschicks suchen in position stellen reißverschluss des hosentürls öffnen schwanz herausnehmen macht schwierigkeiten weil steif endlich herausgezwängt die musik von edgar broughton irgendsoeine scheißdrüse verhindert das brunzen warten keine veränderung stechende blicke im rücken brunz oder stirb entschluss gefasst rein mit dem pimmel in die hose macht wieder schwierigkeiten schnell aufs scheißhäusl verriegeln gürtel öffnen hose runter lassen tut am steifen schwanz weh vorsichtig unterhose runter steifer springt weg die musik von edgar broughton vorhaut schon ganz verschoben rechte hand um den steifen schließen und hin und her bewegung machen mit einer hand auf die vis-a-vis-wand gestützt mit der anderen reiben eier werden kleiner die musik von edgar broughton aus der eichel spritzt der samen arschbacken sind zusammengezogen dann entspannung hand etwas nass geworden mit klopapier hand und schwanz abwischen wird immer kleiner auf das brunzen warten brunzen ist da schwanz in die hose jeans raufziehen alles reinstecken

*aufsperren rausgehen hämische blicke im rücken die
musik von edgar broughton straßenbahnhaltestelle
schülerfreifahrtausweis here comes the sun mia nutzt
a des scheenste weda nix*

Zuerst war mein Spind in der bürgerlichen Buchhandlung Prachner vollgeräumt mit den gestohlenen Büchern, dann begann ich ein System zu entwickeln, die Bücher auch aus der Buchhandlung herauszubekommen. Ich bestellte einen »Käufer« in die Buchhandlung, dem ich sie mitgab, ohne Geld zu kassieren, in der Weihnachtszeit sogar in Geschenkpapier eingeschlagen, was das Raustragen besonders unverdächtig machen sollte.

Am stärksten nachgefragt bei meinen Hehlern waren die Bildbände von David Hamilton, einem Päderasten, der sehr junge Mädchen mit sehr viel Vaseline auf der Linse fotografierte. Als Hamilton ein alter Mann war, wurden von der »MeToo«-Bewegung Vergewaltigungsvorwürfe erhoben, dann starb er. Außer den Hamilton-Bänden waren *Das Tibetanische Totenbuch*, Timothy Learys *Politik der Ekstase*, *Das kleine rote Schülerbuch*, *Die Funktion des Orgasmus* von Wilhelm Reich und der Comic *Anne und Hans bekommen ihre Chance* in unserer Community stark nachgefragte Titel.

Den im März Verlag erschienen, ständig vergriffenen Comic *Anne und Hans* ließ ich auf eigene Faust nachdrucken und verkaufte das zusammengeheftete Ding als Raubdruck, sozusagen im Direktvertrieb. Ich hatte in meiner NATO-Tasche immer ein paar dabei, weil der teilweise pornografische Comic in der konservativen Buchhandlung zu sehr aufgefallen wäre. Das meiste verschenkte ich aber, die Rechnung der Druckerei verfolgte mich noch viele Jahre. Herr Puntigam, einer der Buchhändler, hatte von meinen Machenschaften etwas mitbekommen und suchte auffällig meine Nähe. Er lud mich mittags oft zum Essen ein, in die nahe gelegene Kantine des Finanzministeriums. Ich dachte, ich müsse ihn bei Laune halten, damit er mich nicht verrate oder sogar erpresse. So ließ ich ihn auch gewähren, wenn er mich, als ich auf der Leiter rumkletterte, am Becken festhielt, damit ich nicht stürzte, oder seine große Nase, als ich mich dann umdrehte, schon fast an meiner Hosentür rieb, wo es sicher leicht nach Urin roch.

Puntigam hatte eine Riesennase, aber eine hübsche Nase, ein Udo-Jürgens-Typ. Mit der sollte er mich noch näher beschnuppern.

Ich hatte damals begonnen Drogen zu nehmen, Joints zu rauchen, wenn die jemand drehen konnte, ich konnte es nicht. An Freitagabenden nahm ich mit Freunden aus der Buchhändlerschule immer wieder mal einen LSD-Trip, den wir dann bis Sonntagabend ausklingen lassen konnten, bevor wieder die Woche begann.

Ich sah dann Farbgirlanden sich im Raum schlängeln und tanzen, ihren Anfang nahmen sie unter der Nadel des Tonabnehmers am Plattenspieler, der gerade *Umma Gumma* von Pink Floyd abspielte, wie später in psychedelischen Videoclips.

Die Trips, oft kleine Pillen, ähnlich denen, die wir noch vor ein paar Jahren in der Volksschule gegen Karies ausgeteilt bekommen hatten, oder beträufeltes Löschpapier, waren in Sorten unterteilt und hatten vielversprechende

Namen wie »Orange« oder »Purple Haze«, nach dem Jimi-Hendrix-Song.

Wir kauften sie um 25 Schilling, das war auch nicht viel mehr, als eine Singleschallplatte damals kostete, im Hellas auf der Wienzeile, einer griechischen Kneipe im Souterrain, direkt am Naschmarkt. Vom Hellas hieß es, mit etwas Glück könne man von den griechischen Fernfahrern, die hier angeblich aßen, nach Griechenland mitgenommen werden. Das war bisher aber nur Mädchen gelungen.

Meinen ersten Trip nahm ich mit Knottek, ich hatte ihn in der Berufsschule für Buchhändler kennengelernt, eines Freitagnachts auf seiner kleinen Bude in einem schmalen Miethaus in der Liechtensteinstraße im neunten Bezirk, die mit nicht viel mehr als einer schwarz bezogenen Matratze eingerichtet war. Allein das schwarze Laken wirkte revolutionär auf mich.

Knottek war ein echter Hippie, langes fettiges Haar, spielte im Stadtpark Gitarre, bis ihn die Polizei verjagte, und gehörte zu meiner Bücher-Bande. Wir lagen auf seinem Matratzenlager, hatten den Trip schon »eingeworfen« und warteten darauf, auch etwas ängstlich, ich jedenfalls, dass er »einfuhr«.

»Is' er bei dir scho eingfahr'n?«, fragten wir uns von Zeit zu Zeit. Und dann – fuhr er ein, mit erschreckender Wucht.

Durch das Zimmer wütete ein Sturm oder ein magnetischer Strahl, der uns vom Matratzenlager zu reißen drohte. Die Wände des Zimmers waren plötzlich gestreift, die Streifen bewegten sich, hatten sich in schnell fließende

Bänder verwandelt, die auf eine Ecke der Zimmerdecke zuliefen und zu diesem Punkt hin einen Sog entwickelten, der uns mitriss und zu verschlingen drohte. Unsere ausgestreckten Arme wiesen schon in diese Richtung, halb, als wollten wir auch dahin, aus dem Zimmer fliegen. Dann wurde es plötzlich ruhig, ganz ruhig, totenstill, die Streifen verschwanden, der Magnetsturm hatte sich gelegt. Es muss seltsam ausgesehen haben, wie unsere großen, schweren Junge-Männer-Körper auf der Matratze eine Art liegendes Work-out vollführten.

Wonderwall von George Harrison war zu Ende, der Tonabnehmer knackte gleichmäßig in der Leerrille. Ich stand auf, fiel hin, schaffte es schließlich, die Platte umzudrehen, und nahm *Umma Gumma* von Pink Floyd aus dem Cover.

Knottek, zu dem ich schon jeden Kontakt verloren hatte, war jetzt nicht mehr da. Ich blieb neben dem Plattenspieler hocken und starrte fasziniert auf das Kästchen, auf dem er stand und das sich gerade zu verwandeln begann.

Das Schränkchen, das ich nun sah, es sah ein wenig aus wie aus der Zeichentrick-Version von *Alice im Wunderland* entliehen, hatte Schubladen – und jede Schublade war beschriftet, mit verschiedenen Bereichen meines Lebens. »Schule« stand da, »Buchhandlung«, »Köstlergasse«, Omas Adresse, aber auch Namen wie »Zotti«, ein Mädchen, das ich toll fand.

Ich selber saß nicht mehr da, stellte ich erschüttert fest, sondern war nur noch ein Punkt im Raum. Panik. Jetzt hatte ich es wohl übertrieben. Ich fasste den Plan, wenn ich in eine der beschrifteten Laden hineinkann, kann ich mich vielleicht zurückverwandeln, zumindest in die angegebene Existenz, den Schüler, den Buchhändler, den In-Zotti-Verliebten.

Ich hatte als Punkt zwar eigentlich keine Hände, aber trotzdem begann ich mit Gewalt an den Schubladen zu reißen und zu rütteln – und der Horror war, keine ging auf. Keine. Ich konnte in keine meiner Existenzen zurückfinden, war als Nichts im Raum verloren, hatte mich verloren.

Das Aus-sich-Heraustreten, Sich-selbst-betrachten-Können ist die berühmteste Wirkung von LSD, schon sein Entdecker Albert Hofmann sah sich selber auf der Couch liegen. Heute versucht man bei Krebspatienten sie mithilfe von LSD aus ihrem Körper heraustreten zu lassen, damit sie eine andere Perspektive auf ihre Krankheit einnehmen können. Meine LSD-Erfahrungen habe ich meinen Analytikerinnen vorenthalten, warum eigentlich, sie beschäftigen mich mein ganzes Leben, nicht jeden Tag, aber doch immer wieder.

Schon der eine Trip lehrte mich, wie sehr ich neben mir stehe, schwebe, keine Bodenhaftung habe. Und mein Leben, das mich aussperrt, zu dem ich nicht gehöre. Und das Aufgeteilte in streng getrennten Schubladen, das Entweder-oder, »Schule« oder »Zotti«, nichts Integriertes, wie man es ja lieber hätte. Huch, keine Schublade passt für mich! Das ist ein dummes Klischee, und es nutzt jeder hohle Schlagersänger, der nicht weiß, was er machen soll, keine Schublade passt.

»Schublade«, darüber macht man sich lustig, aber es fühlt sich doch doof an, wenn man in gar keine passt. Vor allem auf einem LSD-Trip, auf dem diese in der Sprache banalen Bilder superreal sind.

Vielleicht produziert LSD ja auch nur Psycho-Müll, und bei jedem ungefähr dasselbe. Ich tippte dann so was hin, tipp, tipp, super, Michi:

ich war ein punkt im raum
ein punkt im raum vor dem Kasten der Realität

mein Kasten der Realität hat viele laden
die lade in der ich mich als Kind versteckte
die lade in der ich mich als Volksschüler versteckte

die lade in der ich mich jetzt verstecke
und alle laden waren zu
und ich hoffte dass sie zu bleiben würden
oder dass zumindest eine andere lade aufginge

die zum Beispiel in der ich mich als Kind versteckte
und ich hoffte sogar dass eine aufginge
nur nicht die eine
die lade in der ich mich jetzt verstecke

und ich bekam Angst
Angst im leeren raum
Angst als unendlich einsamer punkt im leeren raum
die Freiheit im leeren raum wurde zur unerträglichen
Einsamkeit

ich hoffte dass eine lade aufgehen würde
die kinderlade
nur nicht die eine in der ich mich jetzt verstecke

und dann ging eine lade auf
und die Einsamkeit war so groß geworden dass ich
hineinsprang

ohne zu achten welche lade es war
und es war die eine
die unentrinnbare
in der ich mich jetzt wieder verstecken muss

und ich verstecke mich in meiner realitätslade
kann nicht raus
und schreibe

Was stünde denn heute auf den Schubladen? Was käme raus, wenn ich heute wieder mal LSD nähme? Warum übrigens nicht, ich suche ohnehin nach etwas, mit dem ich nicht die Analyse fortsetzen, aber den Weg der Selbsterkenntnis weitergehen kann, sozusagen. Ich nehme den LSD-Trip mit Freund Knottek jetzt mal genauso ernst wie einen Traum in der Psychoanalyse, kommt ja bei beidem darauf an, was man daraus macht.

Es sind viel mehr Schubladen geworden in all den Jahren. Wie abgetragene Hemden wechselte ich – zumal in der ersten Hälfte meines Lebens, danach trat ich eher die Reise nach innen an – Städte, Jobs, Frauen, Männer, die sexuelle Ausrichtung, von schwul zu hetero, war gleichzeitig softer »neuer Vater« und besoffener Hurenbock.

Und eine Redaktion nach der anderen, Stadtzeitung, Zeitgeistzeitung, Wirtschaftsmagazin, Fernsehzeitschrift, Kinderzeitschrift, Was-weiß-ich-Zeitschrift. Auch inhaltlich ein Irrsinn, eine Achterbahnfahrt.

Von anarchistisch und linksradikal in den Anfängen über anspruchslos kommerziell bis zu prokapitalistischem Marketing, denn was anderes machen wir ja nicht in unserer Agentur. Dazwischen Skurriles wie Homo- und Audiophilie.

Mit den Jobs und den Frauen wechselte ich mein komplettes Umfeld, das Milieu gleich mit, wie im Übergang von Marie zu Pia, von Pia zu Eloise, von Eloise zu Eva, immer der Bruch mit meinem Leben davor. Wenn ich jemand von »früher« in der Kneipe traf, ein peinliches, betretenes Gefühl, wegsehen, vermeiden, dass sich Wege kreuzen, grüßen, lieber nicht. Die Schwulen mied ich, als ich wieder mit Frauen ins Bett zu gehen begann.

Nur die Kinder hatten eine zusammenführende, integrierende Wirkung, sie wurden zu einem Grundton meines Lebens, wie der Grundton in der Musik, auf dem man zu improvisieren lernt. Mit den Kindern von zwei Frauen und all dem Hin und Her waren wir eine Patchwork-Familie geworden, lange bevor es das Wort gab.

Aber darüber hinaus blieb mein Leben in den einzelnen Episoden unverbunden, unvermittelt, sprunghaft, disparat und beginnt jetzt, wo der Kitt durch die Kinder wegfällt, weil sie immer größer werden oder längst erwachsen sind, wieder auseinanderzufallen.

Was also stünde heute auf solchen LSD-Schubladen? »Content-Marketing«, »Eva«, »Psychoanalyse«, »Hi-Fi«, »Vatersein«, »Großvater-Sein« ... Und plötzliche käme ich, in KEINE der Laden, das stelle man sich mal vor, immer noch Horror. Oder wäre ich dann mitten in dem, das man Individuation nennt ...

Wäre ich am Ende immer noch das panische, schwebende Pünktchen im Raum, mit der einzigen Hoffnung, dass mal einer über den Plattenspieler stolpert, sodass die Nadel aus der Rille springt, der rauschhafte Klang von *Umma Gumma*, zweiter Cut, zweite Seite, »A Saucerful of Secrets«, verstummt und der ganze Horror aufhört – und ich vom Pünktchen wieder zum Würmchen werde, und neu anfangen kann.

Damals, in den 70er Jahren, fühlte sich das so an:

Horror ... oder warum manche immer musik brauchen

... das gehirn rinnen sehen ... und auf das wort warten ... nicht schon wieder ... gott und ich ... keine angst ich werde vorsichtig sein ... deine pupillen ... erektion ... gehe weg vom fenster ... nein, das ist nicht real ... du tust mir weh ... die kerzen ... alles ist in afri cola ... die energie die sich im rückgrat staut ... visionen von freiheit ... kopfschmerzen ... gott ich hasse dich ... warum tust du das ... immer wieder ich ... randbemerkung ... das ist doch gar nicht wahr ... die musik ... das stimmt doch nicht ... das ist doch

nicht die realität ... warum hast du das zugelassen ... ich liebe sie doch ... ja ich weiß das wort ist leer ... hör bitte einen moment auf ... je den harrison ... das kann doch nicht so locker gewesen sein ... ach du scheiß gott du sprichst doch nicht mit mir ... halluzinationen ... du lange halte ich das nicht mehr aus ... wer sagt mir denn das ... wer sagt mir denn das ... dreh die musik ab ... das darf nicht sein ... die ruhe ist so laut ... nicht ... die ruhe erdrückt mich ... für mich ist in der ruhe kein platz ... ich halte sie nicht aus ... die ruhe die leere ... die ruhe ist so leer ... dreh doch die musik auf ... hörst du dich nicht ... dreh auf ... ich steh das nicht durch ... die leere von außen erdrückt mich ... ich spüre es immer stärker ... das innere vakuum ... ich bin hohl ... ganz hohl ... die ganzen inhalte alles weg ... ich zerplatze vor leere ... ich möchte nicht sein ... dreh die platte um ich muss musik haben ... das geht so nicht ... der druck von innen und der von aussen ... meine schale mein körper hält das nicht aus ... luft ... du das zerdrückt mich ... wenn du die musik aufdrehst ist die leere von außen weg ... der druck von außen ... dreh auf du sau ... das vakuum in mir wird immer größer ... ich möchte mich ausdehnen ... aber der druck von außen ... ich höre es ganz laut wie die teilchen der leere ganz fest aneinander reiben ... da kommt nichts dazwischen rein ... ich werde von außen zerdrückt und zerberste von innen ... bitte ruhe ... gott du hast recht gehabt mit der leere ... aber du hast die hohle umwelt vergessen ... warum hörst du mich nicht ... ich brauche musik

... gott du hast mir alles rausgerissen ... ich möchte doch nur ruhe ... keinen schmerz mehr ... meine körperliche existenz verursacht den schmerz ... der körper muss weg dann ist ruhe ... nur mehr dichte leere ... wo ist das fenster ... gleich wird's besser sein ... oder ganz gut ... lass mich los ... geh weg ... du bist mit schuld ... alle sind mitschuld ... endlich ... ein sprung

Wenn der Trip damals, in den 70er Jahren, abgeklungen war, waren wir noch auf Speed, das war so die altkluge Weisheit, die wir miteinander teilten. Speed war für uns der Amphetamin-Anteil an dem Trip, der uns ähnlich wie Kokain aufdrehte und schlaflos machte. Manche nahmen ja nur Speed in verschiedenen Formen wie Kokain, das damals noch keine große Rolle spielte. Es gab aber schon Songs wie »Speed King« von Deep Purple oder »Speed Kills« (was jetzt?) von Ten Years After und es gab vor allem Robert Crumb, der den Speed in seinen Comics so darstellte, dass die Köpfe seiner Figuren immer kleiner wurden, bis sie nur mehr Stecknadeln waren, und ihre Füße, mit denen sie durch Häuserschluchten liefen, immer größer.

Mein Dichterfreund Robert Menasse, der von der psychedelischen Erfahrung damals genauso fasziniert war, vertrat die Ansicht, dass ähnliche Phänomene, mit oder ohne Amphetamin, auch in Thomas Bernhards *Gehen* von 1971 angesprochen seien, als Praxis, das Gehen und Denken zur ungeheuersten Nervenanspannung zu machen, die nicht längere Zeit ohne Schädigung fortzusetzen sei. Robert erzählte mir das im Café Museum in der Operngasse, in dem wir uns mehrmals in der Woche trafen, nur wir beide oder in einer Clique mit anderen, die sich auch als junge Schriftsteller sahen und Drogen nicht abgeneigt waren.

Zum Abklingen des Trips gehören auch riesige schwarze Pupillen, ich erschrak immer, wenn ich mich im Spiegel erblickte, ich sah zerstört aus, und meine Augen waren fast schwarz geworden, das Blau nur noch eine schmale Linie um diese riesige schwarze Pupille. Und mörderischer Hunger gehörte auch dazu.

Knottek, der Erfahrenere von uns beiden, mein Begleiter, hatte vorgesorgt und in der Küche lag ein Laib Brot. Wie Raubtiere rissen wir mit den Zähnen ganze Brocken heraus, reichten uns den Laib gegenseitig zum Fraß und schluckten gierig, bis wir Magenschmerzen bekamen.

Auf so einem ausklingenden Trip, es war früher Sonntagmorgen, Knottek hatte sich noch mal hingelegt, lief ich auf Speed – nehmen wir mal an, es war so – ziellos durch die Stadt, etwas schmuddelig nach durchwachter Nacht, und folgte der spontanen Eingebung, Herrn Puntigam aus der Buchhandlung anzurufen, ob ich bei ihm duschen könnte. Ich war auch schon wieder hungrig. Aus der Telefonzelle, Handy gab es noch nicht.

Obwohl es erst sieben Uhr morgens war, sagte Puntigam erfreut zu. In seiner kleinen Neubauwohnung in Ottakring, ich war nur ein paar Stationen über den Gürtel gefahren, ließ er mich freundlich an seinen Kühlschrank und die darin ordentlich aufgereihten Fruchtjoghurts – »Du hast ja einen Bärenhunger!« –, bevor ich ins Badezimmer verschwand. Ich ließ die Tür einen Spalt offen und blieb nicht lange allein.

Ich genoss es sehr, dass Herr Puntigam, ich nannte ihn tatsächlich so, bis er mir das Du-Wort anbot, meinen Körper nicht nur mochte, sondern regelrecht anbetete, und dies galt auch für meine bisher ekligen, schmerzenden Körperteile, meinen entzündeten Schwanz und mein schockierendes Arschloch, die er beide mit Küssen und Zärtlichkeit überzog. Nachdem wir beide abgespritzt hatten, erst ich, dann er, bot er mir das Du-Wort an. Hallo Dieter, du mit der hübschen Nase, du.

Stolz und meiner erotischen Ausstrahlung bewusst, suchte ich in den nächsten zwei, drei Jahren die Nähe homosexueller Männer, auf Klappen, in Bars, ging mit vielen ins Bett, genoss es, wenn sie sich in mich verliebten, ich sie aber zappeln ließ und mit notorischer Untreue quälte. Würmchen spazierte auf der Wild Side.

Vorgeschichte

Die Lehre in der Buchhandlung schmiss ich hin und wurde Journalist, so einfach war es. Ich nahm im Mai 1973 an einer öffentlichen Redaktionskonferenz der vom bekannten österreichischen Linken Doktor Doktor (das war wichtig!) Günther Nenning neu gegründeten Jugendzeitschrift *Neue Freie Presse* teil und ging einfach nicht mehr weg. Die *Neue Freie Presse* war der Versuch, ganz junge Leute für die Neue Linke zu begeistern, gelockt werden sollten sie mit Comics und Nacktfotos.

Seit diesem Tag vor 45 Jahren bin ich Journalist und habe an keinem einzigen Tag was anderes gemacht, auch seltsam. All die Jahre blieben Arbeit und Sex immer eng verknüpft, wie ich es damals gelernt hatte, na ja, heute vielleicht weniger. Die Zeit mit Günther Nenning war für mich eine Schule des Journalismus, aber auch eine Schule des Lebens – das ist jetzt flach formuliert. *Entdecke die Möglichkeiten*, das war es, geht aber auch nicht, ist ein Claim von IKEA. Es waren Jahre von Mut und Zuversicht, ich war wie ein Schwamm, der alles aufsog, gierig und schnell. Ich war nie müde. Müdigkeit kannte ich damals nicht. Schlafen kann ich, wenn ich tot bin, dachte ich, da war das Buch von Harry Baer über Fassbinder noch gar nicht erschienen.

Ich lebte in Wohngemeinschaften und Kommunen. Wir machten damals einen Unterschied, Wohngemeinschaft war so ähnlich wie heute auch, in Kommunen stand das Privateigentum zur Diskussion und es gab gemeinsame

Schlafzimmer und die Idee der freien Sexualität. Ich war mit einem viel älteren Paar befreundet, das ich in der Redaktion kennengelernt hatte, die Medizinstudentin Barbara und der Grafiker Walter. Barbara war aus Berlin gekommen und eine stramme, etwas humorlose Linke, die uns Österreicher, wie ihren Mann Walter, zwar irgendwie sexy, aber politisch viel zu lasch fand.

Für die erste Ausgabe der *Neuen Freien Presse* hatte sie sich nackt fotografieren lassen. Ich tat das dann auch, für das fünfte Heft. Alle in der Redaktion, die halbwegs aussahen, taten dies, Konzept war es, emanzipierte, nicht-sexistische Pin-ups von normalen Menschen zu bringen. Wir hatten aber auch kein Geld, Modelle zu bezahlen, und so kamen nach und nach alle aus der Redaktion dran, auch der schöne Grafiker Hannes mit dem großen Schwanz, der sich nachher vor Mädchen gar nicht erwehren konnte, es war wirklich so.

Das erste Mal begriff ich, wie stark ein schöner, großer, von Adern durchzogener Schwanz auf Frauen wirken kann. Meiner auf dem Foto war eingeschrumpelt und die Eier waren hochgezogen, weil es so kalt war im Raum, ich schämte mich sehr. Mein Schwanz war kleiner als der von Hannes. Damit war ich insgesamt kleiner, schwächer, weniger angesehen, weniger wert. Meine Scham wollte ich verbergen, indem ich schon früh recht schamlose Artikel schrieb und mich als Sex-Experte gab. In diesem Zusammenhang mein erster größerer Artikel in der *Neuen Freien Presse*, den ich mit 19 schrieb.

WENN MÄDCHEN WIXEN

Von Masturbation wird nur wenig gesprochen. Von Masturbation bei Jungen wird aber noch mehr gesprochen als von Masturbation bei Mädchen. Auch untereinander sprechen Mädchen selten über Masturbation. Sexuelle Bedürfnisse, die nicht auf den Mann ausgerichtet sind, werden als unnatürlich angesehen und verheimlicht. Das hatte für Mädchen den Vorteil, dass ihnen von Pfarrern, Lehrern und Eltern nicht die selbe Onanierangst wie Jungen eingetrichtert wurde. Anderseits zeigt sich dadurch die Vorstellung, daß Mädchen von »Natur aus geringere sexuelle Bedürfnisse« hätten. Das »sexuelle Erwachen« soll erst nach der Heirat stattfinden und soll auf einen Mann fixiert sein.

»Die meisten haben eine Scheu darüber zu reden – aber sie tun's trotzdem ...«

Eveline S., 20, Drogistin
»Wie kann sich ein schwanzloses Wesen befriedigen« fragt die Männergesellschaft. Daß die Vorstellung »Mädchen masturbieren« keine gewohnte ist, merkt man auch daran, daß man keine praktischen, kurzen merkbaren Ausdrücke dafür hat. Jungen wichsen, holen sich einen runter. Mädchen »masturbieren«, wenn überhaupt. Für alles, was einem nicht klar ist oder wovor man Angst hat, müssen komplizierte Fremdworte her. »Die Masturbation wurde von Mädchen erfunden – für mich war das nie ein Problem!«

Elisabeth K., 18, Schülerin
Onanie ist eine recht spektakuläre Äußerung von Sexualität.

Bei Jungen ist überhaupt was los. Sie holen ihren (großen, schönen) Schwanz heraus, reiben ihn (noch größer – noch schöner – stark!) bis er abspritzt (weit, hoch, viel). Der Junge hat »was geleistet«, er war »produktiv«.

Bei Mädchen ist's langweiliger. Mit der Hand zwischen den Beinen reizen sie die kleinen Schamlippen oder den Kitzler, aber auch durch die Berührung des unterhalb des Kitzlers befindlichen Wulstes kommen Mädchen zum Orgasmus. Mädchen onanieren mit der Hand oder überhaupt nur durch Aneinanderpressen der Schenkel.

Ihr Kitzler ist zwar vergleichbar mit dem männlichen Schwanz, er steht aber nicht weg wie beim Jungen. Mädchen werden zwar feucht, sie spritzen aber nicht ab wie der Junge.

Weibliche Masturbation ist »passiver«, männliche »aktiver«, weil Männer immer die Starken, Aktiven und Frauen immer die Schwachen, Passiven sein sollen.

Wenn sich Männer in geilen Träumen vorstellen, daß Mädchen sich selbst befriedigen, kommen dabei immer harte und lange Gegenstände vor.

In Sexfilmen stecken sich Mädchen Coca Cola-Flaschen, Kerzen und Besenstiele (Hexen) in die Scheide.

Obwohl solche Masturbationstechniken nur selten vorkommen, ergötzt sich die Männergesellschaft an solchen Darstellungen. (»Schau, die können's gar nicht allein – wenn sie schon meinen Schwanz nicht haben, muss wenigstens ein Ersatz dafür her!«)

Ohne Männlichkeitssymbol – oder – -ersatz dürfen sich Frauen nicht selbst befriedigen, fürs Glück der Frau soll der Mann unbedingt notwendig sein. Gleichberechtigungsversuche werden deshalb auch oft mit dem Schlagwort Penisneid abgetan.

Der Mann will, daß die Frau sich ohne seinen steifen Schwanz nicht selbst befriedigen kann. Er will sie abhängig halten, weil er von seinem Chef abhängig gehalten wird. Die Unterdrückung, die er im Betrieb erfährt, gibt er an seine Frau weiter. (Das heißt: Er verlangt Treue, verurteilt sie zu niedrigen Arbeiten, er will im Bett nur seine eigene Befriedigung) »… das heißt, Frauen sollen sich verhalten wie Schwule«.

Valerie Solanas, *Manifest der Gesellschaft zur Vernichtung der Männer*

Selbstbefriedigung kann für Mädchen sehr wichtig sein. Mädchen lernen dadurch die Reaktionen ihres Körpers kennen und begreifen sich selbst als sexuelles Wesen.

»Na klar hab' ich masturbiert – ganz selbstverständlich – wie ein Baby zur Flasche greift …«

Eva M., 23, Studentin
Die Männergesellschaft kann Masturbation der Mädchen nicht verhindern, deswegen »toleriert« sie es, versucht aber, selbst größtmöglichen Nutzen daraus zu ziehen. Mädchen sollen sich durch Selbstbefriedigung so präparieren, daß sie Männer optimal befriedigen können. Durch Masturbation sollen Mädchen zur perfekten »Love Machine« degradiert werden.

(In einem amerikanischen Buch wird Frauen empfohlen, jeden Tag eine Viertelstunde zu masturbieren, um sich besonders gut auf den abendlichen Geschlechtsverkehr vorzubereiten.)

»Ich wurde geschaffen, um für die best mögliche Befriedigung des Mannes zu sorgen!«

Nein, Masturbation soll, wie alles Sexuelle, Spaß machen und sich keinen Richtlinien unterordnen.

Neue Freie Presse, März 1974

Nachdem es mir in den WGs und Kommunen zu anstrengend geworden war – am Ende hatte ich alle meine Platten, alle meine Bücher und alle meine Klamotten verloren –, zog ich bei Barbara und Walter ein. In Barbara war ich schon seit Längerem leicht verliebt und es entwickelte sich eine delikate Dreierbeziehung, in der ich mich geschickt in die kriselnde Partnerschaft der beiden drängte. Etwas, das ich ein paar Jahre später wiederholen sollte.

Mit Barbara lag ich schließlich im Bett und wir machten so etwas wie Petting, allerdings in den Klamotten, ausziehen wollte sie sich nicht für mich und auch das richtige Ficken war strikt Walter vorbehalten, da durfte ich nur zuhören, aus dem Nebenzimmer. Trotzdem lief sie beim Frühstück im T-Shirt, aber ohne Höschen vor mir rum und kochte die Eier, was mich unendlich scharf machte – und Walter mit seinem dicken Schnauzbart eher belustigte. Auch wenn Barbara nach dem Frühstück zum Kacken auf die Toilette ging, ließ sie die Tür einen Spalt weit offen und beteiligte sich weiter an der Unterhaltung, nur mit Pausen, wenn sie drückte. Es waren die 60er Jahre, in Wien halt erst 1973.

Erotisch war ich beweglich und flexibel und surfte zwischen allen Welten. Es gab zwar Verletzungen, größere und kleinere Dramen, aber das Ideal der sexuellen Freiheit faszinierte uns damals alle und jeder versuchte auf seine Art, diesem Ideal näherzukommen. Dieses Ideal war übergeordnet, es ließ sich alles begründen damit. Das Problem war nicht, untreu zu sein, das Problem war, Untreue nicht zu ertragen. Aids kannten wir noch nicht. Monogamie hatte auch unter Heteros einen schlechten Ruf und so war es für mich kein Problem, an Frauen und an Männer zu kommen, mit einer Doppelmühle der Unverbindlichkeit, denn »eigentlich« war ich ja immer außer Konkurrenz.

Und unter Schwulen gab es ohnehin keine Monogamie, Partnertausch oder täglich neu getroffene Vereinbarungen waren alltäglich, es gab Saunen und Darkrooms für anonymen Sex.

Da ich halbwegs gut und vor allem sehr jung aussah, waren meine sexuellen Möglichkeiten fast unbegrenzt und das gefiel mir. Zwei, drei Jahre lang tauchte ich tief ein in die Homosexuellen-Szene, hatte einen festen Freund, Kulturredakteur beim Radio, der sich weder da noch bei seinen Eltern geoutet hatte. Alexander, unter Schwulen war er die »Alexandra«, war ein freundlicher, gebildeter Mann, der seine Tuntigkeit mit einem Tom-Selleck-Schnauzer verbarg oder betonte, je nachdem, und der mich übrigens auf Bob Dylan brachte. »Die kreischende Jüdin« nannte er ihn liebevoll, wohl in der Hoffnung, Dylan sei auch homosexuell. Alexander lud mich oft ein, wir verbrachten die Wochenenden gemeinsam, fuhren zusammen in die Ferien, ans Meer und in die Berge, auf die heiße italienische Insel Ponza, und auf der Heimfahrt blieben wir noch ein paar Tage in den kühlen Tiroler Bergen. Am Ende eines solchen Urlaubs fragte er mich jedes Mal mit feuchten Augen, wie es denn gewesen sei und ob wir jetzt nicht zusammenziehen könnten.

Treue war bei Alexander und mir aber kein Thema. An den Abenden unter der Woche, wenn ich nicht bei ihm war, bestellte er einen Strichjungen und berichtete mir danach begeistert davon, wie »saugeil« es gewesen sei, als sie sich einen Porno mit dem Super-8-Projektor angesehen hätten, und der Stricher sei auch ganz heiß davon geworden.

Ich hatte viele Verehrer und einer nach dem anderen hatte Erfolg. Ich zierte mich immer eine Zeit lang, bevor mich die Eitelkeit schwachmachte, oft auch unter seltsamen und irgendwie unwürdigen Bedingungen, das war mir egal. Ich genoss es, wenn ich die Typen geil machen konnte, und je schräger und absonderlicher sie waren, umso mehr genoss ich es. Es waren alte und ganz junge Männer dabei.

Erich, ein leicht irrer Sadist und Historiker des »Rosa Winkel«-Widerstands der Homosexuellen im Dritten Reich, mit dem ich ausprobierte, wie es ist, ausgepeitscht zu werden, und Joe, ein Taxifahrer, der nur nachts fuhr und nur dann bei mir vorbeikam, wenn er eine Fuhre in meiner Nähe hatte. Das konnte um zwei, drei Uhr morgens sein. Er rief dann an, ich ließ ihn rein, und da ich schon im Bett war, ging es ganz schnell. Ich legte mich auf den Bauch, er kam von hinten in mich rein und sonst hatte ich nichts zu tun, mehr interessierte ihn nicht und mich auch nicht.

Er ging danach sofort, aber der Geruch seines Rasierwassers hing noch bis zum Morgen im Zimmer. Es war nicht klar, warum ich das tat. Vielleicht weil er Joe hieß, wie Joe Dallesandro aus den Andy-Warhol-Filmen, den ich so toll fand. Ich wollte sein wie er, nur war er Junkie, dann hieß es, er hätte Aids. Das dann doch nicht.

Und da war Peter, ein stadtbekannter Bildhauer und Knabenverführer, der jeden Sommer am Wiener Judenplatz eine Art »Kunstforum« aufbaute, mit dem offiziellen Zweck, die Menschen zur Kreativität anzuregen. Sie sollten auf halb fertigen Plastiken herumklopfen, die er da aufgestellt hatte. Vom Judenplatz ging es, wenn man ein halbwegs bubenhaft aussehender junger Mann war, abends weiter in Peters Atelier in ein hübsches niedriges Biedermeier-Haus in einer ruhigen Gasse in Wien-Landstraße, noch mehr phallische Plastiken angucken und anfassen, vielleicht auch zu einer Aufführung im Kerzenschein von Krzysztof Pendereckis Hiroshima-Requiem vom Plattenspieler, denn Peter war Fan des polnischen Komponisten.

Als sich eines Abends herausstellte, dass ich der einzige Gast war, die anderen Jungs hatten alle irgendwelche Ausreden gefunden oder waren während der Anfahrt verloren gegangen, war klar, was jetzt kommen würde, nur »wie« war noch offen. Ich wollte mich auf keinen Fall ausziehen, das wäre mir in der ganzen Inszenierung – Kerzen, Phallusplastiken, Requiem, dazu der im Halbdunkel schon etwas diabolisch wirkende Künstler – unheimlich gewesen, vor allem hätte ich ausgezogen nicht schnell abhauen können.

Doch Peter war unkompliziert und begnügte sich damit, dass ich ihm, ohne Ausziehen, ins Gesicht spritzen sollte, was sich gut machen ließ. Als ich so weit war, begann er laut zu lachen, irre zu lachen und konnte sich gar nicht mehr einkriegen.

Ich schnappte meine NATO-Tasche, schon damals war ich immer mit Tasche und irgendwelchen Drucksachen drin unterwegs, und lief über die Treppe runter in den grünen Biedermeier-Hinterhof und von da auf die Straße. Doch für einige Monate sollte ich ihn immer wieder besuchen. Allein schon, um Alexander zu ärgern, der zwar selbst nicht treu, auf den Bildhauer Peter aber rasend eifersüchtig war.

Ich engagierte mich in der damals neuen antiautoritären Homosexuellen-Bewegung, fuhr zum Tunix-Kongress nach Berlin, erlebte da, ohne es recht zu bemerken, die

Gründung der *taz*, kämpfte Seite an Seite mit feministischen Frauen, in die ich auch oft verliebt war, gegen Patriarchat und Kapitalismus und saß als bekennender Schwuler neben dem Männerbewegungs-Guru Volker Elis Pilgrim in einer Talkshow, die von meinem ersten Chefredakteur und späteren Mentor Dr. Dr. Günther Nenning moderiert wurde. Dass alles, was ich hier erzähle, wahr ist, belegt ein Aufmacher-Foto der *taz* zum Thema »40 Jahre Tunix-Kongress in Berlin«, das mich neben einem Demonstrationszug hertrottend zeigt, mit Beatles-Frisur und im Dufflecoat, in der Rechten eine Tüte aus der Buchhandlung.

Am Morgen danach wachte ich mit Angstzuständen auf, mein Vater könnte die Sendung gesehen haben. Würde er die Gummiwurst zücken? Oder hatte ich sie jetzt in der Hand? Tatsächlich wurde es bei der nächsten Begegnung unangenehm. Wenn ich mich richtig erinnere, fand sie in der Wohnung seiner Eltern statt. Papa nahm mich auf die Seite und zischte mich an: »Dass du jetzt auch noch eine warme Sau bist, wäre mir ja scheißegal«, sagte er, »aber dass du mich damit in aller Öffentlichkeit im Fernsehen blamierst, das verzeihe ich dir nicht.« Und jetzt hatte ich Angst, er würde mir eine scheuern: »Was sollen meine Geschäftspartner denken? Was soll ich denen erzählen? Ich kann mich ja nirgends mehr blicken lassen. Und alles wegen – dir!«

Alles wegen – mir! Bingo, es hatte geklappt. Es war etwas zwischen mir und meinem Vater entstanden, was auch immer, es fühlte sich gut an, zumindest fühlte es sich an. Daraufhin verlor ich nach und nach, nicht von heute auf morgen, das Interesse an meinen homosexuellen Freunden und begann, sie zu hintergehen, meist mit feministischen Frauen, ich war ja in der Szene geblieben. Ich benahm mich im Bett mit diesen Frauen wie ein Homosexueller, nicht gleich reinstecken, das kam gut an. Es gab welche, die wollten bei mir bleiben, ich verließ sie aber immer wieder nach wenigen Monaten.

Über Walter und Barbara hatte ich Ramona kennengelernt, eine Ausstatterin an einem Wiener Theater, die mit ihrem schwer behinderten Sohn Benni in einem Altbau am Wiener Judenplatz wohnte. Ich begann für sie zu schwärmen wie noch nie für eine Frau. Sie war anders als alle Frauen, die mir bisher begegnet waren, sie war hintergründiger, ironischer und sympathisierte mit der Lehre Rudolf Steiners und den Anthroposophen, weil Benni da gepflegt wurde. Ich hatte ein Theater-Foto von ihr, in das ich mich verliebte, schon lange bevor ich sie das erste Mal traf.

Die Begeisterung für Ramona war ein starker Kontrast zu meiner superpromiskuitiven Phase, die noch nicht ganz abgeschlossen war. Ich schwankte damals zwischen meinem Nachtleben in der schwulen Szene und den Frauen, die mein damaliger Chef, der oft rücksichtslose Verführer Dr. Dr. Günther Nenning, verstoßen hatte – Gerti, Linda, Friederike – und die dann meist nicht abgeneigt waren, mit mir noch was anzufangen, weil sie wussten, ich war nahe dran an Günther.

Mit Ramona fühlte es sich so rein an, nicht so plakativ linksradikal, eher vergeistigt. Bücher von Rimbaud und Baudelaire lagen auf dem Tisch, und auf das Vollkornbrot schmierten wir uns einen braunen Aufstrich aus dem Reformhaus. Eines Nachts war ich im Café Korb gestrandet, nahe an Ramonas Wohnung, und rief sie mit pochendem Herzen an, ich hätte meine Schlüssel vergessen und Walter und Barbara seien nicht zu Hause. Ob ich übernachten dürfe. Ich durfte und das war der Beginn meines Einziehens.

Dem schwer behinderten Benni versuchte ich eine Art Ersatzvater zu sein und begann den Umgang mit ihm schnell als etwas Bereicherndes wahrzunehmen. Aber es konnte auch passieren, dass ich mich davonstahl, wenn er schlief – nicht ohne mir davor Kajal auf die Augenlider gemalt, Patchouli hinter die Ohren geträufelt und, falls vorhanden, ein Fläschchen Poppers eingepackt zu haben –, und mich eine halbe Stunde später in der Schwulendisko in der Sonnenfelsgasse aufreißen ließ.

In einem Film, den Manfred Kaufmann über unsere Gemeinschaft im Haus am Judenplatz gedreht hatte, sieht man mich beim Schminken, dazu läuft der Song »Make Up« von Lou Reed (»Your Face when sleeping is sublime/ And then you open up your eyes/Then comes pencake number one/Eyeliner, rose hips and lip gloss, such fun/ You're a slick little girl/You're a slick litte girl«) und Ramona sagte aus dem Off mit ihrer sehr sanften Stimme mit der schönen Aussprache: »In diesen Nächten, wenn der Michael dann so loszieht, dann mache ich mir immer große Sorgen um ihn.«

Manfred Kaufmann und seine Freundin, die Cutterin Henni, wohnten im selben Haus, am selben Flur wie

Romana, Benni und ich. Ähnlich wie mit Barbara und Walter drei Jahre vorher, fing ich wieder eine Beziehung zu dritt an, wir fuhren gemeinsam nach Griechenland und ich schlief mit Henni im Mondschein auf den Steintreppen eines Dorfs auf der griechischen Insel Leros Retsinabesoffen auf dem Heimweg aus der Taverne (Manfred war schon früher nach Hause gegangen) oder unter dem Schneidetisch am Küniglberg beim Österreichischen Fernsehen, denn inzwischen war ich aus der Redaktion Dr. Dr. Günther Nennings zum Jugendmagazin *Ohne Maulkorb* gewechselt und Henni schnitt (rettete!) meine schlampig gedrehten Filmbeiträge.

1978 drehte Manfred unter dem Titel *Gefischte Gefühle* einen Spielfilm über unsere damalige Welt. In einer vagen Handlung spielten wir alle mehr oder weniger uns selbst, Romana war auch dabei. 2018, meldete sich Henni per E-Mail bei mir. Das Ergebnis eines kurzen, intensiven, dann aber auch wieder schnell erliegenden E-Mail-Wechsels war, dass sie mir eine DVD von *Gefischte Gefühle* schickte. Ich hatte den Film 30 Jahre lang nicht gesehen, zwar immer wieder mal danach gesucht, aber im Internet gab es ihn nicht.

Eines Abends im Sommer sah ich ihn mit Eva an, zwar hätte ich es lieber zuerst allein getan, aber dann fehlte die Zeit und die Neugier überwog und wir guckten ihn zu zweit, warum nicht, aber ohne die Kinder. Eine Szene hätte Eva schockieren können, ich lag halb nackt und vor allem volltuntig unter dem Einfluss von Poppers im Bett, die Stimme klang wie durch den Vocoder, und erzählte mit schwerer Zunge einen Traum, in dem es irgendwie um Depression und Psychiatrie ging.

Im Film stand ich wie im wirklichen Leben in einer Art Dreierbeziehung und hielt gleichzeitig einen schwulen Verehrer auf Abstand, war sozusagen bi-sexuell, leicht tuntig und leicht süchtig. Ich war das große Kind (ich sah immer noch so jung aus) mit dem schwankenden, nach vorne kippenden Gang und den Riesenhänden, freundlich, zugewandt und auf eine kokette Art unbedarft. Wer mir ein bisschen Drogen und ein bisschen Sex gab, den mochte ich. Jeder fand mich irgendwie gut, Frauen, Heteromänner, Schwule.

Ich war ein kompatibles Wesen, ein freundliches Chamäleon, das sich jeder Situation anpassen konnte und dabei selbst nie zu kurz kam. Ich hatte keinen Ärger mit den Menschen und keine Angst vor ihnen. Eva war fasziniert von der Leichtigkeit und der Freundlichkeit, mit der ich damals durch die Welt ging, und ich fürchtete, sie könnte enttäuscht sein über die Entwicklung, die ich seither genommen habe. Ich bin ja heute so ziemlich das Gegenteil, jedenfalls nicht ideal kompatibel. So frei wie damals war ich nachher nie wieder, es ist festgehalten in diesem Film, sonst hätte ich es auch vergessen oder hätte die Zeit anders bewertet.

Doch der Sommer währte nur kurz. Es ist schwer zu sagen, wann er zu Ende ging. Das unbedarfte Herumficken unter Heteros wurde von immer heftigeren Eifersuchtsdramen beendet, unter den Schwulen brach die Angst vor Aids aus. Manfred Kaufmann soff sich ein paar

Jahre später zu Tode und das sorglose Kiffen, LSD-Trips-Werfen und Popperträufeln wurde überschattet von den Fällen schlimmer und unlustiger Heroinsucht, die sich in unserer Szene verbreitete.

Als ich Henni in unserem inzwischen gemeinsamen Loft, einer von uns selbst renovierten ehemaligen Näherei – ich war mit Manfred und ihr zusammengezogen –, mit ihrer Assistentin Marie betrog, schmiss sie uns beide mitten in der Nacht raus. Als wir auf der Straße standen, wusste ich, ich hatte es übertrieben, so ging es nicht weiter. Es war vorbei.

Mit Marie nahm ich eine kleine Wohnung in einem anderen Stadtteil, an jedem Wochenende fuhren wir mit unserer Vespa zu ihren Eltern, Erdbeerbauern im Burgenland. Ich mochte Marie sehr, mit ihrer Popper-Frisur, wie Phil Oakey von Human League, eine Strähne deckt komplett ein Auge zu. Da sie Cutter-Assistentin war und eigentlich beide brauchte, war das freie Auge meist entzündet vor Überanstrengung.

Ich versuchte treu zu bleiben, ganz gelang es nicht, immer wieder traf ich Henni, das sollte noch viele Jahre so gehen, und wenn Marie mal ein paar Tage länger bei ihren Eltern im Burgenland blieb, erlöste mich die Redaktionssekretärin von *Ohne Maulkorb* aus meiner Einsamkeit und wir tanzten die halbe Nacht im »Exil« in der Nußdorfer Straße zu »Romeo Is Bleeding« von Tom Waits, ein Song, zu dem man eigentlich gar nicht tanzen kann. Wir konnten.

Marie hatte beim ORF eine lesbische Freundin, die auch mich gern mochte und wie wir gern viel Bier trank – und uns eines Abends in der Kneipe einen »Dreier« vorschlug, also sie mit Marie und ich auch irgendwie dabei. Ich wäre gleich dabei gewesen, aber Marie war entsetzt, und so ließen wir es. Schade drum.

Erst mit Ende 20 schaffte ich es, mich länger zu binden, Pia löste Marie ab, die Zeit mit Pia begann und dann kamen auch schnell die ersten drei Kinder. Tom, Amelia und Kati. Wenn ich vorher im Mittelalter war, hatte jetzt die Neuzeit begonnen. Ein neues Zeitalter. Jetzt sollte alles gut werden, eine Aufwertung dieser Zeit ging mit der Abwertung der Zeit davor einher. Mit Gewalt versuchte ich damals ein anderer zu werden. Treu, das als Erstes, Kinder, Familie. Keine illegalen Drogen, nur Bier. Bier hilft doch auch.

Mit Pia, die etwas älter war, wechselte ich, gleich nachdem wir uns kennengelernt hatten, komplett den Bekanntenkreis, die Schwulen mied ich ohnehin mittlerweile, Frauen »von früher« zu treffen, war mir peinlich. Romana, Henni, Marie, das war alles Schnee von gestern.

Die Totalveränderung betraf auch den Sex. Wir sind noch Ende der 80er Jahre, die Zeit der »sanften Geburt« hatte begonnen und eröffnete für mich eine neue Dimension der Sexualität. Es gelang mir, die Geilheit vom Ficken weg auf das, was daraus entstehen kann, zu übertragen – ich wurde geburtsgeil, geil auf Gebären. Wir kannten viele Leute, denen das ähnlich ging.

Zunächst war die sanfte Geburt nicht viel mehr als ein Trend, der mir gefiel, bei dem ich dabei sein wollte, ich fand das einfach toll, wie vorher die Hippies, die Drogen, das Linksradikale, das Schwule und das Hi-Fi-Zeug aus Schottland, natürlich auch den Feminismus, denn alle Frauen, die ich kannte, waren feministisch, nur Pia, die unsere Kinder gebar, vielleicht weniger, aber das mit der sanften Geburt leuchtete ihr ein. Wie sehr das Konzept unser Leben verändern sollte, ahnten wir noch nicht.

Sanfte Geburt, das war keine furchterregende, die Frauen klein machende Klinikatmosphäre mehr, keine Gerätemedizin, kein Kaiserschnitt, keine Betäubungsmittel, sondern Rooming-in, der Vater mit im Raum, kein brutaler Willkommensklapps auf den Po des Neugeborenen, sondern das Kind am Bauch der Mutter, während die Nabelschnur auspulsiert. Supersanft eben! Die ersten Geburtshäuser entstanden, in Wien gegründet von einem feschen Frauenarzt, sah aus wie Richard Gere, bei dem »wir« – man ging jetzt schon als Paar zum Frauenarzt – ohnehin schon in Betreuung waren.

Die Bewegung zur Förderung der sanften Geburt hatte ihre Bücher, die man im Regal stehen hatte oder sich gegenseitig lieh. Sie hatte auch ihre Gurus, der französische Frauenarzt Frédérick Leboyer hatte den Bestseller *Sanfte Geburt* geschrieben (gibt es heute für 1,98 Euro bei Amazon) und den Begriff überhaupt erst geprägt, und in Wien war es eben dieser gut aussehende Frauenarzt aus Hernals, der sich dafür einsetzte.

Unseren ersten Sohn Tom entband er noch in einem öffentlichen Krankenhaus und versuchte da ziemlich ruppig, seine neuen Standards durchzusetzen, Amelia und Kati kamen danach schon in seinem Geburtshaus zur Welt.

Hätte es sich so ergeben, wir hätten gleich noch ein viertes Kind bekommen, wir waren geburtssüchtig, es gab auch Frauen, die schnell hintereinander noch mehr Kinder gebaren. Es war ein Kick, vergleichbar den Drogen.

Wahrscheinlich waren Geburten für alle Menschen aller Zeiten etwas Besonderes, aber so wie wir das damals inszenierten, war es doch etwas sehr Spezielles: Panik, es könne was schiefgehen, Erlösung, es ist gut gegangen, siehst du, es braucht keine Apparatemedizin. Und Schmerzen, Schmerzen natürlich auch, richtig arge Schmerzen. Die Frau ist bestraft und weint im nächsten Augenblick vor Glück.

Adrenalin auf 1.000, blutleere weiße Frauenlippen, zwischen den Zähnen ein feuchter Lappen, Blut, Scheiße, Tränen. Die Gefühlsexplosion, wenn das Kind da ist. Saugeile Hebammen, es ist Sommer, die Unterwäsche scheint durch die halb durchsichtigen Krankenhauskittel. Der Zauber der Fortpflanzung – großes Kino.

Dr. Gyn. Richard Gere, der Tom – nachdem die Wehen viele Stunden lang viel zu schwach gewesen waren, steckte er schon viel zu lang im Geburtskanal fest – letztlich »holt«, indem er auf die Mutter springt und mit 80 Kilo Gewicht das Kind am Ellenbogen herausrempelt. Das war ein Spektakel, archaisch und brutal, zwar vielleicht nicht sanft, aber natürlich, kein Schnitt, keine Medikamente.

Ich hatte zwischendurch die Nerven verloren und war mit meiner Vespa zur nächsten Kirche gefahren, um für Mutter und Kind zu beten. Amelia und Kati kamen tatsächlich sanfter zur Welt, nicht mehr in der feindseligen Klinik, sondern schon im pastelligen Geburtshaus, aber auch mit hohem Nacherzählwert, und wie oft man sich das dann erzählte, in dieser auf Geburt geilen Zeit: Amelia im lauwarmen Wasser, in dem sie sich zunächst in der Nabelschnur verwickelte, und Kati, die aus der in der Indianerhocke befindlichen Pia prosaisch herausplumpste, auf den dann doch harten Boden des Geburtshauses, gedämpft nur durch ein dünnes Handtuch.

Für Wochen stand die Zeit nach diesen Geburten still, man zog sich zurück, und als man langsam wieder in den Alltag zurückkehrte, hatten sich die Prioritäten ein wenig verschoben.

Man war ein etwas anderer geworden, und man wurde auch anders gesehen. Eine Zeit der Freundlichkeit hatte begonnen, viele Wochen einfach so aus dem Jahreskalender geschnitten, die Tagesspalten in Babyrosa ausgemalt. Man lebte in einer Blase, die sich keiner anzustechen traute. Die Zeit der ewigen Mitbringsel, Babyzeugs, doppelt, dreifach, Ratgeberbücher, ernste und »witzige«.

Alle tragen bei zur Idylle, machen mit. Nur meine Großmutter, Oma, nicht. Ich schnappe mir den ein paar Wochen alten Tom und gehe sie besuchen, ohne Pia, weil ich schon weiß, dass sie sich für meine Frauen nicht interessiert. Stolz möchte ich meinen Sohn vorführen, doch schon an der Eingangstür verlässt mich der Mut und ich trete unsicher und schuldbeladen auf. Irgendwie hatte ich Oma hintergangen, sie sollte doch die Frau meines Lebens sein, so war es doch von Anfang an gewesen. Wenn ein Kind, also ich, Kinder bekommt, das fühlt sich nicht richtig an.

Der Besuch findet dann statt, wir sitzen in der Sitzgarnitur, ich auf meinem alten Platz rechts. Ich will ein Foto machen, bitte sie, das Kind zu halten. Sie hält Tom wie einen Laib Brot, steif und ungelenk. Mit leerem Blick schaut sie in die Kamera – sie ist allerdings schon so gut wie blind. Oder es passt ihr alles nicht. Warum bin ich nicht Johannes Mario Simmel geworden? Zwei Jahre später ist sie tot.

Mit seinem »Riesentalent«, denkt sie vielleicht, jetzt dummer Vater, wo man doch weiß, dass Väter nichts taugen. Würmchen als Vater, ha, wie kommt er denn da drauf.

Ablöse

Als mir mein Vater im Jahr 1971 oder 1972 eine knallte, damals hätte ich noch gesagt, eine runterhaute oder reinhaute, es war keine Ohrfeige in dem Sinn, es war eher ein Faustschlag, wie in den Karl-May-Filmen, wie die im ganzen Westen gefürchtete Schmetterfaust des Old Shatterhand, mein Vater sah ja auch aus wie Lex Barker, so toll eigentlich, taumelte ich von der Wucht des Aufpralls seiner Faust in mein Gesicht nach hinten. Und krachte (krachte kann man schon sagen, es war eine Holztür) mit dem Kopf gegen die Klotür.

Es war übrigens das einzige Mal, dass mein Vater das tat, was mich aber nicht davon abhielt, jahrelang herumzuerzählen, mein Vater hätte mich geschlagen, so als wäre das häufiger oder sogar regelmäßig gewesen. Es war damals, als ich nicht zur Nachhilfe gegangen war, sondern in die linksradikale Kommune »Spartakus«.

Mit dem Zusammenleben, nachdem mein Vater mich zu sich geholt hatte, ging es nicht lange gut. Innerlich war ich, nachdem ich die Schmetterfaust abbekommen hatte, praktisch ausgezogen. Nach außen fand Papas zweite Frau Trude eine Lösung, unterm Dachboden wurde mir eine Kammer eingerichtet, allerdings direkt angrenzend an Papas Büro im obersten Geschoss des Miethauses in der Margaretenstraße.

Wenn ich in dieser letzten Phase bei meinem Vater am Wochenende allein war, feierten wir Partys, kotzten die Toilette voll, ohne das nachher zu reinigen, brachen in Papas Büro ein und verwüsteten es.

Oder ich ging mit einem Schraubenzieher los und schraubte unten beim Hauseingang sein Firmenschild »Baumeister Ing. Karl Hopp – Architekt« ab, steckte es in eine Tüte und lief bis zum Wienfluss damit, um es da von der Brücke zu werfen und zu versenken. Aber was heißt versenken, der Wienfluss ist eigentlich ein Kanal und so lag das Schild in dieser Rinne, was mich gleich mit Angst erfüllte, mein Vater könnte es da wiederfinden und – über Fingerabdrücke, die werden ja wohl abgespült sein? – den Weg zu mir zurückverfolgen.

Warum wollte ich sein Firmenschild verschwinden lassen, doch um ihm zu schaden und eventuell um ihn verschwinden zu lassen, das Scheiß-Büro. Ich hatte einen diffusen, unberechenbaren, aber doch intensiven Hass auf meinen Vater entwickelt, den ich vor mir mit kindischen politischen Motiven rechtfertigte. Das Kapitalistenschwein.

Auf den Schwingen des Ödipus entwickelte ich eine direkt gegen den Vater gerichtete linksradikale Attitüde, identifizierte ihn mit seiner kleinen, immer vom Bankrott bedrohten Baufirma als ausbeuterischen Kapitalisten, reizte ihn bis zur Weißglut und erreichte damit die gewünschte Resonanz. Da kam dann die Schmetterfaust.

Das war der Urknall für mein Anderswerden, könnte man sagen. Von dem Augenblick an wollte ich Linksradikaler und Schriftsteller werden – in der Kombination, und Alkohol und Drogen und Sex sollten irgendwie dazugehören, auch dazu war ich wild entschlossen. Auch ein paar Jahre später, als ich homosexuell wurde, hing es mit der aggressiven Notwehr meines Vaters zusammen.

Doktor Von drückte es einmal so aus: Ich müsse erkennen, wie viel mein Vater immer wieder zu meiner Entwicklung beigetragen habe.

Ich zog mit 17 aus, brach den Kontakt zu meinem Vater ab und hatte begonnen, Gedichte zu schreiben und in Jugendzentren und Szenecafés Lesungen zu geben, zusammen mit Robert Menasse, Roland Perhab (heute Hagenberg) und Wolfgang Scheuer. Zusammen bildeten wir die Gruppe »Mundwerk« und gaben, nach chinesischem Vorbild, die Wandzeitung *Wandzeitung* heraus, allerdings nur einmal, weil uns das Aufhängen in den Kaffeehäusern doch zu mühsam war.

Meine Gedichte (ein Zyklus – natürlich – hieß *ich und …*, alles in Kleinschrift, alles Würmchen-Style) kreisten um ein oder mein »Ich«, ein Fanal eitler Weinerlichkeit. Ich merkte schnell, dass gerade diese Weinerlichkeit, das Wort »Sensibilität« war damals noch neu, bei Mädchen gut ankam.

und der kleine mann wollte mit gott sprechen
und er dachte sich dass gott im himmel wohne
und dass er wenn er mit ihm sprechen wolle möglichst nah zum
himmel müsse
und er suchte sich auf landkarten den höchsten berg
und dann nahm er abschied von seiner frau seinen kindern und seinen
vielen freunden
und seine frau seine kinder und seine viele freunde weinten

*als
er sie verliess
doch der kleine mann hatte es sich in den kopf gesetzt
er wollte mit gott sprechen
und dann begann er mit dem aufstieg
und wenn die felswände steil waren war er oft sehr erschöpft
und die beine schmerzten
und die gefahren waren sehr groß
und der kleine Mann hatte es sich in den Kopf gesetzt
er wollte mit gott sprechen
und wollte ihn so vieles fragen
warum er das unrecht auf erden zulasse
und ob er der kleine mann ein guter mensch sei
und dann hatte er es geschafft
der kleine Mann hatte den gipfel des höchsten berges erreicht
und er stellt sich ein zelt auf
und wartete drei tage und drei nächte
und hatte zeit vom höchsten berg übers land zu schauen
und die schönheit der schöpfung zu bewundern
und der kleine mann konnte sich an dieser vielfalt von schönen
dingen nicht sattsehen
und als er die großartigkeit der allumfassenden schöpfung erkannte
dachte er ans umkehren denn alle irdischen probleme erschienen ihm
plötzlich so klein lächerlich und unbedeutend im vergleich mit*

der allumfassenden schöpfung die sich ihm darbot
und da begann plötzlich ein sturm
und der sturm wurde immer heftiger
und riss ihm sein zelt weg
und dann hörte der kleine mann lachen
furchtbares lachen
tosend hämisch grausam
und er hielt sich die ohren zu doch konnte sich dem lachen nicht
entziehen
furchtbar war der spott gottes
das inferno aus gottes schrecklichem hohngelächter
und der entfesselten kraft des sturmes kostete den kleinen mann
den verstand
und auch er begann zu lachen
bis ihn der sturm wegriss
in den abgrund

oberwiesental, eigenbericht
in der nacht vom 3. zum 4. des monats wurde der 43jährige bundesbahner alois h. opfer einer leichtsinnigen bergtour. das unwetter in dieser nacht dürfte ihm zum verhängnis geworden sein. alois h. der als braver bürger und familienvater galt hatte in den letzten jahren seines lebens an einem uns unbekannten wahn gelitten. zuletzt fantasierte er davon dass er den mauerberg von dem er glaubte er sei der höchst berg der welt erklimmen müsse. weder seine frau noch seine freunde konnten ihn von diesem selbstmordunternehmen abbringen. wir können nur ver-

muten dass alois h.s wahn ein religiöser war denn h. war einer der gläubigsten im dorf. seine leiche wurde völlig verstümmelt von dem bergbauern hans a. gefunden h.s datumsuhr lässt uns auf das oben erwähnte datum schließen da sie bei dem furchtbaren unglück natürlich stehen geblieben sein muss. die begräbnisfeierlichkeiten finden am 10. um 11 uhr am oberwiesentaler friedhof statt.

Die Auftritte mit Roland, der nicht nur schrieb, sondern auch zur Gitarre sang und dabei klang, als würde David Bowie Bob Dylan singen, kamen gut an.

Wir machten es uns leicht und traten, auf Vermittlung von zwangsbeglückenden sozialdemokratischen Kulturvereinen, in Heimen für schwer erziehbare Mädchen auf. Diese Mädchen konnten es sich nicht aussuchen und fanden unsere Lesung mit Songs allemal interessanter, als alleine in der Zelle zu hocken.

Eines dieser Mädchen rief mich Wochen nach der Lesung aus einer Telefonzelle an, sie sei jetzt entlassen, ob wir uns treffen könnten, sie sei die Elisabeth von der Veranstaltung damals. Ich hatte sie bei der Lesung nicht bewusst wahrgenommen und ließ mich auf das Blind Date ein. Als Elisabeth im verabredeten Café auftauchte, war ich erschrocken, wie dick sie war, das kugelrunde Gesicht, das nach hinten gebundene fettige Haar.

Trotzdem konnte ich nicht Nein sagen, und als wir uns zwei Stunden später am Boden ihres winzigen Untermietzimmers wälzten, das wir nach einer ewigen, großteils schweigend verbrachten Straßenbahnfahrt erreichten (zu mir wollte ich sie nicht mitnehmen), roch ich ganz aus der Nähe starken Achselschweiß.

Mit ein paar routinierten Handgriffen befreite Elisabeth die jetzt interessanten Körperzonen von uns beiden aus den Klamotten und setzte sich mit einem Schwung und ihrem ganzen Gewicht auf mich drauf, ihre Brüste hatte ich ganz nah vor meinem Gesicht. Trotz des strengen Geruchs, oder vielleicht deshalb, kam ich schon im Moment des Schwanzreinzwängens und hatte damit alles vermasselt.

Als ich schon gespritzt hatte, rieb sie sich mit unglaublicher Energie einen ab auf meinem schmierigen, halb steifen Schwanz, kam mit Geräuschen, als hätte sie gerade 100 Kilo die Treppe hochgeschleppt und begann noch viel stärker zu riechen.

Für mich war's das dann gewesen mit der Arbeiterliteratur und für Elisabeth wahrscheinlich mit der Literatur überhaupt. Aber alles in allem lief das doch schon mal gut an, Würmchen hatte erste Fans.

Während Robert Menasse beim Dichten blieb und ein angesehener Autor wurde, war ich eher angezogen von der Verbindung aus Schreiben und dem »Machen« einer Zeitschrift, vor allem aber davon, Teil von etwas zu werden, von etwas irgendwie Wichtigem, Bedeutendem, Berühmtem. Im Verlag (der eigentlich »Eigentum der Angestellten und Redakteure« war) von Doktor Doktor Günther Nenning schien ich das gefunden zu haben. Dort war ich ab 1973 untergekommen, zunächst bei der Jugendzeitschrift *Neue Freie Presse*, für die ich einen meiner ersten in hoher Auflage gedruckten Texte schrieb, den Artikel über die »wichsenden« Mädchen.

Das war ein ungewöhnliches Thema für einen ganz jungen Journalisten, wie ungewöhnlich, fiel mir damals nicht auf, erst jetzt, als ich ihn mehr als 40 Jahre später aus einer vergilbten Mappe ziehe. Eine Karriere als »richtiger« Schriftsteller, wie sie Robert so beherzt anging, traute ich mir damals nicht zu und sie erschien mir auch etwas einsam. Doch bewusste, überlegte Entscheidungen kannte ich damals nicht. Ich ließ mich einfach treiben und hatte verglichen mit heute keine Angst.

Ich war magisch angezogen von der mächtigen Vaterfigur Dr. Dr. Günther Nenning (gegen die mein leiblicher Vater wie ein Zwerg erschien) und der Geborgenheit einer großen, ideologischen, sinnstiftenden Gemeinschaft, die für alle Fragen des Lebens Antworten bereithielt – ähnlich wie bei »Spartakus«, doch mit dem Unterschied, dass ich in dem Verlag, der das *Neue Forum*, die »Zeitschrift für den Dialog zwischen Christen und Marxisten«, und die *Neue Freie Presse* veröffentlichte, viel besser aufgenommen wurde. Ich war zwar auch da der weitaus Jüngste, bekam aber viel mehr Aufmerksamkeit als bei den »Spartakisten«, zumindest im Kreis der jüngeren Mitarbeiter der *Neuen Freien Presse*.

Für einen linken Journalisten war Günther Nenning in Österreich erstaunlich bekannt, den Rechten in Österreich galt »der Nenning« als Revoluzzer, Verführer der Jugend, als subversiv. Nennings Verdienste waren ein »Volksbegehren zur Abschaffung des Bundesheeres«, die

Entwicklung des *Neuen Forum* zu einem im gesamten deutschsprachigen Raum relevanten Organ der Neuen Linken, mit deutschen Großautoren wie Adorno, Bloch, Habermas, österreichischen wie H. C. Artmann, Ernst Jandl, Elfriede Jelinek und internationalen Stars wie Albert Camus, Herbert Marcuse oder Jean-Paul Sartre. Später verwandelte er sich in einen »Auhirschen« und frühen Grünen, mit der Besetzung der Hainburger Au und der darauffolgenden Etablierung einer ökologischen Bewegung in Österreich.

Heute noch bewundere ich Günther dafür, alle nannten ihn Günther, wie viel er in einem Leben untergebracht hat.

Als Figur der Zeitgeschichte war Nenning ein Meister der Selbstinszenierung und ein begnadeter Netzwerker. Als Präsident der Journalistengewerkschaft selbst Teil des österreichischen Filzes zwischen Staat, Industrie und Gewerkschaften, der sogenannten Sozialpartnerschaft, gelang es ihm über Jahrzehnte, den Verlag mit politischen Anzeigen über Wasser zu halten.

Zur volkstümlichen Figur wurde er, als ihm Bundeskanzler Bruno Kreisky die Freude machte, den »Doktor Doktor Nenning« als »Wurschtel« zu bezeichnen – allein wie Günther den Doppeldoktor trug, wirkte provozierend und/oder ehrfurchtgebietend im titelfixierten Österreich.

In den 80er Jahren zog es ihn ins Fernsehen, er moderierte die erste deutsche Talkshow, »3 nach 9« bei Radio Bremen, und gründete in Österreich den »Club 2«, der mit spektakulären Auftritten einer masturbierenden Nina Hagen und einem triumphalen Doppelauftritt von Rudi

Dutschke und Daniel Cohn-Bendit so was wie Fernsehgeschichte schrieb. Zur Gründung der irgendwie antiautoritären Jugendzeitschrift *Neue Freie Presse*, bei der ich meine erste Redakteursstelle hatte, ließ er ein Nacktfoto der Redaktion (inklusive seiner selbst) verbreiten, das im *Spiegel* nachgedruckt wurde und das Heft für einen Augenblick berühmt machte.

Anfangs arbeitete ich noch untertags in der bürgerlichen Buchhandlung und kam immer abends in den linken Verlag, doch bald brach ich die Buchhändlerlehre ab und Günther stellte mich als Verlagslehrling ein, damit das Ganze eine Form hatte. Aber eigentlich fühlte ich mich als Redakteur und war es auch.

Im Verlag arbeitete ich nur ein paar Tage im Monat, immer wenn es darum ging, die schon in Umschläge gesteckten Hefte der Abonnement-Auflagen vom *Forum* oder von der *Neuen Freien Presse* nach Postleitzahlen zu sortieren, die Bündel in große Jutetüten der Österreichischen Post zu stecken und dann diese Tüten wie der Weihnachtsmann zu schultern und zur Post zu bringen. Die restliche Zeit war ich in der Redaktion der *Neuen Freien Presse*.

Die Arbeit im Vertrieb verrichtete ich unter der knorrigen Aufsicht des Vertriebsleiters Franz Jindra, eines früheren Mitglieds der »Kommunistischen Partei Österreichs«, der zum Prager Frühling aus der Partei ausgetreten und wie einige andere Ex-KPler im *Forum* untergekommen war. Er fühlte sich wohl unter den »neuen Linken« und den Antiautoritären in Nennings *Forum*-Redaktion. Das schräge Jugendblatt *Neue Freie Presse*, für das ich gekommen war, hielt er eher für ein Abenteuer, das den ganzen Verlag gefährdete.

Morgens und am Vormittag polterte Franz oft rum und war übel gelaunt, nachmittags und gegen Abend war er meist milde und lächelte versonnen über die Karteikästchen hinweg, woran ich erkennen konnte, dass Robert, der Hausdealer des Verlags, schon da gewesen war.

Franz hatte auf seine alten Tage das Haschischrauchen entdeckt. Dealer Robert sah aus wie ein Doppelgänger von Frank Zappa und fuhr an den Nachmittagen mit einem 20 Jahre alten Bentley mit Vollautomatik und Ledersitzen durch Wien, um seine Kunden abzuklappern. Mit dabei immer seine verwirrend hübsche Freundin Nina, die im Auto wartete, wenn Robert den Bentley in zweiter Reihe hielt. Nina strebte eine Modelkarriere an, das war noch neu damals.

Da es für die *Neue Freie Presse*, abgesehen von Barbara und Walter, dem Artdirector Klaus Pitter und seiner Freundin, der Grafikerin Eva Gruber, keine richtige Redaktion gab, erreichte ich durch schiere Begeisterung, vor allem aber durch dauernde Anwesenheit, ich war in die Redaktionsräume regelrecht eingezogen, schnell eine bestimmte Wichtigkeit. Als im darauf folgenden Sommer niemand von den älteren NFPlern da war, um das Heft zu machen, wurde ich zu einer Art Chef vom Dienst, ohne dass wir das damals so genannt hätten. Ich »machte« das Heft, so gut ich halt konnte.

Mit der Straßenbahn fuhr ich quer durch Wien, um von Manfred Deix die Druckvorlagen-Originale seines Comics persönlich abzuholen. Deix war immer zu spät, und die Druckerei wartete schon. Während Deix mich in der kleinen Küche warten ließ, pisste mir eine seiner Katzen die Jacke voll. Ich stank so sehr, dass mich der Schaffner aus der Straßenbahn schmiss. Da ich kein Geld hatte, musste ich mit den großen Mappen (die inzwischen auch stanken) unterm Arm zu Fuß zurück in die Redaktion und kam erst spätabends an. Der Druckereitermin war in der Zwischenzeit geplatzt. Aber ich war glücklich, denn ich hatte mein Möglichstes getan.

»Unsre Lehrer keraten olle umbrocht«, stand auf der dritten Ausgabe der *Neuen Freien Presse*, am Titel sah man Fritz The Cat, den von uns adaptierten Character von Robert Crumb, wie er mit einem gezielten Schuss seines Geo-Dreiecks einen Lehrer hinrichtet. Es war ein tolles, ein starkes Titelbild, wir waren sehr stolz darauf. Es hing in ganz Wien auf den Litfaßsäulen und erregte auch viel Aufsehen auf der Frankfurter Buchmesse, auf die wir fuhren.

Klaus Rainer Röhl, der *konkret*-Chefredakteur und Ehemann von Ulrike Meinhof, besuchte uns auf unserem Stand und wir luden ihn zu einer Blattkritik nach Wien ein. »Nicht tüteln, klotzen müsst ihr«, riet er uns mit seiner seltsam hohen Stimme im hanseatischen Singsang, der damals noch neu für mich war. Dabei klotzten wir ja schon, was das Zeug hielt.

Mein Vater, der Günther Nenning aus dem Fernsehen kannte, verabscheute zwar das linke Gewese, aber er war auch promigeil und fand es insgeheim gut, wenn sein Sohn bei dem berühmten »Doktordoktor« unterkam.

Allein schon das beeindruckte ihn, der doppelte akademische Grad, über den sich zwar halb Österreich lustig machte, aber mein Vater dachte, da muss er auch was geleistet haben, um gleich zwei Doktoren zu machen, und Leistung zählt.

Auf Günthers weithin bekannte Sexsucht (nannte man damals noch nicht so) anspielend, zeichnete »Ironimus« Gustav Peichl, der Vater des *Tempo*-Chefredakteurs Markus Peichl, einen »Ps. Ps. Nenning«, der zwei Penisse hatte.

Mit solchen Bildern im Kopf machte sich mein Vater eines Tages auf in die Redaktion in der Museumstraße 5 hinter dem Volkstheater und erlag in der Sekunde dem Charme Günther Nennings, der ihm zudem versicherte, sich »um den Buam«, also um mich, kümmern zu wollen. Das tat er dann auch für einige Jahre auf rührende Weise.

Privat und öffentlich, das verband sich hier, auf eine skurrile, hochstrukturierte Weise. Günther hatte keine Wohnung, sondern bewohnte ein großes Zimmer der weit verschachtelten Verlagsräumlichkeiten, mit anschließendem Badezimmer, aber ohne eigene Küche und Toilette. Wenn ich frühmorgens kam, traf ich ihn oft im Bademantel, wenn er mit der Zeitung unter dem Arm auf dem Weg zur Toilette war.

Mein schmales Zimmer lag neben der Küche, die von allen genutzt wurde, mit einem Kühlschrank, in dem Günther Lebensmittel aufbewahrte, die er von Frau Tilde, der Verlagshaushälterin, einkaufen ließ, zweimal die Woche, immer die gleiche Menge ungarischer Salami und gekochten Schinkens.

Immer wieder gab es Ärger, weil hungrige Redakteure oder andere Freunde des Hauses den Kühlschrank leer fraßen – ich selbst bediente mich auch einige Male – und Günther dann nichts zum Frühstück hatte. Da ich im Zimmer nebenan war, aber vielleicht nicht nur deshalb, wurde ich zum Wächter über Schinken und Salami bestellt, wusste aber nicht recht, wie ich das anstellen sollte. Am Ende wurde am Kühlschrank ein Vorhängeschloss angebracht und auch ich musste mich selbst versorgen.

Ich saß bei Günther oft schon morgens am Frühstückstisch, um die Aufgaben für den Tag zu besprechen. Oft waren auch seine Freundinnen Brigitte, Karin, Gerti oder Linda dabei (immer nur jeweils eine), die übernachtet hatten und sich das Frühstück vielleicht noch etwas privater gewünscht hätten.

Viel Zeit wäre aber ohnehin nicht geblieben, denn wenn um 9 die Sekretärinnen ankamen, die dumme, aber gutmütige Seidi und die schlaue, aber intrigante Ilse, wurde Günthers Schlafgemach mit wenigen Handgriffen in das Chefredakteurs- und Herausgeberzimmer verwandelt und den Freundinnen blieb nichts anderes übrig, als sich durch das Badezimmer, das einen eigenen Ausgang zum Flur besaß, nach draußen zu stehlen.

Von den ankommenden Mitarbeitern, denen sie auch mal über den Weg liefen, wurden sie weder begrüßt noch eines Blickes gewürdigt. In ihren Augen waren sie Nutten, die den dummen, geilen Günther ausnutzten und damit den Verlag schädigten. Ich fand Günthers Vielweiberei cool (sagte man damals noch nicht), vor allem den selbstverständlichen, aber auch irgendwie kaltschnäuzigen Umgang damit. Ich lernte von ihm nicht nur alles als Journalist, sondern auch als linker Chauvie.

Einen Zwischenfall gab es mit Linda, die sich eines Morgens weigerte zu gehen, es kam zu einem Handgemenge im Badezimmer, das Seidi, Ilse, ich und zwei, drei andere Mitarbeiter mit anhörten. Plötzlich ging die Badezimmertüre auf und eine verweinte, hysterische Linda, eine junge Lehramtsassistentin aus Kärnten, kam mit einem Päckchen in der Hand herausgelaufen und rief: »Ich bringe mich um, ich schlucke sie alle auf einmal, jetzt bringe ich mich um! Dann können die anderen Weiber kommen, denn dann bin ich tot.«

Und zu den Sekretärinnen: »Ihr könnt den Weibern jetzt alle Termine geben, denn ich bin dann tot!« Günther, noch im Bademantel, folgte ihr nach: »Sie hat die Schlaftabletten, verdammt, gib mir die Tabletten!«

Als Linda schon durch die Eingangstür war, brach Günther die Verfolgung ab, weil der berühmte Günther Nenning schwerlich im Bademantel auf der Straße ein Mädchen verfolgen konnte. So übertrug er mir die Aufgabe. »Michael, lauf los«, sagte er, selbst reichlich echauffiert, so hatte ich ihn noch nie gesehen, »sprich mit ihr, beruhige sie, aber vor allem, nimm ihr die Schlafmittel weg.«

An der Haltestelle der Linie 49 am Volkstheater holte ich Linda ein und fuhr mir ihr in ihre Wohnung am Zimmermann-Platz im neunten Bezirk. Es war Freitagmorgen und ich nahm mir den Tag frei, denn ich konnte sie in dieser Verfassung ja nicht allein lassen. Ich behütete sie gleich durchgehend bis Montag und war dann schon ziemlich verliebt, vor allem in ihren schlanken Körper, in dem mächtige Kräfte schlummerten. Die Schlaftabletten hatte ich sichergestellt und reihte sie am Montagmorgen ordentlich in Günthers Apothekenschrank ein.

Dienstag kam ich zur Frühstücksbesprechung und Linda saß wieder da. Es war alles ganz normal und dieses Mal ging sie auch ohne Widerrede. Jetzt wusste ich, wie das hier alles lief.

Abends stand ich wieder bei Günther im Zimmer, jetzt vor seinem Schreibtisch, und berichtete vom Tag, was mir gelungen war und was nicht. Er redigierte meine Artikel mit der Hand, mit den lateinischen Korrekturzeichen, ein »Deleatur« für »gestrichen«, und ließ schon mal von 150 Zeilen nur 30 stehen. Das erste Mal, als mir das geschah, schossen mir die Tränen in die Augen, dann begann ich, meine Texte sozusagen vorauseilend selbst zu streichen und benutzte dabei seine Korrekturkürzel. Jahre später tat ich es bei Redakteuren, deren Chefredakteur ich dann war, die über die Korrekturzeichen staunten, weil sie so was gar nicht mehr kannten.

Ich lernte alles von Günther, alles, vielfach durch Nachmachen. Heute noch ist an meiner Arbeitsweise vieles von ihm geprägt. Den Anrufbeantworter auf meinem Handy habe ich auf die gleiche affige Weise besprochen, wie er das wahrscheinlich getan hätte.

Neben dem Job begann ich, bei anderen linken Zeitschriften zu schreiben, es ging alles ganz leicht, weil ich als Redakteur bei Günther Nenning, der ich ja tatsächlich irgendwie war, ein gutes Ansehen genoss.

Was ich schrieb, legte ich in Günthers Postkörbchen – wir kommunizierten im Büro über handbeschriftete A4-Blätter, wobei sich jedes Blatt immer nur auf ein Thema bezog – und ich bat ihn, den Text durchzusehen. Günther Nenning war GN, ich MiHo und heute noch liebe ich diese Kürzel, nur bin ich in der Zwischenzeit zu MH geworden.

Ich begann nicht nur, wie Günther zu sprechen, sondern übernahm auch seinen Schreibstil und lernte seine Unterschrift, weil ich manchmal, wenn er nicht da war, für ihn unterschreiben durfte. Die Unterschrift beherrsche ich heute noch. Ich verliebte mich in seine Frauen und ging mit einigen von ihnen ins Bett.

Gerhard Oberschlick, ein anderer, etwas älterer Assistent, trieb es auch weit mit dem Identifizieren, imitierte Günthers Rhetorik und seine Manierismen beim Schreiben und trug am Ende sogar seine alten Cordhosen auf, bevor er es Jahre später schaffte, Herausgeber der Zeitschrift zu werden und das groß unter dem Logo prangende »Herausgegeben von Günther Nenning« in derselben Schrift und Schriftgröße durch seinen Namen zu ersetzen. Vatermord.

Ich lebte in einem Gefühl absoluter Sicherheit; in dem Milieu von Autoren, Künstlern und Intellektuellen, aber auch von Schulabbrechern, Ausreißern, Drogen- und Alkoholsüchtigen, Kleinkriminellen und Behinderten, das sich um die Redaktion gebildet hatte, fühlte ich mich geborgen, es war zu meiner neuen Familie geworden.

Außer zu meiner Oma hatte ich kaum noch Kontakt zu meiner echten Familie, die mir jetzt unfassbar kleinbürgerlich und reaktionär vorkam. Wenn ich kein Geld mehr hatte, ging ich um einen Vorschuss in die Buchhaltung, es waren nie hohe Beträge, ich brauchte damals wenig.

Ich wusste, ich konnte einfach mit allem zu »Günther« kommen, ohnehin galt »Verbote gehören verboten«, und selbst wenn ich jemanden ermordet hätte, so empfand ich es damals, hätte ich nur zum Günther laufen müssen und er hätte es mit einem Anruf beim Justizminister geregelt.

Umgekehrt tat ich alles für Günther, allerdings auch nie ganz ohne Eigennutz und langfristig mit erheblichem Gewinn.

Im Sommer, wenn er auf Ischia weilte, um sein jährliches Buch zu schreiben, durfte ich in seine Räume einziehen, das war so vereinbart, um die Bibliothek aufzuräumen. Nachts, zumindest einige Male ist es vorgekommen, lockte ich Mädchen in den Verlag. Die konnten es gar nicht fassen, wie ich hier an der doch bekannten Redaktionsadresse inmitten der Bücher- und Zeitschriftenstapel hauste – und waren bis zur Wehrlosigkeit fasziniert, was ich natürlich ausnutzte.

Ich schlief mit ihnen und verfolgte sie dann mit verlogenen Liebesschwüren, mit langen Briefen, die ich in Günthers Stil schrieb, oder kannte sie nicht mehr, wenn mir irgendwas nicht gepasst hatte. Bücher, die doppelt waren oder von denen ich annahm, dass Günther sie nicht brauchte, verschenkte ich an die Mädchen oder räumte sie zur Seite und verkaufte sie am Flohmarkt.

Ich trank schon zu der Zeit viel und mein ganzes Leben kam mir rauschhaft vor, oder wie ein Trip, der auch böse ausgehen kann. Ich begann zu spüren, dass mich etwas von innen bedrohte, das eines Tages gefährlich werden könnte. In dieser Zeit schrieb ich das:

wia mi des anfäut
michael ist oft in konfliktsituationen
er weiß zum beispiel genau dass das leben so wie er es jetzt
führt nicht weitergehen sollte
verstandesmäßig hat er die für ihn nachteiligen Konsequenzen
dieses lebensstils längst erkannt
doch es gibt eine kraft in ihm die ihn daran hindert (den lebensstil) zu ändern

Die *Neue Freie Presse* war längst eingestellt, dem Verlag ging es nicht gut. Ich blieb dann noch zwei Jahre in der Redaktion des *Forum*, hatte aber weniger Kontakt mit Günther, der mich an den »geschäftsführenden Redakteur« Michael Siegert abgegeben hatte. Während ich in der *Neuen Freien Presse* schon ein wohlbestallter Kronprinz war, musste ich im *Forum* wieder ganz unten anfangen. Ich arbeitete weiterhin zur Hälfte bei Franz Jindra im Vertrieb, die weitere Zeit sollte ich nun Siegert bei der Produktion des *Forum* helfen.

Michael Siegert war ein knorriger Intellektueller, den etwas Geheimnisvolles, Unergründliches umgab. Die langen Haare trug er zusammengebunden zum Zopf. Vollbart, Brille, dahinter wachsame, wache Augen, aber kein Hippie, sondern alles akkurat, gepflegt, immer wohl duftend. Siegert war das, was man damals in feinen Nuancen der Begriffe linksradikal oder Marxist nannte, und damit dem Sozialdemokraten Günther Nenning, der von rechts auch als »linksradikal« beschimpft wurde, in tiefem Hass verbunden.

Das war das Drama fast der ganzen Redaktion. Eigentlich war niemand mit dem Heft als Ganzem einverstanden, es gab aber auch kein anderes Medium, in dem man diese Inhalte veröffentlichen hätte können – zu kleinen, aber doch realen Honoraren, aus Geldern, die Nenning in den weit verzweigten Einflussbereichen der Sozialdemokratischen Partei Österreichs (SPÖ) einsammelte.

In Konferenzen herrschte prinzipiell dicke Luft, zumal die Linken auch noch in verschiedene Fraktionen – von biederer katholischer Arbeiterbewegung bis zu Anhängern des Wiener Aktionismus – gespalten waren, sich gegenseitig misstrauten und dem jeweils anderen unterstellten, zu große Teile des Hefts zu beanspruchen.

Einig war man sich nur in der Opposition gegen Günther Nenning, dem man unterstellte, er wolle das Heft an die Sozialdemokratie »verkaufen«. Von Jahr zu Jahr frustrierte ihn dieser Vorwurf mehr.

Nenning war zwar Chefredakteur und Herausgeber, aber nach innen nicht besonders beweglich, weil der Verlag nicht ihm, sondern den Angestellten und Redakteuren gehörte, ähnlich wie das bei Klaus Rainer Röhl und der *konkret* der Fall war.

Die ständige Spannung, die bei jeder Entscheidung in der Luft lag, empfand ich damals als nervig und ich verstand oft einfach nicht, worum es ging – ich nahm es als beginnende Bedrohung meiner sonst so komfortablen Existenz im Verlag wahr, wenn mein Ersatz-Papa Günther mal wieder so gereizt war, dass es sich auf alle übertrug. Heute verstehe ich, dass diese Spannung das Momentum des Ganzen war, das innere Schwungrad.

Siegerts kleine Wohnung, aus der ich ihn manchmal abholte, wirkte wie eine bewohnbare Bibliothek. Sie war, wie er selbst, blitzsauber und gepflegt und lag gleich um die Ecke der Druckerei Brüder Rosenbaum in der Margaretenstraße, in deren Setzerei wir an einigen Tagen im Monat den Umbruch des *Forum* machten, von Layout sprachen wir damals noch nicht. Es war die Zeit des Übergangs vom Blei- zum Lichtsatz. Die Stimmung in der Druckerei war schlecht, viele Leute, angesehene Setzer, einige im Selbstbewusstsein, die Avantgarde der Arbeiterklasse zu sein, die edelste Form des Proleten, mussten gehen.

Es gab noch Werkräume, die unter der öligen Schicht des Bleistaubs lagen und in denen die Typen des Bleisatzes mit lautem Knall in die Formen schossen. Und es gab die Räume, in denen schon der lautlose, cleane Lichtsatz angewendet wurde. Als kleiner Titel, mit dem man ohne Risiko experimentieren konnte, wurde das *Forum* schon früh auf Lichtsatz umgestellt.

Nachts, wenn die Lichsatzräume frei waren, konnten Siegert und ich kommen und die Seiten des *Forum* zusammenkleben.

Siegert war unnahbar, streng, mit sich und anderen. Dass er »streng« sei, fantasierte ich vielleicht auch, weil er als 33-Jähriger das Buch *De Sade und wir* geschrieben hatte, mit dem Untertitel »Zur Sexualökonomie des Imperialismus«, und damit ein De-Sade-Experte war.

Dass ich in seine Wohnung durfte, schätzte ich als Vertrauensbeweis, den ich den anderen voraushatte. Manchmal traf ich da auch auf seine Freundin, ein dürres asiatisches Mädchen, das streng schaute, nie einen Ton sagte und von einem Jungen eigentlich nicht zu unterscheiden war. Sie ging, wenn ich am frühen Nachmittag kam und Siegert Unterlagen aus der Redaktion brachte. Er schlief immer bis in den Nachmittag, da er offenbar jede Nacht zu lesen oder zu arbeiten hatte. Ich kam ihm nur ein- oder zweimal näher, als wir in der Setzerei gegen sechs, sieben Uhr in der Früh von Übernächtigung, Automaten-Kaffee und Cola so aufgedreht waren, dass wir ohne Anlass oder über irgendein komisch angeschnittenes Foto zu kichern begannen, zu lachen, wir konnten uns gar nicht halten.

Siegerts Buch, das in der Linken ein Bestseller war, entwarf ein radikal anderes Bild des Marquis de Sade, der bisher nur als pathologische Figur galt, und sah in ihm einen Ankläger, der die Grausamkeiten des frühen Kolonialismus und Kapitalismus entlarvt, einen »sexualökonomischen Frühsozialisten«, der die Habgier der herrschenden Klassen bloßstellt und die Fragwürdigkeit der Gewaltlust bewusst macht, indem er sie durch Übertreibung verfremdet.

Für mich als 18-, 19-Jährigen war das alles starker, großteils unverständlicher Tobak. Zu den Diskussionen konnte ich nichts beitragen und so hielt ich meist den Mund, zumal ich in der Redaktion als Verlagslehrling, vor allem aber Überlebender der als kommerziell geltenden (und dann doch gescheiterten!) *Neuen Freien Presse* ohnehin nur geduldet war.

Wie sehr ich damals geächtet war, fand ich 40 Jahre später im Internet heraus, wo das *Forum* als »Online-Magazin« von Gerhard Oberschlick bis heute fortgeführt wird. Ich hatte mich im Jahr 1984, zum bevorstehenden 30. Jubiläum des *Forum*, bei Günther gemeldet – ich arbeitete damals schon beim Klassenfeind, bei der von der Werbeagentur GGK herausgegebenen Zeitgeist-Zeitschrift *Wiener*. Aus der inzwischen erwachsenen und manchmal vielleicht etwas patzig vorgetragenen Attitüde des Magazin-Profis bot ich mich als eine Art Berater des *Forum* an, das sich damals unter der Führung von Gerhard Oberschlick in eine schlimm sektiererische Richtung entwickelt hatte.

Mein Auftritt damals zu Beginn der 80er Jahre, aus meiner Wahrnehmung war es nur ein, wenn auch etwas unangenehmer Termin in der Museumstraße, muss tiefe Wunden gerissen haben. Er führte 30 Jahre später, 2014, zur Veröffentlichung eines »Einigungsspiels«, in dem die damalige Sitzung im Stile eines »Dramoletts« mit den Originaltönen von damals wiedergegeben wird und ziert heute als großer Beitrag die Online-Ausgabe des *Forum*. Besonders angegriffen werde ich darin von dem *Forum*-Autor Josef Dvorak, der im *Forum* viele Beiträge zum Wiener Aktionismus um Otto Mühl und Günther Brus veröffentlicht hatte.

Wenn ich dennoch auf die erbärmlichen Auslassungen Hopps verbal reagiere, geschieht dies, weil ich mich auch nicht beherrschen kann.

Hopp war nämlich unfähig, ein alternatives Konzept vorzulegen. Hilflos verbiss er sich in Detailfragen des Layout. Sein Umherfuchteln mit dem Schlagwort »journalistisch« konnte deshalb keinen Erfolg haben, weil diese Leerformel lediglich die Stelle konkreter Handlungsanweisungen bezeichnet. Hopp ist jedoch Chefredakteur eines anderen Blattes als des *FORVM*.

Der »Reformvorschlag«, in Hinkunft weniger Originalbeiträge abzudrucken, sondern französische Autoren einfach zu übersetzen, und so das Blatt zu füllen (womit auch noch Honorar eingespart werden könnte), fiel auch auf keinen fruchtbaren Boden. Ich lasse mir von einem Hopp kein Berufsverbot auferlegen.

Michael Hopp als Ezzesgeber des *FORVM* macht schon deshalb keine gute Figur, weil er als Blattmacher der *Neuen Freien Presse* seinerzeit mitbeteiligt war an der fast gelungenen Ruinierung des *FORVM,* das die Verluste des gescheiterten Nenning-Projektes tragen musste.

Ich gehörte damals zu jenen, die vor der Realisierung dieses falschen Konzepts warnten. Leider ohne Erfolg.

Anschluss an den »Zeitgeist« (ein Ideologem reaktionärer Kulturphilosophie, das ich nur ironisch nehmen kann) und Rekurs auf »das Lebensgefühl der 26jährigen«, Hopps Patentrezepte, sind emotionell und intellektuell reduzierend.

Josef Dvorak

In dem für mich schwierigen Klima damals sah ich es als Erfolg an, nach einiger Zeit Buchkritiken schreiben zu dürfen, die Siegert aber meist auf wenige Zeilen zusammenstrich, oder einmal, als Siegert verreist war, einige Überschriften auf der Leserbrief-Seite selbst eintragen zu dürfen. Mit dem Thema Homosexuellen-Bewegung gelang es mir, eine Themen-Nische aufzutun, in der ich keine Konkurrenz hatte.

Ich schrieb eine auf mehrere Seiten ausgebreitete Rezension zu Rosa von Praunheims *Sex und Karriere* und machte mich damit in der Redaktion unangreifbar. Jede Attacke hätte ich, aggressiv-wehleidig, als »schwulenfeindlich« zurückgewiesen. In diese Falle war auch der mir gegenüber feindselige, aber selbst homosexuelle Josef Dvorak getappt und erwähnte meine Beiträge, wie die meisten in der Redaktion, mit keinem Wort.

In unseren langen Nächten in der Setzerei nannte mich Michael Siegert »Michl« und gab mir knappe Anweisungen, sprach aber auch oft über Stunden kein Wort mit mir, wenn er zum Beispiel einen viel zu langen Text in der Satzspalte kürzen musste oder über Überschriften oder Vorspänne grübelte. Auch die später berühmten *Forum*-Autoren tauchten meist übel gelaunt in der Nacht in der Setzerei auf, um ihre Texte Korrektur zu lesen oder mit Siegert über die Kürzungen zu streiten. Damals kam es mir nicht besonders vor, erst jetzt im Nachhinein kann ich erkennen, in was für eine gute Schule ich gegangen war.

Zum Beispiel Josef Dvorak, der Satanist mit langem Rauschebart überm weiten, wie ein Umhang getragenen

Hemd, der sich von einem unbedarft wirkenden jungen Mann herumchauffieren ließ. Der Tiefenpsychologe, Theologe und Mitbegründer des Wiener Aktionismus, der heute wie der liebe Gott selbst aussieht, genoss einen besonderen Status in der Redaktion, weil er den Kontakt zu den Künstlern des Wiener Aktionismus hielt, wie Hermann Nitsch, Otto Mühl oder Günter Brus, die im *Forum* teils mit Originalbeiträgen vertreten waren. Nitsch schickte meist Helfer seines Orgien-Mysterien-Theaters vorbei, Mühl glatzköpfige Kommunarden der »AA (aktionsanalytischen) Kommune«, die Kopien der Beiträge abholten, um sie ihren Meistern zur Freigabe oder Korrektur vorzulegen. Meist hörten wir nie wieder was von ihnen, Ärger gab es erst nach Veröffentlichung, wenn von »Fälschungen« die Rede war oder wenn Siegert eine seiner ironischen Überschriften reingesetzt hatte, die den despotischen Gurus zu wenig Ehrerbietung zeigten.

Oder Heidi Pataki, eine Lyrikerin mit echtem Damenbart, die wunderbare Reportagen schrieb, und der Filmkritiker Friedrich Geyrhofer, beides Mitglieder der »Grazer Autorenversammlung«. Obwohl alle wussten, dass die beiden als Paar zusammenlebten, kamen und gingen sie nie zusammen und sprachen sich mit den Nachnamen an, vielleicht nach Vorbildern wie Simone de Beauvoir und Jean-Paul Sartre, oder, in Österreich, Friederike Mayröcker und Ernst Jandl.

»Heidi«, fragte Siegert genervt, »weißt du, ob der Geyrhofer auch noch kommt, den Aufsatz zum Radikalen-Erlass einlesen?« – »Nein, wie soll ich wissen, ob der Geyrhofer kommt?« Drei Minuten später stürzte der riesengroße dicke Mann schnaufend zur Tür hinein, suchte sich einen Platz – nie neben Heidi – und fluchte, weil es in der Setzerei verboten war, Pfeife zu rauchen.

Heute liegen beide zusammen in einem Ehrengrab der Stadt Wien auf dem Wiener Zentralfriedhof, ein Foto des Grabes hat jemand auf Heidi Patakis Wikipedia-Eintrag gestellt.

Ein anderes Mal hatte ich Glück, als Günther Nenning im September 1978 einen »Club 2« moderierte, an dem Rudi Dutschke, Daniel Cohn-Bendit, der Philosoph Kurt Sontheimer und auf der rechten Seite der SFB-Chefkommentator Matthias Walden vertreten waren, dem Cohn-Bendit gleich zu Beginn der Sendung eine Mitschuld am Attentat auf Rudi Dutschke unterstellte, ihm, dem »intellektuellen Mittäter« mit der »versteinerten Maske«, wolle er nicht die »Hand geben«. Es war eine Sternstunde des Fernsehens, die *Welt* sah in der Sendung »schäumende Attacken auf die Demokratie«.

Da der Abdruck einer gekürzten Textabschrift in der Redaktion des *Forum* nicht gerne gesehen wurde – der »Club 2« wurde als »Nenning-Projekt« allenfalls belächelt –, fiel mir die Aufgabe zu, das Video der Sendung abzutippen, einzukürzen – und die so entstandene Version mit Dutschke und Cohn-Bendit abzustimmen. Da mir die historische Bedeutung der beiden nicht recht bewusst war, lud ich sie selbstbewusst nach Wien ein, damit sie sich die »Druckfahnen« ansehen könnten. Mir fiel erst das Herz in die Hose – ein wenig zumindest, ich war schon ein cooler Hund damals, cooler als heute –, als mich »Seidi«, die

Verlagssekretärin, auf meiner Durchwahl anrief und »zwei Deutsche«, die für mich da seien, ankündigte, sie hatte die beiden offenbar nicht erkannt. Zwei Deutsche.

Der eine Deutsche, Dutschke, nach dem Attentat hatte er ja diesen irren, starren Blick, im karierten Flanellhemd, streckte mir die Hand entgegen und drückte meine so fest, dass ich fast aufschrie: »Ich bin der Rudi«, sagte er, als ob ich das nicht wüsste. Cohn-Bendit, der das mit dem unsicheren und 15 Jahre jüngeren Wiener hier ohnehin schon drollig fand, sang kichernd vor sich hin, als wäre er der Comedy-Sidekick des strengen Dutschke: »... und ich bin der Dany!« Als wir dann mit der Fahne im Konferenzraum saßen, hatte ich das Gefühl, Dutschke habe Konzentrationsprobleme und Cohn-Bendit keinen Bock, das Ganze Zeile für Zeile durchzugehen. Nach 15 Minuten waren die beiden wieder weg. Keine Änderungen.

Markus, mit dem ich dann so viele Jahre arbeiten sollte, hatte ich auch im *Forum* kennengelernt. Er hatte sich im selben Raum, in dem ich auch saß, einen Schreibtisch eingerichtet, um eine Gewerkschaft für Schülerzeitungs-Redakteure aufzuziehen. Es war nicht außergewöhnlich, dass im *Forum* einzelne Schreibtische auch für andere Aktivitäten genutzt wurden. Ein anderer Untermieter war die APG, Arbeitsgemeinschaft Politische Gefangene, die am 8. Mai 1977, dem ersten Todestag von Ulrike Meinhof, gegründet wurde.

Aus dieser Gruppe um Reinhard Pietsch, Thomas Gratt und Othmar Keplinger entwickelte sich die österreichische Hilfstruppe der »Bewegung 2. Juni«, die aus der

Entführung des Wiener Wäsche-Industriellen Walter Michael Palmers 4,4 Millionen Mark erpresste, ein Betrag, mit dem die deutsche Terror-Szene bis in die 80er Jahre gut finanziert war. Die Palmers-Entführung in Wien fand drei Wochen nach der Ermordung von Hanns-Martin Schleyer statt, der Kontext war damit offensichtlich: Der Terror war nach Österreich gekommen und hielt das Land wochenlang in Atem.

Günther hatte immer versucht, die militante Szene aus dem *Forum* rauszuhalten, diesmal hatte er nicht genau genug hingesehen. Einige Journalisten wussten aber, dass sich die APG zunächst im *Forum* getroffen hatte – und die Story »Terrornest im Nenning-Büro« hätte den Verlag in ernste Nöte bringen können. Bleich trommelte Günther alle zusammen und wies uns an, nicht mit Journalisten zu sprechen.

Am selben Abend kaufte ich die neue Ausgabe des *profil* mit der Geschichte zur Palmers-Entführung. Auf Seite 18 war der Erpresserbrief faksimiliert, also das mit Schreibmaschine getippte Original. Ich sah näher hin – und entdeckte ein in der Zeile leicht fliegendes kleines »g«. Es kam mir bekannt vor – von meiner Schreibmaschine im *Forum*, meiner Olivetti mit Korrekturtaste! Haben die Idioten die benutzt, schlug es wie ein Blitzschlag in mein Gehirn ein. Das ist ja brandgefährlich. Ich traute mich nicht einmal, mit Ramona darüber zu sprechen.

Die Stadt war noch spätabends in einem fiebrigen Ausnahmezustand, überall Polizei, die Anti-Terror-Einheit »Cobra« wurde gegründet. Wurde das *Forum* schon überwacht, war es vielleicht schon von Polizei umstellt? Ich wollte hin, die Schreibmaschine holen und in den Wienfluss werfen, wie ein paar Jahre vorher das Geschäftsschild meines Vaters, wurde ja auch nie wieder gefunden.

Da fiel mir ein, wie auffällig es ist, spätabends eine Schreibmaschine zu transportieren. Ich brauchte eine große Tasche, in der sie unsichtbar verschwindet. Hatte ich nicht. Außerdem würde ich womöglich Fingerabdrücke hinterlassen. Und was würde ich erzählen, wo die Schreibmaschine hingekommen ist? Es war ja meine, die ich immer benutzte. Ich brach die Aktion ab und hatte eine schlechte Nacht.

Am nächsten Morgen brachte ich sie zum Reparieren in das Olivetti-Geschäft in der Gumpendorfer Straße, im Verlag gehörte so was ohnehin zu meinen Aufgaben. Es wurde nie nachgefragt. Vielleicht war ich auch nur paranoid. Walter Palmers wurde am Tag vor seinem 75. Geburtstag wieder freigelassen, nachdem das Lösegeld bezahlt worden war. Thomas Gratt rammte sich einen Tag vor seiner Entlassung aus 13 Jahren Haft ein Küchenmesser in die Brust. Othmar Keplinger starb 2010 an Krebs. Dr. Reinhard Pietsch, er schloss während seiner vierjährigen Haft sein Philosophiestudium ab, beschwerte sich vor Kurzem, sein Verdienst sei in der linken Geschichtsschreibung nicht genügend gewürdigt: »Es ist nicht schön«, sagte er bei einer Podiumsveranstaltung in der Kunsthalle in Wien, »nach Jahren rauszukommen, in einer Buchhandlung zu blättern und in einem Band über die ›Bewegung 2. Juni‹ zu sehen, dass man überhaupt nicht vorkommt. Das ist eine Frechheit. Diese Leute gehören vor ein Militärgericht!«

Ich wechselte zum Österreichischen Fernsehen, zum linken, ständig an der Kippe stehenden Jugendmagazin *Ohne Maulkorb*. Ich kam zunächst gut an – bekam dann aber doch mit meinem im biederen, öffentlich-rechtlichen Umfeld umso auffälligeren antiautoritären Gestus schnell Probleme.

Als ich mich weigerte, Änderungen an einem Beitrag vorzunehmen beziehungsweise die nichtveränderte Version in die Sendeleitung schmuggelte, sollte ich rausfliegen und keine Aufträge mehr erhalten. Günther fand dies unerhört (»Was is denn das für ein Depp, ein depperter«, er meinte den Hauptabteilungsleiter), griff zum Telefon und schrieb einen Brief, in dem er an das Gewissen des sozialdemokratischen Fernsehfunktionärs appellierte, er könne doch einen »hochtalentierten jungen Kollegen« nicht an die Luft setzen, der noch dazu der gleichen »Bewegung« angehöre. Mit freundschaftlichen Grüßen … Das war die Grußformel unter Sozialdemokraten, abgeleitet vom Gruß »Freundschaft!«

Der Welpenschutz funktionierte, am nächsten Tag saß ich wieder in der Redaktion. Ein weiteres Mal habe ich den Schutz nicht in Anspruch genommen. Offenbar fühlte ich mich völlig aufgehoben in der Gewissheit, beschützt zu sein, ohne es ständig neu austesten zu müssen. Mehr Vertrauen kann ein Vater nicht stiften, das ist ja schon fast gottväterlich!

Ich hatte einen Vater gefunden, dem ich gefiel.

20 Jahre später, ums Jahr 2000, ich war längst in Hamburg, besuchte ich Günther in Wien, zusammen mit

meiner damals noch neuen Freundin Eva. Wahrscheinlich wollte ich auch ein wenig angeben, am selben Wochenende traf ich mit ihr auch einen anderen Wiener Bekannten, den Künstler André Heller. Wir saßen in Günthers Büro in der Museumstraße in der Bibliothek, die ich früher aufgeräumt hatte.

Günther fragte, ob er Wein bringen solle. »Ihr seid doch Alkoholiker«, witzelte er, seine Augenbrauen waren noch buschiger geworden, »Alkoholiker in Hamburg.«

Günther war alt geworden. Was ich in der Zwischenzeit als Journalist tat, war ihm nicht mehr recht zugänglich. Und ich fand die Entwicklung, die er als Journalist genommen hatte – er hatte sich im Alter auf eine penetrante Art einem engstirnigen und traditionellen Katholizismus zugewandt –, fragwürdig und auf österreichische Art traurig. Ich schlug ihm vor, seine Biografie zu schreiben. Vom Katholizismus zum Linksradikalismus und wieder zurück. Vielleicht auch all die Frauengeschichten.

Und die Geschichten seiner echten Söhne ... so unendlich viel Stoff. Er reagierte seltsam unbeteiligt. Ja, ob ich denn die Zeit hätte, das sei ja viel Arbeit.

Der Alkoholiker in Hamburg tat dann nichts daran. 2006 starb Günther Nenning an den Folgen eines Wanderunfalls in Österreich. Seine Bibliothek ist heute im Tiroler Waidring aufgestellt und öffentlich zugänglich.

Bei Doktor Von in Hamburg beklagte ich Schuldgefühle, so viel von Günther Nenning bekommen und ihm nichts »zurückgegeben« zu haben. Sie folgte der Logik nicht, versuchte eher, mich innerhalb der Beziehung zu Günther Nenning aufzuwerten: »Sie waren sicher auch ein wertvoller Mitarbeiter für ihn.«

Die Mischung aus linksradikal und katholisch, gepaart mit der typisch österreichischen, irgendwie skurrilen Prominenz Günthers, war ihr spürbar fremd und sagte ihr nichts.

Vor allem das Katholische. »Glauben ist eigentlich eine Psychose, das wissen Sie ja, denke ich«, sagte sie einmal und ich war erstaunt über die eindeutige, eindeutig wertende Aussage.

Tempo

Ich hatte schon ziemlich einen in der Birne, als ich mich am Freitagnachmittag in der hellen, lichtdurchfluteten Redaktion des *Wiener* in der Wipplinger Straße vor den Mitarbeitern hinstellte und im Stile eine Volkstribuns verkündete: »Das Einzige, was ich herausgebe, ist meine Nudel beim Brunzen!«, also mein Penis beim Wasserlassen. Hans Schmid, der Eigentümer des *Wiener*, hatte mich vor ein paar Tagen als Chefredakteur abgesetzt, aber nach Protest im Verlag als »Herausgeber« zurückgeholt, was ich ablehnte. Ich fühlte mich wohl kaltgestellt.

Ich weiß nicht, ob mein bodenständiger Vergleich noch komisch oder schon tragisch wirkte, aber ich denke, die Anspannung und der Bierdusel waren mir anzumerken. Danach zog ich mich mit meinen Getreuen in das jugoslawische Wirtshaus in der Gumpendorfer Straße zurück, aus dem ich schon vor der Versammlung gekommen war. Die Redaktion des *Wiener* betrat ich danach nie mehr.

Was war passiert? Gerade war ich mit dem *Wiener* noch der König von Wien. Ich liebte es, in der Nacht, wenn das neue Heft ausgeliefert wurde, durch die Fußgängerzone zwischen Oper und Stephansdom zu spazieren und die frisch gedruckten Hefte an den Ständen der »Kolporteure« zu sehen oder wie sie am Bürgersteig ausgelegt waren. »Besser als jede Frau« stand im September 1984 am Titel, »Die Männer und ihre Freunde«. Zu sehen waren Falco und sein Freund und Assistent Billy Filanofsky, der Sohn eines reichen Wiener Teppichhändlers, den man an den langen Wiener Nachmittagen immer wieder mal dabei beobachten konnte, wie er im offenen weißen Porsche Coupé Runden um die Wiener Peterskirche drehte, wie auf der Kinderautobahn im Prater.

Alle paar Wochen hatte ich ein Interview mit Falco in seiner Wohnung in der Schottenfeldgasse, ganz nüchtern waren wir da auch nie. Der Hansi vertraute mir seine Sorgen an, dass »am Markt und in der Welt« nicht klar sei, wer er sei, er wisse es ja selber auch nicht. Ob das coole, elegante Image, das ihm die *Wiener*-Leute Artdirector Lo Breier und Fotograf Gerald Heller mit dem *Wiener*-Friseur Erich Joham verpasst hätten, das richtige sei? Wirke er da nicht überheblich? Er würde sich lieber verkleiden, wie die Beatles am *Sgt. Pepper*-Cover, das sei genial. Im nächsten Video, *Rock Me Amadeus*, tauchte er schon im Mozart-Barockkostüm auf.

Ich hatte den *Wiener* zum Sprachrohr des »Falken« gemacht und genoss den Glamour dieser Verbindung, der auch ein wenig auf mich abfärbte. Wenn ich freitagnachts im U4 in der Meidlinger Hauptstraße, wo auch Hansi Stammgast war und anschrieb, ein »Also, mir hat der Hansi gesagt« in die schwer verständliche Konversation einflechten konnte, war mir erhöhte Aufmerksamkeit gewiss. Das U4 war übrigens auch der Club, in dem ich zehn Jahre vorher den eigentlich schon parodistisch coolen »Supermax« Kurt Hauenstein zu seinem Hit *Lovemachine* interviewt hatte, mit belegter Stimme, es war mein erstes Fernsehinterview.

Und das alles sollte jetzt für mich vorbei sein? Würde mich der Kellner des Café Sperl weiterhin mit »Grüß Gott, Herr Chefredakteur« begrüßen? Und die Leute, mit denen ich verabredet war, schon am Eingang identifizieren und mit den Worten »Ich bringe Sie zum Herrn Chefredakteur« zu meinem Tisch ganz hinten, vor den Billardtischen, geleiten? Was war geschehen? Wieso sollte ich aus dem Himmel fallen?

Es war schon seit einiger Zeit spürbar, mit seiner grellen, lauten, irgendwie aufregenden Art war der *Wiener* in der deutschen Verlagsszene aufgefallen, und nicht nur die Macher langweiliger Stadtzeitungen besuchten uns in Wien, um uns danach erstaunlich frech zu kopieren, auch die großen Verlage schickten ihre Emissäre, um zu gucken, was denn da in Wien zu holen wäre. Es war die Zeit, als man noch auf der Suche nach Zeitschriftenkonzepten war, die ein gutes Geschäft versprachen, oder auch nur die Auslastung der Druckereien.

Für den Verlag Ringier hatte sich ein Manfred Bissinger angekündigt, damals Chefredakteur von *Natur*. Ich kam zu spät zum Termin, mein Co-Chefredakteur Markus Peichl war schon da, ihn interessierten die Gespräche »mit den Deutschen« immer mehr als mich. Ich wollte damals noch auf keinen Fall weg aus Wien und dieser Bissinger war mir egal. Das sollte noch anders werden.

Der *Wiener* hatte sich zwar in Wien und Österreich zu einem Auflagenerfolg entwickelt, verdiente aber immer noch kein Geld, was Hans Schmid, den Eigentümer, zunehmend nervös machte. Da Schmid im Hauptberuf mit seiner GGK auch für die Wiener SPÖ warb und sich von kritischen Berichten über Städtebau-Sünden in seinem *Wiener* nicht das Geschäft verderben lassen wollte, gab es plötzlich Druck auf die Redaktion und schlechte Stimmung.

Nun kamen die Offerten aus Deutschland gerade recht. Mit Ringier wurde es nichts, aber der Heinrich Bauer Verlag wollte eine Lizenzausgabe machen, und Thomas Ganske gründete am Ende ohne Schmid mit *Tempo* ein vergleichbares Magazin und warb die halbe Redaktion ab.

Wikipedia erinnert sich besser als ich, da heißt es: »Nach der Ablöse von Chefredakteur Michael Hopp (1986, Peichl ging schon 1985) verließen viele Mitarbeiter des *Wiener* Österreich und machten im benachbarten deutschen Sprachraum Karriere. So zum Beispiel die Redakteure Lukas Lessing, Peter Praschl, Margit Mayer, Christian Seiler, Oliver Herrgesell, Andreas Fischer, Michael Kreissl, Gerald Sturz; die Grafiker und Art-Direktoren Lo Breier, Gottfried Moritz, Judith Grubinger; sowie die Fotografen Paul Schirnhofer und Manfred Klimek.« – Also ein ganzer Schwung, »eine ganze Generation«, sagten wir immer.

Ein Teil der Leute war zur deutschen Version des *Wiener* gegangen, die vom Heinrich Bauer Verlag in München herausgegeben und von den Wienern beim *Wiener* verachtet wurde, ein anderer – angeführt von Markus Peichl, meinem Co-Chefredakteur beim Wiener *Wiener* – machte sich auf nach Hamburg, um da im Jahreszeiten-Verlag das später legendär gewordene *Tempo* zu starten. Von Markus wird noch zu erzählen sein.

Für das neu zu gründende Heft, den Titel *Wiener* konnten wir ja nicht nutzen, hatte ich den Namen *Prinz* vorgeschlagen, am Ende wurde es *Tempo* und unter dem Titel *Prinz* wurde ein überregionales Stadtmagazin gegründet.

1986 war ich Markus nachgefolgt, zur zweiten oder zur dritten Ausgabe von *Tempo*, was sollte ich noch in Wien, weiter unten in der Jugo-Kneipe sitzen und warten, bis die Kollegen zur Mittagspause runterkamen? Mit dem *Wiener*-Verleger hatten wir uns heillos zerstritten, Markus galt als »Verräter«, der die Seiten gewechselt hatte, und jetzt auch ich.

Mein Plan war zwar zunächst gewesen, in Wien allein weiterzumachen, es irgendwie auch Markus »zu zeigen«, die Konkurrenz war damals schon spürbar, aber es machte auch keinen Spaß mehr in Wien. Als ich auf Druck der Wiener SPÖ ein Thema aus dem Heft nehmen sollte, hatte ich die Nase voll, mit Schmid ging es nicht mehr.

Spätabends läutete bei mir zu Hause oft das Telefon, und Markus war auch ein großer Verführer. Was da in Wien passiere, sei in Hamburg undenkbar. Er brauche mich auch in Hamburg, ich hätte die besseren Themen, wir müssten es ja nur so machen, wie wir es in Wien gemacht hätten. Jeden Monat sollte ich ein paar Tage in der Redaktion sein, sonst sollte ich zunächst in Wien bleiben und von da aus arbeiten. Das entsprach auch meinem Wunsch, denn Amelia war gerade geboren, und irgendwie war mir *Tempo* unheimlich.

Aber die Verlockung, wir beide – aber eben zusammen! – seien am Ende unschlagbar und könnten unser Spiel auf dem viel größeren Spielfeld »Deutschland« wiederholen, war groß. Ich war außerdem immer zu schwach, Nein zu sagen, wenn Markus was wollte.

Tempo war die deutsche Fortschreibung des *Wiener*, wenn auch unter ganz anderen Voraussetzungen: Während sich der *Wiener* organisch aus einem bestimmten Segment der Wiener Szene entwickelt hatte und da auch sein Publikum fand, das zudem mit dem darin enthaltenen »Stadtprogramm« einen guten Service erhielt, musste sich *Tempo*, ähnlich wie es 20 Jahre davor der *twen* getan hatte, seine Leserschaft erst erfinden, ohne die Verkaufsunterstützung eines Stadtprogramms.

Es sollten junge Leute in Deutschland sein, die es satthatten, sich von den 68ern bevormunden zu lassen, die aber auch die Bleischwere der Kohl-Ära zum Kotzen fanden. *Tempo* sollte ihnen die Langeweile vertreiben.

Und es funktionierte: Die 68er waren entsetzt, *Die Zeit* schrieb vom »Bazillus«, der die Jugend mit der »Zeitgeist-Epidemie« infiziere, von der »Wiener Krankheit«, die »ihren Opfern mit süßlichen Sekreten Augen und Ohren verklebt«. 1988, zum zweijährigen *Tempo*-Bestehen und 20-jährigen Jubiläum der Studentenbewegung, pöbelte Markus Peichl zurück: »Sie halten das Feuilleton besetzt wie ein verstopftes Klo.«

Die Kritik an *Tempo* hatte ähnliche Argumente, wie sie auch in Wien gegen den *Wiener*, der als konsumeristisch und »warenästhetisch« galt, vorgebracht wurden – aber mit mehr Wucht und höherer Vehemenz.

Markus, den ich in Wien zum *Wiener* geholt hatte, stieß in Hamburg auf günstige Voraussetzungen: Thomas Ganske, der damals junge Verleger – Vater Kurt war gerade verstorben, der Bruder stand nicht zur Verfügung – hatte vor Kurzem die Verlage des Vaters übernommen, den

Buchverlag Hoffmann und Campe und den Jahreszeiten-Verlag für die Zeitschriften. Er hatte dies zunächst eher unwillig getan und wollte mit *Tempo* ein Zeichen setzen, dem Jahreszeiten-Verlag ein neues, zeitgemäßes Profil geben.

Die neue Ära sollte mit einem Paukenschlag beginnen, der Generationenwechsel sichtbar werden. Der junge Verleger setzte sich für *Tempo* ein, vertrat es engagiert und gewährte der Redaktion große Freiräume, inhaltlich wie finanziell, wie es sie vielleicht nachher in der deutschen Verlagsgeschichte nie mehr gab.

Die Redaktion nutzte die Freiräume für politisch spektakuläre, tolle Geschichten, wie das Verteilen einer gefälschten Ausgabe des *Neuen Deutschland* in Ostberlin, die einen »Glasklar«-Kurs ankündigte und das Regime ernsthaft provozierte, aber auch für menschenverachtenden Unsinn, wenn Helge Timmerberg, ein sonst freundlicher und liebenswerter Mann, für seine Freundin auf Verlagskosten ein Sadomaso-Studio einrichten ließ, um an möglichst authentisches Material für eine Reportage zu kommen.

Mit der Wahrheit nahm es *Tempo* oft nicht so genau, Markus nicht, ich aber auch nicht, schon beim *Wiener* nicht – nur dass ich es eher zugab, während Markus sich die Zunge abgebissen hätte, um eine Verfehlung nicht gestehen zu müssen.

Mit Markus hatte ich mich in Wien beim *Wiener* gut ergänzt, wir hatten zu zweit einen interessanten Auftritt, in einer Mischung aus Charme und Präpotenz, und vor allem benahmen wird uns jeden Augenblick so, als würde uns der *Wiener* gehören, wenn nicht gleich ganz Wien. Der fordernde, antreibende, fanatische Ton von Markus korrespondierte eine Zeit lang perfekt mit meiner eher weichen, auf Ausgleich bedachten, man könnte auch sagen konfliktscheuen Art. Er war Lennon, ich McCartney. Erst in Liebe, dann in Eifersucht und Konkurrenz verbunden – nur in der *Wiener* Variante, verdrängt, uneingestanden, verlogen. Wer hat die besseren Ideen? Wer ist besser in der Umsetzung? Wer kann besser schreiben? Wir verausgabten uns auf dieser Rennbahn.

Bei *Tempo* waren wir nie im Duo aufgetreten. Die Zeit, die Markus schon früher da war, hatte er dazu genutzt, sich als alleiniger Chefredakteur zu etablieren. Markus hofierte mich zwar, hielt mich aber auf Abstand. Er ließ mich sein wachsendes Unverständnis spüren, dass ich nicht ganz nach Hamburg kam, aber wenn ich dann da war, ließ er mich links liegen oder schrieb alles, was ich machte, noch mal um, was mich wahnsinnig machte.

Man konnte Markus aber nicht böse sein. Oft traf ich mich mit ihm zu Aussprachen, er hatte eigentlich immer Zeit, wenn man sagte, lass uns mal reden – und schon im Augenblick, wo ich ihn sah, war der ganze Groll verflogen. Das war sein Zauber, damit arbeitete er auch.

Markus hatte die schönsten Pullis, und Jeans trug er schon im »Stretch«-Look, dabei gab es das noch gar nicht. Er hatte ein spitzbübisches, gewinnendes Lächeln und war eigentlich nie schlecht drauf. Er war aber auch nicht sehr ehrlich, das heißt, er log nicht, sondern glaubte an alles in dem Moment, in dem er es aussprach. Auch so ein Talent.

Er hatte nie Geld dabei. Er kam immer zu spät. Er konnte keine Termine halten. Er war ein manischer Ausbesserer, Besserwisser, aber immer charmant. Man musste ihn immer einladen – und es gelang ihm, dabei großzügig zu wirken.

Auf der anderen Seite war ich tatsächlich nur halbherzig dabei, hockte einsam in Wien im Anzeigenbüro des Jahreszeiten-Verlags und verschanzte mich in meiner damals noch heiligen Familie.

Oft tat ich unter der Woche gar nicht viel, fuhr mittags in die Stadt und zum Essen und genoss die tolle Wiener Küche (im Unterschied zur nicht vorhandenen Küche in Hamburg, was ritten wir damals darauf rum!), aber so allein war es nicht das Wahre.

Meine Aufgaben in der Redaktion waren eher diffus und so wartete ich oft nur, ob Freitag das Telefon läutete, die Titelgeschichte sei eingebrochen, ob ich bis Montag, wie ich es beim *Wiener* oft getan hatte, mehr oder weniger »kalt« eine Titelgeschichte schreiben könnte, irgendwas mit »neuen Vätern« oder gerne auch Sex, wir müssen das Heft auch verkaufen. Ich ließ mir dann Tonnen an Archivmaterial faxen – das war ein Luxus, den wir in Wien nicht hatten –, die das Faxgerät des Büros für Stunden lahmlegten, wofür mich die Anzeigen-Leute im Büro hassten.

Oft waren die so entstandenen Geschichten nur Notlösungen, wie aufgeblasene Trendgeschichten über »neue Väter«, die ich ähnlich schon im Wiener geschrieben hatte und die immer auch von meinem Leben mit den eigenen Kindern handelten. Oder es waren eher billige

Sexthemen, die den Verkauf anregen sollten, wie eine an den Schamhaaren herbeigezogene »Ehrenrettung der Masturbation«, uff.

Ich hatte mir den Ruf erworben, relativ unpeinlich über Sexualität schreiben zu können, und die Themen machten mir auch nicht viel Mühe. Meist war es Selbsterlebtes, garniert mit wichtigtuerischen Statements von Vertretern der damals bedeutenden Spezies der Sexualwissenschaftler, wie dem lustigen Marcus Wawerzonnek in Hamburg, der im Dienste der Forschung mit drei Frauen zusammenlebte.

Ich merkte aber nicht, dass ich mit diesem Trash eventuell, nehmen wir mal an, hinter meinen Möglichkeiten zurückblieb und mich in der Redaktion, die von Markus' Ehrgeiz angetrieben steil zur Sache ging, nicht profilieren konnte.

Als ich an einem meiner Hamburg-Tage mit *Tempo*-Kollegen spätabends bei Cuneo in der Davidstraße zum Spaghetti-Essen saß, fragte mich Bettina Röhl, die ich als Tochter von Ulrike Meinhof interessant fand, während sie die anderen mit ihrer insistierenden Art eher nervte, ob ich »*der* Michael Hopp« sei. Sie hätte aus meinen Texten den Eindruck gewonnen, ich sei »viel älter«. »Du schreibst so altklug«, sagte sie, »und dauernd über Sex. Das ist eine seltsame Mischung.«

In der Redaktion fühlte ich mich fremd, Markus' in Wien schon spürbarer und jetzt ausufernder Kontrollzwang nervte mich, sicher war ich auch noch sehr mit der Wiener *Wiener*-Redaktion identifiziert. Das spürten die Hamburger und es entstand keine rechte Nähe, die Redaktion war von Anfang an auf Markus ausgerichtet und konnte mit mir nicht viel anfangen.

Umgekehrt konnte ich das Potenzial der jungen deutschen Autoren nicht recht erkennen, die Markus nach und nach für *Tempo* gewonnen hatte. Es waren Leute wie Christian Kracht, Matthias Horx, Jörg Böckem, Helge Timmerberg, Marc Fischer, Michael Althen, Rainald Goetz, Eckhart Nickel, Christoph Scheuring, Olaf Dante Marx, Moritz von Uslar und Claudius Seidl, die sich später fest im deutschen Feuilleton und am Buchmarkt etablieren konnten. In der Redaktion galt ich bald eher als »bunter Hund« denn als seriöser, engagierter Autor – und das in einem Heft, das insgesamt nicht als besonders seriös galt.

Ich war nun wirklich der »zweite Wiener« hinter Markus Peichl geworden und mit der Zeit musste ich zur Kenntnis nehmen, dass sich das Verhältnis, das wir in Wien beim *Wiener* hatten – wo ich der »eigentliche« Chefredakteur war, zumindest in meiner Selbstwahrnehmung –, umgekehrt hatte.

Erst vor einem Jahr, also 30 Jahre nachdem sich das alles zugetragen hatte, nutzte ich einen Vortrag, zu dem ich eingeladen war, um in dieser Sache die Gewichte etwas zu verschieben, druckte den Text als kleines Büchlein und stellte ihn auch ins Internet.

Meine Idee war, mir einen größeren Credit für den *Wiener* und seine Entwicklung einzuräumen (»Erfinder« des *Wiener* laufen in Wien viele herum), während Markus weiterhin als »Mister *Tempo*« unterwegs sein könnte. Nun ja, falls dies mal zur Diskussion stehen sollte, könnte ich mein Büchlein zücken.

COMING HOME

Die Geschichte des *Wiener*, Mutter aller Indies. Damit auch die Geschichte von *Tempo*. Und wie am Ende alles zusammenkommt

> »I would do anything to see Jeanny again.«
> Falco, *Coming Home*, 1986

Von Michael Hopp

Der *Wiener* war ja eigentlich ein Scheißblatt. Ich war seither in keiner Redaktion, in der so viel gejammert, gezetert, genörgelt, geschimpft wurde. Texte schlecht, Recherchen lächerlich, Optik unverständlich, das Ganze irgendwie gelackt und sexistisch. Die Titelzeilen krass übertrieben. Natürlich kriegt man für so was keine Anzeigen. Die Leute kaufen das ja nur wegen der Sexanzeigen. Die Redaktion gehört gefeuert.

Diese frustrierte Grundstimmung, die in einem gewissen Kontrast steht zu dem, wie der *Wiener* nach außen wirkte, und noch mehr zu dem, welche Wirkung er später entfalten sollte, mag zum Teil dem Wiener Charakter geschuldet sein, der ziemlich unberechenbar zwischen Minderwertigkeitskomplex und Größenwahn schwankt.

Zum anderen Teil war einfach auch Druck am Kessel. Da waren mehr oder weniger zufällig ein paar Leute zusammengekommen, die, jeder auf seine Weise, ehrgeizig waren, und Vorstellungen teilten, die sich unter den gegebenen Bedingungen nicht recht erfüllen ließen. Die Vorstellungen waren übrigens auch unterschiedlich. So waren wir mit jeder Ausgabe immer neu gescheitert.

Scheitern is an energy
Aus diesen Differenzen muss eine erhebliche Energie entstanden sein, die dem *Wiener* über eine kurze Zeit – einige wenige Jahre in der ersten Hälfte der 80er Jahre – zu einer großen Dynamik und noch größeren Strahlkraft verhalf, ohne dass wir recht wussten, wie uns geschieht. »Life is what happens to you while your are busy making other plans«, sang John Lennon 1980. Er wurde erschossen, und uns passierte der *Wiener*. Erst als uns rudelweise Stadtzeitungsredakteure aus Deutschland in Wien besuchten, um mal vorzufühlen, ob man »so was« (was es denn genau sei, war damals niemandem klar, und wir konnten es auch nicht richtig erklären) auch am deutschen Markt machen könnte ... erst dann dämmerte uns, dass uns mit dem *Wiener* etwas ziemlich Besonderes gelungen sein muss. Auf diese Erkenntnis reagierte jeder von uns anders, und am Ende zerstritten wir uns. Verschanzten uns in Wien, gingen nach München, zum *deutschen Wiener* und nach Hamburg, zu *Tempo*. Ich verschanzte mich zuerst und ging dann zu *Tempo*.

Trägt das Züge von Indieness?
Der Mensch erinnert ja nur, was er erinnern will. Diese Erinnerungen zu bewerten, damit umzugehen, ist

schon für einen selbst schwer genug. Was ist nur Anekdote? Was ist relevant? Für wen? Lassen sich aus den Erinnerungen Erfahrungen herausschälen, die auch für andere – vielleicht sogar für andere Generationen – interessant sein können?

Ich war da immer eher skeptisch und bin der jeweiligen Vergangenheit meist eher entflohen, ohne sie fein säuberlich aufgearbeitet zu haben. Ich hinterließ offene Rechnungen, aber auch gebrochene Herzen. Deshalb ist meine Karriere auch keine gerade Autobahn mit Überholspur, sondern eher eine ziemlich verrückte Achterbahn. Trägt das Züge von Indieness?

Wenig in den Rückspiegel geschaut
Von ganz links herkommend, mache ich heute Medien für die Industrie. Vom angeblich »authentischen« und sprunghaften *Wiener*, der Keimzelle von *Tempo*, der sich kaum um seine Leser scherte, gelangte ich später in die total unspontane Programmpresse, in der wir nichts taten, was nicht vorher x-mal bei den Lesern erforscht und so gut wie möglich abgesichert war.

So ging es immer weiter, von einer Welt in die andere, mit hohem Tempo. Gestern *Fix & Foxi* neu gegründet, heute bierernste und hochseriöse Unternehmenskommunikation. Vom Comic-Bildchen zum Content-Hub, ein Katzensprung. Und man sieht sich wieder mal »auf der Flucht«, sang Falco. Wenig in den Rückspiegel geschaut.

Heimkehr in die Heine-Villa
Bis ich im Sommer 2016 zur »Indiecon« eingeladen wurde, zur Blattkritik von drei Indie-Magazinen. Da die Veranstaltung in der Heinrich-Heine-Villa des Hoffmann und Campe Verlags stattfand, lag es nahe, sich auch auf *Tempo* zu beziehen, das in den 80er Jahren hier am Harvestehuder Weg entstanden war und in meinem Berufsweg unmittelbar auf den *Wiener* gefolgt war.

Denn natürlich war auch *Tempo*, das mit forschem Ton und selbstbewusster Themensetzung beeindruckt hatte und bis heute nachwirkt, eine Art »Indie«, indem es zu einem ganz eigenen Blickwinkel fand. Man wollte sich von den 68ern nicht mehr bevormunden lassen, das ewige Bedenkerträgertum sollte mit einem demonstrativen Eskapismus bekämpft werden.

Allerdings wurde *Tempo* in einem ganz normalen Zeitschriftenverlag verlegt, gedruckt, vermarktet, vertrieben, beworben – mit einer großen, fest angestellten, gut bezahlten Redaktion. Die Geschichte spielt in der heute kaum noch vorstellbaren Blütezeit der Zeitschriften, als damit noch richtig viel Geld verdient wurde, wenn auch nicht mit *Tempo*, das war eher die Sorge des Verlegers.

Doch als Redakteur konnte man bei *Tempo* sehr viel Spaß haben, und auch sehr gut verdienen. Bei den Indies heute mag man auch viel Spaß haben, viel Geld nicht. Es kommt darauf an, wie hoch man diesen Unterschied bewertet. More-or-less-»Indie«.

Gemischte Gefühle auf der »Indiecon«
Wer sollte ich sein an diesem majestätischen Spätsommertag, vor diesem bunt gemischten Volk der »Indie«-Gründer. Der Mann, der alles gesehen hat, der abgeklärte Mahner und Realist? Oder der alte *Tempo*-Wilde, der ich ja auch mal war, der nochmal auf die Bühne klettert und sich an seine größten Hits erinnert?

Als die »Indiecon« dann eröffnet wurde, im Erdgeschoss der Heine-Villa, in der eine Zeit lang die von Lo Breier geprägte »Grafik« (sagte man damals) untergebracht war und sich der Eröffnungsredner auf die »heiligen Hallen« bezog, stieß mich mein Nachbar an, ein respektabler heutiger Indie-Chef und früherer *Spiegel*-Mann: »Dass ich das noch erleben darf!« Eine Ironie war nicht zu erkennen, und so blickte ich auch gerührt zu Boden.

Zweierlei ist mir an diesem Nachmittag klar geworden. Das Erste: Der Mythos von *Tempo* ist heute größer denn je, er wächst mit der Zeit, die verstreicht. Die heutigen Indie-Macher, wenigstens die aus Deutschland, waren größtenteils Abonnenten und Fans von *Tempo* – bei Facebook unterhalten übrigens ca. 700 *Tempo*-Fans eine Gruppe, in der sie *Tempo*-Devotionalien wie Aufkleber oder Original-Texte austauschen.

Das Zweite: Wir müssen dem Vertrauen und der Bewunderung, die uns hier entgegengebracht werden, entsprechen. Damit hatte ich meine Rolle gefunden. Aus diesem Geiste gestaltete ich meine Blattkritiken bei der »Indiecon«, und sie wurden ein großer Erfolg, der inzwischen in eine eigene Veranstaltungsreihe gemündet ist. Dieses Jahr auf der »Indiecon« wird die Blattkritik in erweiterter Form fortgeführt und einer größeren Zahl von Projekten zugänglich gemacht.

Mehr Kohle, mehr Sex, mehr Drogen
Im Negativbild wären wir so was wie die Rolling Stones. Untote, die nicht abtreten können. Die es den Jungen immer wieder zeigen müssen. Wir hatten mehr Kohle, mehr Sex, mehr Drogen, als ihr euch je vorstellen könnt. Wir hatten alles, und wir können es uns heute noch nehmen.

Vor allem in meinem Verhältnis zu *Tempo*-Chefredakteur Markus Peichl – ich hatte ihn vorher in Wien zum *Wiener* geholt – bin ich ein Rolling Stone. Jagger und Richards, in all ihrer Unterschiedlichkeit und hasserfüllten Konkurrenz. Aber jedes Mal wenn wir nach der *Wiener*- und *Tempo*-Zeit zusammen was machten, war dieses Gefühl wieder da: Wir beide rocken das Haus, kommen überall durch.

Doch unsere Wege trennten sich. Markus Peichl bewirtschaftet bis heute eher den Mythos *Tempo*, während ich mich auf meine Zeit beim *Wiener* besinne. Eventuell ist das eine Aufgabenteilung, auf die wir uns einigen können. Beim *Wiener* hat alles angefangen, das steht außer Streit. Ich hatte beim *Wiener* 1982 als Chefredakteur begonnen, kurz darauf Markus für die Redaktion gewonnen. Bis 1986 machten wir zusammen das Blatt und führten es zum Erfolg.

Deutsche Verlage wurden aufmerksam, in München entstand beim Bauer Verlag der *deutsche Wiener*.

Markus Peichl begann 1985 bei Thomas Ganske in Hamburg *Tempo* zu entwickeln und nahm vom *Wiener* Artdirector Lo Breier sowie die halbe Redaktion mit.

Ich folgte ein Jahr später nach, nachdem der *Wiener* in Wien durch die Nähe seines Eigentümers zur Wiener SPÖ in seiner redaktionellen Freiheit eingeschränkt werden sollte, aber vielleicht bildete ich mir das nur ein, ich hatte damals auch Bock auf solche Konflikte.

Bei *Tempo* war ich dann nicht Chefredakteur, sondern Autor hauptsächlich für Titelgeschichten, die den Verkauf ankurbeln sollten. Ob Penis-Piercing, Masturbations-Rituale oder Weichei-Väter, auf der heutigen Facebook-Seite werden nach und nach alle meine *Tempo*-Sünden ausgestellt.

Ohne den Wiener *kein* Tempo
Der *Wiener* ist nicht leicht zu erklären. Übrigens erscheint er heute noch, im 35. Jahr, je nachdem, wie man rechnet. Erfolgreich in Österreich ist bis heute die *Wienerin*, die ich 1985 als Art Spin-off des *Wiener* mit gegründet hatte. Aber das ist alles ziemlich unerheblich. Es geht am Ende nur um die paar magischen Jahre, in denen unter dem Dach des *Wiener* so viel Kreativität freigesetzt werden konnte, dass es für eine deutsche Ausgabe reichte und für die Gründung von *Tempo*, mit den bekannten Folgen.

Tempo wurde 1996 eingestellt, damit endet die Geschichte. Die DNA von *Wiener* und *Tempo* lebt heute fort in den führenden Medien des Landes, von *Süddeutsche Zeitung* bis *Spiegel*, und in Büchern von

Tempo-Entdeckungen wie Maxim Biller oder Helge Timmerberg. Dazu kommen die ungezählten, dem *Wiener* nachgemachten deutschen Stadtillustrierten der 80er und 90er Jahre, deren Redakteure uns in Wien besuchten, um sich Ideen zu holen.

Heute steht das alles in Wikipedia. Ich kann die Seiten noch so oft aufmachen, sie sagen immer das Gleiche: »Der Urknall«, so hieß eine *Wiener*-Gedenkgeschichte zum 30-jährigen Jubiläum, fand tatsächlich in nur sechs, sieben Jahren statt, zwischen der Gründung des *Wiener* 1979 (durch Gert Winkler und Günter Lebisch) und dem Exodus nach Deutschland. Um noch einen wahnsinnigen Pop-Vergleich zu bemühen: Die Beatles gab es auch nur zehn Jahre. Und sie gingen im Streit auseinander.

Solche Vergleiche gefielen uns schon immer. Das Thema hier ist ja, war der *Wiener* schon ein Indie, in einem Ausmaß, dass er als Mutter des Genres bezeichnet werden kann? Was war ähnlich, was ganz anders damals? Eignet sich der Vergleich – klar, es gibt auch nicht das »Indie« –, um etwas sichtbar zu machen über die Art, wie Medien entstehen, vergehen, wiederkommen, sich verwandeln?

Don't go home with your hard-on
Anders war, um gleich mal was zu nennen, dass uns solche Beatles-Vergleiche gefielen. Dass wir, vor die Wahl gestellt, es immer lieber groß hatten als klein. Lieber laut als leise, lieber heiß als kalt, lieber fett als mager. Lieber Rausch als Reue. Lieber abschießen,

als mit dem »hard-on« nach Hause gehen, was ja schon Leonhard Cohen eindringlich als ungesund beschrieben hatte: »Don't go home with your hard-on, it only will drive you insane.« Klotzen, nicht kleckern, hieße das ins Blattmacherische übersetzt.

Die Sophistication, die heute in der Mehrzahl der Indie-Magazine gepflegt wird, war uns fremd. Wir wollten es krachen lassen. Damit verbunden: Wir wollten recht haben. Und wir waren laut, weil wir gehört werden wollten. Viel mehr Johnny Rotten als James Blake. Übrigens hatten wir auch immer recht. Die Kampagne gegen die Zerstörung einer Au an der Donau durch ein Kraftwerk – das Momentum zur Gründung der Grünen in Österreich – brachten wir mit dem Slogan »JA ZU NEIN« auf den Punkt.

Das Design der T-Shirts, die wir dazu drucken ließen (ohne vorher unseren Verleger zu fragen), hatten wir von, heute kann man es sagen, von Katharine Hamnet übernommen (ohne sie vorher zu fragen). Das Kraftwerk wurde nie gebaut. Ob wegen unserer Kampagne, sei dahingestellt. Die T-Shirts trugen wir noch Jahre später als Nachthemd. Unten ohne.

Toni Tusch war interessiert an einem Periodikum
Wie gesagt, wir reden hier von einer Zeit, die mehr als 30 Jahre zurückliegt. Es gab kein Internet damals, keine Handys. Wir tippten auf Schreibmaschinen, Layouts wurden von Hand geklebt. Wir rauchten und telefonierten viel. Der *Wiener* wurde gegründet, weil eine Druckerei eine neue Maschine auslasten musste. »Die

Druckerei von Toni Tusch hatte in Oberwaltersdorf in Niederösterreich eine neue Tiefdruckmaschine stehen, ein Riesending. Das war nicht ausgelastet«, erinnerte sich zum 30-Jahre-*Wiener*-Jubiläum Mitgründer Gert Winkler. »Tusch war interessiert an einem Periodikum und wir haben das als Chance gesehen, ein Heft zu machen, in dem wir Kreative uns wiederfinden.«

Gert Winkler war Fotograf und Kreativdirektor der Werbeagentur GGK und hatte die legendäre Mineralwasser-Kampagne »Römerquelle belebt die Sinne« erfunden. Sein Partner Günther Lebisch war Artdirector, als Geschäftsführer wirkte Michael Satke, der Lokale in Wiens »Bermuda-Dreieck« betrieb und die von Coop Himmel(b)lau gestylte Reiss Bar. »In der Reiss sind Rechtsanwälte, Steuerberater und Zahnärzte verkehrt«, sagt Gert Winkler, »die wir als Investoren identifizierten. Wir haben uns gesagt, wir brauchen eine Million fürs erste Jahr.«

Es wurde eine tolle Nullnummer gedruckt, die heute noch was hermacht, in einem Stil, als hätte Andy Warhol kurz in Wien vorbeigeschaut, aber eben doch wienerisch. So einfach war es dann doch nicht, der Wiener ging noch im ersten Jahr in Konkurs. Als Retter trat nun GGK-Boss Hans Schmid auf den Plan, der Angst hatte, seinen Kreativdirektor Winkler ganz an den Journalismus zu verlieren, die Konkursmasse aufkaufte, und Winkler erlaubte, Journalisten einzustellen – wenn er nur in der Agentur bliebe. Klingt doch alles ziemlich nach »Indie« …

In der Nacht vom Schoko in die Wunderbar
Winkler blieb dem *Wiener* als Herausgeber erhalten, jeden Abend gegen sechs, nach der Agentur, tauchte er in der Redaktion auf. Er brachte erstklassige Art-Direktoren wie Lo Breier und Michael Beran, Spitzenfotografen wie Elfie Semontan oder Gerhard Heller und gab dem Heft ein optisch hochwertiges, internationales Gepräge, dem wir mit unseren teils vom Wiener Kulturjournalismus, teils vom Alternativgeist der »Arena« geprägten Vorstellungen kaum hinterherkamen.

Musik war wichtig, vor allem Punk und Neue Deutsche Welle. Hausfotograf Götz Schrage, der Nacht für Nacht loszog, die immer lebendiger werdende Wiener Szene in Lokalen wie Wunderbar, Schoko oder Motto abzufotografieren, war Keyboarder bei »Blümchen Blau« (»Piloten ist nichts verboten«) und Musikkritiker Christian Brandl Bassist bei »Chuzpe«, die mit einer Valium-gesättigten Version von Joy Divisions »Love Will Tear Us Apart« zeitweilig die Ö3-Hitparade anführte.

Gonzo-Journalismus im Wiener Rotlicht-Milieu
Im *Wiener* kam vieles glücklich zusammen. Übrigens war der *Wiener* ja auch eine Stadtzeitung mit komplettem, akribisch gelistetem »Wien-Programm«. Den Vergleich mit *Time Out* ließen wir uns vielleicht noch gefallen, nicht aber den mit *Tip* oder *Zitty*, die uns zu kleinkrämerisch erschienen und zu sehr geprägt von der Alternativkultur. Gert Winkler trainierte die Redak-

tion, sich eher an internationalen Vorbildern zu orientieren, säckeweise schleppte er Hefte in die Redaktion.

Unser Beitrag und Teil des *Wiener*-Erfolgs war vielleicht das konsequente Hochjazzen von Wien, das Abwenden vom ewigen Wien-Bejammern. Wir haben im Gegenteil gesagt, nein, dieses Wien hat das Zeug zur internationalen Metropole, und das zeigen wir jetzt, mit neuen Ausdrucksmitteln, eben auch mit internationalen. Die Alternativen und die Linken haben uns übrigens dafür gehasst. Auch das war unser Momentum.

Wir waren beeinflusst von *Face* in London und von *actuel* in Paris, wir checkten jedes Heft des amerikanischen *Rolling Stone* durch, schnitten Bilder und Überschriften aus und begannen, uns am Gonzo-Journalimus von Hunter S. Thompson zu orientieren. Ich schrieb zum Teil frei erfundene Reportagen aus dem Wiener Rotlicht-Milieu, die im Prinzip reine Stilübungen waren, den Stil des großen Vorbilds zu treffen. Später bei *Tempo* durfte ich dann mal Kontakt zum »echten« Hunter Thompson aufnehmen, der sich als ziemlich unerträglicher Psychopath entpuppte.

Wiener *und Falco im Content-Hub*
Und dann gab es noch Falco, der Österreicher, der damals mit dem »Kommissar« in Amerika einen Nr.-1-Hit hatte. Die crossmediale Verlängerung des *Wiener* würde man heute sagen, Falco war der Soundtrack zu unserem Heft, wir sein Textbuch. *Wiener*-Artdirector Lo Breier gestaltete Falco-Cover, ich führte Interviews

und veröffentlichte elegische Porträts in glamourösen Layouts, während ich den damals dann wirklich etwas arm aussehenden Austro-Pop-Pionier Wolfgang Ambros kampagnenhaft mit Hass und Häme überschüttete … Man ließ sich auch gehen damals. Wir waren eine große Familie.

Aber, wie anfangs gesagt, misstraue der Erinnerung … Trotzdem, für einige kurze Jahre war der *Wiener* so viel »Indie«, wie man nur sein kann. Markus Peichl und ich klagten zwar bei der Manöverkritik beim Heurigen in Grinzing über die »Idioten« in der Redaktion, mit denen man unmöglich ein gescheites Heft machen könnte, aber am Ende haben alle ihren Weg gemacht, sind heute geachtete Ressortleiter, berühmte Chefredakteure, profilierte Autoren … viele sind über *Tempo* in Deutschland angekommen, die wenigsten wieder nach Österreich zurückgegangen. Für fast jeden von uns war der *Wiener* eine Erfolgsgeschichte.

Zwar ist in den Medien heute alles anders, und in der fragmentierten, multimedialen Welt ist es viel schwerer geworden, auf die Kacke zu hauen, bzw. Relevanz herzustellen. Beim 30-Jahre-*Wiener*-Interview sagte Artdirector Lo Breier, den *Wiener* müsste man heute im Internet gründen. Weiß ich nicht.

Anfangen, losgehen und erst viel, viel später sehen, wo man angekommen ist, ich denke, diesen Weg werden auch die »Indies« gehen, die mir verzeihen mögen, dass ich sie in diesem Text so undifferenziert in einen Topf geworfen habe. Bis dann.

Broschüre der Agentur *Hopp und Frenz*, 2016

Wenn ich heute an *Tempo* denke, fallen mir keine Heldengeschichten und keine Anekdoten ein, die Zeit ist seltsam fern und im Nebel versunken, was im Widerspruch dazu steht, dass *Tempo* sicher eines der großartigsten Projekte war, an denen ich beteiligt war. In gewisser Weise gründet sich meine heutige Existenz darauf, denn Thomas Ganske hat mir 30 Jahre später den Weg in das Corporate Publishing geebnet. Die Erklärung könnte sein, ich war damals neurotisch verspannt, in Eifersüchteleien und kindischen Komplexen verfangen und bin es heute noch.

Meine *Tempo*-Geschichte ist eine Geschichte von Eifersucht, von Zurückweisung, von nicht ausgesprochenen Beziehungsproblemen, die sich bis heute nicht klären ließen. So unangenehm und peinlich es auch ist: Es war für mich unerträglich, dass die Verleger-Vaterfigur Ganske Markus mir vorzog, das ist die ganze *Tempo*-Geschichte für mich. Der Rest ist Bedauern und Beschwerde.

Als Thomas Ganske eines Tages die Wiener Anzeigenvertretung des Verlags besuchte, in der ich mein kleines *Tempo*-Büro hatte, holte ich ihn vom Flughafen ab, mit meinem damals neuen BMW, tiefergelegt, breite Pneus, schwarzes Leder, mit einer Rosenholztäfelung am Armaturenbrett, die sich aber immer ablöste, was dem Wagen was schräg Verruchtes gab. Ich hatte zu der Zeit noch alles halbwegs im Griff, die ganz großen Katastrophen standen noch aus.

Damals noch ganz goscherter Wiener, hatte ich noch keine Ehrfurcht vor den großen Verlegern hanseatischen Zuschnitts, ihren Dynastien und ihren Geldbergen, die sie mit Druckereien verdienten, damals. Es umgab sie eine Aura zwischen Geist und Macht, für die ich aber erst später empfänglich werden sollte, und dann umso mehr. So begegnete ich dem Junior-Verleger ohne jeden Respekt und lud ihn, weil ich wusste, dass ihn das Thema auch interessierte, abends zum Besuch in ein Audio-Geschäft, um sich da einige sehr teure Geräte anzuhören.

Der Abend wurde sehr lang, erst um zwei Uhr morgens schlossen die erstaunten Inhaber ihren Laden, freilich in der Hoffnung auf ein gutes Geschäft mit dem reichen deutschen Verleger. Heute noch, 30 Jahre später, erzählt der mittlerweile ergraute Verleger bei Anlässen wie dem alljährlichen Weihnachtsgansessen für seine Chefredakteure von dieser Nacht.

Der Verleger. Und ich. Die entstandene Nähe entpuppte sich als flüchtiges Gut, wie Sand, der von Strömungen fortgetragen doch immer wieder angeschwemmt wird. Zurück in Hamburg nach der Nacht in Wien, ich war in der *Tempo*-Redaktion, der Verleger schaute da immer mal vorbei, wurde ich kaum eines Blicks gewürdigt. Allerdings bekam ich einen Termin, um ein Buchprojekt vorzustellen.

Damals war der »G-Punkt«, eine Stelle an der Klitoris der Frau, die es zu stimulieren galt, um einen besonders guten Orgasmus zu erreichen, ein großes Thema. Diesen Trend wollte ich nutzen. Ich hatte von der »weiblichen Ejakulation« gehört, der Fähigkeit von Frauen, beim Orgasmus zu ejakulieren, in hohem Bogen und mit einer ganzen Menge Flüssigkeit, spektakulärer als beim Mann. Tolle

Sache. Ich trug das Ganze sehr cool vor, ohne jede Peinlichkeit, Thomas Ganske war mein Faible für Sex-Themen nicht neu, ich hatte auch in *Tempo* über Masturbationstechniken oder gepiercte Penisse in einer englischen Punk-Sekte geschrieben.

Ganske lachte freundlich, er glaubte mir nicht recht, das sah ich ihm an – damals gab es noch keine YouPorn-Videos – und meinte, er denke nicht, dass die weibliche Ejakulation groß interessieren würde. Warum denn nicht, ist doch sensationell und weiß noch keiner? Eigentlich noch toller als der G-Punkt, physiologisch neu! Ja, aber da haben Sie was übersehen, sagte der Verleger. Was? Die weibliche Ejakulation ist mit keinerlei Vorteil verbunden. Während der G-Punkt mehr Lust verspricht. Das ist der Unterschied, Herr Hopp.

Und denken Sie, dass er recht hatte, fragte die Analytikerin in Hamburg viele Jahre später, als ich die Anekdote erzählte. Wie denken Sie heute darüber? Haben Sie eine Idee, was Sie eigentlich erreichen wollten, damals?

Zuletzt wurde mir die Konkurrenz mit Markus zu anstrengend. Ich hatte nicht den Mut, den Konflikt offen auszutragen, was immer das geheißen hätte, schwankte zwischen einer Identifikation, die mich wehrlos machte, und dem Wunsch, mich abzugrenzen, es anders zu machen. Mit seiner manischen Art war Markus für mich auch zu einer Art Über-Ich geworden. Mich faszinierte die kompromisslose Art, mit der er Dinge anpackte, aber je entschlossener er vorging, desto übergangener fühlte ich mich. Es war in der Zeit für mich unmöglich geworden, ihm irgendetwas zu erzählen, das er nicht schon gewusst hätte.

Thomas Ganske sah in Markus das Talent, den gnadenlosen Ehrgeiz, den geliebten Sohn – vielleicht, alles Eigenschaften die ihm selbst fehlten. Als Markus nach Hamburg übergesiedelt war, kam an einem der ersten Wochenenden sein Vater aus Wien, ein bekannter Architekt, um sich das weiße Landhaus an der Elbchaussee anzusehen, das Markus gemietet hatte. Thomas Ganske hatte das mitbekommen und es hatte ihn berührt, denn sein Vater hätte so was nie für ihn getan.

Markus überzog mit der Zeit seinen Kontrollwahn, keine Seite von *Tempo* durfte weitergehen, bevor er sie mit seiner kleinen, krakeligen Schrift durchkorrigiert und oft neu geschrieben hatte, oft mehrmals – mit der Folge, dass kein Heft mehr pünktlich fertig wurde. Und als er sich immer mehr gehen ließ und mit Cola-Flaschen um sich schmiss, weil einfach nichts und niemand seinen Ansprüchen genügte, er selbst sich am wenigsten – ich wusste schon, dass er darunter litt, aber ich war nie sicher, ob er einen mit dieser »Einsicht« nur wieder einkaufen wollte –, setzte ihn der Verlag ins Flugzeug und schickte ihn auf Zwangsurlaub nach Kuba. Ich sollte ihn vertreten. War meine Chance gekommen?

Für diese Zeit kam ich mit der Familie nach Hamburg und wohnte in Markus' weißer *Tempo*-Villa am Jenischpark in Othmarschen. Tatsächlich gelang es mir, die verschleppten Termine einzuholen, und das Heft hätte pünktlich erscheinen können. In der Nacht rief Markus aus Havanna an, er habe gehört, das Heft sei so schlecht geworden, ich müsse es noch mal überarbeiten. Und wenn ich es jetzt zum Termin erscheinen ließe, wisse er nicht, was er mache …

Ich weiß auch nicht mehr, was ich damals tat. Ich weiß auch nicht mehr, ob das Telefonat wirklich stattgefunden hat oder ob ich es damals nur geträumt oder mir eingebildet hatte, ich kann mich nur erinnern, ich hatte es Pia, die ganz schockiert war, und einzelnen Leuten in der Redaktion erzählt. Ich weiß auch nicht, ob es Kuba war, ich denke aber schon. Ich weiß nur, dass es sich so anfühlte damals.

Als es Thomas Ganske zu bunt wurde, schmiss er Markus Peichl raus, der frühere *Stern*-Chefredakteur Michael Jürgs folgte ihm nach, der ein viel schwächeres Heft machte, Markus' Talent als Blattmacher wurde dadurch erst richtig deutlich – für mich auch. Tragisch, dass er nach *Tempo* nie wieder ein größeres Heft machen konnte.

Im Mai 1988, als ich in Hamburg war, Markus zu vertreten, erschien Bob Dylans Album *Down In The Groove*. Lucas Koch, der Musikredakteur, der die Platten sonst streng hortete, hatte sie mir mit der Bemerkung mitgegeben: »Du bist ja Dylan-Fan.« Es klang so, als würde er die Platte sonst wegschmeißen. Dylan war gar nicht *Tempo*, klar, und dass ich beim Musikredakteur in Verdacht stand, Dylan-Fan zu sein, sagte schon einiges über mein Ansehen in der Redaktion aus. Dazu kam, *Down In The Groove* galt damals als künstlerisches Desaster und der Ruf der Platte hat sich in den letzten 30 Jahren auch nur geringfügig verbessert. Sie ist das hässliche Entlein unter den Dylan-Alben, lässt Anzeichen von Schwäche, Depression und Orientierungslosigkeit erkennen. Ich habe die Platte heute noch, das Exemplar von damals, mit dem unscharfen Coverfoto, und höre sie oft, sicher einmal im Monat, und denke an meine Zeit bei *Tempo*, das hässliche Entlein in meiner Karriere, obwohl ein stolzer Schwan daraus hätte werden können.

Ich schob damals meine Familie in Wien vor, ging für einige Zeit wieder nach Wien zurück und wurde Chefredakteur beim neu gegründeten Wirtschaftsmagazin *Cash Flow*. Mit Markus hatte ich jahrelang keinen Kontakt, auch die echte oder vermeintliche Nähe zum Verleger war für viele Jahre unterbrochen. Bewerbungsschreiben, die ich zwischendurch, wenn ich auf Jobsuche war, immer wieder mal geschickt hatte, blieben unbeantwortet.

Erst drei Jahrzehnte später sollte ich Thomas Ganske wiedertreffen, als ich begonnen hatte, inzwischen mit eigenem Redaktionsbüro, für den Kundenzeitschriften-Bereich des Verlags zu arbeiten – und damit zu den immer noch stattfindenden Weihnachtsessen für Chefredakteure des Verlags »in der Villa« eingeladen wurde, was ich in der *Tempo*-Zeit nicht geschafft hatte, da war ich ja nicht Chefredakteur. Markus war schon lange nicht mehr im Verlag, ich schien also freie Bahn zu haben.

Zu Ganske entstand in den nun folgenden Jahren so etwas wie ein gutes Arbeitsverhältnis, schließlich bekam ich für mein Büro einen Vertrag, auf den Eva und ich unsere, bis heute erfolgreiche, Selbstständigkeit gründeten. Wir besiegelten dies mit einem feierlichen Abendessen beim Italiener, indem er mir Treue abverlangte. Vor allem für einen Konkurrenten, für Manfred Bissinger, der mich zu Ganske geholt, sich aber jetzt von ihm getrennt, eine eigene

Agentur eröffnet und auch mir ein Angebot gemacht hatte, durfte ich auf keinen Fall arbeiten. Ich schwor also Treue und er versilberte mir diese mit dem Vertrag.

Ich fühlte mich wie neugeboren. Die *Tempo*-Wunde begann zu heilen. Mit fliegenden Fahnen begab ich mich in ein Abhängigkeitsverhältnis, das mich noch ein paar Jahre davor bewahren konnte, »erwachsen« werden zu müssen. Ich hatte mich an den Verleger-Vater wieder herangearbeitet. Und – vielleicht fand er mich jetzt ja zumindest gleich gut wie den Markus. Der Minderwertigkeitskomplex war immer noch da.

Dr. Von, deren Praxis sich ganz nahe beim Verlag befand, konnte den von mir in vielen Stunden vehement vertretenen Analogien zwischen Vater- und Verlegerfiguren nie viel abgewinnen. Sie ließ die Ausführungen entweder unkommentiert stehen oder begann in ihren Unterlagen zu kramen.

Ich tat es hartnäckig immer wieder, sicher in der Hoffnung, die »Vatersucht« – meine auch hier schon dargelegte »Theorie« gipfelt ja in der Behauptung, ich könne überhaupt nur arbeiten, wenn es irgendwo einen Vater gebe, dem gegenüber ich damit etwas gutmachen könne – würde nachlassen oder irgendwie bearbeitbar werden, wenn sie von der Analytikerin als entsprechend schwere Störung, als Krankheitsbild anerkannt würde. Die Freude machte sie mir nie.

Sie sagte eher Sachen wie »Jeder Mensch braucht eine Vaterfigur, das ist normal« oder »Es ist doch erfreulich, wenn Sie zu dem Verleger eine persönliche Beziehung haben«. Auch dass ich mich in einer »Abhängigkeit« befinde, ließ sie nicht gelten, obwohl es stimmte, ich war mit meinem Büro »exklusiv« an den Verlag gebunden. Ein Vertrag sei doch was Positives, meinte sie, er gebe doch Sicherheit. Auch die Konkurrenz zu Markus Peichl, die mir unbedingt der Analyse wert erschien, fand Dr. Von unerheblich, zumindest machte sie den Eindruck. Einmal sagte sie: »Wenn Sie mit diesem Mann so gut zusammengearbeitet haben, könnten Sie diese Zusammenarbeit doch wieder aufnehmen.«

Und einmal, als ich wie verliebt eifersüchtig von Markus' Qualitäten schwärmte, unterbrach sie mich mit den Worten: »Sicher ein Talent, wenn es stimmt, wie Sie das beschreiben. Jetzt aber wieder zu Ihnen.« Jetzt wieder zu mir.

Meine eigenen inneren Dramen sind wie ein Film, den man sich zehn Mal ansieht, statt in neue Filme reinzugehen, und halten mit den tatsächlichen Entwicklungen nicht immer Schritt. Dass ich Markus nach 30 Jahren in der Konkurrenz der Königssöhne vor dem geheiligten Verlegervater endlich bezwungen hatte, kam vielleicht etwas spät.

Markus, der inzwischen längst andere, interessantere Tätigkeiten gefunden hatte, schien das Kapitel Ganske hinter sich gelassen zu haben, und auf der »freien Bahn«, die ich mir endlich geschaffen hatte, war es in der Zwischenzeit ziemlich einsam geworden. Die Tafelrunde der Chefredakteure trifft sich noch zum Weihnachtsessen, aber wie in den »Zehn kleinen Negerlein«, dem rassistischen Kinderbuch, einem Klassiker meiner Nachkriegskindheit, werden es ständig weniger.

Wer in den 80er und 90er Jahren woran und wie Anteil hatte, ist kein Thema mehr. Ich sehe die Vergangenheit nur verschwommen, will aber aus irgendeinem Grund unbedingt scharf stellen.

Klar, der Erinnerung ist zu misstrauen. Hier hat die Psychoanalyse der Geschichtsschreibung gegenüber den Vorteil, dass sie nur mit dem Material arbeitet, das der Patient im Augenblick der Stunde anbietet. Die »falsche« Erinnerung oder die Manipulation des Erlebten nach seelischen Mustern ist kein Problem, sondern eher die Methode und bildet gleich wieder weiteres Material.

Der Analytiker fragt: Warum erzählt er das so? Und das nächste Mal schon wieder anders? Und denkt vielleicht: An dem, was der Patient über die *Tempo*-Zeit erzählt, wird das schwankende Selbstbild zwischen Selbsterhöhung und Selbsterniedrigung deutlich. Die in der Kindheit fehlende Anerkennung durch den Vater muss dauernd kompensiert werden. In der Konkurrenz um die Zuneigung des Vaters kann keine Beziehung zu »Bruder« Markus entstehen. Die Protagonisten stehen in einer latent homosexuellen Dreier-Beziehung. ... Das improvisiere ich jetzt alles nur.

Für Leserinnen und Leser ist es schwieriger zu entscheiden: Wo übertreibt er, was sieht nur *er* so, wo hätte auch jemand anderer gefragt werden müssen? Ist es nur *seine* Wahrheit? Aber hat nicht jede Wahrheit einen Besitzer? Und ist der Wunsch nach einer allgemein verbindlichen Faktentreue eventuell auch nur so ein Kinderwunsch nach Sicherheit, nach festen Koordinaten, an denen man sich ausrichten kann? In der Kollektivseele einer Gesellschaft bilden sich aber nicht die einzelnen Tatsachen ab, ob richtig oder falsch erinnert, sondern die Erzählungen darüber. Die Nibelungen-Saga. Die 68er-Generation. *Star Wars*.

Die *Tempo*-Jahre. Das ist die große Erzählung. Und meine Rolle dabei? Warum ist mein Gehirn wie verklebt, warum ist es so endlos deprimierend, wenn ich die Wirkungen, die *Wiener* und später *Tempo* auf meinen weiteren Berufsweg hatten, einordnen und bewerten will? Eva läuft davon, wenn ich damit anfange.

Ich sehe größere und kleinere Dramen, die mich mal als Gewinner, mal als Verlierer zeigen. Ich frage mich, warum ich damals so arg die Orientierung verloren habe – in einem Projekt, in dem andere sie offenbar gefunden haben.

Wie viel einfacher könnte ich es mir machen, die *Tempo*-Zeit als einen einzigen Riesenerfolg zu feiern, der einer ganzen Generation von jungen Journalisten zu einer Sichtbarkeit verholfen hat, die sie ohne diese Magazine nie erreicht hätte. Meine beiden Analytikerinnen hätten sich sicher, ich habe es allerdings nicht ausprobiert, mit dieser Kurzbeschreibung zufriedengegeben, ohne ein einziges Mal nachzufragen.

Das trifft eventuell auch auf dieses Buch zu. Wie weit gehören diese »Medienthemen« hierher? Da hätte er ein Medienbuch machen können, gibt es ja, jeder Chefredakteur schreibt irgendwann ein Buch. Das von Markus Peichl steht noch aus. Vor ein, zwei Jahren hat mir Markus angeboten, so ein Buch gemeinsam zu machen.

»Michael«, sagte er auf seine immer noch funktionierende Verführer-Art, »wir müssen nur wo hinfahren und zwei Tage über das reden, was wir erlebt haben – und wir nehmen jemanden mit, der das aufnimmt und dann redigiert. Dann haben wir ein Buch und fast keine Arbeit. Sicher ein Hit!«

Es gibt Stoff, das stimmt. Denn heute, mehr als 30 Jahre später, gelten die »*Tempo*-Jahre« – essenziell war die Zeit von 1986 bis 1992, als Markus Peichl das Magazin leitete – als mit prägend für die Entwicklung, die der deutsche Journalismus danach nehmen sollte. Mit jedem Jahr, das seither vergeht, wächst der Mythos noch. Ich meine, *wir*, also Markus und ich, wenn wir die Vorgeschichte mit dem *Wiener* dazunehmen, wir waren nicht ganz die *Rolling Stones*, aber nahe dran …

Größenwahn, auch nur Anflüge davon, machen sich ganz schlecht in einer Psychoanalyse. Narzissmus ist ja die klassische »Störung«. Wie fügen solche selbstüberhöhenden Schwärmereien sich ein in den Bedeutungskosmos, den eine Psychoanalyse konstruiert, wie hell dürfen sie leuchten am Psycho-Firmament?

Man kann auch die Karriere in einer Versicherung von ihrer komplizierten Seite her erzählen, und warum sollte sie weniger aufregend sein? Beziehungsweise, wie aufregend war denn unser Medien-Kinderkram wirklich, in der Zeit erfanden andere kleine Computer, die heute jeder Mensch in der Tasche trägt, um sich mit allen Menschen zu verbinden.

Es ließe sich auch kritisch fragen, wie infantil und wehleidig einer sein muss, wenn er 30 Jahre später noch die

Geschichte nicht anders erzählen kann als in diesem Damals-hat-der-Markus-dieses-und-damals-hat-der-Markus-jenes-gesagt-Tonfall, wie ein Dreikäsehoch, der sich bei der Kindergärtnerin beschwert. Aber – jetzt wieder die Autorenstimme – waren nicht auch Freud und Jung zerstritten, aus kleinlichen Motiven, und nicht in der Lage, über Jahrzehnte den Konflikt unter vier Augen zu behandeln? Die beiden Heroes der Psychoanalyse? Oder ist der Vergleich einfach bescheuert? Wahrscheinlich.

Doktor Von jedenfalls konnte unserem und damit meinem Heldentum nichts abgewinnen, allerhöchstens einen »schönen beruflichen Erfolg«. Entschuldigung, hat jemand je gesagt, die *Beatles* hätten einen »schönen beruflichen Erfolg« gehabt? Auf Erfolg waren wir gar nicht so aus. Wir waren auf Hype aus, auf Einfluss, auf Nichtübersehenwerden, auf Eine-Stimme-Haben, das ist eine andere Währung. Wir waren verdammte Egos. Auf der anderen Seite schufen wir auch viele Jobs damit.

Ich habe mein Ego schon mehrfach zurückgenommen, angepasst, Markus ist noch mit dem Superteil von damals unterwegs, mit einer großen Veranstaltung jedes Jahr, einem »Wettbewerb«, aber in Wirklichkeit einem hochpriesterlichen Amt, wenn er die *Lead Awards* für besondere Leistungen in den Printmedien vergibt. Aber wer spricht über solche Lebenswege Urteile? Und wozu? Warum reitet er immer auf so was herum, fragten sich sicher meine Analytikerinnen und jetzt vermutlich auch Sie.

Noch mal, die erbitterte Konkurrenz zu diesem Markus, mein bis heute ungeklärtes, ja völlig verkorkstes

Verhältnis zu der ganzen Zeit … das wären doch die psychologisch zu betrachtenden Themen!

Oder mein über die Jahre antrainiertes mönchisches Getue, mir bloß kein Scheibchen vom *Tempo*-Mythos abzuschneiden – im Gegensatz zu den vielen anderen, die alle schon ihre *Tempo*-Bücher gemacht haben und die Lebensleistung, damals im Impressum gestanden zu haben, wie eine Monstranz vor sich her tragen.

Manche der *Tempo*-Leute sind schon todkrank, aber ein Erinnerungsroman geht sich noch aus, with a little help from my friends. Mein dagegen angeblich selbstloses Kein-Scheibchen-Abschneiden kann auch aufgefasst werden als meine Unfähigkeit, die Rolle der beleidigten Leberwurst aufzugeben – weil sie mich, mit ihrer dicken Haut, vor weiteren Kränkungen schützen sollte. Leberwürste haben doch dicke Haut, oder?

Es wäre doch toll gewesen aufzuklären, was mich eigentlich geritten hat, jedes Mal, wenn ich gefragt wurde, zu erzählen, für mich sei es damals Zeit geworden, »aus der Zeitgeist-Ära auszubrechen« und sozusagen endlich etwas Richtiges zu machen. Und Zweifel zu äußern, ob *Tempo* wirklich so genial gewesen sei, was aber meist auf Unverständnis stieß.

Warum beschmutzt er das Nest? Warum? Wo doch sein Anteil an *Tempo*, mit dem vielen, was er da schrieb, gar nicht so gering ist? Allerdings habe ich danach tatsächlich auch was »Richtiges« gemacht, Zeitschriften in Millionenauflagen, auch wenn sie nicht viel mehr als das

TV-Programm enthielten, die richtig GELD brachten, was man von *Wiener* und *Tempo* nicht behaupten kann.

Die Analytikerinnen Zu und Von hatten kein Interesse an der Story. Zu vieles ist hier zusammengeknotet, zu viele andere Menschen kommen vor. Was auf der rationalen Ebene analysierend scheint, ist bei Weitem kein gutes analytisches Material. Da warten wir lieber auf den nächsten Traum – denke ich, dachten sich meine Analytikerinnen. Aber meistens stimmt das nicht, wovon ich denke, dass sie es denken oder dachten oder denken werden.

Traum 6
Ich bin zu spät. Ich trete außer Atem in ein Gebäude, das ich kenne, aber auch wieder nicht. Ich erkenne einzelne Flure, Aufgänge, doch wenn ich einen Weg eingeschlagen habe, ist schon wieder alles anders. Ich vergesse ständig, wo ich hin muss. Wenn ich jemanden sehe, den ich nach dem Raum fragen könnte, habe ich im gleichen Augenblick vergessen, wonach ich fragen wollte. Die Räume, an denen ich vorbeilaufe, tragen Städte- und Ländernamen, wie es in Bürogebäuden oft üblich ist, aber völlig durcheinander: Alaska, Amsterdam, Australien – ah, alles mit A, denke ich, ich muss zu M, zu M IV., römisch vier, das ist eine andere Ordnung, plötzlich fällt es mir wieder ein. Ich laufe auf eine Flügeltür am Ende des Flurs zu, so eine Tür gibt es auch in »The Shining« von Stanley Kubrick. Ich drücke die Tür auf, ziehe sie von innen wieder leise zu. Der Raum ist völlig leer. Und völlig weiß. Meine

Erwartung an den Raum und die Situation hier war völlig falsch. Der Stress und die Ängste fallen von mir ab. Ich finde den Raum gut, als wäre er für mich. Die Wände strahlen hell. Plötzlich merke ich, dass da keine Fenster sind. Als ich mich umdrehe, ist auch die Tür verschwunden. Ich wache ohne Angst auf, das war kein Albtraum, eher eine Meditation. Als hätte ich mir einen neuen Raum erschlossen. Nur dumm, dass er ein Gefängnis ist.

Musik hören I

Ein wichtiger Teil meines Lebens, um es ganz zurückhaltend zu sagen, sind Schallplatten und Hi-Fi-Technik, also Plattenspieler, Verstärker, Lautsprecher. Eva würde mein »Hobby«, (ein Wort, das am Aussterben ist – mein Vater hatte eine Zeitschrift mit diesem Titel abonniert) als Sucht bezeichnen. Als etwas nicht so Harmloses.

Es stimmt, ich habe Entzugserscheinungen, wenn ich keine Platte kaufen kann oder nicht Teile, Tonabnehmer, irgendwelche Netzteile oder Spezialkabel anschaffen kann für das Hi-Fi-System, weil ich gerade kein Geld habe, was immer wieder mal vorkommt.

Entzug bedeutet, missmutig sein, mit Eva Streit anfangen, zwanzig Mal am Tag daran denken. Kein Geld: Das ist immer relativ. Die finanzielle Situation muss schon sehr angespannt sein, dass ich sie wirklich als Hinderungsgrund ansehe.

Im Allgemeinen finde ich immer Wege, Ausreden, Rechtfertigungen vor mir selbst, wie es eben bei einer Sucht ist. Es gibt ja auch ganz billige Secondhand-Platten, die man sich genau genommen immer leisten kann, die so viel kosten wie einmal im Imbiss essen, Kartoffel bei Kumpir oder Döner bei Sel, auf die ich ja auch verzichten könnte.

Es ist doch immer die Frage, wofür man Geld ausgibt. Es gibt auch befreundete Hi-Fi-Händler, die erst später die Rechnung schicken.

Die Sauferei war auch nicht umsonst, oder? Hi-Fi ist doch besser als Saufen, oder?

Seit meiner ersten Single zu Weihnachten 1964, *And I Love Her* von den Beatles – ich bekam sie am Heiligen Abend, durfte sie nur ganz leise abspielen –, sammle ich Schallplatten, ohne Unterbrechung, auch in der Zeit, als die Vinyl-Schallplatte auszusterben drohte. Heute besitze ich viele tausend Langspielplatten, nie habe ich eine CD gekauft, und habe so natürlich auch ein Platzproblem und in der Folge womöglich auch ein soziales. Werde ich mir den vielen Platz, all die verbauten Regalmeter immer leisten können? Sieht nicht danach aus.

Ich kann sagen, mir wurde das Vinyl in die Wiege gelegt. Es kommt schon in meinen frühesten Erinnerungen vor und begleitet mich mein ganzes Leben. Es hat mit dem Wunsch nach Aussöhnung, nach Verbindung zu tun, zwischen Vater und Mutter, Technik und Kultur, Zwanghaftigkeit und Sich-fallen-Lassen.

Mein Großvater, wie er jedes Mal, wenn mein Vater ging, *Junge, komm bald wieder* von Freddie Quinn auflegte und weinend auf die drehende Platte starrte. Meine Mutter, die, bevor sie ausging, und sie ging oft aus, Edith Piafs *My Lord* auflegte und, während die Platte lief, beschwingt das Kostüm für den Abend vorm Spiegel probierte. Für mich hatte das auch eine bittere Seite, denn ich wusste – sie ist gleich weg.

Schon als ich vier, fünf war, ließ sie mich für sie Platten auflegen, was mich sehr stolz machte – wenn es gelang. Wenn ich aber, was schon mal vorkam, den Tonabnehmer neben der Platte absetzte und es dieses furchtbare Geräusch machte, lief ich hysterisch schreiend weg – mit beiden

Händen an den Ohren, was auch den Schmerz der Ohrfeige linderte, die ich dann oft kassierte, wie man damals sagte. Wenn alles wieder gut war und ich meine Mutter artig fragte, durfte ich zwischendurch auch mal eine Märchen- oder Kinderliederplatte spielen.

Doch bald eröffnete ich mir eigene Wege, Platten zu hören. Die Eltern meines Schulfreunds Stefan waren berufstätig, und so konnten wir an den Nachmittagen die Musiktruhe im Wohnzimmer benutzen. Da wir zusammengenommen nur circa 30 Singles hatten, spielten wir die entsprechend oft, dafür hatte der Plattenspieler übrigens auch eine automatische Vorrichtung. *Wild Thing* von den Troggs etwa gerne zehn bis fünfzehn Mal hintereinander. Dazu wippten wir mit dem Kopf, bis uns schwindlig wurde bzw. erste psychedelische Gefühle entstanden. Manchmal unterbrachen wir das Plattenspielen, um zusammen zu wichsen, auch das gab den Nachmittagen eine besondere Atmosphäre.

Meinen ersten eigenen Plattenspieler bekam ich mit zwölf von meinem Vater, der bis heute eng verbunden ist mit diesem Gerät, das auf so wunderbare Weise Sinnlichkeit und Schönheit (der Musik) mit Technik (der Wiedergabe) vereint. Etwas, das meine Eltern sonst eher als Widerspruch repräsentiert hatten, die weiche, sinnliche, aber eher untüchtige Mutter und der harte, ungeduldige Techniker-Vater.

Diese aussöhnende Wundertechnik hat für mich bis heute nichts von ihrer tröstenden Faszination verloren, im Gegenteil, je älter ich werde, desto mehr Trost spendet sie mir. Jedes Mal, wenn sich die Nadel (der Diamant!) in die Rille senkt, tröstet mich mein Vater und tut damit etwas, das er im wirklichen Leben nie tun konnte. Okay, das ist jetzt vielleicht etwas dick aufgetragen. Jedenfalls ist es mit meinem Vater verbunden. Während die Liebe zu den Platten direkt aus der Kinderwelt herrührt, hat die später dazugekommene Faszination für Hi-Fi-Geräte mit Erwachsenwerden zu tun, mit der Sehnsucht, dem Vater nahe zu sein bzw. etwas zu finden, das die Nähe ermöglicht.

Heute bin ich von Schallplatten und Hi-Fi gleich stark abhängig. Dass Platten und Plattenspieler bzw. Plattenspieler und Platten, besser in dieser Reihenfolge, zusammengehören, könnte man ja als Banalität ansehen, ist es aber nicht, weil man die beiden Sphären auch als getrennt erleben kann. Hier die spießigen und zwänglerischen Hi-Fi-Freaks, dort die wilde, unzähmbare Musik, die mit dem Vinyl-Sammeln eine üble Domestizierung erfährt.

Und wirklich gibt es viele Hi-Fi-Fans, die nicht ihre Platten, sondern ihre Plattenspieler hören, während es Plattensammler und Musikfans gibt, denen die Abspielgeräte völlig schnurz sind. Mir ist also beides nicht egal, was es nicht einfacher macht.

Nie werde ich es vergessen. Das Ding, das mir mein Vater kaufte, als ich zwölf war, sah aus wie ein Toaster und war eine Art Vorgänger des Walkman: Man drückte die Single in einen Schlitz, als würde man sie toasten wollen. Großer Vorteil: Der Plattenspieler lief auch mit Batterie, war also tragbar und konnte so auch im Park eingesetzt werden. Allerdings brauchte er so viel Batterie, dass mehr als drei, vier Singles hintereinander nie abgespielt werden konnten, bevor sich das Umdrehungstempo brutal verlangsamte.

Als *Sgt. Pepper Lonely Hearts Club Band* von den Beatles 1967 erschien, die erste Langspielplatte, die man haben musste, kam ich mit einem Single-Plattenspieler nicht mehr aus. Mein Vater sah das ein, auch deshalb, weil er es nicht ertrug, wenn ich die wilde Popmusik im Wohnzimmer auf seinem Plattenspieler spielte, und kaufte mir für mein Zimmer ein Philips-Gerät, das mir einige Jahre ein guter Gefährte war – bis ich es an jemand verlieh, an den ich es besser nicht verliehen hätte. Meinem Vater konnte ich mich nicht anvertrauen, weil er prinzipiell der Ansicht war, dass man wertvolle Sachen wie Plattenspieler nicht verleiht. Dass mein Vater in der Hinsicht ein großes Herz haben sollte, zeigte sich Jahre später, als er es nicht ertrug, dass sein Sohn ohne Plattenspieler da saß.

Im Jahr 1975 holte ich mir in Berlin in der Schwulenszene eine schwere Gelbsucht oder hatte das Hepatitis-Virus schon mitgebracht, egal, ich fühlte mich zum Sterben, schaffte es mit Müh und Not nach Wien. Nach dem Krankenhausaufenthalt musste ich noch einige Wochen zu Hause bleiben. Alles in allem lebte ich in der Zeit nicht im besten Einvernehmen mit meinem Vater. Das heißt, ich hatte nicht aufgehört, ihn zu provozieren, auf eine ängstliche, zum Teil hinterhältige Art, jetzt eben mit dem Schwulsein. Das war meine Art, ihm näherzukommen oder ihn dazu zu zwingen, Gefühle zu zeigen, sei's auch negative.

Umso mehr beschämte es mich, als er eines Vormittags mit mehreren Paketen vor meiner Tür stand, außer Atem, denn ich wohnte in der vierten Etage ohne Lift. Der Inhalt der Pakete: Plattenspieler, Receiver, Lautsprecher. Damals machte mir mein Vater die vielleicht größte Freude, die er mir je gemacht hat, ob ich jetzt schwul war oder nicht. Der Plattenspieler war für jene Zeit hochmodern, von B&O, mit einem nach vorn spitz zulaufenden Tonarm, Elektronik und Lautsprecher waren von Philips. Die Frage, wo denn der alte Plattentoaster von Philips hingekommen sei, hat er mir großzügig erlassen.

Erst viele Jahre später lud ich ihn zu mir ein, um ihn mit meiner damals neuen Anlage von Linn zu beeindrucken. Linn ist eine sogenannte »High-End«-Firma aus Schottland, heute auch noch. Ich erinnere mich noch, die Lautsprecher des Typs Kaan fand er einfach zu klein, obwohl sie wirklich »groß« klangen. Dabei war es gerade das Coole daran, dass sie so klein waren und so laut Musik machen konnten, ohne zu verzerren.

Die ganze Linn-Geschichte war 1982 losgegangen und sie gehört unbedingt hierher, wenngleich mir der Ton wahrscheinlich nur ironisch gelingt. Meinen Vater konnte ich damals also nicht richtig gewinnen, er war auch sicher einer, der den alten Plattenspieler sofort auf den Müll geschmissen hätte (und es auch getan hat, soweit ich mich erinnere), um ihn gegen einen CD-Spieler auszutauschen, die neue und angeblich bessere Technik.

In dieser Zeit hörte ich im Hi-Fi-Laden eines Freundes in Wien, der zwei, drei Ausgaben lang auch Chefredakteur des *Wiener* war und mich zu der Zeitschrift holte, den damals neuen Plattenspieler der damals noch unbekannten Marke aus Schottland, den Linn Sondek LP 12. Um es in einem Satz zu sagen: Der unscheinbare, mit seinem Rosenholz-Rahmen damals schon antiquiert wirkende Player (cooles Wort) holte so viel mehr Musik und schönen Klang aus der Rille der Schallplatte, dass es »mindbreaking« oder »mindboggling« war, wie die Schotten knarzten. Heute, 43 Jahre nach seiner Markteinführung, ist dem kurz »LP 12« genannten Abspielgerät, eine gewisse historische Bedeutung zuzuerkennen. Mit seinem Erscheinen veränderten sich die Maßstäbe in der Audiowelt und das Musikhören zu Hause bekam für viele einen neuen Wert.

Gehört so was hierher, Lobgesänge auf ein Gerät zur Musikwiedergabe? Absolut! Denn was ich damals nicht absehen konnte: Ich kam die nächsten 35 Jahre nicht mehr los von diesem Plattenspieler und von noch ein paar weiteren, dazu passenden, Geräten, bis heute nicht, und die sogenannte »Audio-Szene« wurde für mich zu einer Arena, in der ich einen aussichtslosen Kampf aufnahm – am Ende gegen mich selbst. Gegen wen auch sonst?

Es wäre fantastisch gewesen und wäre es heute noch, in diesem Kampf meinen Vater an der Seite zu haben, er hätte immer alles schnell zusammenlöten können und ich hätte die kämpferische Prosa verfasst, warum alles genau so sein muss und nicht anders.

Damals, in der ersten Hälfte der 80er Jahre, war die Verteidigung des »Analogen«, wie es der Plattenspieler verkörperte, gegen das Digitale, für das die aufkommende neue Compact Disc stand, für mich zur neuen Mission geworden. Ich fuhr nach Schottland, lernte Ivor Tiefenbrun kennen, den Gründer von Linn. Der österreichische Freund, der die Geräte importierte, hatte mich auf eine Art Pressereise mitgenommen. Auf Ivors, so durfte ich ihn inzwischen nennen, Boot tuckerten wir durch die Lochs, trugen schwul wirkende enge blaue Wollpullis mit dem schottischen Wappen und der Marke Linn darauf, betranken uns mit schottischem Whisky der Marke Famouse Sprouse und übernachteten in einem plüschigen Pub direkt am Hafen, mit offenem Kamin und enger, knorriger Holztreppe in die Zimmer.

Wir waren nur Männer, störte mich nicht. Wenn sich eine Linn-PR-Dame unter all die allein reisenden Männer verirrte, kam mir das immer richtig gefährlich vor, für sie. Ich weiß aber bis heute nicht, ob Hi-Fi-Fans je auf etwas anderes geil werden als auf Hi-Fi. Fotos von geöffneten Hi-Fi-Geräten, die also ihr elektronisches Innenleben zeigen, nannten wir damals schon »Spreads«, in Anlehnung an die »Spreads« in den US-Ausgaben von *Penthouse* oder *Hustler*, auf denen Frauen ihre Schenkel spreizten. Ich konnte immer schon und heute noch auf Anderes geil werden. Ich weiß nicht, ob ich das eigens hervorheben muss, aber die Unterscheidung vom »normalen Hi-Fi-Fan« ist mir wichtig.

Loch Tarbert hieß der gottverlassene Küstenort, den ich ein paar Jahre später wie auf einer Pilgerfahrt noch mal besuchte, der aber ohne den charismatischen Ivor viel weniger Wirkung hatte. Ivor Tiefenbrun, ein knorriger Schotte mit Schalk in den Augen, bei dem man nie sicher sein konnte, ob er einen auf den Arm nahm oder nicht, fand mich in meiner Begeisterung und mit meinem Bedürfnis nach Nähe wohl ganz spaßig. Schnell sah ich, dass er sich vor ähnlichen Verehrern kaum retten konnte, und achtete eifersüchtig darauf, seine Aufmerksamkeit nicht zu verlieren.

Dieser Schotte war eine ideale Vaterfigur für mich, er musste mich adoptieren, daran wollte ich alles setzen. Ähnlich wie Günther Nenning, war er durch und durch ideologisch, rhetorisch in radikaler Opposition gegen den Rest der Welt, in seinem Fall der Audioindustrie. Was die anderen herstellten, war »bullshit« oder »crap«. Aber anders als Günther war er auch ein geschickter Kaufmann, verstand was von Technik und hatte internationalen Glamour und wirtschaftliche Durchsetzungskraft.

Seinen Laden und die Vertriebsorganisation führte Ivor wie eine Sekte, sah amüsiert, wie seine Vertriebsleute und ein Dutzend ihm ergebene Journalisten seine Rhetorik bis in jede Redewendung hinein übernahmen und die Kunde von Linn, dem »mindblowingly« besten Plattenspieler der Welt, dem einzigen, der »sense« mache, über die ganze Welt verbreiteten. Und auch ich war bereit, in den heiligen Krieg zu ziehen, für Ivor, für eine bessere Welt, erreicht durch besseren, analogen Klang beim Plattenhören. Die unsympathische und aus unserer Sicht schrill und steril (aus meiner Sicht: kapitalistisch!) klingende CD, die damals schnell erfolgreich wurde, war ein Werk des Teufels. Mir war es mit allem ernst und ist es heute noch. No Fun.

Ich hatte gute Voraussetzungen, Ivor zu beeindrucken, und erzielte tatsächlich eine gewisse Wirkung, denn die

Zeitungen und Magazine, für die ich damals schrieb, ließen sich gut benützen für Tiefenbrun-Elogen, Linn-Essays, Schottland-Reportagen, also Kampagnen eines analogen Kreuzritters gegen die Mächte des digitalen Bösen in Form größerer und kleinerer journalistischer Texte, für die ich auch noch bezahlt wurde.

Ich besuchte Hi-Fi-Messen und träumte davon, eines Tages ein eigenes Linn-Geschäft zu haben, mit integrierter Redaktionsstube. Ich genoss den Vorteil, an die Geräte, die ich mir sonst gar nicht hätte leisten können, stark verbilligt oder sogar gratis zu kommen, zum Test. Der Kampf musste ja immer weitergehen und die Munition waren immer neue, hymnische Artikel, wenn man sich in Glasgow wieder was Neues ausgedacht hatte.

Ich glaube heute noch, dass dieser Kampf zu gewinnen ist, nur ist inzwischen nicht mehr klar, worum es überhaupt geht. Linn behauptet bis zum heutigen Tag, den besten Plattenspieler der Welt zu bauen, bietet aber auch digitale und Streaming-Technik an, was für mich ein unauflöslicher Widerspruch ist. Der Plattenspieler Linn Sondek LP 12 gibt heute in der höchsten Ausbaustufe ein digitales Signal aus, obwohl es »analog«, mit der Nadel abgetastet wird. Crazy. Entspricht dem heutigen Grundsatz, dass alles digital wird, was digital werden kann.

Ich selbst höre strikt analog, obwohl ja auch die Schallplatte heute in mancher Hinsicht digital hergestellt wird, es also eine »reine« analoge Welt gar nicht mehr gibt, wenn man auch aktuelle Musik hören möchte. Meine Schallplattensammlung, das Futter für den unersättlichen LP 12-Plattenspieler, wächst und wächst und beginnt, mich zu überfordern. Ich kann praktisch nicht umziehen. Was soll daraus einmal werden? Welchen Wert hat die Sammlung, für wen? Wie viel Geld, wie viel Liebe, wie viel Lebensenergie sind darin gespeichert? Oder muss man sagen: begraben?

50 Minuten

Das meiste im Leben vergisst man, auch die Inhalte einer 20 Jahre langen Psychoanalyse. Träume vergisst man ohnehin ganz schnell, aber auch das in der Stunde Besprochene prägt sich nicht viel besser ein.

Ich kann mich erinnern, einmal in der Stunde geweint zu haben, oder war es öfter – egal. Ich hatte mit Zu in Hamburg auch schlimmen Streit, der mich die Tür ins Schloss knallend die Praxis verlassen ließ. Was der Grund dafür war, erinnere ich allenfalls vage, wahrscheinlich ist es um nicht oder eben doch bezahlte Honorare gegangen.

Meine Analytikerin, sie war ja schon älter, vergaß noch schneller als ich, nämlich oft von Stunde zu Stunde. Was sie nie vergaß, war, die Sitzung nach 50 Minuten jäh abzubrechen, indem sie in ihrem Stuhl in eine aufrechtere Position wechselte, mit den immer gleichen Worten: »An dieser Stelle müssen wir unterbrechen. Wir können das Thema aber gerne in der nächsten Stunde fortsetzen. Wir sind verabredet, ja?«

Ihr Behelfsmittel, so pünktlich zu sein, war ein Wecker, der am Fensterbrett stand und den sie immer im Blick hatte. Diese Verabredung zur Fortsetzung des soeben Besprochenen durfte man aber nicht allzu wörtlich nehmen, denn wenn man in der darauffolgenden Stunde wirklich anschließen wollte und darauf eingestellt war, von einem Traum nun Teil II durchzugehen, erging schon mal die Bitte: »Können Sie den Anfang noch einmal zusammenfassen?«

Das wirkt wie kleinliche üble Nachrede, ich meine es aber gar nicht so. Eher steckt darin die Erkenntnis, dass es in einer psychoanalytischen Stunde nur zu einem kleineren Teil darum geht, was gesagt wird und welcher Logik das Erzählte folgt. Es geht um etwas anderes.

Man könnte auch mit dem Traum vom letzten Mal noch mal ankommen. Schon darin, wie anders er nun erzählt würde, läge wahrscheinlich interessanter Stoff. Immer dahin schauen, wo man nicht sehen kann. Da hinhören, wo nichts gesagt wird. Die Magie einer solchen Stunde liegt darin, dass alles, wirklich alles zum Material der Betrachtung werden kann – wie in einer Raumkapsel, in der alles schwerelos ist und das gleiche Gewicht hat, nämlich keines.

Weil die Psychoanalyse als Wissenschaft etabliert ist, mag man denken, es gehe dabei sehr intellektuell und kopfgesteuert zu – zumindest war dies meine Erwartung und vielleicht auch meine Hoffnung, weil ich mich im Kopf beweglicher fühle als in manchem Anderen. Ich glaube auch nicht, dass der Analytiker nach Plan vorgeht oder sich zwischen den Stunden viel überlegt (vielleicht tue ich manchen unrecht damit). Eher schöpft er aus dem Augenblick und der konkreten Situation in der Stunde und versucht, die Dinge möglichst gleichmäßig im Fluss zu halten.

Alles ist wichtig, alles ist interessant, zunächst wird nicht unterschieden.

Und der Analytiker muss natürlich sehen, wie sich die Beziehung zu dem Patienten entwickelt, denn eigentlich passiert alles innerhalb dieser Beziehung. Ein gemeinsames

Unbewusstes entsteht, als Raum, in dem Entwicklung möglich ist, in dem der Analytiker wie der Patient gleichermaßen mit dem »Ich« und dem »Es« arbeiten. Ich fand diese Grafik, die es schön erklärt:

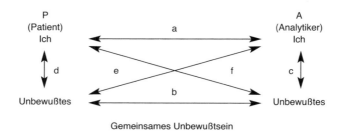

»Bringen Sie Einfälle«, sagte Doktor Von, wenn ich einen Traum erzählt hatte. Einfälle, das sind Anfangsgedanken, erste Gedanken, noch weniger entwickelt als Ideen – und natürlich bei Weitem keine Interpretationen oder Analysen. Mit den Einfällen spielen, ihnen Raum lassen zur Entwicklung und zur Verbindung kann viel fruchtbarer sein, als die Wahrnehmung ungeduldig früh auf Thesen oder Erkenntnisse zurechtzustutzen.

Damit geht einher, dass die Psychoanalyse – *ich* habe es so erlebt – eher keine großen »Durchbruchserkenntnisse« bietet – etwas, auf das ich insgeheim vielleicht immer noch warte und warum ich auch nicht loslassen kann. Da muss doch was sein! Die große Aha-Erkenntnis, die Struktur und Sinn erkennen lässt im Chaos des Erlebten. Der Puzzlestein, der fehlt. Meiner Analytikerin, wenn ich das richtig verstanden habe, ging es eher darum, jede Verklumpung, jede Betonung, jede monokausale Herleitung zu vermeiden. Immer wenn ich mit einem »großen Ding« ankam, wies sie mich zurück bzw. überhörte meine Ausführungen so lange, bis ich müde wurde, sie fortzusetzen.

Es kam vor, dass sie, während ich sprach – manchmal beobachtete ich sie aus meiner liegenden Position aus den Augenwinkeln –, gereizt aus dem Fenster guckte oder unvermittelt aufstand, um am Fensterschloss herumzunesteln. Da sie ebenerdig wohnte, hatte sie, das hatte ich mitbekommen, eine besondere Einbruchssicherung einbauen lassen, mit der Folge, dass sich das Fenster nur mehr schwer öffnen ließ beziehungsweise nicht recht in Kipp-Stellung zu bringen war, dummerweise die Stellung, die während psychoanalytischer Sitzungen die gefragteste ist.

Doktor Von sagte nicht viel über die Jahre. Während der 15 Jahre mit ihr wünschte ich mir oft, sie würde mehr sagen. Obwohl mir das, was sie sagte, selten passte oder genügte. In manchen Punkten kam es auch zu Streit, oder eher zu einem Protestieren meinerseits, denn sie ließ sich auf Streit nicht ein.

In der Regel war es aber so, dass sie kaum etwas sagte – und das wenige wirkte eher so, als verwende sie die Formulierungen bei jedem anderen Patienten auch. Und schon schleicht sich ein beleidigter Ton ein … In den Jahren mit der Analytikerin in Hamburg war ich tatsächlich oft beleidigt, fühlte mich nicht richtig erkannt, falsch oder gar nicht verstanden. Im Nachhinein erkenne ich, wie wichtig es war, dass mir nicht alles abgenommen wurde. Dass ich nicht mit allem durchkam. Vielleicht das erste Mal im Leben.

Heute, wo ich Doktor Von nicht mehr sehe, fehlen mir ihre Bemerkungen. Was mir damals banal und beliebig erschien, kommt mir heute weise vor. Hier eine Auswahl wiederkehrender Bemerkungen. Viele waren es nicht.

»Guten Tag«
Begrüßung. Dazu kein Händedruck während der letzten Jahre, sie hatte Angst vor Infektionen. Immer mehr Menschen teilen diese Angst. Im Kino laufen Spots übers Händewaschen. Seit 2020 Corona.

»Daaankeschön«
Einmal im Monat, wenn ich das *Arte*-Magazin mitbrachte. Das lang gezogene A hatte was Ironisches, Herablassendes – ein wenig der Ton gegenüber einem kleinen Kind, das ein besonders tolles Weihnachtsgeschenk gebastelt hat. Dazu sah sie mich kurz fest an, mit Augen, die hellblau waren und wirkten, als könne sie von ganz tief innen heraus schauen.

»Sie können schon reingehen.«
War für mich die Aufforderung, vom Vorzimmer aus, wo ich meinen Mantel abgelegt und bei schlechtem Wetter die Schuhe ausgezogen hatte, schon mal in das Behandlungszimmer zu gehen. Die Aufforderung war insofern sinnvoll, als die Analytikerin zuerst noch in ihr Wohnzimmer oder Arbeitszimmer ging, um ihre Mappe zu holen, mich also zunächst allein ließ. Die

Mappe, so viel konnte ich nur erraten, enthielt verschiedene Unterlagen, in den ersten Jahren die Fotokopien von Einreichungen bei der Krankenkasse, überlassenes Material zur Rückgabe, etwa Zeitungsartikel, die ich manchmal gebracht hatte und die sie akkurat, wie um sich zu entlasten, in der nächsten Stunde wieder zurückgab, und eine Tabelle der abgehaltenen Stunden, in der die beginnende Stunde abgehakt wurde. Diese Tabelle, auch das bekam ich mit der Zeit mit, bildete die Grundlage für die Abrechnung.

Da mein Ankommen und das darauf folgende Abzweigen der Analytikerin in ihr Büro immer genau gleich abliefen, hätte man sich die Bemerkung »Sie können schon reingehen« nach einigen wenigen Malen sparen können. In unserer Konstellation war aber das Interessante, dass ich die Bemerkung jedes Mal und über all die Jahre förmlich erzwang, indem ich eben nicht selbstständig schon mal losging, sondern wie angewurzelt im Vorzimmer stehen blieb – bis das erlösende »Sie können schon reingehen« kam. Erst dann schritt ich in das Behandlungszimmer, in einer seltsam formatierten Choreografie, wie aufs Schafott, *Last Man Standing*, an den Film musste ich oft denken.

Wollte ich damit Macht demonstrieren und die Analytikerin zu etwas zwingen, und sei es nur zu diesem »Sie können schon reingehen«? Oder wollte ich, eher im Gegenteil, also unterwürfig, immer wieder beweisen, in einer verqueren sexuellen Symbolik, dass ich KEIN Eindringling bin, der einfach in das Zimmer stürmt und es sich »nimmt«?

Im Hamburger Behandlungszimmer umfing mich sofort eine besonders abgestandene Luft, gesättigt vom Angstschweiß der Patienten vor und nach mir, der sich in den Überwurf der Couch gefressen hatte. Die Couch war schon alt und wackelig, ich musste mich vorsichtig darauflegen. Da ich groß bin, ragten meine Füße über und kamen einer Stehlampe, die da stand, gefährlich nahe sowie einer Katzenfigur aus Holz, die mich mit toten Augen anstarrte. Ich war also reingegangen.

»Wie geht es Ihnen?« oder
»Wie geht es Ihnen heute?«
Zwischen den Fragen »Wie geht es Ihnen?« und »Wie geht es Ihnen heute?« liegen für mich Welten. Während ich die erste Formulierung eher zum Anlass nahm, meine Befindlichkeit leitartikelhaft aus einem größeren Zusammenhang heraus zu entwickeln, etwa den Veränderungen in der Medienbranche, verleitete mich die zweite, wie es mir heute gehe, eher dazu, aus dem Alltag zu schöpfen und in einer schon vorweg interpretierenden Weise zu erzählen, welche Widrigkeiten mich gerade im Job oder mit den Kindern – in der Reihenfolge – plagten. Beides war nicht ideal.

Von Frau Doktor Zu in München war ich ein fast asiatisch gleichbleibend höfliches Interesse an meinen Storys und Betrachtungen gewohnt, im Sinne von »Ah ja, sehr interessant«. Doktor Von in Hamburg dagegen drohte dabei oft einzuschlafen, was ich an ihren tiefer und länger werdenden Atemzügen zu erkennen glaubte. Die Episoden aus dem Leben des Stadtneurotikers führten auch deshalb zu einem Gefühl zwischen Themenverfehlung und Ratlosigkeit, weil die insgeheim erwartete Reaktion in Form von Nachfragen, Ermahnungen oder Verhaltensanweisungen konsequent ausblieb. Oder so banal ausfiel, dass ich sie, zumindest in der Situation, nicht recht ernst nehmen konnte.

»Wie ist es Ihnen ergangen?«
Klassischer Doktor-Von-Sprech, den sie immer dann verwendete, wenn durch Urlaube oder sonstige Umstände die Abfolge der Stunden länger unterbrochen waren. Ich mochte die Frage, ich fand sie immer freundlich gemeint, anteilnehmend. Jedoch fuhr ich nur selten in den Urlaub, ein Grund war, dass die Urlaubsmeldung fast nie ohne Ärger verlief. Bei den ohnehin schon mit belegter Stimme vorgebrachten Ankündigungen fühlte ich mich jedes Mal wie vor einem Vorgesetzten, der den Urlaubsantrag des Mitarbeiters als Zumutung empfindet.

Da die Analytikerin von meiner über lange Jahre schlechten finanziellen Situation wusste, wies sich mich auch gerne darauf hin, dass ich mir eigentlich gar keinen Urlaub leisten könne. Das deprimierte mich doppelt, diese demütigende Unfreiheit und ihr demütigender Grund. Die negative Prognose der Analytikerin bezüglich meiner Urlaube bewahrheitete sich noch insofern, als Urlaube tatsächlich nicht viel zur seelischen Gesundung beitrugen, das wurde doch eher in den Stunden mit der Analytikerin geleistet. Die Welt draußen kann warten.

»Haben Sie was geträumt?« oder
»Haben Sie einen Traum mitgebracht?«
Die meisten Stunden verliefen so, dass ich mit der Schilderung aktueller Ereignisse begann, die sich seit der letzten Sitzung in meinem Leben ereignet hatten. Das konnte alles sein. Nach circa 20 Minuten – oft gab es während dieser Zeit keine Reaktion der Analytikerin, sodass meine Erzählungen scheinbar ins Leere liefen – hatte ich meinen Wochenrückblick abgeliefert, sicher auch manches bewusst übergangen, und es entstand eine Pause, vielleicht auch ein Überdruss, zu lange Dinge erzählt zu haben, die nicht hierher gehörten, oder sie in einer Weise erzählt zu haben, die nirgendwohin führte. Zwar ist nichts falsch in so einer Stunde, das heißt aber nicht, dass alles richtig wäre.

Wenn die Frage nach den Träumen kam, begann die eigentliche Stunde, deshalb geht man ja auch zu einer Analytikerin, alles andere wäre ja Verhaltenstherapie – all das »Wie fühlt sich das nun an«-Gerede, auf das ich aus meiner Rolle als »Analysand« geringschätzend herabblickte, obwohl ich solche »verhaltenstherapeutischen« Angebote in anderen Zusammenhängen – etwa bei Problemen mit den Kindern – durchaus in Anspruch nahm und sie sich oft als »analytischer« und dabei auch irgendwie effizienter herausstellten als viele meiner heiligen Stunden.

Doktor Von sprach den Unterschied zwischen Therapieformen mit keinem Wort an und es war nicht einmal klar (und ich traute mich auch nicht zu fragen), ob es nun tatsächlich eine Analyse war, was hier stattfand. Das war eine ihrer größten Stärken: dass sie nie nur einen Augenblick infrage stellte, was sie hier tat und wie sie es hier tat.

Sowohl die Lebens- wie die akademische Geschichte meiner »Tante«, ihre Veröffentlichungen und der ganze Stil der Stunden wiesen sie eindeutig als Analytikerin aus. Die auf den Honorarnoten verrechnete Leistung war als »therapeutische Sitzung« bezeichnet. Im Gespräch unterhielten wir uns aber immer über die »Stunde«, sprachen von der »letzten Stunde« oder von der nächsten.

Heute glaube ich, dass ich es vielleicht in der Hand gehabt hätte, diese Stunden auch anders zu gestalten. Ob es was geändert hätte, weiß ich nicht. Im Buch *Die Kunst des Anfangs* von Anita Eckstaedt wird beschrieben, wie schwierig die Gestaltung eines psychoanalytischen Erstgesprächs für den Analytiker ist und wie viel davon abhängt, ob und wie es gelingt. Ich denke, das gilt für den Anfang jeder Stunde. Ich will damit nur zugestehen, auch der Analytiker hat seine Mühe, mit den kindlichen Tyrannen und Diktatoren auf der Couch.

»Bringen Sie Einfälle.«
Die Aufforderung, den soeben erzählten Traum zu interpretieren – dieses Wort verwendete Doktor Von allerdings nie. »Bringen Sie Einfälle« ist offener, lässt mehr zu.

»Da müssen Sie mit der Frau sprechen« und »Haben Sie schon gesprochen mit der Frau?«
Es passiert mir im Job immer wieder, mit einzelnen Personen in unkontrollierbare Konflikte zu geraten – oft ist Konkurrenz das Motiv oder enttäuschte Zuneigung, die in Aggressionen und schlimme Hassgefühle ausarten können. Konstellationen, in denen ich, für mich ununterscheidbar, zugleich Opfer und Täter bin.

Doktor Von pflegte diese mit immer neuen Gegebenheiten ausgeschmückten Schilderungen – monatelang ging es etwa um eine Grafikerin, der ich in tiefem Hass verbunden war – mit dem immer gleichen Satz abzukürzen: »Haben Sie mit der Frau geredet?« Hatte ich natürlich nicht. In der Stunde blieb mir damit nur, den Vorschlag aufzugreifen und Besserung zu geloben, eventuell war ich auch schon mit der Ausrede »Habe ich versucht, hat aber nichts gebracht« gescheitert, denn da lautete die Antwort schlicht: »Dann müssen Sie noch einmal sprechen.«

Mein Instinkt, der eher auf das Mildestimmen von Großmüttern oder das Abarbeiten von Arbeitsaufgaben ausgerichtet ist, befahl mir, hier einen Gang höherzuschalten und schon »bis zum nächsten Mal« eine konkrete Hausaufgabe zu vereinbaren, eben das Gespräch mit der Grafikerin erneut zu suchen. Keine Reaktion. Und bald habe ich dann auch gelernt, dass das Thema nie mehr angesprochen würde, es sei denn, ich täte es. Hier wird einem nichts *abgenommen*.

All meine kindischen Ich-mach's-wieder-gut-Angebote führten ins Leere – und bei mir dann doch zu der

Erkenntnis, dass einzig und allein ich dafür verantwortlich bin und es in der Hand habe, mit Konflikten auf eine erwachsene und meiner Erfahrung entsprechenden Art umzugehen. Ich bin nicht mehr das kleine Kind, dem die Omi sagt: »So, jetzt geh und entschuldige dich.«

Es geht nicht darum, Aufgaben zu erledigen und der Analytikerin zu gefallen und um Vergebung zu betteln. Wer, wie ich, katholisch auf Beichte und Buße gepolt ist, tut sich mit so was schwer. Wer sich in der Religion ganz gut aufgehoben fühlt, oder zumindest immer wenn es passt, weil wir da die Kinder Gottes sind, wird die Psychoanalyse stets als Zumutung empfinden. Denn sie sagt, wir sind nicht die Kinder.

»In der Regel ist es so, dass die
Menschen so lange kommen, solange
es etwas zu besprechen gibt.«
Nicht in die Karten schauen ließ sich meine Analytikerin, wenn es um meine persönliche Behandlung ging. Sie verweigerte konsequent – über Jahre – jede reflektierende Sicht auf die Behandlung, so was wie »Feedback« oder eine Diskussion über den Stil der Sitzungen kamen nicht infrage. Im zehnten, zwölften Jahr begann ich immer wieder mal nachzufragen, wie lange ich denn noch kommen solle und was denn die Perspektive der Behandlung sei.

Wobei, so forsch, wie es hier klingt, wagte ich nicht zu fragen. Ich bekam dann Antworten im Ton der langjährigen deutschen Bundeskanzlerin. Zum Beispiel: »In der Regel ist es so, dass die Menschen so lange kommen, solange es etwas zu besprechen gibt.« Oder: »Wenn es etwas zu besprechen gibt, ist es auf jeden Fall gut, wenn Sie kommen.« Dagegen kann man nicht viel sagen. Nur jetzt kann ich nicht mehr kommen.

Traum 7
Eva kommt in diesem Traum vor, einige Mitarbeiter unserer Agentur, die sehr schlecht läuft, zu der Zeit. Der Traum ist in ein kaltes, nicht sehr helles Licht getaucht, als gäbe es auf der ganzen Welt nur Neonröhren, aber zu wenige. Das Büro ist offenbar umgezogen, aber niemand spricht davon, der neue Alltag hat bereits begonnen.

Es gibt einen kleinen Sitzungstisch, um den wir uns kurz und flüchtig versammeln, ein Ikea-Modell, abwaschbare, weiße Wände, graue Auslegeware am Boden. Das Büro ist schmucklos, stillos, ärmlich, das Gegenteil unseres schönen, inspirierenden Architektenbüros im wirklichen Leben, in dem wir zwar nur Mieter sind, das aber mit seiner guten Ausstrahlung viel zu unserem hochgestapelten Image beiträgt. In dem Büro im Traum sind wir auf jeden Fall in der Realität angekommen, in der auf jeden Fall zu vermeidenden Realität. Die Scham, die ich im richtigen Leben über einen solchen Absturz empfinden würde, zeigt sich im Traum, dem die Worte für die neue Situation fehlen, niemand spricht sie an, alle – beziehungsweise die wenigen, die wir nicht kündigen mussten – sind irgendwie beschäftigt. Es stellt sich heraus, dass wir, Eva und ich, und unsere beiden Töchter Tonti und T. auch in diesen Räumen wohnen, noch eine weitere Stufe des Abstiegs also. In Wirklichkeit hatten wir unser Büro tatsächlich in der Küche unseres Wohnhauses gestartet, damals empfanden wir das aber nicht als Abstieg, sondern als Aufbruch. Doch das hier fühlt sich arm an, knapp vor obdachlos. Jetzt bemerke ich, der Wohnbereich für die Familie ist nur ein einziger Raum, die Betten an die Wände gestellt, wie in einer Jugendherberge. Doch Eva und die Mädchen sind friedlich und auch nicht unzufrieden. Mir bleibt nichts anders übrig, als mich auch wie an alles gewöhnt zu geben, und ich beginne, mich auf einem der Betten, das breiter ist und damit wie ein Doppelbett für Eva und mich wirkt, auszuziehen. An der Bettkante befreie ich mein rechtes Bein unschön und würdelos, wie ich es im wirklichen Leben auch jeden Tag tue, von meinem orthopädischen Strumpf, ich tue es manchmal vor Eva, ich weiß, wie unsexy das wirkt, warum verlange ich ihr das ab, es ist grausam von mir, jetzt bekomme ich die Rechnung präsentiert. Plötzlich bin ich allein in dem Raum, vielleicht sind alle drei ins Badezimmer gegangen, denke ich, ein Badezimmer wird es ja geben. Ich mache mich weiter bettfertig, suche nach einem Stuhl, um meine Sachen abzulegen, und spüre plötzlich, dass da noch jemand ist, aber nicht Eva und die Mädchen. Ich drehe mich um, noch immer auf der Bettkante sitzend, und sehe einen alten Mann, der mit einem höheren Kissen unter dem Kopf halb aufgerichtet in meinem Bett liegt, weiße Haare,

Bart, und mich freundlich ansieht, mit blauen Augen. Mein Vater? Nein, der hatte nicht so eine gute Ausstrahlung. Ohne dass noch ein Wort gewechselt wäre und ohne nachzudenken, frage ich: »Wie alt bist du?« – die Frage, wer der Mann ist, stellt sich nicht. »Ich bin 75 Jahre alt«, sagt der, ja, Alte, auf eine sanfte, ruhige, nicht aufgeregte Art. 75 Jahre, denke ich, 75, ich bin jetzt 63. Gut, dass wir uns kennenlernen. Ich sehe, dass da nur eine Decke ist, dass wir uns also eng aneinander legen müssen, wenn wir uns zudecken wollen. Ich schlüpfe unter die gemeinsame Decke und habe Lust, mit dem alten Mann zu schlafen. Ich wache auf und finde das Altwerden irgendwie sexy und das Armsein irgendwie egal, spricht dich ja keiner darauf an.

Anfang vom Ende

Ich wache auf, mit nass geschwitztem T-Shirt. Ich bin in unserem Hamburger Haus. Ich rufe: »Oma, Oma, bist du da?« Ich springe auf, erwache langsam aus dem Traum. Nein, sie ist nicht da. Sie ist ja tot. Aber wo ist sie, tot? Die Leiche? Die Antwort ist schrecklich: Sie verwest in ihrer Wohnung. Köstlergasse Nr. 12, Wien-Gumpendorf.

Sie verwest da, weil ich sie seit 30 Jahren nicht mehr besuche, seit sie gestorben ist. Nicht mehr für sie da war. Mich nicht gekümmert habe. Die Wohnung sogar befleckt. Hat sie die Spermaflecken am Sofa gesehen? Am Ende habe ich die Wohnung kampflos aufgegeben, die Möbel lieblos verramscht. Heute könnten wir, Omi und ich, gar nirgends mehr hin. Meine Schuld. Kannst du mir verzeihen?

Es kann bis Mittag dauern, bis ich aus dem Traum erwache. An manchen späten Nachmittagen, wenn die Sonne untergeht und ich mit dem Auto in Hamburg unterwegs bin, am stärksten ist es im Herbst, führt mich dieses Licht direkt ins Wien der 50er Jahre: Häuser, Straßen im schräg einfallenden Licht des Nachmittags, der sich zum Abend neigt. Die Menschen bewegen sich wie in Zeitlupe. Lieber Gott, erhöre mich, lass die Welt jetzt noch langsamer werden, erstarren. Eine Zeitreise. Was hätte ich denn in der Vergangenheit zu erledigen?

Warum bin ich so lange »in Analyse« gegangen? Weil ich sie als Zeitreise missverstand? In eine Vergangenheit, die längst geplündert ist? Warum fällt es mir so schwer, das Ganze zu beenden, einfach hinter mir zu lassen? Warum muss ich mich entlasten, indem ich die Öffentlichkeit suche, um mein Erleben mit anderen Menschen zu teilen? Warum ertrage ich es nicht allein? Warum kann ich nicht auch mal was mit mir selbst ausmachen? Wer soll wovon überzeugt werden? Sind doch alle schon überzeugt.

Meine Frauen, Pia und Eva, und die sechs Kinder wissen, dass mir die Psychoanalyse alles in allem gutgetan hat, und damit ihnen auch. Sie hat zur Stabilität und zur Intensität unserer Beziehungen beigetragen. Sie hat nicht nur mich, sondern auch vieles in der Familie geheilt. Hat uns die kräftezehrende Trennungs- und Neufindungsphase gut überstehen lassen. Man wird achtsamer, denkt mehr nach, bespricht Dinge. Man holt sich auch sonst Hilfe. Die Kinder lernen, sich zu helfen.

Die jüngeren Kinder sehen meine ewigen Besuche bei »der Tante« vielleicht auf einer Ebene mit den anderen Marotten, die sie von ihrem Vater kennen – von denen sie aber auch ahnen, dass sie ihn zum Funktionieren bringen: die Zeitschriften, die Bücher, die Schallplatten, der nervige Kult um den Plattenspieler … irgendwie gehört das alles zu ihm und fügt sich zu dem Bild des Vaters, mit dem sie doch auch gute Erfahrungen gemacht haben.

Die älteren Kinder gehen selbst in Analyse oder sind es gewohnt, sich Hilfe bei Therapeuten zu holen. Niemand aus der Familie rechnet mir vor, wie viel Geld ich über die Jahre dafür ausgegeben habe. Ein Auto hätte man davon kaufen können oder zwei. Also könnte alles gut sein. Ich könnte mich um andere Dinge kümmern.

Aber da ist etwas, das sich nicht abschließen lässt. Das mich quält. Das mich schwächt und belastet. Für das mir die Worte fehlen. Vielleicht hat es mit dem missglückten Ende zu tun.

»So eine Psychoanalyse können Sie natürlich nicht von einem auf den anderen Tag einfach beenden«, sagte mir ein Osteopath, zu dem ich wegen verschiedener körperlicher Gebrechen gehe. »Das ist, wie wenn Sie ein starkes Medikament zu plötzlich absetzen.« Der Mann hat recht, denke ich. Eventuell sollte ich noch mal anrufen und versuchen, eine Art nachgeholter Abschiedsstunde (oder zwei?) zu verabreden. Habe ich noch nicht gemacht.

Ich wage es nicht anzurufen. Was wäre, wenn die Analytikerin wirklich zu alt wäre, wirklich krank, hinfällig, tot? Sie hat mir immer nur ihre professionelle Seite gezeigt, die strukturierte Begegnung innerhalb der streng bemessenen 50 Minuten und die sehr formellen Begrüßungen und Verabschiedungen. Wünsche ich mir heute vielleicht, dass sie tot ist, sie es mir damit abnimmt, die Sache zu einem Ende zu bringen? Mein Gott!

Doktor Von ließ sich nie in die Karten schauen. Ein paar Mal sprachen wir über eine Jung-Biografie, die ich gerade las, oder sie empfahl mir auch psychoanalytische Literatur, etwa das Buch der Französin Janine Chasseguet-Smirgel, *Zwei Bäume im Garten*. In der Zeit, als ich mit den Drogenproblemen meines Sohnes Tom beschäftigt war, suchte sie mir Autoren und Literatur, die mir weiterhalfen. Mir hätte es gut gefallen, den Stunden auch ein wenig den Charakter eines literarischen Salons zu geben, und eine Zeit lang war meine Analytikerin auch dafür ansprechbar. Ich war immer damit erfolgreich, wenn ich etwas über Thomas Bernhard erzählte. Wie ich war sie Fan, ließ dann ihre Begeisterung auch erkennen und für Momente schienen die festgelegten Rollen innerhalb unserer Beziehung aufgelöst. Unserer Beziehung, die jetzt zu Ende ist.

Muss es noch zu einer Art Live-Begegnung kommen, ist es das, was ich suche? Ich hatte in der ersten Zeit der Analyse in Hamburg (als ich sehr engagiert dabei war, zwei Stunden in der Woche) geträumt, dass die Analytikerin ein Essen gibt für alle ihre Patienten, so ein geselliges Beisammensein.

So was kann es natürlich nicht geben, es widerspricht dem Grundgedanken der Diskretion, des persönlichen Raums, der geschaffen wird. Ein Kontakt außerhalb der Stunden ist nicht vorgesehen, was der Situation etwas Irreales verleiht. Ich habe die Hamburger Analytikerin all die Jahre nie außerhalb ihrer Räume gesehen, sie könnte auch ein Hologramm sein. Einmal ließ sie durchblicken, dass sie Auto fahre, das beschäftigte mich. Auto fahren! Klar, ich treffe mich auch nicht mit meinem Zahnarzt privat oder mit meinem Orthopäden, auch nicht mit dem Osteopathen. Aber für mich könnte sie doch eine Ausnahme machen.

Ist es nur das Kind in mir, das nicht übersehen werden will, das Kind, das das bravste Kind sein will, das mich nicht zur Ruhe kommen lässt? Oder möchte ich Von wirklich noch beanspruchen, auf meinem langen, verschlungenen Weg zum Erwachsenwerden, zehn Stunden noch, dann haben wir's, dann verstehe ich mich endlich, dann sind wir durch. Ein anderer Kinderglaube.

Nun kam eine Zeit, im Rückblick wirkt sie wie der Beginn des letzten Abschnitts der 16 Jahre währenden Therapie bei Doktor Von in Hamburg, in der ich das Gefühl hatte, irgendwas müsse sich verändern in und mit dieser Therapie. Von der Analytikerin würde kein Anstoß kommen, das hatte ich verstanden. Die Stunden liefen völlig gleich ab. Sie begannen, sie endeten, man hatte den nächsten Termin, einmal im Monat brachte ich das Arte-Magazin oder ich vergaß es und brachte es dann in der nächsten Stunde.

Ich spürte, wie in mir ein Widerwillen entstand, eine Art gereizter Langeweile. In der Psychoanalyse sitzt man immer, könnte man sagen, im Käfig der Abwehr, weil der Analytiker jede Kritik am Verfahren oder jede Unlust, Dinge preiszugeben, als »Abwehr« deuten kann, und meistens ist es ja auch so. Ich allerdings – als alter Hase sozusagen – fühlte mich über jede Abwehr erhaben. Als Motive für meine sinkende Begeisterung sah ich eher die lange, vielleicht schon zu lange Zeit, die ich nun in Behandlung war. Natürlich kamen auch immer wieder mal Nachfragen von Eva, wie lange das denn noch gehe, oder ich rechnete mir aus, wie viele Schallplatten oder Teile für mein Hi-Fi-System ich mir für die ca. 400 Euro kaufen könnte, die ich jeden Monat für die Therapie ausgab.

Die Therapie beenden? Das nicht. Ich hatte Angst, etwas zu verlieren, das sich nicht ersetzen ließe. Die Erfahrung, wie schwer es ist, überhaupt einen Analyseplatz zu bekommen, hatte ich Jahre vorher gemacht, als mich – damals schon, vor 16 Jahren – der Therapeut mit den Worten, ich sei für ihn ein »zu hoher Berg«, den zu erklimmen er sich nicht mehr zumuten wolle, weggeschickt hatte.

In Hamburg hatte ich das heikle Thema »Beenden der Therapie« zwei- oder dreimal angesprochen, das erste Mal vielleicht im elften oder zwölften Jahr. »In der Regel«, hatte die Analytikerin einer meiner Nachfragen, ob denn ein Ende der Therapie abzusehen sei, beschieden, »setzt man die Therapie so lange fort, solange es etwas zu besprechen gibt.« In der Regel.

Was sollte ich gegen diese Regel einwenden? Der einzige Zustand, in dem es nichts mehr zu besprechen gibt, ist der Tod, eigentlich. Dazu kam, ich wollte mir die zu erwartende Nachfrage – »Haben Sie denn das Gefühl, es gibt hier nichts mehr zu besprechen?« – ersparen, in der nicht ganz unbegründeten Befürchtung, mich mit der Antwort zu schwächen. Würde sich wieder die verdammte Bleiplatte auf meine Brust senken und meiner Stimme jedes Volumen nehmen? Würde meine Nase wie verrückt zu jucken beginnen? Mein Ohr? »Warum greifen Sie sich dauernd ins Gesicht«, würde die Analytikerin dann sagen, »wenn Sie mit der Haut was haben, müssen Sie zum Hautarzt.«

Heute bereue ich es, mich mit dem Wunsch nach der Besprechung nicht durchgesetzt zu haben – wie denn so ein Ende zu gestalten, zu bewältigen, auszuhalten sei. Wie man dann weiterlebt. Was ja jetzt das Problem ist, in gewisser Weise. Aber es fällt mir auch im Rückblick nicht ein, wie ich das Gespräch hätte herbeiführen können.

Es gab auch andere heikle Themen zwischen Frau Dr. Von und mir. Themen, die man nicht besprach, aussparte, das sollte ja in einer Analyse nicht sein, denke ich, aber warum eigentlich. Oder Dinge, die ich mich nicht anzusprechen traute, weil ich fürchtete, es gäbe dann Ärger, Missmut.

Es gab Phasen, da fand ich das schlimm, eigentlich nicht akzeptabel, und es gab Zeiten, da dachte ich, die Analytikerin wolle mir etwas beibringen damit. Vielleicht, dass ich Themen anders bewerten sollte, nicht aus jeder Banalität ein Drama machen. Manchmal wirkte das auch erleichternd, wenn sie Neurosen des Alltags – zum Beispiel Ängste, zu versagen –, auf die sich jeder Verhaltenstherapeut gestürzt hätte, als zu seicht zurückwies oder mit ebenso banalen Bemerkungen abwürgte: »Ich glaube nicht, dass Sie Versagensängste haben müssen«, hieß es dann, oder: »Wenn Sie sich unsicher sind, müssen Sie etwas dagegen unternehmen.« Kein Thema für hier. Versagensängste, was soll das? Wieso sollten Sie Versagensängste haben? Ist ja wahr.

Die Analytikerin behandelte mich immer wie einen Erwachsenen, der ich ja war, aber offenbar war es doch nicht weit her damit. Die kaltschnäuzige Ignoranz, als die ich ihr Verhalten überwiegend empfand, kam mir mal schlimmer und mal weniger schlimm vor. Es ist ja wirklich so, dass man gegen die meisten Störungen selbst etwas unternehmen kann und man nicht wegen jeder Kleinigkeit mit weinerlichen Fragen ankommen muss. Nicht, wenn man erwachsen ist. Meine Freundin Eva hat eine ähnliche Einstellung, wenn sie, als Hamburgerin, sagt: »Es gibt kein falsches Wetter, du kannst nur falsch angezogen sein.«

Trotzdem, es gab auch wichtige Themen, die ich mich nicht mehr anzusprechen getraute und aus den Stunden auszusparen begann. Im Nachhinein denke ich, dass auch diese Tabus – was anderes war es nicht – am Ende unsere Beziehung zerstört haben.

Zu diesen Themen zwischen Doktor Von und mir gehörte Eva, die Frau, mit der ich heute noch zusammen bin und der ich sehr viel zu verdanken habe, manchmal treffen es ganz einfache Worte am besten. Eva hat mich damals vom Alkohol weggebracht, hat mich durch die schweren Jahre der Insolvenz begleitet und mit ihrer Unterstützung ist es gelungen, mich beruflich in der Selbstständigkeit zu etablieren, als es für jemanden meines Alters in den Medien keine Jobs in Festanstellung mehr gab.

Doktor Von wollte von Eva nie etwas wissen und tat, so viel ich auch erzählte, konsequent so, als gäbe es sie nicht. Auch das kann ja zur Methode gehören, dachte ich, Thema sind hier nur die Personen, die im Raum sind, man bleibt »bei sich«. Sie schien alles, was ich über Eva erzählte, sofort wieder zu vergessen.

Wenn ich über Rückschläge oder das Gefühl der Überforderung durch unsere Agentur klagte, kam häufig die Nachfrage: »Haben Sie denn niemanden, der Ihnen hilft?« »Oh ja, Eva hilft mir«, war dann meine Antwort, aus Loyalität zu Eva und vielleicht auch ein wenig aus Trotz gegenüber der haarsträubenden Ignoranz. »Aha«, sagte Doktor Von dann, »wenn das so ist«, und das Thema war beendet.

Zu Eva konnte die Analytikerin über die Jahre kein Verhältnis finden, vielleicht war das aber auch nicht ihre Aufgabe. Vielleicht störte sie Evas Herkunft aus einer Pastorenfamilie, oder die selbstüberhöhende politische Arbeit ihres Vaters in der Kirche und in der Menschenrechtsbewegung, ich hatte das mal erzählt. Mehr anfangen konnte sie mit Pia, meiner ersten Frau, mit der ich die ersten drei Kinder habe. Da fand sie die Geschichte ihres Vaters, der nach seiner Pensionierung noch Psychoanalytiker wurde, zumindest irgendwie amüsant oder sie bewegte sich in einem für sie gewohnten Rahmen.

Eindeutig Sympathie empfand sie für Eloise, die Frau, für die ich Pia und die Kinder verlassen und die mich auf dem Weg in den Alkohol begleitet hatte. Ich hatte einmal erzählt, wie verliebt ich in Eloise war, damals, als ich die Familie verließ, wie ich nur noch diese Liebe sehen konnte und wie ich diese Frau haben musste und bereit war, dafür mehr oder weniger alles zu opfern, meine Familie, meine soziale Existenz – wir lebten über Jahre in hermetischer Heimlichkeit. Und am Ende auch meine Gesundheit, weil es so weit gekommen war, dass sich der Liebes- und der Alkoholrausch nicht mehr unterscheiden ließen.

Ein anderes Thema, mit dem ich bei der Analytikerin nicht anzukommen brauchte, war die Heroinsucht meines Sohnes Tom, die mich einige Jahre in Atem hielt, erschütterte, deprimierte, mit Angst erfüllte. Alles, was ich dazu erzählte, stieß auf ein fundamentales Unverständnis. Egal wie ich es anpackte, im wirklichen Leben und dann in den Erzählungen davon, es war irgendwie falsch und stieß bei der Analytikerin auf ein inneres Kopfschütteln. Sie schüttelte nicht sichtbar den Kopf, verströmte aber ein gereiztes Nicht-Übereinstimmen. Zumindest kam es mir so vor.

»Sie können Ihren Sohn nicht heilen«, sagte sie. Oder: »Ist Ihr Sohn schon in Behandlung?« Wenn man es so hinschreibt, ist eigentlich nichts falsch daran.

Und ich bleibe in allem, was ich hier denke und schreibe, im Pingpong der Übertragung. Mit der Unterstellung, Von fühle nicht mit und verstehe die Situation nicht, wolle ich nur verbergen, wie sehr *ich* mit meinem Sohn nicht mitfühle und die Situation nicht verstehe. In Wirklichkeit sei Von nur stumm dagesessen und die ihr unterstellte Einstellung in Wahrheit die meinige.

Jedenfalls blieb das traurige Spiel mit dem Unverständnis über alle Phasen von Toms Drogenphase gleich. In den ganz schlimmen Zeiten, als er in München schon auf der Straße lebte und schließlich im Gefängnis landete, in den besseren, Entzüge, Psychiatrie, verschiedene Therapien, bis er schließlich zu mir (zu mir?) nach Hamburg kam, die Therapie erfolgreich beendete und auf einer privaten Kunstschule zu studieren begann, die Aufnahmeprüfung bei der Kunsthochschule schaffte und wir (?) in die Phase eines ausgedehnten Happy End eintraten, die bis heute anhält.

Dass ich damals Tom zu mir nach Hamburg nahm, wie ich es eine Zeit lang mit elterlichem Stolz und angeberisch herumerzählte, traute ich mir in den Stunden dann gar nicht mehr zu sagen. Auch die Anmeldung in der Kunsthochschule erwähnte ich nicht, weil ich mich Fragen von der Sorte »Wie kommen Sie denn darauf, dass er Talent hat?« nicht aussetzen lassen wollte.

Auf jeden Fall war da die Angst, dass Fragen dieser Art kommen könnten, obwohl sie ja, so sehe ich es heute, meine eigenen waren.

Wichtig ist nur, dass mich all die Eiertänze offenbar in die Lage versetzt haben – oder hätte ich es auch ohne sie gekonnt? –, meinen Sohn in einer Weise zu begleiten, die es ihm (und mir) ermöglicht hat, heute ein drogenfreies, selbstbestimmtes Leben zu führen. Klar kann er morgen wieder rückfällig werden, ich aber auch – dass dies, unterstelle ich jetzt, bei Frau Doktor Von auf blankes Unverständnis stieße, mag ein Grund sein, der mich vor einem Rückfall bewahrt.

Oft lag ich in der Stunde und hatte keine Lust, etwas zu erzählen. Meine großen Lebensdramen – die Mutter, der Vater, die Trennung, der Alkohol, der Bankrott – waren erschöpfend behandelt, die jahrelangen Konflikte und Belastungen um meine zwei Familien, waren zur Ruhe gekommen.

Was hätten wir noch? Über Sexualität habe ich übrigens mit beiden Analytikerinnen kein einziges Wort gesprochen, auch nicht, dass ich eine Zeit lang mit Männern ins Bett gegangen war. Scheint nicht wichtig gewesen zu sein, oder kein Problem.

Meine Probleme kreisen inzwischen vor allem um meine berufliche Situation. Etwas anderes als Erfolg mit unserem Redaktionsbüro können Eva und ich uns nicht leisten, jedenfalls leben wir nach dieser Maxime. Dass ich zu einem Unterfangen dieses Ausmaßes – wir hatten bald eine ganze Menge Angestellte – überhaupt in der Lage war, völlig nüchtern, bienenfleißig, irgendwie kreativ (oder zumindest: einfallsreich) und im Umgang mit Menschen weitgehend kontrolliert, hatte ich in Vielem der Analyse zu verdanken. Beziehungsweise war ich bereit, es so zu sehen. Doch all die Einsicht und all der Erfolg brachten mir in der Analyse kein Lob. Keine Angst, jetzt geht das nicht wieder los, das mit dem Lob.

Ich konnte nicht der Hund sein, der schwanzwedelnd hereinstürmt und den Ball auf dem Teppich ablegt und dafür noch den Kopf getätschelt bekommt – sondern ich war eher der Hund, der eigentlich nicht auf den Teppich darf, und wenn er den dreckigen Ball darauflegt, gibt es Theater. Der dreckige Ball Erfolg. Was ist Erfolg? Warum mag mich das Geld nicht? Hier hätten wir noch ein Thema, das in den Stunden immer sehr schwer zu behandeln war und zu viel Raum einnahm.

Ich spürte oft eine Gereiztheit bei der Analytikerin, die – das unterstelle ich jetzt alles nur – nicht verstand, warum ich die wertvolle Zeit mit so vielen Banalitäten aus dem Alltag des Berufs verschwendete. Der hat das gesagt. Und der das. Und das Honorar ist wieder viel zu niedrig. Und das Konto leer.

Als käme ich jede Stunde an und kippte eine Riesenmenge übel riechenden unsortierten Mülls mitten ins Behandlungszimmer, der ganze Plastikmüll vermengt mit dem werthaltigen Biomüll, der noch zu Kompost werden kann. Warum kann das nicht schon vorsortiert sein? Deutschland, Land der Mülltrennung. Als würde ich die Stunde nicht richtig nutzen. Den Müll nicht trennen.

Dazu kam in dieser Zeit, dass ich immer weniger träumte und wenn, die Träume so nah an der Realität unseres Büros hafteten, dass sie irgendwie uninteressant wurden – wenigstens in meiner Einschätzung, die Analytikerin ließ sich das nicht anmerken. Es kann schon auch vorgekommen sein, dass ich real erlebte Geschichten um die Agentur als Traum erzählte, nur um die Analytikerin zu bewegen, sich irgendwie dazu zu positionieren, was sie dann aber ohnehin nicht tat. Lange stagnierten wir in einer Situation, in der wir nicht mehr darin übereinstimmten, worum es in der Therapie überhaupt gehen könnte. Trotzdem fürchtete ich mich vor jeder Stunde, es könnte irgendwas auftauchen, irgendwas geschehen … Nachher fühlte ich mich ausgelaugt, dabei war ich nur rumgelegen, in der überheizten Bude.

Oder wäre es ehrlicher zu sagen, lange stagnierte ich in einer Situation, in der ich mit mir selbst nicht mehr übereinstimmte, worum es in meinem Leben gehen sollte? Der banalen und doch so unentrinnbaren Logik von Verwertung und Effizienz, der ich nun mein Leben unterworfen hatte, um meine Familie und mich in Sicherheit zu bringen (oder nur mich, vielleicht ehrlicher?), wollte sich die Analytikerin jedenfalls nicht anpassen und ignorierte all meine Versuche, sie als Art Karriere- oder Beratungscoach zu missbrauchen.

Allerdings, und das mag viel schwerer wiegen, bekräftigte mich die Analytikerin – darin ganz ähnlich meiner

Omi – immer in meinem kreativen Impuls. Einige Male sprachen wir darüber, was mich denn eigentlich glücklich mache, neben all dem, was mich nicht glücklich mache. Wenn ich etwas erschaffe, sagte ich dann, wenn ich etwas schreibe oder für eine Aufgabe eine kreative Lösung finde, dann bin ich glücklich. Dann vergehen alle Schmerzen.

Freilich folgt gleich darauf die fast gleich starke Angst, das kreativ Erschaffene könne nicht gut genug sein, nicht den Ansprüchen genügen, ich könne mich gar blamieren. Dem Vater nicht gefallen … Mein überstrenges Über-Ich, das mir alles kaputt macht.

Die Angst sei normal, sagte die Analytikerin dann. Dass man dem Vater gefallen wolle, auch. Was wäre denn die Alternative? Aber sie gab mir zu verstehen (sie sagte es nicht, sie atmete es eher aus), dass ich mit diesem funktionierenden kreativen Impuls eigentlich ein gesunder Mensch sei. Auch mit dem hohen Stellenwert, den Arbeit für mich hat, stimmte sie überein.

Sie sagte, Freud habe gesagt, das Wichtigste im Leben sei ERSTENS die Arbeit und ZWEITENS die Liebe. Ich fand das Zitat dann nicht, aber es wirkte auch so.

Ob es an Abnutzungserscheinungen nach all den Jahren lag oder daran, dass ich die Stunden immer weniger zu nutzen verstand, warum auch immer, ich wollte einen Gang höherschalten.

Ich hatte keine klare Vorstellung. In der Therapiestunde müsse sich jetzt das oder das verändern (abgesehen davon, dass sich wahrscheinlich gar nichts hätte verändern lassen), eher wollte ich ein anderer werden in der Beziehung zur Analytikerin. Einer, der auch mal gewinnt. (Das war es vielleicht, die Analytikerin hatte mich über die Jahre nicht gewinnen lassen, jedenfalls nicht das, was ich darunter verstand.) Ich wollte einer sein, der einen Unterschied macht. Auf Augenhöhe. Anerkannt. Vielleicht wäre es eine gute Idee, den Laden hier mal auf Vordermann zu bringen. Einer, der sich am Ende über die Analytikerin erhebt.

Der Raum, in dem wir waren, schien mir plötzlich zu klein, zu schäbig, zu stickig. Die schlechte Luft. Wenn ein Mensch über Jahre die Ottomane, die er noch dazu beruflich braucht, nicht richten lässt, da stimmt doch was nicht. Wie ist das eigentlich, fragte ich einmal forsch, so forsch man aus der liegenden Position sein kann, wollen Sie noch ein Buch schreiben? Ihr Werk ist ja sehr zerstreut, die einzelnen Bücher findet man kaum, verschiedene Verlage, das passt ja nicht so recht zusammen. Ich habe mir einiges bei Amazon bestellt und einmal fand ich *Abschied vom Helden* in einer Grabbelkiste in einem Buchladen auf der Langen Reihe in Hamburg. Zwei Euro.

Die Fantasie, die sich meiner zu bemächtigen begann, war: Ich werde der »Herausgeber« der Analytikerin. Sammle ihre verstreuten Schriften, bearbeite, editiere sie. Historische Beispiele gibt es genug. Im Umkreis aller großen Analytiker haben sich Textleute herausgebildet, die sich um die Pflege und Herausgabe des späteren Werks kümmerten, oft schon zu Lebzeiten, selten auch aus dem Kreis der Patienten. Manche gründeten darauf eine eigene Karriere, oder schrieben die Biografie. Manche wurden selbst berühmt. Berühmt.

Ich stellte mir vor, dass sich die Behandlungszimmer von Freud und Jung abends in literarische Salons verwandelten, in denen die Analytiker ihre Fälle vorstellten und im Kreis von anderen Analytikern, Intellektuellen, Autoren und eben auch Patienten, die selbst zu schreiben begannen, diskutierten. In gewissem Ausmaß wird das auch so gewesen sein, es lässt sich in der Literatur nachlesen, wie die Psychoanalyse und angrenzende Wissenschaften Orte wie den Monte Verità erst ermöglichten, an denen die Analyse nicht nur diskutiert, sondern auch »gelebt« wurde. Diese Orte waren die Kristallisationspunkte der Netzwerke, wie man heute sagen würde, die sich entwickelten und für die internationale Verbreitung der »Lehre« sorgten. Bücher und Schriftreihen fanden dort ihren Humus. Die musste natürlich jemand machen.

Natürlich, so einer wollte ich sein. Und ließe sich so was nicht aus der Nähe zu der Analytikerin in Hamburg, die, wie meine Recherchen längst ergeben hatten, auch international angesehen war, nicht ideal entwickeln? Bestünde darin vielleicht ein noch weiterer Nutzen der Hunderte, Tausende von Therapiestunden, die ich »investiert« hatte? Eine Art »Payback«, auf einer ganz realen Ebene? Eine grundsätzlich andere Geschäftsbeziehung. Das Ende der Patientenrolle, in der sie mich so viele Jahre so gnadenlos gehalten hatte.

Bye-bye, Häuflein Elend, erhebe dich! Ich würde mich aus der liegenden Position auf der Couch in eine sitzende bringen, zu jemandem werden, der in Blickkontakt und damit auf Augenhöhe agierte – vielleicht noch verbunden mit der schmutzigen Hoffnung, sie am Ende zu dominieren.

Schließlich war doch wahrscheinlich, dass ich die Analytikerin überleben würde, ich war also auch – etwas unfein der Gedanke – biologisch im Vorteil. Wollen Sie eigentlich noch einmal etwas schreiben, fragte ich eines Tages, scheinbar arglos. Das Feld für eine solche Frage war insofern bereitet, als die Analytikerin zu dem Zeitpunkt bereits wusste, dass ich ihre Bücher gelesen oder sie mir zumindest besorgt hatte – ohne freilich je ein Gespräch darüber zuzulassen.

Es kam auch vor, dass sie mir zu bestimmten Fragestellungen psychoanalytische Literatur empfahl oder manchmal sogar von einer Stunde auf die nächste recherchierte. So hatte ich einmal gefragt, was eigentlich die psychoanalytischen Ansätze zur Sucht seien, und sie hatte mir etwas rausgesucht – entweder Bücher geliehen, was mich besonders stolz machte, oder Autor und Titel auf ein Zettelchen geschrieben. Umgekehrt verstand ich es immer wieder, ihr Interesse zu wecken, wenn ich in Zeitungen Beiträge zur Psychoanalyse gefunden hatte, manchmal brachte ich auch die Ausschnitte mit. Wie ein eifriger Student berichtete ich immer, wenn ich Bücher über die Psychoanalyse las, und versäumte es auch nicht, ein wenig anzugeben mit meiner über die Jahre gewachsenen C. G. Jung-Sammlung, die einige sehr schöne und wertvolle Bände enthält.

Einmal brachte ich eine große Tüte mit Büchern mit und breitete ihren Inhalt auf ihrem kleinen Tisch aus, wie eine Sammlung von Trophäen oder wie – in der Ziegelhaftigkeit von Büchern – feste, solide Bausteine, aus denen wir hier was aufbauen könnten. Am Ende der Stunde lagen die Bücher immer noch da und ich verwickelte die Analytikerin in einen für mich typischen zwänglerischen Auswahlprozess, welche Bücher denn jetzt hier blieben und damit verliehen wären und welche ich jetzt gleich wieder in die Tüte steckte und mitnähme.

Beim Ausleihen und Zurückgeben von Büchern verhielten wir beide uns aufs äußerste akkurat. Wenn ich ihr etwas geliehen hatte, brachte sie das Buch zusammen mit ihrer Mappe für Notizen und dem Kalender in die Stunde ins Behandlungszimmer mit und legte das Buch auf den Tisch. »Ich habe mir das angesehen«, sagte sie dann meist, »sehr interessant. Wollen Sie es wieder mitnehmen?«

Wollen Sie noch mal ein Buch schreiben? Zunächst blieb die Frage unbeantwortet. Ich habe nichts dagegen, wenn noch ein Buch erscheint, antwortete die Analytikerin eines Tages, aber ich will nichts Neues mehr schreiben. Es gibt viel Material. Und man müsste einen Verlag finden. Die folgenden Abschnitte des Gesprächs, wahrscheinlich verteilt über mehrere Sitzungen, sind im Nebel verschwunden – im Nebel der Implosion, die am Ende der Buch-Affäre stand. Plötzlich, wie in einer Novembernacht, war der Nebel da, der mich heute noch am Zurückblicken hindert.

Nach und nach stellte sich heraus, dass es ein Buchprojekt gab, um das sich eine »Ina« in Berlin kümmerte sowie die Tochter in Los Angeles. Ina war für mich neu, von der Tochter hatte ich schon gehört. Es gab auch einen Sohn.

An der Stelle muss ich zugeben, dass ich es mir zur Angewohnheit gemacht hatte, Informationen, die ich in der Stunde aufgeschnappt hatte – manchmal nur aus beiläufigen Bemerkungen – zu Hause oder im Büro umgehend zu googeln: aufgeschnappte Buchtitel zu ergänzen, das war noch das Harmlosere, aber auch wie ein Geheimpolizist oder wie ein verdammter Stalker bruchstückhafte Namen so lange mit den feststehenden Begriffen zu kombinieren, bis sich eine Spur ergab.

Auch brachiale Methoden wie die simple Kombination des Nachnamens der Analytikerin mit Begriffen wie »Mann«, »verheiratet mit«, »Kinder von«, »Sohn« oder »Tochter« brachten Ergebnisse. Man könnte jetzt nachfragen, ob denn nicht die einfache, direkte Frage bessere, schnellere, direktere Ergebnisse erbracht hätte als der geheimdienstliche Aufwand. Sagen Sie mal, wie geht's der Familie, muss ja auch doof sein, mit einer Tochter so weit weg, und wann kommt der Bub endlich den Fernseher reparieren?

Die Antwort wäre, in einer Analyse-Situation sind solche privaten Nachfragen nicht vorgesehen. Der Analytiker bemüht sich, nur mit dem Material zu arbeiten, das der Patient mitbringt, und verrät möglichst wenig über seine eigene Situation. So gesehen sind schon die Bücher zu viel, die im Behandlungszimmer stehen. Denn zumindest von einem Patienten meines Schlags werden die Bücher beim Kommen und Gehen und aus dem Augenwinkel, wenn die Stunde mal unterbrochen wird, akribisch registriert. So fiel mir auf, dass sie kaum benutzt waren, es waren tote Regale, in denen sich über Jahre nichts änderte.

Die interessanteren Bücher brachte die Analytikerin immer aus dem Arbeitszimmer, immer mit erheblichem Suchaufwand.

Oft war ich, als gelernter Buchhändler, schon versucht, meine Hilfe beim Suchen anzubieten, hielt dann aber an mich, weil ich das feste Gefühl hatte, das Arbeitszimmer nicht betreten zu dürfen.

Nach einer Zeit hatte ich den familiären Hintergrund der Analytikerin in Ansätzen beisammen. Zu ihrer eigenen Kindheit in Wien, das sie verließ, um in England und in Amerika Literatur und Philosophie zu studieren, waren keine weiteren Angaben zu finden. Allerdings gibt es einen kurzen Aufsatz, der diese Zeit behandelt und recht anschaulich – in Kontrast zu ihren anderen Büchern, die akademisch sind – Wahrnehmungen und Empfindungen aus dieser Zeit beschreibt.

Sie hatte eine Tochter, Valerie, die in Los Angeles auch als Analytikerin arbeitet. Und einen Sohn, der namentlich nicht festzumachen war und dessen Existenz sich nur aus einem Hinweis auf einen früheren Familienstatus ableiten ließ, der da lautete, die Analytikerin habe in einer Ehe zwei Kinder geboren, einen Sohn und eine Tochter. Keinen einzigen Hinweis auf diesen Mann konnte ich in den Schluchten von Google finden, so tief ich auch hinabstieg.

Jetzt, wo ich es aufschreibe, fällt mir auf, dass ich damals vielleicht eine Leerstelle zu entdecken glaubte, einen freien Platz, eine nicht besetzte Rolle, die was für mich sein könnte. Mann, Sohn, die richtigen Superrollen. Aber auch in eine Art beruflichen Zusammenhang zu treten, das könnte doch was sein.

Das Buch könnte ein Schritt in die Richtung sein. Das Buch, das von mir möglich gemachte, um die Verlagssuche wollte ich mich ja kümmern. Das von mir zusammengestellte, viel bessere, erste richtig geile Dr. Von-Buch – zu dem es nie kommen sollte.

Ein Verlag müsste sich finden lassen, und einer bietet sich ganz logisch an. Der, mit dem ich schon seit 30 Jahren verbunden bin, in Freud und Leid und auch mal nicht. In diesem Verlag, für den ich damals nach langjähriger Unterbrechung wieder viel zu tun hatte, wurde mit Peter Kampa gerade ein neuer Verleger bestellt. Es gab einen neuen Chef für den Buchverlag in der Verlagsgruppe, der sich in dem Haus traditionell Verleger nennen darf.

Peter Kampa, ein toller Mann, wie ich fand, war zuvor die rechte Hand eines berühmten und legendär erfolgreichen Schweizer Verlagsgründers gewesen, bevor er nach Hamburg kam. Ich ging mit ihm essen, suchte die Nähe, hätte es großartig gefunden, auch im Buchverlag mitwirken zu können, nicht nur in der Sparte der Kundenzeitschriften, für die wir mit unserem Büro arbeiteten.

Dieser sympathische und gebildete Mann, die neu belebte Nähe zu dem Verlagshaus, vielleicht auch der Zufall, dass der Verlag in unmittelbarer Nähe zur Praxis meiner Analytikerin lag – all dies schienen mir ideale Voraussetzungen zu sein.

Ich sah mich schon an milden Frühlingsabenden über die dazwischen liegende Krugkoppelbrücke lustwandeln, über die Alster von Winterhude nach Harvestehude, unterm Arm flattern die Korrekturfahnen des entstehenden Buchs.

Also saß ich da. Die Sonne schien in den Garten. Das Fenster war einen Spalt geöffnet, eben die Stellung, die so lange Probleme machte, weil sie den Sicherheitsmechanismus außer Kraft setzte. Das Drama mit dem Fensterverschluss hatte ich mitbekommen, weil immer wieder mal ruppige (der Frau Professor gegenüber aber immer unterwürfige) Handwerker relativ respektlos in unsere geheiligte Stunde latschten und sich an dem Fenster zu schaffen machten.

Ich saß also da. Face to Face. Nach all den Jahren des Liegens auf der Couch ohne direkten Blickkontakt sah ich nun die Analytikerin vor mir. Sie wirkte älter und schwächer, als ich das abgespeichert hatte. Nicht gesund, auch unsicher, vielleicht auch schwach. Ich bildete mir ein, sie könne den Blick immer nur kurz halten. Von diesem Strahlen am Schluss der Stunde, das sie mir so oft geschenkt hatte, keine Spur. War sie jetzt der wirkliche Mensch? Über solche Verwandlungen findet man nichts in der psychoanalytischen Literatur.

Frau Doktor Zu in München war mit dem Wechsel zwischen Stunde und Nicht-Stunde anders umgegangen, lockerer, integrierter. Doktor Von nahm ich jetzt als zwei Personen war, aber was heißt »Personen«: meine Übertragungs-Fiktion, also meine in den vielen Stunden gewachsene Vorstellung meines Gegenübers, ohne es anzusehen, und die Fantasien, mehr war es ja nicht – dazu noch die mageren Rechercheergebnisse.

Wir beide fühlten uns nicht wohl. Ihr Magen knurrte und rumorte. Das kannte ich zwar schon, aber so laut war es noch nie zu hören gewesen. Das Ganze wirkte gezwungen, unnatürlich, unhaltbar.

Nachdem wir das Buchprojekt in der üblichen, liegenden Analysesituation schon angesprochen hatten und sie mich nach und nach mit Material versorgt hatte – am Ende war es eine ganze Kiste, voll mit kopierten Veröffentlichungen, ganzen und unvollständigen Manuskripten, deutschen und englischen Vortragstexten, Broschüren, für mich ein Indiz, dass sie an einer Zusammenarbeit interessiert sein könnte –, hatte ich vorgeschlagen, für eine Zeitlang von jeder Stunde die ersten 10 bis 15 Minuten am Beginn dafür zu verwenden. Dafür würde ich dann bis zur vollen Stunde bleiben.

Doktor Von äußerte sich dazu nicht klar, aber da ich vorankommen wollte, setzte ich ihr Einverständnis einfach voraus und platzierte mich eines Tages schnurstracks in das Fauteuil gegenüber, in dem ich zuletzt vor mehr als zehn Jahren gesessen hatte, bei den Anbahnungsgesprächen. Ich hatte auch schon ein Exposé dabei, mit einem weiteren Ausdruck für sie, das ich aus der Arbeitstasche fischte, die an meinem linken Unterschenkel lehnte. Ich wollte professionell, erwachsen wirken, realistisch, vielleicht ein wenig abgebrüht (im Verlagsgeschäft). Keine Tränen.

Das Konzept, das ich vortrug, hatte sich aus dem vorhandenen Material ergeben und dem, was wir in den Stunden immer wieder mal angedeutet hatten. Es sollte ein Buch über die Liebe werden, mit einem längeren Einleitungstext und danach einzelnen Abschnitten, die einzelne Stücke der Weltliteratur auf die darin enthaltenen Liebesmythen analysieren würden. Zum Tragen käme dabei Doktor Vons doppelte Kompetenz, als Psychoanalytikerin und als Literaturwissenschaftlerin. Als Entwurf für die Angebotsschreiben an Verlage, die der nächste Schritt sein sollten, hatte ich schon mal formuliert: »Das Buch soll die Irrungen und Wirrungen der Liebe behandeln, aus psychoanalytischer Sicht, erzählt an Beispielen aus der Weltliteratur. Über das große Thema LIEBE spricht es die Interessen Literatur und Psychoanalyse in einer interessanten Verbindung an.«

Die Texte zu den Beispielen aus der Weltliteratur existierten schon. Im Durchsehen der Unterlagen stellte ich fest, dass sie großteils schon vor Jahren veröffentlicht wurden, heute aber schwer aufzufinden waren, was eine Veröffentlichung in einem neuen Kontext – und in der tollen Verpackung durch mich! – meiner Ansicht nach rechtfertigen würde.

Der Einleitungstext war schon geschrieben und lag in einer durch die Freundin »Ina in Berlin« redigierten Fassung vor. Meine Aufgabe sah ich darin, den Verlag zu finden, das Ganze zusammenzufügen und der Publikation einen Auftritt zu verleihen, der über die mangelnde Aktualität hinwegtäuschen sollte. Ich konnte mir zum Beispiel vorstellen, durch historische Illustrationen, Textdokumente, Fotos aus Aufführungen oder Verfilmungen der Textsammlung den Charakter eines illustrierten Sachbuchs zu geben, oder, mit kleineren Abbildungen, den eines Readers.

Um mich zu inspirieren und mit dem Stoff vertraut zu machen, besuchte ich eine sehr eindrucksvolle und moderne Aufführung von Don Giovanni im Hamburger Thalia Theater – der Stoff der Mozart-Oper war eines der Themen des Buchs – und war fasziniert, wie spannend und relevant eine gelungene Aktualisierung eines solchen Stoffs sein konnte. Da die Doktor-Von-Texte orthodox und eher an klassischen Interpretationen orientiert waren, ergab sich für mich schnell die Notwendigkeit eines spürbaren Editings, das mit Überschriften, Zitaten, Bildtexten oder kurzen Einleitungstexten die wertvollen Originale mit aktuellen Bezügen präsentierte. Von der aktuellen Don-Giovanni-Inszenierung von Antú Romero Nunes wusste Von nichts und sie fand das wenige, das ich erzählte – etwa, dass eine neue Musik geschrieben worden sei – abscheulich.

»Das muss ja furchtbar sein!«, sagte sie, vielleicht war es auch »Wie kommt man denn auf so was« oder »Nein, so was interessiert mich nicht«.

Frau Doktor Von hatte einen extrem konservativen Musikgeschmack, sie war vom Typus eine jüdisch konservative Wagnerianerin. Auch bei ihrer Thomas-Bernhard-Begeisterung hatte ich oft den Verdacht, dass sie sich eher auf den alten Mythos des Wiener Burgtheaters bezog, da sie sich gegenüber den anderen beiden großen österreichischen Autoren, Peter Handke und Elfriede Jelinek, ignorant verhielt – es sei denn, es war eine positive Rezension in der *Neuen Zürcher Zeitung* erschienen.

So hatte ich mir das alles mit dem Buch gedacht und so versuchte ich es nun zu erklären, wenn auch mit einem Kloß im Hals und wahrscheinlich nicht so souverän, wie ich das manchmal in meiner Arbeit hinbekomme. Nun, alles in allem, auf die inhaltlichen Erläuterungen gab es keine Reaktion, es gelang mir nicht, ihr Interesse zu wecken. Auch wenn ich berücksichtige, dass die alte Dame müde und diese Art konzeptioneller Gespräche nicht gewohnt war, war es doch enttäuschend, gar keinen Hinweis zu bekommen, ob die Vorbereitungen in die richtige Richtung gingen. Vielleicht hätte mich das schon skeptisch machen sollen. Ich redete mir damals ein, die irritierende Nicht-Reaktion könne auch Ausdruck des Vertrauens mir gegenüber sein, um die Details wolle sie sich gar nicht selbst kümmern. Nur beim Thema, wie das Buch heißen könne, schien sie kurz aufzuhorchen.

Folgende Vorschläge hatte ich dabei:

Reader (Sammelband)
Dr. Von
VON DER MACHT DER GEFÜHLE
Warum wir sie immer befragen sollten, bevor wir handeln
Ein Lesebuch

Buchreihe (jeweils 100 kleine Seiten)
Dr. Von
VON DER MACHT DER GEFÜHLE
Wie wir sie uns zunutze machen (Arbeitsformulierung)
Band 1: Liebe
Weitere: Angst, Hass, Eifersucht …

Autorentitel
Dr. Von
~~ALL YOU NEED IS LOVE~~ (durchgestrichen)
Das falsche Versprechen
Korrekturen aus Literatur und Psychoanalyse

LIEBE
Enttäuschte Hoffnung,
falsches Versprechen
Aus Literatur und Psychoanalyse

DIE FALSCHE LIEBE
Erkenntnisse aus Literatur und Psychoanalyse

ENTTÄUSCHUNG LIEBE
Das angeblich große Gefühl,
von dem wir viel zu viel erwarten

GÖTZE LIEBE
Wie viel sind wir bereit, ihm zu opfern?

TRUGBILD LIEBE
ILLUSION LIEBE
LIEBE
DAS ÜBERSCHÄTZTE GEFÜHL
DIE ÜBERFORDERTE LIEBE
ZUR LIEBE VERDAMMT
VOM FLUCH DER LIEBE
MÜSSEN WIR LIEBEN?

Soweit ich erkennen konnte, gefielen ihr die Titel alle recht gut, mit Ausnahme der Idee mit dem durchgestrichenen »All You Need Is Love«, war ja vielleicht auch ein bisschen bescheuert. Aber sie schien darin übereinzustimmen, auf die Koordinaten Liebe/Psychoanalyse/Literatur zu setzen; meinen Versuchen, dem Ganzen auch ein wenig Ratgeber-Charakter zu geben oder, alternativ, jetzt schon eine ganze Buchreihe zu planen, konnte sie dagegen gar nichts abgewinnen.

Es war für mich nicht zu erkennen, wie weit sie mit den Planungen mitging, eine mulmige Situation. Die Zeit verging und ich begann zu spüren, wie unmöglich es war, die beiden völlig unterschiedlichen Kommunikationsweisen, die psychoanalytische Gespräche und Buchkonzept-Besprechungen sind, unter einen Hut zu bekommen.

Um das Konzept noch einmal klarzumachen, las ich Entwürfe eines Klappentexts und eines Abstracts vor, die ich in den Unterlagen von »Ina aus Berlin« gefunden hatte, um die Richtung so weit abgestimmt zu haben, dass ich mit ihrem Segen daraus ein Konzept zum Verschicken an Verlage machen konnte.

Klappentext: Irrungen, Wirrungen, Kitsch.
Psychotherapeuten und Dichter können ein Lied davon singen, welche seelischen Verwüstungen der Götze Liebe hinterlässt. Denn die Heilserwartungen lassen sich nicht erfüllen. Erlösung – die Befreiung des Menschen aus den Fesseln der Conditio humana – kann es nicht durch einen anderen Menschen geben. Wer sich

von der Liebe den Himmel auf Erden verspricht, wird sich (und anderen) das Leben zur Hölle machen.

Markus Günther, *FAS*

Abstract:
Einer der wichtigsten Beiträge der Psychoanalyse besteht darin, die unbewussten Motive menschlichen Verhaltens aufzudecken. Die Literatur andererseits stellt gerade diese Verhaltensweisen und die ihnen zugrundeliegenden Motive auf eine einzigartige und faszinierende Weise dar. Psychoanalytische Interpretationen von Literatur können uns deshalb tiefe Einsichten in die Bedeutung von menschlichen Konflikten und Motivationen sowie seelischen Beziehungsmustern vermitteln. Die »auf die Couch gelegten« literarischen Werke in diesem Buch stellen komplexe Seelendramen dar, die geprägt sind von Leidenschaft und Sucht, Treue und Verrat – und von Liebe und Tod.

Für das Ende der Besprechung an diesem Tag hatte ich mir die Kapitelstruktur aufgehoben, das am wenigsten kontroverse Thema, denn sie folgte genau dem vorhandenen Material:

Kapitel:
- Einführung: Zur Bedeutung von Illusion und Grenzerfahrung in der Liebe
- Der Eismann kommt – Von »pipe dreams« zum Tod
- John Gabriel Borkman – Eine Restitutionsfantasie

- Bram Stokers Dracula – Erst der Tod hat ihn menschlich gemacht
- Don Giovanni – Auf der Suche nach ewiger Lust
- Blaubart – Idealisierung des Bösen und tödliche Neugier
- Wagners Tristan und Isolde – Konfusion von Liebe und Tod
- Der gute Gott von Manhattan – Er tötet, um die Welt vor Untergang und Chaos zu bewahren
- Der Tod in Venedig – Die Verblendung
- Der Tor und der Tod – Tot war sein Leben, sein Sterben eine Geburt
- Tonka – Zwischen Ohnmacht und Macht
- Die Ehebrecherin – Eine Befreiung

Es gab mehrere dieser Besprechungen und ich kann die einzelnen Themen nicht mehr richtig zuordnen. Auf der freundlichen Seite ist zu erwähnen, dass Frau Doktor Von mehrere Male darauf hinwies, ich solle mir Gedanken machen, wie viel an Honorar denn für meine Tätigkeiten anfiele. Meinen Vorschlag einer eher auf Symbiose abzielenden Lösung, nämlich in »Naturalien«, mit Analysestunden, zu verrechnen, wies sie brüsk ab.

Auf der schwierigen Seite wäre zu sagen, dass es wahrscheinlich schon früh Hinweise gab, dass an den vorhandenen Texten nichts verändert werden dürfe, auch dann nicht, wenn ein Verlag das verlangen sollte. Ich hatte zu dem Zeitpunkt schon eine Idee, wie man damit umgehen könnte – die Texte im Original belassen, aber moderierendes Material dazumontieren – aber so, wie die Besprechungen liefen, sah ich keine Chance, das zu erklären.

Ich nahm mir dann vor, eine solche Bearbeitung am Beispiel Don Giovanni einfach mal zu machen und ihr dann zu zeigen. Das hätte auch den Verlagen gegenüber den Vorteil, schon etwas Herzeigbares zu haben. Bei Interesse könnte ich dann mit meinem Büro auch schon Abbildungen suchen und Layouts entwerfen.

Es gab Tage, da war ich begeistert von dem Projekt und glücklich damit. Frohen Mutes wandte ich mich also an Herrn Kampa:

Lieber Herr Kampa!
Ich habe in der Zwischenzeit das Projekt mit der Hamburger Literaturwissenschaftlerin und Psychoanalytikerin Frau Doktor Von ein wenig vorangetrieben und eine, wie ich finde, recht tragfähige Idee gefunden. Sehen Sie dazu bitte die Skizzen im Anhang.

Es könnte – neben anderen Möglichkeiten – um einen Band zum Thema »Illusion Liebe« gehen, zu dem ein Rohmanuskript bereits vorliegt. Ich denke, das passt in die Zeit, denn uns steht eine Diskussion bevor, ob Liebe nicht eine total überschätzte Angelegenheit ist. Nicht zufällig hat dazu Markus Günther in der *FAS* vom Sonntag (14. September) einen tollen Essay geschrieben, der in seiner Aussage mit den Thesen von Doktor Von verwandt ist.

Wäre schön, wir könnten uns kurzfristig auf einen Kaffee sehen!
Schönen Tag, Ihr Michael Hopp

Mir war nicht klar, ob das Konzept in das neue Programm von Herrn Kampa passte, obwohl ich einen Termin mit ihm hatte, in dem es darum ging, ob ich an der Entwicklung dringend benötigter Sachbuch-Konzepte mitarbeiten könnte – aber das Thema Psychoanalyse ist dann noch mal was anderes und lässt sich heute schlechter verkaufen als vor 20, 30 Jahren, das wusste ich bereits. Deshalb wandte ich mich parallel an eine Reihe anderer Verlage, so war es auch mit Doktor Von abgesprochen, wobei ich die Verlage mied, in denen sie schon veröffentlicht hatte. Sie war, so hatte ich es verstanden, auf der Suche nach einer neuen Lösung.

Sehr geehrter Herr Flierl,
darf ich mich vorstellen, ich bin Journalist, Autor und Chefredakteur mit eigenem Redaktionsbüro in Hamburg. Hauptsächlich sind wir Dienstleister für Hoffmann und Campe Corporate Publishing.
Zu meinem persönlichen Bekanntenkreis gehört die in Hamburg wirkende Psychoanalytikerin Doktor Von, die bereits mehrere Bücher geschrieben hat. Ich habe mich nun ihr angeboten, bei der Veröffentlichung ihres neuen Projekts behilflich zu sein. Bei Bedarf stehe ich auch für Lektoratsarbeiten zur Verfügung.

Das Buch soll die Irrungen und Wirrungen der Liebe behandeln, aus psychoanalytischer Sicht, erzählt an Beispielen aus der Weltliteratur. Über das große Thema LIEBE spricht es die Interessen Literatur und Psychoanalyse in einer interessanten Verbindung an.

Im Anhang ein Exposé sowie das Vorwort schon in fertig geschriebener Form. Einige der Kapitel sind auch schon abgeschlossen.
Ich freue mich von Ihnen zu hören!
Mit freundlichen Grüßen
Michael Hopp

In der Zwischenzeit hatte ich begonnen, das Don-Giovanni-Kapitel zu bearbeiten. Mit viel Mühe, wie ein sehr vorsichtiger Redakteur, der Respekt vor dem Text und dem Autor hat, auch weil er weiß, dass er sich nicht so gut auskennt in dem Stoff. Ich schickte es an Kampa, der nicht reagierte und mir schon gar nicht die Freude machte, meine Idee irgendwie toll zu finden. Ich schrieb ihm eine verdruckste und verlogene Mail:

Lieber Herr Kampa!
Mir macht es nichts, wenn Sie keine Zeit haben, meine Mails zu beantworten – ich gehe nur davon aus, dass Sie sie lesen. Könnte es sinnvoll sein, Ihre Assistentin cc zu setzen?

Hier nun zwei Mitteilungen:
1. Ich arbeite an dem Probekapitel Don Giovanni und möchte auch gleich einen Vorschlag für Layout und Illustration machen. Können Sie mir ein paar Sachbücher nennen, die Sie gut gemacht finden?

Kann ich mir im Verlag was zusammensuchen, auch aus Ihrer Produktion?

2. Haben Sie den Aufsatz von Kurbjuweit über Schuld und Psyche im Oster-Spiegel gelesen? Er wendet exakt die Methode Doktor Vons an: Herleitung von Sophokles/Ödipus über Shakespeare, Dostojewski, Freud. Nur zieht er es deutlicher in die Gegenwart. Beispiel Stoker/Dracula/Vampirismus. In der Post-Freud-therapeutischen Gesellschaft hat auch der Vampirismus durch die großen Popmythen wie Twilight Zone etc. eine neue Bedeutung bekommen – sie lernen, mit ihrer Veranlagung umzugehen.
Schreibe das nur auf, um die Perspektiven für die Texte zu skizzieren.
Bis dann, Ihr Michael Hopp

Obwohl ich lauter eher entmutigende Signale bekam, nahm ich sie nicht zur Kenntnis und ging daran, das inzwischen fertig bearbeitete Don-Giovanni-Kapitel mit Doktor Von abzustimmen, in einem ähnlichen Procedere, wie ich es tagaus, tagein mit Firmenpublikationen tue.

Natürlich auch in der inzwischen schon vor mir selbst tief versteckten und keineswegs zugelassenen, verstohlenen, verschissenen Hoffnung auf LOB, jetzt müsste es doch mal klappen. In der Mail an Doktor Von tat ich cool – und log, wie ich jetzt im Nachhinein bemerke, denn Kampa hatte sich nie zurückgemeldet und mir auch keinen Auftrag erteilt. Nach meiner Logik hätte ich dann eh kein Lob verdient. Ich schrieb:

On May 18, 2015, at 10:17 PM, Michael Hopp wrote:
Liebe Frau Doktor Von!
Um der Bitte von Herrn Kampa nachzukommen, Ihren Text etwas aufzubereiten, habe ich einen neuen Beginn angefügt sowie einige Kleintexte bzw. Marginalien.
An Ihrem Text habe ich dann – bis auf eine minimale Kleinigkeit – nichts mehr verändert.
 Die von mir hinzugefügten Teile habe ich BLAU eingefärbt, damit man sie gleich erkennen kann. Die Technik der Zitierung ist jetzt noch nicht einheitlich, das müsste man in einer nächsten Lesung machen.
 Wie schon gesagt, das wäre jetzt nur die Fassung für Herrn Kampa.
 Wenn Sie die Bearbeitung in Ordnung finden, würde ich das dann so an Herrn Kampa schicken. Ich würde ihm dann auch das Tod-in-Venedig-Kapitel schicken, das sicher auch sehr überzeugend wirkt, ohne dass man – wie ich finde – etwas verändern oder ergänzen müsste.
 Sollte Ihnen aber die ganze »Operation« nicht recht sein, müssten wir von der Idee, das Buch bei Hoffmann und Campe zu veröffentlichen, Abstand nehmen und nach weiteren Verlagen suchen.
Mit freundlichen Grüßen, Ihr Michael Hopp

Lieber Herr Hopp,
Danke für die Schrift. Es ist aber ein Irrtum, ich habe Sie nie gebeten, in meinem Buch mitzuschreiben.
Es bleibt so und Ina macht kleine Korrekturen.
Grüße
Doktor Von

On May 20, 2015, at 8:54 AM, Michael Hopp wrote:
Guten Morgen,
alles klar, vielen Dank. Ich gebe dann Herrn Kampa Bescheid, dass Sie mit der Bearbeitung des Texts nicht einverstanden sind. Ich hatte ihm die Version ja auch noch nicht geschickt.

Ich denke, dann wird es nichts werden bei Hoffmann und Campe, denn mit »kleinen Korrekturen« wird es da nicht getan sein. Kampa möchte ein aktuelles Sachbuch.

Von unseren Anfragen bei anderen Verlagen ist eine noch offen, ich suche bis morgen noch raus, welche. Sehen wir, was da kommt.

Ansonsten sehe ich dann meine Vermittlungsversuche als beendet an, es sei denn, Sie hätten noch andere Ideen.

Bis morgen, schönen Tag, Ihr Michael Hopp

Ja, vielen Dank. Bis morgen.
Viele Grüße, Doktor Von

Bis morgen ... Ging hin. Ohne eindeutige Laune. Ich wusste, ich würde sie nicht mit Vorwürfen überhäufen. Es stimmt, sie hatte mich nie gebeten, an ihrem Buch mitzuschreiben.

Es war alles meine Inszenierung. Ich wollte es. Wollte ich auch diese Zurückweisung provozieren? Einen Rausschmiss erzwingen? Wenn ich so dachte, bekam ich sofort Angst vor der eigenen Courage.

Aber hatte sich nicht auch »die Tante« schuldig gemacht – es muss *immer* jemand schuldig werden, ohne Schuld geht es nicht? Sich allzu leicht in die von mir gestellte Falle locken lassen? Mich armen Teufel (?!?) tatsächlich irgendwie beschäftigt und beansprucht, ja am Ende sogar bezahlt, was ja eine Anerkenntnis einer realen Tätigkeit ist? Ich meine, allein dafür könnte ich sie vor die Analytiker-Kammer bringen!

Ich ging also hin. Lag stumm. Und tatsächlich, *sie* sprach das Thema an – etwas, das sie ja sonst nie tat, *ein Thema ansprechen*. Dazu hatte ich sie gebracht, immerhin. Ich hatte Einfluss! Sie fragte, wie es mir mit der Buch-Sache gegangen sei. Ich tat professionell. Alles gut. So was passiert. Ist normal. Sie ließ es dann auf sich beruhen. Das Honorar kam mit einiger Verspätung.

Das Material, das sie mir gegeben hatte, all die alten Unterlagen und Manuskripte, habe ich heute noch. Ich habe ein eigenes Regal dafür frei gemacht. Eines Tages werde ich es durcharbeiten. Eines Tages. Wir setzten nach der Buch-Affäre die Analyse fort, aber es wurde nie mehr, wie es gewesen war.

Meine Analyse, die zweite, in Hamburg, wurde nicht beendet. Hatte die Buch-Geschichte den Bann gebrochen, die Übertragung überladen, oder gäbe es hier ein besseres Wort? Wir ließen die Therapie auch nicht auslaufen, oder welche Worte hier passen könnten. Wir nahmen auch nicht Abschied, dafür soll es ja Formen geben. Rituale. Eher crashte die Therapie. Ging kaputt. Verendete. Eigentlich unwürdig, eigentlich unfassbar nach all den Jahren. Das Ende, wie es war – wenn Ende bedeutet, letzte Stunde, nicht mehr hingehen, nie mehr, Ende eben –, dieses Ende, wie es war, wird der Zeit davor nicht gerecht. Nein, das nicht. Ich beschütze und verteidige die Zeit. Ich würde sagen: Es war ein Unfall. Mit zwei Beteiligten. Ohne Pannenengel.

Es ging um eine Rechnung. Es ging ja öfter um Rechnungen. Nicht bezahlte. Ratenzahlung. Listen von Raten mit Datum, wann was nachbezahlt wird. Neue Listen. Listen, die nicht übereinstimmten.

»Das Geld ist schon überwiesen«, höre ich mich heute noch sagen. War es aber nicht. Lüge. Scham.

»Haben Sie denn die richtige Kontonummer?« Apotheker- und Ärztebank.

»Falschüberweisungen sind sehr schwer aufzuklären.«

»Dann müssen Sie anrufen.«

»Wieso soll ich anrufen, ich habe das Geld doch überwiesen.«

»Wenn Sie das Geld nicht haben, müssen Sie es sich leihen.«

Mir leiht keiner Geld. Weißt du doch, alte Kuh.

Diesmal, am Ende, war es aber gar keine Ausrede oder keine Lüge. Eva hatte das Geld wirklich überwiesen. Es ging auch nicht um viel, um *eine* Rechnung, das war früher schon mal anders gewesen. Es ging um ... sagen wir so, es geschah etwas, das wir beide, die Analytikerin und ich, sie in dem Fall auch als Person, also über ihre Rolle hinaus, das unterstelle ich jetzt mal, nicht ertragen konnten. Jedenfalls war ein Punkt erreicht, an dem es nicht mehr weiterging. Ich lief davon, und das tue ich heute noch.

Gehen wir noch mal ganz an den Anfang. Vielleicht haben wir was übersehen, oder ich. 120 Stunden Psychoanalyse zahlte die Krankenkasse, danke, Barmer Ersatzkasse. Man bekommt am Anfang eine Art Einstiegspaket von einigen Stunden, damit Arzt und Patient mal üben können. Wenn fortgesetzt werden soll, schreibt der Analytiker ein Gutachten. Wenn das durchgeht, gibt es die ersten 30 Stunden, dann schreibt er wieder eines und dann noch eines – und irgendwann ist Schluss, in der Regel nach dem vierten Durchgang. Mehr als etwa 120 Stunden zahlen gesetzliche Krankenkassen in Deutschland nicht.

Dann muss man die Honorare selbst bezahlen.

Therapeutisch gilt es eher als Vorteil, wenn der Patient selbst zahlt. In Freuds Zeiten gab es nur Selbstzahler. Indem die Psychoanalyse zur Leistung von Krankenkassen wurde, trat sie in direkten Wettbewerb zu anderen Methoden der Psychologie. Der Wettbewerb ist eigentlich unsinnig, denn Psychoanalyse ist etwas anderes, eher eine angewandte, empirische Geisteswissenschaft. Aber ich habe ja auch profitiert davon, dass sie krankenkassenfähig gemacht wurde.

Aus Sicht des Patienten ist die Psychoanalyse vielleicht eher eine Art Lifestyle, auf den man große Hoffnung setzt. In den zu investieren man bereit ist. Termine, Zeit, Regelmäßigkeit. Und eben Geld, weil man sich selbst was wert sein und nicht der Krankenkasse auf der Tasche liegen soll.

Kurz gesagt, ich brauchte für die Analyse, als ich sie dann selbst bezahlen musste, einige Hundert Euro im Monat, die ich eigentlich nicht hatte. Zu keiner Zeit. Das heißt, ich leistete mir etwas, das ich mir eigentlich nicht leisten konnte. Insofern passte das gut in mein sonstiges Lebensmuster.

Was will ich hier erzählen, ist doch ganz einfach, entweder kann ich mir das leisten oder nicht. Wann kommt endlich wieder ein geiler Traum? Wurde eigentlich auch über Sex gesprochen? Nein, wir sprachen nie über Sex. Über Geld auch nicht. Ich hatte immer das Gefühl, sie teilte die Ansicht von Franz Manola, meinem Vorgänger beim *Wiener* in Wien, der sagte: »Michi, finanzielle Probleme sind die einzigen, für die es immer Lösungen gibt. Immer.« Wenn man's ganz groß sieht, mag das stimmen: Dass man leichter einen Bankrott hinausschiebt, als man dem Sensenmann von der Schippe springt. Aber sicher bin ich da nicht.

Ich & Geld, in meinem Leben, und ich & Geld, wie sich das in der Psychoanalyse zeigte – und sie am Ende sogar abstürzen ließ, sagen wir nicht scheitern, scheitern nicht. Scheitern doch nicht!

Nur, Neustart-Option ist keine da. Es gibt keine Reset-Taste. Keine zweite Chance. Vieles daran bleibt mir selbst unklar. Immer noch kann ich nicht richtig denken, wenn ich an die Zeit »denke«. Als das Denken noch geholfen hat. Wie bitte, das soll *meine* Geschichte sein? Wer sagt das? Hat sich das jemand durchgelesen?

Ich versuche jetzt mal, eine Art Tatsachenbehauptung über mich selbst aufzustellen: Die Psychoanalyse hat mir gezeigt, in wie vielem ich mir selbst unverständlich bin. Manchmal vielleicht sogar fremd.

Gehen wir noch vor den Anfang. Der Schiffbruch, der Rausch, die große schwarze Welle, die mich schließlich ans Ufer der Psychoanalyse warf, davor die Höllenfahrt in Sachen Selbstkasteiung, Schuld, übertriebener Selbstbezichtigung, Schuld, Sucht, Sucht nach Schuld, Wahrheit, Übertreibung, Selbstentblößung, mein Leben als Porno. Worte.

Der Michi, sagte meine Vater vor anderen, in einem Ton, als käme jetzt eine freundliche Charakterisierung, das war das Fiese daran, der Michi wird immer den Weg des geringsten Widerstandes gehen. Er ist ein feiger Hund. Der Großvater weint und ist besoffen. Die russischen Weiber und ihre große Fut. Fut, Fut, Fut. Was für ein geiles Wort. Alle erschossen. Der Weihnachtsbaum fackelt ab. Nein, das Kaninchen können wir doch nicht totmachen! »The Torture Never Stops«, tolle Disconummer von Frank Zappa. Den Song kann man unter den Kastastrophenfilm meiner Kindheit legen.

> Flies all green and buzzin'
> In this dungeon of despair

Prisoners grumblin
Piss they clothes
Scratch their matted hair

Sucht. Sucht. Sucht. Mutter. Sohn. Sohn. Therapie. Analyse. Nüchternheit.

Die Kinder sehen so traurig aus auf dem Foto vom ersten Heiligen Abend, an dem der Vater (ich) weg ist. So traurig! Konto gesperrt. Aus. Ende. Es geht aber auch immer weiter. Geburten, fünf. Erst drei, dann zwei. Warum so viele Kinder? Haben Sie keine Verhütungsmittel, fragte die Analytikerin in Hamburg.

Es heißt doch, wenn man mit 20 Stundenkilometern gegen eine Wand fährt, ist man tot. Ich war schneller. Und lebe. Kitsch! Bescheuerte Selbstinszenierung.

Selbstbezichtigung, Lamento, Litanei: Ich will keine Verantwortung übernehmen für mich. Jedenfalls nicht für die Teile, die ich nicht verstehe, das wäre dann schon die Ausrede. Jahrzehntelang dumm gestellt, untergetaucht, weggelaufen. Das Geld ausgegeben, um mich nicht konfrontieren zu müssen. Es wie eine Droge verwendet, um Angst zu lindern, Schuld abzutragen. Schulden gemacht, um Schuldgefühle zu dämpfen.

Fetzen der Erinnerung: »Ich werde dir einfach Unterhalt zahlen«, sagte ich zu meiner ersten Frau, als ich sie in München mit den drei Kindern sitzen ließ, »hohen Unterhalt, sodass du zumindest finanziell keine Sorgen haben musst. Und auch zu Hause bleiben kannst, dich um die Kindern kümmern, wenn ich schon nicht da bin.«

6.000 Mark.
Jeden Monat.
Hatte ich nicht.
Wie sollte das ausgehen.

Hilfe gesucht. Hilfe. Ein Steuerberater in München, der mein Freund wurde. Freund. Ein Steuersparmodell, Immobilie in Berlin. Plötzlich ließ sich eine irreal große Summe finanzieren. Ich schwamm im Geld, das aber gleichzeitig Schulden waren. Schwer zu verstehen.

Ich traf meine Stiefmutter im Café in Wien. Sie hatte mir immer zu helfen versucht. Brauchst du nicht mehr, sagte ich. Ich habe jetzt eine Eigentumswohnung in Berlin. Die finanziert sich aus der Vermietung, locker, da bleibt sogar noch was übrig. Damit zahle ich dir zurück, was ich dir schulde.

Viele Jahre hielt ich so durch. Der Alkohol half mir dabei, bis er nicht mehr half. Ich arbeitete immer, all die Jahre, keinen Tag war ich ohne Arbeit. Darauf bin ich stolz. Aber es wuchsen die Schulden, und die Sucht.

Erwachen, böses – eines Tages hatte ich zwei Probleme, die irgendwie zusammenhingen, aber doch auch getrennt zu betrachten waren: fast eine Million Mark Schulden (okay, zwei Drittel davon waren mit der Wohnung »besichert«, oder eben nicht, denn es war eine Schrottimmobilie) – und ein schweres Alkoholproblem.

Ich trank in der Früh, bevor ich in die Redaktion ging. Ich hatte überall Verstecke für die Bierdosen. Ich fuhr mit den Kindern hinten drin betrunken Auto. Ich verlief mich mit den Kindern betrunken im Schneesturm. Ich brachte sie in Lebensgefahr. Ich begann zu zittern, wenn ich keinen Alkohol im Blut hatte, und tat mich schwer, das erste Glas (die erste Flasche in Wirklichkeit) zum Mund zu führen. Niemand durfte mich sehen dabei. Immer mehr musste heimlich geschehen, verlogen. Dass man noch zwei Brötchen kauft zum Dosenbier, damit es wie eine Brotzeit aussieht. Die Brötchen schmeißt man in den nächsten Müll.

Ich schämte mich sehr. Wenn die Kinder da waren, schlich ich mich in ein leeres Zimmer, um schnell was zu kippen. Nur der Hund folgte mir und schaute mich traurig an.

Jetzt mache ich es mir leicht. Alles raushauen. Wie am Fischmarkt. Ich schäme mich vor den Kindern, wenn sie das lesen. Vor den Kollegen. Vor den Auftraggebern meiner Agentur heute, ich bin doch so seriös geworden.

Den Alkohol besiegte ich, nachdem mich Eva vor das Ultimatum gestellt hatte, mich sonst zu verlassen. Sie tat es so deutlich, dass es mich erreichte. Eventuell half auch die Psychoanalyse, der erste Abschnitt, in München, obwohl das Thema da nie angesprochen wurde. Ein wenig Akupunktur, drei Tage im Bett, viele und lange Spaziergänge, das reichte. Ich habe seither keinen Tropfen angerührt.

Die Schulden besiegte ich, indem ich in Privatinsolvenz ging. Sieben Jahre, in denen ich – unter strenger notarieller Aufsicht, ich hatte meine bürgerliche Existenz praktisch verloren – am Existenzminimum lebte. Alles, was ich darüber hinaus verdiente, ging an die Gläubiger.

Das bedeutete für alle in der Familie Verzicht. Am Anfang fand ich es unerträglich. Am meisten Angst, richtige Angst hatte ich, als der Insolvenzverwalter ankündigte, er wolle zu mir nach Hause kommen, meinen Plattenspieler ansehen, ob er mir den nicht abnehmen müsse. Die Mühe nahm er dann doch nicht auf sich. Ich gebe den Plattenspieler nicht her und werde ihn voraussichtlich ins Grab nehmen.

Mich machten die sieben Jahre stärker. Die engen Grenzen, in denen ich lebte, gaben mir Halt. Mit der Zeit empfand ich es fast schon als Erleichterung, kein Geld zu haben, weil man dann auch keinen Unsinn machen kann damit. Nicht den Unterhalt zahlen – und dafür 1.000 Mark in den Puff tragen. In eine Beschämung dieser Art kann man sich dann nicht mehr bringen. Eine Art Happy End kam in Sicht. Noch mal die Kurve gekriegt und gerade mal Ende vierzig.

Als ich in Hamburg zu meiner Analytikerin kam, war ich aus dem Gröbsten heraus. Ich lebte mit Eva und ihrem Sohn Philipp, wir hatten eine Familie neu gegründet, ja, so fühlte sich das an, wir hatten erst eine, dann eine zweite Tochter bekommen, Tonti und T.

Ich trank keinen Alkohol, und das Ende der Insolvenz war abzusehen. Auch beruflich war es nicht aussichtslos. Wenn es in meiner ersten psychoanalytischen Phase mit Doktor Zu in München noch stark um die Schuldgefühle aufgrund des Verlassens der Familie ging – alles war noch sehr aktuell, virulent, ich lag sozusagen in hohem Fieber –, war vor Doktor Von in Hamburg die Temperatur abgeklungen und ich hatte in gewissem Ausmaß die Kontrolle über mein Leben zurückgewonnen.

Nur in gewissem Ausmaß, denn es zeigte sich in jeder Stunde, oder in vielen, wie wenig meine »Siege« (so lebensnotwendig sie auch waren) an dem gerührt hatten, was mich über eine gewisse Stufe der Entwicklung nicht und nicht hinauskommen lässt. Diese großen Teile, die ich an mir nicht verstehe.

Das Theater mit den Rechnungen, jetzt sind wir wieder da. Mit den Honoraren für die Behandlung, darum ging es ja. Das Problem, an dem alles scheiterte. Ich war ja, wie gesagt, mit dem Gröbsten schon durch. Schon die Einteilung in grob und weniger grob ist blöd. Sollte gelernt haben, in sieben Jahren Fegefeuer, dass man nichts ausleihen kann, ohne es zurückzuzahlen – also auch keine Dienste beanspruchen, die man nicht bezahlen kann. Also, ich hätte die Chance gehabt, das jetzt zu lernen. Ich habe mal gelesen, eine gute Psychoanalyse ist nichts anderes als eine nachgeholte Erziehung. Finde ich, stimmt.

Genau das tat ich aber mit der Analytikerin, etwas ausleihen, ohne es zurückzahlen zu können: Ich hatte zwar tausend Gründe, warum ich nicht zahlen konnte – im Ergebnis brachte ich sie aber um ihr verdientes Geld. Gut, ich hatte nicht so viel. Ich war aber auch nicht bereit, es an anderer Stelle zu sparen. Die Mädchen nicht auf eine private Schule zu schicken. Keine Platten und Bücher zu kaufen.

Wenn mich die Analytikerin ermahnte, hasste ich sie und fand sie schrecklich. Wenn sie mich beschämte, verlor ich die Kontrolle und lief aus der Stunde. Ich schmollte dann zwei Wochen wie ein Kind und schrieb schließlich einen Brief (ich traute mich nicht anzurufen), ob ich wieder kommen könne. Ich hasse mich dafür, wie klein ich mich machte.

Ich fasste in dieser Zeit die dauernden Konflikte um nicht oder zu spät bezahlte Honorarrechnungen eher als begleitenden Nervkram auf, aber nicht als etwas *Essenzielles*, wie es mir heute erscheint. Die Analytikerin zeigte mir oder es zeigte sich – sie war ja davon über ihre Arbeit hinaus auch persönlich betroffen –, dass ich, trotz der läuternden Wirkung der Insolvenz noch weit davon entfernt war, Verantwortung für mich selbst zu übernehmen. Oder nehme ich jetzt masochistisch etwas auf mich (am Ende, um der Analytikerin zu gefallen, wenn sie das mal liest) – und die Analytikerin ist eine geldgierige Kuh, die ohnehin viel zu viel verdient hat an mir, viele Tausende Euro über all die Jahre. Wer sich aus dem Komplex der Schuld nicht befreien kann, wird immer mit Schuld*zuweisungen* arbeiten, könnte auch so eine Theorie sein.

Zuletzt war es um das Thema ruhiger geworden. Aber nur, weil ich mir mit einem Trick geholfen hatte. Meine Freundin Eva bezahlte die Rechnungen, in einem Aufwasch mit den Rechnungen unserer gemeinsamen Firma. Wirkt neutraler, profimäßig, eine Arztrechnung halt, nicht so sehr wie ein persönlicher Dienst an mir, was es doch war, und lässt schon auf der Überweisung mein neues Selbstbild durchscheinen. Und ich habe natürlich keine Zeit für so was, ist doch so, da ist meine Zeit woanders wirklich besser investiert, hoho. Die Verantwortung hatte ich elegant weggeschoben.

Doch einmal war kein Geld da, eine Rechnung blieb liegen, und das Unglück nahm seinen Lauf. Mäkelig mahnte ich etwas später bei Eva an, ob die Rechnung der Analytikerin schon bezahlt sei, hatte eher Eva im Verdacht, sie habe es vergessen. Zog sie also mit rein. Eva sagte, ja, es ist bezahlt, lass mich in Ruhe. Die Analytikerin sagte, nein, es ist nicht bezahlt. Beweisen Sie mir, dass bezahlt ist, auf meinem Konto ist kein Geld eingegangen. Wenn es um Geld ging, wurde sie oft grob und feindselig. Dabei war ich es doch gewesen, in der Vergangenheit zumindest, der sich nicht richtig verhalten hatte.

Ich brachte einen Ausdruck der digitalen Überweisung. Ich hielt ihn ihr vor die Nase. Sie saß, ich stand. Sie war alt geworden in all den Jahren, sehr alt. Alt und vielleicht auch krank. Es roch. Sah sie überhaupt noch etwas? Es gab viele Stunden, in denen sie sich kaum noch rührte. Das ist jetzt scheiße und unfair und verletzend. Trotzdem, wie weit konnte sie so etwas verstehen, digitale Überweisung? Auch wieder blöd, warum muss eine über 80-jährige alte Dame digitale Überweisungen verstehen?

Sie wollte von mir, ich solle auf der Bank anrufen und die Sache aufklären. Ich sagte, da könne man nicht anrufen. Ich sagte, ich müsse gar nichts aufklären. Ich ging, zog die Tür zu hinter mir, nicht laut. Das letzte Mal. Mit Pudding in den Knien stand ich in der Nelkenstraße, vor der Nummer 12.

Ein paar Wochen später stellte sich heraus, der Betrag war wirklich überwiesen, allerdings von einem anderen Konto, als es die Analytikerin gewohnt war, und so konnte sie die Überweisung nicht zuordnen. Zu spät. Was war passiert? Wegen so einem Quatsch trennt man sich doch nicht nach all den Jahren. Eigentlich nicht. Vieles habe ich erzählt, aber sicher nicht alles. Kommt noch.

Die Zeit danach

Jetzt bin ich 63 und immer noch mit dem rechten Bein beschäftigt, dem von meinem Vater geretteten Bein, dem, das dann doch nicht abgenommen wurde. Nicht nur Seele & Geist, auch mein Körper zieht mich in die Vergangenheit, hindert mich am Weiterkommen. Das Bein schmerzt und gibt keine Ruhe. Auch mein Körper kann die Kindheit nicht vergessen, es ist offensichtlich. Die Knochenmarkeiterung während meiner Pubertät hat Schäden hinterlassen, die sich jetzt stärker bemerkbar machen. Die Krankheit ist wieder da.

Es ist auch die Strafe für das dauernde Krankspielen als Kind, die Strafe Gottes oder von dem, der eben straft. Das Sprunggelenk ist nur eingeschränkt beweglich, über die Jahrzehnte wurde der ganze Bewegungsapparat davon in Mitleidenschaft gezogen, die verschiedensten Arten von Schmerzen sind die Folge. Venen, Muskel, Sehnen, Gelenke, man glaubt gar nicht, was sich alles entzünden kann, wenn die Balance nicht stimmt. In der rechten Hüfte sitzt eine Arthrose.

Seit ich nicht mehr in Analyse gehe, bin ich mehr mit meinem Körper beschäftigt. Es ist schwer, darüber hinwegzusehen, wenn das Gehen wehtut, es ist fundamental, es ist einfach scheiße. Der linke Fuß brennt am Ballen, Senk- und Spreizfuß von der Überbelastung, im rechten Bein sticht es im Oberschenkel, jeder Schritt ist ein Abenteuer, mal geht es gut, mal weniger. Das Spektrum meiner Zustände reicht von »beschwerdefrei« bis zu »kann fast nicht gehen«.

Der Schmerz ist ein neuer Gegner, ein echter Widersacher, er tut etwas gegen mich und lässt kaum mit sich reden. Seine Herrschaft ist die Willkür, er lässt sich nicht in die Karten blicken. Er folgt keiner Kausalität, hält sich an nichts, ist nicht verabredungsfähig. Greift schlimm an, und in der nächsten Minute bin ich schmerzfrei. Mal ist viel Bewegung gut, dann wieder schlecht, mal ist Ausruhen gut, meistens schlecht. Manchmal schmerzt das Bein in der Nacht, wenn es gar nicht belastet ist.

Eines Nachts erschrak ich zu Tode, als ich auf der linken Seite liegend aufwachte und das rechte Bein lag schwer auf mir und ließ sich nicht mehr bewegen. Ich spürte sein Gewicht, wie es auf mir lag, als hätte es jemand abgesägt und wieder zurückgelegt. Wie will man in dieser Verfassung eine Frau gut ficken, das kommt noch dazu. Ich habe schon keine Lust mehr, über den Schmerz zu sprechen, mit dem Osteopathen, mit meiner Freundin, mit den Kindern, weil nie stimmt, was ich sage, denn im nächsten Augenblick kann es schon anders sein. Und weil es immer JÄMMERLICH ist.

Tragen ist schlecht, das Tragen meiner Enkelkinder vermeide ich, mir ist auch jeder Koffer zu schwer und ich fürchte mich am Morgen einer Dienstreise davor, mit dem Laptop in der Umhängetasche über einen Bahnsteig laufen zu müssen. Mit dem Schmerz hat sich meine Beweglichkeit reduziert, nicht nur, dass ich hinke und das rechte Bein nicht richtig mitmacht, meine Gehgeschwindigkeit insgesamt ist langsamer geworden. Eva ist genervt davon, wenn ich hinter ihr herhinke, bzw. hat keine Lust, selbst langsamer zu gehen. Das ist so ein Bild geworden. Eva läuft vor.

Im Büro versuche ich mir nichts anmerken zu lassen, bin aber übel gelaunt und weniger belastbar. Ich muss Medikamente nehmen, um durch den Tag zu kommen, was mich müde macht und, wie ich mir einbilde, meine Erektion zerstört. Ich laufe ständig zu Ärzten, fast so viel wie früher zu den Analytikerinnen, doch der Kinderwunsch, dass der Arzt die Krankheit heilen kann, erfüllt sich nicht.

Mein Osteopath sieht zwar die orthopädischen Ursachen meiner Probleme, spricht aber doch ständig davon, dass der jahrzehntelang geschundene Bewegungsapparat »die Last« nun nicht mehr tragen könne. Und da die Ansätze, was hier zu tun sei, dauernd wechseln, spricht Eva in ihrer direkten Art schon davon, dass ich eben ein »Schmerzpatient« sei. Schmerzpatient, das waren bisher die Beiträge im NDR, bei denen ich immer ganz schnell leise geschaltet habe. Schmerzensmann wie Jesus Christus oder mein Vater, die mit dem scharfen Duft von Pitralon, das wäre okay für mich. Aber Schmerzpatient, was ist denn das für eine Scheiße.

Das Einzige, was immer hilft, ist Stress: Noch nie hatte ich Schmerzen auf einer mühseligen Dienstreise oder in einer unguten Konferenz mit übel gelaunten Kunden – was andere krankmacht, macht mich in gewisser Weise gesund. Wenn das Adrenalin durch meine Adern schießt, bin ich mit Kopf und Körper beweglich, kann elegant ausweichen, aber auch immer noch gut nach vorne gehen. Sinkt dagegen der Adrenalinspiegel, freitagabends zum Beispiel, wenn die Arbeitswoche zu Ende geht und das Wochenende – dieses verdammte Wochenende, das war immer schon so – bevorsteht, wird mein Gang wankend und stolpernd, ich kann nicht mehr gut navigieren, bei jeder kleinen Unebenheit falle ich fast auf die Schnauze, weil ich die Füße zu wenig hebe. Die Schmerzen kommen, mein Körper sinkt in sich zusammen und es kostet richtig Kraft, ihn aufrecht zu halten. Der Tinnitus im rechten Ohr macht auf Pump Up The Volume – und ich werde zum leichten Fang für die Depression, die in mächtigen, schwarz rauschenden Brechern gegen meine Ufer spült. Schön gesagt, und doch so scheiße.

Wenn ich mich dann nach Hause geschleppt habe und eine Platte auflege (wenn ich überhaupt eine finde, die ich hören will), ist die Musik, egal ob Miles Davis oder Robert Zimmerman, dann natürlich total überfordert, mich da rauszuholen. Da ich von der Erwartung aber nicht lassen kann, dass die Musik ein Adrenalin spendendes Zauberelixier sei, bin ich enttäuscht und habe einen weiteren Grund, deprimiert zu sein.

Es ist irgendwie billig zu sagen, ich hätte die Alkoholsucht durch die Adrenalinsucht ersetzt, aber warum eigentlich? Die klassische Psychoanalyse ignoriert die biochemischen Vorgänge im Gehirn oder kannte sie noch nicht. Umgekehrt, habe ich gelesen, lassen sich heute die Wirkungen der Psychoanalyse im Gehirn biochemisch nachweisen.

»Hier mag es interessante Theorien geben«, pflegte Doktor Von in Hamburg zu sagen, wenn ich mit angelesenem Zeug ankam, »aber jetzt lassen Sie uns wieder von Ihnen sprechen.« Ich spreche von MIR, wollte ich sie in solchen

Augenblick anbrüllen, von mir, dem gefährlichen und gefährdeten Mr Adrenalin! Ja, ich merke es erst jetzt im Aufschreiben, da ist was Aggressives in die Beziehung gekommen, eine Aggression allerdings, die sich sofort gegen mich wendet, wie wenn man beim Squash den Ball, den man gerade losgefeuert hat, ins eigene Auge bekommt. Ich habe zwar noch nie Squash gespielt (spielt das noch jemand), aber das Bild ist da.

Ärzte können mir nicht mehr helfen. Viel zu kompliziert das Ganze, das Einzige, man könnte das ganze Gelenk künstlich versteifen, aber ideal ist das auch nicht, wieder andere ungünstige Folgewirkungen. Oder die Hüfte operieren, aber auch das ist nicht einfach, wegen der Schiefstellung. Oft habe ich auch das Gefühl, niemand hat so richtig Bock, sich da noch groß was auszudenken, mit Ausnahme des Osteopathen vielleicht. Wer will auch noch viel investieren in einen Körper, der irgendwie »durch« ist? Ich habe auch nur die Pflichtversicherung, das merkt man daran, wie lange man auf Termine wartet und wie schnell man wieder draußen ist aus dem Behandlungszimmer. Ältere Ärzte sind völlig desinteressiert und stellen beliebige Spaß-Diagnosen (»Ich würde sagen, Sie haben Gicht«), jüngere Ärzte sind dankbar, wenn man keinen Stress macht und mit ihnen gemeinsam friedlich vorm Computer sitzt und irgendwelche Dinge zusammengoogelt.

Seit ich nicht mehr in die Analyse gehe, hat der Osteopath, in gewisser Weise, die Rolle der »Tante« übernommen. Sein analytischer Blick auf meinen Körper, der auch ein Berühren durch seine warmen Hände mit einschließt, tut mir gut und lässt mich Neues entdecken. Er hat mich zum Beispiel aufs Trimmrad gebracht, jeden Morgen strample ich, bis ich schwitze, und schaffe so eine bessere Versorgung all meiner steifen und schmerzenden Gliedmaßen.

Auf dem Trimmrad (tolles Wort!) erlebe ich erstmals auch, was eine bessere Versorgung des Gehirns mit Sauerstoff bedeutet. Wenn ich vom Rad steige, gehe ich über vor Ideen und oft erfasst mich ein nicht gekannter Optimismus. Ich denke mir manchmal, welchen Esprit hätten die Stunden mit meiner Doktor Von versprühen können, wäre die Sauerstoffversorgung in ihrer Praxis besser gewesen. Inzwischen sehe ich es aus eigener Erfahrung als belegbar an, dass Depressionen auch mit einer schlechten Sauerstoffversorgung des Gehirns zu tun haben. Leider macht inzwischen mein rechtes Bein am Trimmrad nicht mehr mit und ich muss mir eine neue Art suchen, mich zu bewegen, was mir schrecklich schwer fällt. Ich hasse Gymnastik, seit jeher schon, schon bei der zweiten oder dritten Wiederholung einer Übung wird mir so langweilig, dass ich schreien oder weinen könnte.

Mein Zahnarzt sagt, an den Zähnen merke man noch deutlicher als an jedem anderen Körperteil, dass der Mensch einfach nicht dafür gemacht sei, 100 Jahre alt zu werden. Ab 30, 35 sei ein Gebiss eigentlich durch – alles nur mehr mühseliges Instandhalten, von Gesundheit keine Rede mehr. Und irgendwann können dann eben auch die Füße nicht mehr die Last tragen, so einfach ist das. Aber halt, ich bin doch erst 63! »Du bist eben gehbehindert«, sagt Eva und ich bilde mir ein, dass sie mir damit auch zu verstehen gibt, dass es attraktivere Männer gibt als einen gehbehinderten, medikamentenabhängigen Schmerzpatienten.

In der Agentur verheimliche ich meine Krankheiten, wobei sicher auffällt, dass ich oft beim Arzt bin. Wenn ich mit Eva streite, wirft sie mir an den Kopf, dass ich gar nicht mehr imstande sei, den Laden am Laufen zu halten, da müsse man ja auch fit sein.

Ich muss es annehmen, wie man so schön sagt, in der Phase des mühseligen Instandhaltens angekommen zu sein, ohne gleich zum Leser der *Apotheken Umschau* zu werden. Eigentlich liegt mir das mühselige Instandhalten, denn nichts anderes tue ich mit meinem 30 Jahre alten Plattenspieler.

Seit ich nicht mehr in die Analyse gehe, träume ich weniger oder kann mir Träume schlechter merken. Das ist ein unangenehmer Effekt, denn ich bin so noch mehr in der Realität eingesperrt und kann mir weniger innere Spielräume eröffnen. Wo mich während der Psychoanalyse das Primat der Traumarbeit eher nervte, weil ich mir oft lieber Tipps für meinen Alltagskram geholt hätte, merke ich jetzt, dass Träume und ihre »Verdauung« ein Teil des Stoffwechsels sind.

Und auch erst im Nachhinein versteht man, dass es gerade die im ersten Moment unverständlichen, unsinnigen oder sinnlos wirkenden Träume sind (oft hat man gar keine Lust, sich mit ihnen zu beschäftigen), die besonders hilfreich sein können, weil der Kontakt mit dem Selbst zunächst immer unverständlich bleibt und die Bilder der Seele alles andere als rational-eindeutig sind. Allerdings ist das Unverständliche nicht die Hülle des Verständlichen, eine Hülle, die man bloß gekonnt entfernen müsste. Wer hier oberschlau oder einfach zu hektisch oder auf Effizienz bedacht herummacht, riskiert, dass sich die Büchse der Pandora schließt, vielleicht für immer. Manchmal fürchte ich, in diese Situation geraten zu sein.

Es gibt das Zitat von Sigmund Freud, der Mensch sei nicht Herr im eigenen Haus. Jetzt bin ich nicht mehr Herr des eigenen Körpers – ob ich je Herr meiner Psyche sein werde, sei dahingestellt.

Stellen Sie sich einen Abhang vor, einen Hang, »in den« ein Haus gebaut werden kann. Wie es mein Vater tat. Hänge neigen zum Rutschen, zum Abrutschen, wenn es zu viel regnet, zum Beispiel. Am Semmering regnete es immer viel. Im Sommer gab es viel Regen, im Winter viel Schnee. Die Vegetation war brutal. Wenn einmal ein Gebüsch gewachsen war, war kein Durchkommen mehr. So ein Grund war dieser Hang, den mein Vater gekauft hatte, für das Haus, unser Wochenendbungalow in den 70er Jahren. Ein Urwald, eigentlich.

Doch mein Vater hatte die Büsche und die Sträucher besiegt, Lichtungen hineingeschlagen, Plateaus gesetzt, eines für die Tischtennisplatte, eines für das Schildkrötengehege (alle abgehauen), eines für die Schaukel. Auf die Vorderseite der Terrasse hatte mein Vater einen schweren Betonbalken gesetzt. Er war Statiker, betonte er oft, mehr als ein Beruf, eher eine Art, sich die Welt zu erklären. Alles eine Frage der Statik. Als er mit dem Häuserbauen kein Geld mehr verdienen konnte, erstellte er als sogar »gerichtlich beeideter Statiker« Gutachten für Gerichtsverfahren, wenn etwas eingestürzt war. Am Semmering drückte der schwere Betonbalken vorne auf die Statik – und verhinderte, dass das Haus nach hinten in den Hang einsank und ins Rutschen kam. Hatte sich mein Vater, der Statiker und Experte für Kräfte in unbewegten Systemen, ausgedacht, genial. Erzählte er gern.

Einmal gab er zu, dass alles ein »Schmäh« war. Nur so dahingeredet. Der Balken sei viel zu leicht, um hier irgendwas zu bewirken! Er erzähle das nur, um Leute zu testen, wie viel sie von Statik verstünden. Gar nichts. Das Haus steht heute noch da. Ist nicht abgerutscht. Mein Vater schon. Alkohol, Tabletten, Einsamkeit, es war ihm einfach alles um die Ohren geflogen.

Dieses Haus. Als es gebaut wurde, in den 70er Jahren, war es fast das letzte im Kaltenbach-Graben, idyllisch gelegen. Heute steht es da wie das Wächterhaus des Parkplatzes der mächtigen Skiliftanlage, die in der Zwischenzeit gebaut wurde.

Der Traum spielt jedenfalls auf diesem Hang, auf diesem steilen Grundstück. Mein Vater hat eine Bahn errichtet, könnte sein für mich. Nicht wie der Lastenaufzug damals, der mich hinaufzog, eher ein Kreisrund von Schienen, etwas unstabil auf dem schrägen Hang.

Man setzte sich in eine Art Seifenkiste und los ging es, den Schienen entlang. Ich sah noch, wie mein Vater die Bahn selbst testete, die Oberschenkel nach außen geklappt, wie immer, wenn Erwachsene mit Fahrzeugen für Kinder fahren. Im Mundwinkel eine Kippe, vielleicht, am Kopf der elegante Stadthut.

Dann ging es ganz schnell.

Am Ende hätte mein Vater durch den Zieleinlauf gemusst, ein Schild aus hartem Material, das von zwei Stöcken über der Fahrbahn gehalten wurde, recht niedrig allerdings. Zu niedrig für meinen Vater, der mit vollem Karacho mit der Stirn gegen das Schild prallte, der Hut flog weg.

Damit wurde Vaters ganzer Körper am Weiterfahren gehindert, er stürzte nach hinten von dem Gefährt runter, fast eine Rolle rückwärts, und lag am Rücken neben den Gleisen, wie ein Käfer. Das Ganze muss richtig wehgetan haben, der Aufprall der Stirn, der Sturz ...

In der nächsten »Einstellung« des Traums bin ich dem Gesicht meines Vaters ganz nahe, das sich durch den Unfall verändert hat, nicht nur hat es einen Bluterguss auf der Stirn, die Proportionen haben sich verschoben, Augen, Nase und Mund waren auseinandergeschoben, es waren neue Flächen entstanden, eine viele größere Wange (Backe) zum Beispiel.

Diese Wange (Backe) küsste ich nun, einmal, mehrmals, wahrscheinlich um mich für die tolle Bahn zu bedanken. Ich wache auf mit dem Gedanken, wie schade es ist, dass ich mein und sein Leben lang diese wie zum Küssen gemachte Backe übersehen hatte. Da war sie doch.

Noch nie war der Altersunterschied zwischen Eva und mir – zehn Jahre – spürbarer.

Wenn wir Streit haben, beklagt Eva meinen körperlichen Verfall. Ich hatte bis Mitte 50 Glück, weil ich groß bin und nicht dick und damit auf den ersten Blick ein attraktiver Mann. Größe ist ja das Wichtigste beim Mann, und die Länge des Unterarms. Männer mit kurzen Unterarmen haben keine Chance bei Frauen, darüber gibt es Studien. Kurzer Unterarm ist viel schlimmer als kurzer Schwanz. Ich habe große, kräftige Hände, die den Eindruck vermitteln, zupacken zu können, allerdings ein dazu in seltsamem Kontrast stehendes schmales, eigentlich zu schmales Handgelenk (es sieht aus, als könnte man es jederzeit leicht abbrechen), einen viel zu dünnen (aber nicht zu kurzen!) Unterarm und praktisch keinen Bizeps am Oberarm. Ich fühlte mich immer nur mit langen Ärmeln wohl, aus denen die großen Hände herausschauen und Eindruck machen.

Wenn ich mit jemandem vertraut war oder vertraut werden wollte, erzählte ich schon als junger Mann, ich hätte die Hände meines Vaters und die Oberarme meiner Mutter geerbt. Optisch trifft es das ganz gut. Mein Vater hatte wirklich Riesenpranken, die mich als Kind Ehrfurcht lehrten: Ehre, weil ich oft das Gefühl hatte, mein Vater ist schon mit seinen Händen so stark, dass er gar kein Werkzeug braucht – und Furcht, weil ich mit diesen Händen keine gescheuert bekommen wollte, was dann aber doch geschah. Dass mein Vater seine Samen in die Eizellen meiner Mutter gelegt hatte, kam meiner Ansicht nach auch darin zum Ausdruck, dass ich die »Haut meiner Mutter, aber die Haare meines Vaters« habe, wie ich altklug schon als Kind überzeugt war.

Doch es war noch komplizierter, meine Haut ist zwar weiß, wie die meines Vaters, ich werde aber von der Sonne schnell braun, wie meine Mutter – und nicht krebsrot, wie mein Vater. Auch in den Haaren ein komplizierter genetischer Mix: Ich habe blondes und dünnes Haar, wie der Vater, es ist aber robust und geht nicht aus, wie das meiner Mutter. Während mein Vater schon mit Mitte 30 hohe Geheimratsecken und eine kreisrunde Glatze hatte, bin ich heute noch auf mein halbwegs volles, wenn auch dünnes Haar stolz und hoffe, es gibt da draußen noch wen, der den intakten Haarschopf als Zeichen sexueller Potenz sieht. Hallo, Deutschland, hört ihr mich. Ist da jemand, oder täusch' ich mich? Das ist von Falco.

Meine Analytikerinnen interessierte so was nicht, ist ja vielleicht auch alles Quatsch. Ich finde es ganz rührend, wie ich versucht habe, die Trennung meiner Eltern zu kompensieren, indem ich sie sozusagen in mir selbst wieder zusammengesetzt habe, na ja, ist jetzt auch egal.

Ich bin heute nicht dick, Gott sei Dank, aber mein Oberkörper ist auf andere Weise aus der Fasson geraten. Er ist immer noch nicht behaart, völlig blank, wodurch sich mein nackter Rumpf eine gewisse Jugendlichkeit bewahrt hat. Man könnte auch sagen, er sieht aus wie der Oberkörper eines alt gewordenen Kindes. Um die Mitte ist er seltsam verformt, unter den Rippen leicht eingedellt und das Material, das da fehlt, taucht an den Hüften wieder auf.

So was wie einen ausgeprägten Brustmuskel hatte ich nie, aber jetzt scheint er völlig zu fehlen, denn die Statik meines Torsos (hier spricht der Sohn eines Statikers) ist in sich zusammengebrochen, die Brustwarzen sind nach unten verrutscht, ohne dass sie richtig hingen. Obwohl, in den engen Pullovern, von denen ich hoffe, dass sie mir eine gewisse Jugendlichkeit verleihen, habe ich in der Silhouette doch schon richtig Busen, was ich SCHRECKLICH finde und Eva auch.

Eva sagt, ich müsse was für meinen Oberkörper tun, warum nicht Rudern, dazu brauchte ich die Beine nicht. »Gute Idee«, sage ich, »Rudern liegt mir, ich bin gerne am Wasser und vor allem bin ich gern Teil einer Mannschaft« – und vergesse es sofort wieder.

Das alles ist kein schöner Anblick, ich bin aber eben auch nicht in der Lage, mit Gymnastik oder Work-out was dagegen zu tun. Mein Hintern ist praktisch verschwunden bzw. hat sich so eingeschrumpelt, dass es oft wehtut, drauf zu sitzen. Das wird nicht verschönert durch einen hartnäckigen, rot leuchtenden Hautpilz in der Form eines kleinen Kontinents, der im Norden an mein Steißbein grenzt und südlich in meiner Pofalte ausläuft.

Weitere unerfreuliche Entwicklungen sind der Verlust meiner Schamhaare und ein leichte, aber deutliche, nach unten zulaufende Einbuchtung oberhalb meiner Peniswurzel, die aussieht, als würden sich mächtige Schamlippen entwickeln und wie eine fleischfressende Pflanze nach und nach meine männlichen Geschlechtsteile umwölben und am Ende verschwinden lassen.

Wie aus Furcht vor dieser Verwandlung haben sich mein Penis und meine Hoden nach unten verzogen und verstecken sich zwischen meinen teigigen inneren Oberschenkeln. In den Falten zwischen Oberschenkel und

Genitalansatz macht die Haut Probleme. Der Hautpilz hat sich wahrscheinlich von hinten nach vorn übertragen, manchmal spüre ich auch etwas um die Augen und in den Ohren.

Wenn ich von oben nach unten an mir runtersehe, sehe ich meinen Schwanz nicht, auch wenn ich nackt seitlich vor dem Spiegel stehe, ist nichts zu sehen. Nichts.

Da ich seit Jahrzehnten nicht mehr in der Schwulenszene bin, sehe ich Männerschwänze nur mehr im Schwimmbad, wenn ich mit den Kindern schwimmen gehe. Ich sehe mir dann aus dem Augenwinkel die Ausstattung von lustigen Familienpapis an, die mit ihren kleinen Kindern nackt unter der Dusche umherspringen, und bin jedes Mal deprimiert, wenn ich die aufgepumpten (nicht erigierten, aber gut durchbluteten) Penisse sehe, die einsatzbereit von dicken, prallen Eiern gleichsam aufgebockt werden, jederzeit in der Lage, die menschliche DNA zu retten.

Und bei mir alles schlaff, schlaff, schlaff, kaum durchblutet, ich verstehe jetzt, was mit Weichei gemeint ist. Manchmal möchte ich »Weichei« googeln, traue mich dann doch nicht, weil ich fürchte, es wird zu schlimm.

Wenn Eva in alter Gewohnheit im Kino die Hand zwischen meine Beine legt, spürt sie – nichts. Schon der Druck einer leichten Jeans reicht aus, um meine Genitalien so einzuquetschen, dass sie praktisch verschwunden sind. Dass sie, was früher, finde ich, ganz gut kam, weithin sichtbare Wölbungen links oder rechts der Mittelnaht im Schritt einer gut geschnittenen Jeans bilden – vorbei! Ich könnte genauso gut Frauenschnitte tragen. Wenn ich allein im Hotel bin, kommt es vor, dass ich mir das Elend näher ansehe, nach einem anstrengenden Tag ist der Schwanz dann oft so weich, dass er sich praktisch um den Zeigefinger wickeln lässt.

Ich denke dann, es wäre mutig, all die gequetschten Weichteile zwischen meinen Beinen realistisch zu fotografieren, solche Bilder gibt es noch nicht, das ist dann der Journalist in mir. Zum Beispiel ein dreiteiliges Bouquet – Eichel und die zwei Eier – nach hinten zwischen den Schenkel rausgedrückt, das sähe spektakulär aus und wäre mal was anderes für das Magazin der *Süddeutschen Zeitung*, zum Beispiel. Für Selfies im Hotelzimmer komme ich nicht richtig ran, na ja, es gibt Wichtigeres.

Hotelzimmer. Was waren das für Zeiten, als ich, kaum im Hotelzimmer in Berlin, ich war für meine Zeitschrift *TV Movie* zur Berliner Funkausstellung da, eine Nutte kommen ließ. Zufällig war es dann die Vorsitzende der Prostituierten-Gewerkschaft Hydra, die ich später öfter im Fernsehen sah. Ich schob ihr meinen damals noch ausreichend harten Schwanz in das professionell dafür vorbereitete Arschloch, und weil es so gut klappte, fand ich die Hydra-Vorsitzende dann so toll, dass ich sie anschließend zu dem Empfang auf der Funkausstellung mitnahm, was meinem Ruf als Chefredakteur des Bauer Verlags wahrscheinlich nicht zuträglich war. Sie blieb aber nur eine halbe Stunde, dann war sie mit Jörg, dem neuen, jungen Verlagsleiter aus München, mitgegangen.

Oder, kaum am Zimmer, Eva anrief und wir Telefonsex hatten, ein Tele-Quickie, so nannten wir es. Heute reden wir bei solchen Gelegenheiten nur darüber, welche Rechnungen heute in der Agentur eingegangen sind, die wir nicht bezahlen können.

Ich bin jetzt im dritten Jahr nach der Beendigung der Analyse und in einem Zustand zwischen absoluter Verwirrung, anfallartiger Depression und akuter Lebensangst. Eigentlich ist nicht geklärt, wovon ich überhaupt im Alter leben werde. Hundertmal am Tag spukt mir das Wort von der Altersarmut durch den Kopf.

Damit es mich nicht zu sehr runterzieht, habe ich mir angewöhnt, mir das Wort Arschficken gleich dazu zu denken. Altersarmut. Arschficken. Zweimal A. Altersarmut. Arschficken. Altersarmut. Arschficken. Meist gewinnt dann Arschficken, und ich komme für kurze Zeit auf andere Gedanken. Etwas derbe vielleicht, aber es hilft.

Wovon werde ich also leben in ein paar Jahren? Mit meinem Sohn Tom kann ich in manchen Momenten über meine Lage sprechen. Immer nur kurz, dann wird es ihm zu viel. Ich weiß aus eigener Erfahrung, wie sich Kinder um ihre Eltern Sorgen machen und wie sehr es sie auch nervt, wenn Eltern ewig nicht aus der Grütze kommen. Tom meint, jetzt sei es doch gut, dass ich sechs Kinder hätte, da müsse jeder nur ein wenig dazuzahlen, um mich zu erhalten. Aber ob die Kinder das auch tun werden? Und wie käme ich mit meiner Scham klar? Sich Scham nicht mehr leisten können, das wäre ja vielleicht eine gute Art von Freiheit.

Die Beziehung zu Eva hat stark gelitten, seit ich nicht mehr in Therapie bin. Offenbar lade ich jetzt zu viel ab, benutze sie als »Mülleimer«, wie sie oft sagt. Dass wir uns als *Hopp und Frenz* über einige Jahre wie die John und Yoko der Hamburger Kommunikationsbranche inszeniert haben, wendet sich jetzt gegen uns. Früher schafften wir alles als Paar, jetzt nichts mehr. Eva hat den kleinen Verlag, den wir gegründet haben, um mit dem Wochenender eine Reisebuch-Reihe herauszugeben, schon aus der Agentur herausgelöst und führt ihn allein weiter.

Sie hat keinen Bock mehr auf das von mir als einzig denkbares Geschäftsmodell auserkorene Content-Marketing, und irgendwie auch nicht mehr auf mich. Sie will aus meinem Schatten heraus, wie sie immer wieder sagt. Sie lässt sich die Haare wachsen und schläft kaum noch mit mir. Misserfolg ist unsexy, man kann es drehen und wenden, wie man will. Vor allem bei Eva, die ja offen zugibt, Erfolg sexy zu finden.

Ich kann jetzt zu einem neuen Analytiker gehen und diese Geschichte erzählen. Nee, kann ich gar nicht, jetzt bin ich wirklich unvermittelbar. Ich müsste die Szene wechseln. Gestalttherapie? Ich weiß gar nicht genau, was das ist. Orgontherapie nach Wilhelm Reich, das fände ich spannend, hat mit Orgasmus zu tun, stimmt aber so gar nicht. Urschrei nach Janov, auch toll, wie John Lennon. Micro-Dosing LSD, super Idee, bringe ich ja einiges an Erfahrung mit. Aber Psychoanalyse? Noch mal alles aufwärmen? Würmchen wieder auferstehen lassen? – Nee, für diese Geschichte gibt es nur eines, sie muss AUFHÖREN.

Meine berufliche Vita, wenn es um neue Aufträge geht, habe ich schon stark zusammengestrichen, meine Dutzenden Karrierestationen, die Verlage, die Magazine, die ich gemacht habe, seit 1973, als ich zu arbeiten begonnen habe. Wer will das wissen? Eher wirkt es gespenstisch und damit furchterregend, dass ich seit bald einem halben Jahrhundert in diesem Beruf arbeite. Wie lange will er das denn noch machen? Dabei brauche ich dringend ein Comeback, einen Erfolg. Brauche ich den? Ja.

Dafür bewundere ich Bob Dylan, der sich mehrmals am eigenen Schopf emporgezogen hat, die künstlerische Krise in den 80er und 90er Jahren, als er nicht mehr wusste, wie er mit der Figur Bob Dylan weiter umgehen sollte, wie die Musik klingen sollte, alles Albtraum-Themen. Sicher auch Depression, vielleicht Drogen, Alkohol, keine gelingenden Beziehungen zu Menschen, dann mit Ende 50 noch mal alles neu zusammengebaut und heute größer denn je, unangreifbar, wie nicht von dieser Welt. Gigantisch erfolgreich, obwohl er keine Sekunde wirkt wie ein erfolgreicher Mensch. Allein wie er mit dem Nobelpreis umgegangen ist.

Wir sind Zwerge gegen ihn, Wichte, das sage ich immer meinen Freunden und mache mich damit oft unbeliebt. Dieser Mann Robert Zimmerman ist frei, in der freiwilligen, selbst auferlegten Fron seiner mörderischen, allein schon gegen den Körper eines bald 80-Jährigen gnaden- und rücksichtslosen *Never Ending Tour*, auf der er seit 1988 jedes Jahr mehr als 100 Konzerte auf der ganzen Welt gibt, obwohl er keinen einzigen Dollar mehr verdienen muss. An den wenigen freien Wochenenden zu Hause in Los Angeles schmiedet er Eisentore. Trotz aller überlebensgroßen Erfolge hat sich Bob Dylan die missmutige, depressive Ausstrahlung bewahrt, die mir so viel Halt gibt. Er ist ein Mensch, dem keine Himmelsmacht was wegnehmen kann, ein autonomer Mensch. Versteht mich wer? Ich wäre gerne Bob Dylan, aber ich fürchte, mir fehlt der Mumm dazu und das Talent. Vor allem, ich hätte schon früher damit beginnen müssen.

Männer wie Bob Dylan (Lou Reed ist auch so einer, Miles Davis oder Thomas Bernhard, Hunter S. Thompson) sind meine Vorbilder, Männer, die männlich sind und die mit Depressionen und Niederlagen umgehen können (auch mal nicht) und für die der größte Erfolg nicht viel bedeutet, weil sie wissen, dass er nur geliehen ist, oder ihn gar nicht bemerken, weil sie zu zugedröhnt sind. Männer, die jeden Augenblick im Krieg mit sich selbst stehen und gewinnen, wenn man sich darunter was vorstellen kann.

Nachts im Internet recherchiere ich über Bob Dylan, sammle Fotos, die ich kopiere, verschicke oder auf meinen Desktop irgendwie sinnlos ablege, wie ein Teenager. Dylan geht elegant wie kein anderer mit dem Untotsein um, so kann man die aktuelle Phase seiner Karriere auch sehen, er beherrscht also nicht nur das Leben, sondern auch das Untotsein. Aber so weit bin ich noch nicht. Mir fehlt der Erfolg – jedenfalls ein Erfolg, der so groß wäre, dass er meinem unersättlichen Größen-Ich entspräche.

Das unersättliche Größen-Ich, schönes Wort. Psychoanalytiker vermeiden es gegenüber den Patienten, das psychoanalytische Vokabular zu benutzen. Auf Doktor Von traf dies vielleicht noch stärker zu als auf Doktor Zu. Aber einmal machte sie eine Ausnahme, als sie sagte: »Sie scheinen sehr stark von ihrem Über-Ich gesteuert zu sein.« Ja, sieht so aus, hatten wir schon. Nach dem Vorbild der

Psychoanalyse folgt auch dieses Buch dem Prinzip des Immer-wieder-darauf-Zurückkommens.

Das alles heißt nicht, dass alles in meinem Leben schlecht und hoffnungslos wäre. Es gibt Liebe, es gibt Kreativität, es gibt die Agentur, die wir mehr oder weniger auf dieser Kreativität aufgebaut haben. Zehn Angestellte, ist doch viel. Für das Positive fehlen mir die Worte und vielleicht auch das Empfinden, was dann ja genau die Krankheit ausmachen würde. Meine »Karriere« mache ich schlecht, bin das verwöhnte Kind, das nie genug bekommen kann. Am meisten mir selbst gegenüber.

Es gibt aber auch keine schmerzhafte Trauer oder kein besonderes Entsetzen über Rückschläge, dazu bin ich schon zu abgebrüht. Also keine Ausschläge, weder nach oben noch nach unten. Stehe jeden Tag um 5:45 Uhr auf, egal, was ist, am Wochenende um 7:30 Uhr. Das Sperma wird weniger. Das Abspritzen eher ein Herausträufeln oder Herausdrücken. Der Orgasmus ein Witz gegenüber früher, ein kurzer Kitzel, mehr nicht, danach eine bodenlose Traurigkeit. Auch Tränen habe ich keine mehr. Manchmal denke ich, Weinen wäre ein Weg, denn Weinen, sagt man, eröffnet den Weg zu einem Gefühl, das sonst nicht zugänglich ist. Wäre es besser, ich ginge noch in Analyse? Woran könnten wir »arbeiten«, wie es Doktor Von so schön gesagt hatte?

In vieler Hinsicht ist in meinem Leben alles in Ordnung und vieles geschafft. Die drei großen Kinder sind erwachsen, die beiden jüngeren Mädchen wachsen noch heran. Ich bin schon zweifacher Großvater, oder zweieinhalb Mal, Philipp, Evas Sohn aus ihrer ersten Ehe und für einige Jahre mein »Stiefsohn«, wurde schon mit 18 Vater. Und meine Tochter Amelia hat letztes Jahr eine Tochter entbunden. Die zwei Jahre jüngere Kati ist gerade Mutter geworden. Ich kann mir die Geburtstage all der Kinder und Enkel nicht mehr merken, beginne, die Namen der Kinder durcheinanderzubringen. Ich möchte, dass alle meine Kinder wissen, dass ich für sie da bin (das bin ich auch), aber ich will auch, dass sie mich in Ruhe lassen.

Letztes Jahr, als Lümmel, unser letzter Hase, gestorben war, schrieb ich auch wieder ein Gedicht. Wir hatten über viele Jahre einen gut besetzten Stall im Garten, um den ich mich zusammen mit den Kindern gern kümmerte. Sonntagnachmittags in der Gülle zu stehen, sauber zu machen, reduzierte meinen Stress. Das Gedicht:

Toter Hase
Letzter Wille
Für die Nase
Eine Brille

Für Lümmel (gest. 19. März 2018)
und Heinrich Hoffmann

In die Rolle des Großvaters finde ich schwer hinein. Es ist eindeutig so, dass ich die Nähe und die Verantwortung, wie ich sie für die eigenen Kinder empfand, bei Enkeln nicht annähernd herstellen kann. Warum auch, die haben ja eigene Eltern, die überzogene Bedeutung meiner Oma in meinem Leben muss ja kein Maßstab sein. Zu viel Nähe zu den Enkeln, wir leben auch weit voneinander entfernt, die Enkel in München, ich in Hamburg, kann und muss auch nicht sein, denke ich. Aber vielleicht wäre es für mich besser? Ich wäre als Kind ohne meine Großeltern aufgeschmissen gewesen.

Mein ältester Sohn Tom hat seine Heroinsucht überwunden, danach Kunst studiert und ist heute Künstler. Ich spreche gerne mit ihm über seine Arbeit oder wir schreiben gemeinsam Texte. Er traut sich nicht, Dinge, die ich ihm anbiete, direkt zurückzuweisen, macht dann aber doch einfach was anderes. Ich bin leicht gekränkt, aber nur leicht und kurz. Eigentlich macht es mir nichts aus und ich weiß, dass es so sein muss.

Ich mache bereitwillig und auch mit Freude bei Toms Filmen und Performances mit und bin dann doch schockiert, wie brutal er meine depressive, passive Seite aufzeigt, wie ausgeprägt sein Empfinden dafür ist, auch für meine verhärmte Geilheit und Homosexualität. Tom bearbeitet seine Drogenzeit in der Kunst, stellt mich dabei immer wieder bloß und spielt mit meiner Schwäche, nicht Nein sagen zu können, die für ihn fast tödlich geworden wäre.

Für einen seiner Filme nahm er meine Stimme am Telefon mit einem improvisierten Text beim Telefonsex auf – »Ich glaube, ich könnte abspritzen, wenn du dich jetzt auf mein Gesicht setzt«, sagte ich mit belegten Stimmbändern – und ich ließ ihn gewähren, konnte wieder nicht Nein sagen und schämte mich in der Vorführung des Films, Gott sei Dank war es dunkel, aber als es wieder hell wurde, umso mehr.

Wenn ich ihn unsicher darauf anspreche, erschrickt er, hat es gar nicht bemerkt, lässt sich in seiner Kunst vom Unbewussten leiten, ist auch richtig so. Ich denke dann aber, eigentlich sieht er mich so, sieht durch mich durch, oder kennt mich so, und die anderen Kinder auch.

Ich muss eine Last gewesen sein für meine Kinder. In der Zeit, als ich trank und Tom heroinsüchtig wurde, muss es furchtbar gewesen sein. Ich selbst unerreichbar, im Alkohol aufgelöst. Tom und ich (mehr ich) wollten ein Buch darüber machen, ein langes Zwiegespräch, Alkoholvater spricht mit Heroinsohn, wie sie durchgekommen sind, jeder für sich. Ich war begeistert von dem Projekt, Tom verlor bald das Interesse.

Alle meine Kinder haben den Weg ins Leben gefunden oder sind noch dabei. Ich bin aber alles andere als ein stolzer Patron, sondern immer noch, nach all den Jahren, unsicher in meiner Rolle. Meine Familie, meine große, am Ende doch glückliche Familie, sie gibt mir kein Gefühl von Zufriedenheit, sie bietet mir kein Erfolgserlebnis. Warum nur nicht. Den Erfolgen laufe ich überall woanders nach, nur Pferden gibt man den Gnadenschuss, Richard Harris.

> Call it Innere Realität
> Ich muss erfolgreich sein,
> sonst sterbe ich.
> Um Oma zu gefallen,
> möchte ich ein toller Schriftsteller sein.
> Call it Innere Realität.
> Um von Papa endlich gut gefunden zu werden,

möchte ich viel Geld verdienen,
richtig viel.
Ist ja gut,
wenn ich weiß,
dass es so ist.
Nur hört es nicht auf damit,
so zu sein.

Call it Innere Realität,
die ist bombenfest,
wo sie einschränkend ist,
wo sie einen fertig macht.
Call it Innere Realität

Irreale Erfolgsansprüche treiben mich an, aber die reale Familie konnte ich nie mit Erfolg verbinden. Sonst könnte ich es ja als Erfolg verbuchen, fünfeinhalb Kinder ins Leben gebracht zu haben. Dem Familienglück stehen Schuldgefühle im Weg, Scham, nicht Geklärtes, Dinge, die ich mich nicht anzusprechen traue.

Scham gegenüber Pia, die nach der Trennung die drei Kinder im Grunde mit Geld aus ihrer englischen Familie durchgebracht hat, ich hatte dann ja bald keines mehr und war pleitegegangen. Und dann wieder die Scham, als mich 15 Jahre später dieselbe englische Familie nach London zu einem runden Geburtstag einlud und mir damit bedeutete, dass mein Abstürzen und mein Ausfallen *vergeben* waren – was die Scham natürlich noch vergrößerte. Besonders gegenüber meinem erfolgreichen, Millionen scheffelnden ehemaligen Schwager, mit dem ich viel über Bob

Dylan sprach (auch er ist Fan), aber in vor lauter Unsicherheit und Scham schlechtem Englisch, für das ich mich dann auch schämte.

Gegen Scham gibt es kein Mittel. Wie würde eine Absolution aussehen? Scham entwickelt der Mensch, wenn etwas sichtbar wird, das er nicht zeigen will, das kann ein Körperteil sein oder ein Gefühl. Was ist es, das ich nicht zeigen kann?

Trage ich Schuld daran und muss mich schämen, dass Tom süchtig wurde, weil ich selbst gesoffen, Haschisch geraucht, die Gefahren der Sucht bagatellisiert und ihn einmal, als er 12 war, abends im Skiurlaub, ich war wohl selber »zu«, am Joint habe ziehen lassen?

Tom musste erst völlig am Ende sein, tatsächlich in Lebensgefahr, bis ich es endlich schaffte, Nein zu sagen, als er zum x-ten Mal um Geld angekommen war. Geld, das der Süchtige IMMER für Drogen verwendet. Eva hatte mir dabei geholfen und dieses Nein stand am Beginn von Toms Heilung, so sieht es im Nachhinein aus. So gesehen hatte ich meinen Sohn in Lebensgefahr gebracht, durch ewiges Nicht-Nein-Sagen, beschissenes Herumstammeln – bis *er* mich lehrte, Nein zu sagen, verkehrte Welt.

Als Tom später in Therapie war, gab es einige Stunden mit seinem Therapeuten, zu denen ich auch eingeladen war. Tom konfrontierte mich damit, ich hätte ihm Sucht im Grunde vorgelebt und nie Nein gesagt, wenn er Alkohol und Drogen nahm. Als ich ihn jetzt, bei der Arbeit an diesem Buch, wieder darauf ansprach und wir ein Gespräch darüber führten, spürte ich, wie sehr das Thema für ihn schon an Bedeutung verloren hat, auch weil er in der Kunst einen Weg gefunden hat, damit umzugehen. Und wie sehr es nur noch meines ist.

Wer sich so viel schämt, ist nicht gern unter Leuten. Über die Jahre bin ich immer einsamer geworden. Irgendwann habe ich mir die Unart angewöhnt, das Telefon nicht abzuheben, wenn es läutet. Beim Handy habe ich den Vorteil zu sehen, wer anruft, fühle mich aber praktisch immer belästigt oder bekomme Angst, als hätte der Anrufer Böses im Sinn oder würde mir Dinge abverlangen, die ich nicht schaffen könnte. Ich hebe dann nicht ab, warte, bis das Signal verstummt, fasse Mut und rufe zurück – aber auch das immer seltener. Unbekannte Nummern hebe ich nicht ab. Abends oder am Wochenende läutet das Telefon längst nicht mehr, weder Festnetz noch Handy.

Mit den Kindern und der Vorfamilie bin ich in Whats-App-Gruppen verbunden und ich freue mich, wenn ich Fotos herumschicken kann und nicht sprechen muss. Ich lerne zwar über die Arbeit in der Agentur immer neue Leute kennen, auch viele jüngere, aber es fällt mir schwer, im Privaten Beziehungen zu pflegen. Ich versuche bewusst, mich mit Männern meines Alters anzufreunden, Autoren, Journalisten, Leuten, die Ähnliches machen. Aber nach ein, zwei meist von mir herbeigeführten Treffen stirbt das Interesse, wahrscheinlich auf beiden Seiten.

Konkurrenz spielt eine Rolle. Männer über 50, wenn sie nicht im Fußballverein sind und Trainer, sind meist schon in der Rolle des Einzelkämpfers verloren, auch wenn sie wissen, dass sie nicht mehr gewinnen können. Ich kann zwar noch Geburtstagspartys geben, zu denen

50, 60 Leute kommen, aber das ist nur meiner sozialen Rolle als früherer Chefredakteur und jetziger Inhaber der Redaktionsagentur geschuldet. Leute kommen nur für das, was ich leiste oder geleistet habe, nicht für das, was ich bin, bilde ich mir ein.

Die Angestellten müssen kommen und die früheren Angestellten aus früheren Projekten tun es aus Höflichkeit oder mögen das Gulasch, das ich koche. So ist Eva meine einzige Bezugsperson, die, die sich immer alles anhören muss. In letzter Zeit wird ihr das oft zu viel. Seit unser Büro nicht mehr läuft, können wir uns nicht mehr an gemeinsamen Erfolgen berauschen, die, wenn man auf die reale finanzielle Situation sieht, ohnehin immer nur scheinbare waren. Und die Ablenkung durch die Kinder wird weniger, sie werden größer und selbstständiger und unser Haus immer leerer.

Ich weiß auf Partys immer nicht, mit wem ich reden soll. Um meine Schwäche zu verbergen, gehe ich euphorisch und in scheinbarer Empathie auf die Leute zu und verwickle sie überfallartig in ein Gespräch, das mehr ein Abfragen als ein Dialog ist. Nach der zweiten oder dritten Frage verliere ich das Interesse, höre gar nicht mehr hin und denke nur noch daran, wie ich wieder aus der Situation herauskomme. Dieses Spiel wiederhole ich einige Male, bevor ich auch dazu den Mut verliere.

Ich trinke viel Wasser, um dauernd aufs Klo zu müssen, wo ich allein sein kann und den Augenblick herbeisehne, wenn der letzte Gast gegangen sein wird. Es war vielleicht nicht immer so, aber heute mag ich es, wenn man von mir weggeht, mich alleine lässt, ganz alleine. Im Flugzeug, in Konzerten oder im Kino, wenn es ans Aussteigen oder Rausgehen geht, verlangsame ich meinen Schritt oder bleibe, wenn es geht, unauffällig stehen – in dem intensiven Wunsch, am Ende der Letzte zu sein, der Einzige, der noch drinnen ist. Allein im Mutterleib. Im Mutterleib wollte ich unbedingt allein sein, das weiß ich.

Über den Wiener Popstar Falco schrieb ich in den 80er Jahren eine Geschichte, in der ich behauptete, sein Wille zum Erfolg sei schon daran erkennbar, dass sein eineiiger Zwillingsbruder tot geboren worden sei, ein Mord in der Gebärmutter, sozusagen, meine Theorie.

Besonders stark ist dieser Wunsch, allein zu bleiben, nach großen Konzerten mit vielen Tausend Menschen. Ich halte es nicht richtig durch, aber am liebsten würde ich geduldig warten und auch schon diese Zeit genießen, bis der Letzte die Arena verlassen hat – und hätte dann, ja was hätte ich dann? Die Menschen wären weg, nur ich wäre noch da.

Nur ich bin noch da, Dr. Von nicht mehr.

Traum 8
Es ist die ganze Zeit Nacht, Mondlicht, Sterne, wieder so eine Wüsten- oder Fantasielandschaft. Mit meinem Auto fahre ich auf eine Industrieanlage zu, oder auf ein Messegelände, das die einzige Ansiedlung weit und breit ist. Ich habe einen Ausweis, der mich zur Einfahrt berechtigt. Ab hier folgt der Traum keiner zeitlichen Logik. Ich merke noch, die Zufahrt vor dem herabgelassenen Sperrbalken ist seltsam abfallend, sie

hängt nach links, mein Auto kommt in Schräglage. Im nächsten Moment verspüre ich starken Hunger und stehe in der Warteschlange einer Kantine, die anderen Menschen kenne ich nicht und nehme ich kaum wahr. Auch hier habe ich einen Ausweis, der mich dazu berechtigt, ein Essen zu bekommen. Doch die Teller sind fast leer, es liegt nur ein kleines Stück Fleisch darauf, mit ein wenig Soße. Die Teller sind unregelmäßig belegt, manche voller, manche fast leer. Nirgends gibt es Beilagen wie Reis, Pommes, Salat oder Gemüse. Als ich dran bin, bekomme ich nur einen besonders leeren Teller bzw. traue mich nicht, zu den volleren zu greifen. Dann fällt mein Teller zu Boden. Die anderen Leute sind verschwunden.

Ich streite mit einer Mitarbeiterin der Kantine herum, dass ich mit meinem Ausweis doch Anrecht auf ein vollständiges Gericht hätte. Sie will mich beruhigen und setzt sich auf den Boden, um mit den bloßen Händen das Stück Fleisch wieder auf den Teller zu legen, von dem aber auch nur mehr ein Teil benutzbar ist, der Rest liegt in Scherben da. Die Frau knetet das kleine Stück Fleisch mit den Händen und wischt damit in der Soße herum. Wie ein Kind in der Sandkiste oder beim Spielen mit Knete. Ich fasse kurz Vertrauen, jetzt kommt alles in Ordnung, diese Frau kümmert sich. Doch die hört mit dem Getue mit dem Fleisch nicht auf.

Als ich sie ansprechen will, schaut sie mich von schräg unten an, mit einem irren, starren, leeren Blick, wie ein Raubtier, das nicht verrät, was es denkt, nur ist es nichts Gutes. Ich erschrecke und gerate in Panik.

»Diese Frau ist wahnsinnig«, schreie ich, »seht doch, diese Frau ist wahnsinnig! Seht doch, was sie mit meinem Essen macht!« Nicht ich bin es, der wahnsinnig ist, der hier Halluzinationen unterliegt, diese Frau ist einfach wahnsinnig, das kann doch jeder sehen. Nur ist niemand da. Ich erreiche mein Auto, das noch in der Einfahrt steht, auf dem schrägen Untergrund. In der Zwischenzeit ist der Untergrund noch schräger geworden. Ich denke, es ist besser, von der Beifahrerseite einzusteigen. Als ich den Wagen berühre, beginnt er, die Schräge seitwärts wegzurutschen, schlittert über die Gegenfahrbahn hinweg und kracht gegen die gegenüberliegende Wand. Als ich zum Auto laufe, um zu sehen, ob es noch zu gebrauchen ist, fallen alle vier Räder ab, eines nach dem anderen, wie in Zeitlupe.

Die Psychoanalyse öffnet Räume und will den Menschen freier, beweglicher machen, ich denke, so viel kann ich sagen nach all den Jahren. Ihre Voraussetzung ist die Freiwilligkeit. Zur Psychoanalyse kann man nicht gezwungen werden, man entscheidet sich dafür. Und sie setzt, so kommt es mir vor, eine bestimmte Entschlussfähigkeit auch darüber hinaus voraus.

Ich war bei beiden Analytikerinnen immer wieder erstaunt, für wie frei sie mich hielten, zumindest sprachen sie mich so an, und wie viel freie Entschlussfähigkeit sie mir unterstellten, während ich ja eher im Würmchen-Status dasaß und Omi nicht vergraulen wollte.

Wenn es um Kulturtermine oder um Reiseziele ging, am Rande der Stunden, hieß es oft aufmunternd, in einer für mich fast schon frivolen Leichtigkeit, »Schauen Sie sich das an« oder »Fahren Sie doch mal hin«. Es wurden Möglichkeiten, Freiräume angedeutet, die für mich so gar nicht existieren, weil ich von inneren und äußeren Zwängen beherrscht bin und durch die Türen, die hier aufgestoßen wurden, meist gar nicht gehen konnte. Es ist egal, wenn einer mein Gefängnis aufsperrt, ich bleibe trotzdem sitzen.

Auf jeden Fall bin ich kein freier Mensch, das auf keinen Fall, das stellt sich jetzt im Alter heraus, steht im Gegensatz zu meinem bisherigen Selbstbild. Freiheit macht mir Angst, Alternativen überfordern mich. Nach Rom oder nach Paris, das sagt mir jetzt nichts. Wir könnten doch auch wieder mal auf den Semmering in der Nähe von Wien fahren, die Pfade meiner Kindheit abschreiten. So sind die Gespräche mit Eva. Es ist immer ein Zwang da, alte Dinge zu wiederholen, oder ein Verbot, Neues auszuprobieren. Setze ich mich darüber hinweg, entsteht Schuld, die den eigentlich angestrebten Lustgewinn kaputt macht.

Ob es jetzt das Über-Ich ist oder etwas anderes, es gibt etwas in mir, das mir vieles verbietet, nicht möglich macht, vor allem aber eigentlich Schönes in etwas Kompliziertes und Unüberschaubares verwandelt. In etwas mit überladenen Zielen, ich ständig am Rande der Verzweiflung, weil diese nicht erreicht werden können.

Frau Doktor Zu in München setzte bei solchen Schilderungen vielleicht ihr Nagetierlächeln auf und sagte was wie »Das ist aber schlecht!« und Frau Doktor Von wies meine Theorien meist in einem eher akademischen Stil zurück: »Von Masochismus würde ich hier nicht sprechen«, sagte sie dann, als säßen wir in einer Diskussionsrunde, »Masochismus ist etwas ganz anderes.« Was, sagte sie nicht.

Eva hält mir oft vor, ich käme nicht weiter, weil ich in alten Mustern verfangen sei, man könnte auch sagen: in altem Krempel. Die Bücher, die Zeitschriften, die Platten, das sogenannte Archiv, all die Tonnen, die ich mit mir schleppe, die mir über den Kopf wachsen. Dinge, die viel Kraft, viel Zeit, viel Geld kosten, demgegenüber sei mein Interesse an lebendigen Dingen, wie ihr, wie den Kindern, geringer. Da fehlten mir dann die Kraft, die Zeit, das Geld.

Alles geht *ewig*.

40 Jahre Journalist und Chefredakteur, 30 Jahre Schallplatten, 20 Jahre Psychoanalyse – na, geht's noch, muss da nicht mal was Neues kommen? Aber die Ideen für Neues fehlen, weil sich das Alte so breitmacht, verbunden mit all den zwanghaften Verhaltensmustern.

Eva, die dabei übersieht (oder nicht?), dass wir auch schon 20 Jahre zusammen sind, sagt so etwas oft im Streit. Ich fürchte aber, dass sie damit den psychologischen Mainstream trifft. Ginge ich jetzt in eine Beratung von der Familienhilfe, würde man mich ähnlich einschätzen.

Auch eine Paartherapeutin, die Eva und ich aufsuchten, verwendete schon in der ersten Stunde das Wort »Muster«. Ich fand sie trotzdem unheimlich toll und nett und war gleich leicht verliebt.

In meinem bisherigen Leben hasste ich es, wenn jemand von »Mustern« spricht, die sich wiederholen. Das ist Hausfrauen-Psychologie für Dumme. Ich weiß inzwischen aber auch, dass ich mich mit der anmaßenden Arroganz unglücklich und unbeweglich mache.

Eva wirft mir vor – länger schon, ich hatte es nur nie gehört, heute ist es Gegenstand der Paartherapie, die wir inzwischen machen –, ich hätte sie immer dann, wenn sie versucht hätte, mir gegenüber von ihren Gefühlen zu sprechen, unterbrochen mit den Worten »Das hast du in der *Brigitte* gelesen« oder »Das klingt wie aus der *Brigitte*«. Damit hätte ich sie verletzt, durch die dauernde Wiederholung wurde es nicht besser, für mich war es eine Art »running gag«.

Vielleicht hat Hausfrauen-Psychologie ja recht, man sieht ja, wie weit ich gekommen bin mit der elitären Psychoanalyse. Ich bin jedenfalls nicht gut im Abstreifen von »Mustern«. Mein Ding ist eher, sich innerhalb des Musters durchzusetzen, es zu bezwingen. Nicht, die 100 Meter loslaufen, nach 50 stehen bleiben und die Regeln diskutieren. Sondern: der Schnellste sein. Die meisten Platten und Bücher haben.

Oder der Frommste, der wenigstens auf Vergebung hoffen kann. Am besten aber: Gewinnen. Gewinnen ist das Einzige, was hilft, was die anderen die Klappe halten lässt, was einen unverwundbar macht, interessant. Für eine Zeit, reicht ja schon.

Bei dieser Haltung verbietet sich natürlich jede Ironie. Da kommt man auch mit Spaß, Humor und Witz nicht weiter. Der Wille zum Sieg kann nur ernst gemeint sein. No fun.

Witze kann ich mir nicht merken, überhaupt fällt es mir schwer zu lachen. Die Österreicher gelten ja als humorvoll, ich weiß nicht. Dabei ist Humor nicht Witze erzählen, sondern eine bestimmte Art zu denken. Humor bietet einen anderen, befreienden Blickwinkel, der beim Überleben hilft. Der jüdische Humor. Der Witz und das Unbewusste bei Sigmund Freud. Woody Allen mag ich und die Gedichte von Robert Gernhardt, da gibt es ein Lachen bei mir, das ganz schnell in Weinen übergeht, seltsam.

Es gibt nur einen Witz, den ich mir seit meiner Kindheit gemerkt habe, ich habe ihn von meinem Vater gehört:

Mohnnudeln
Reiten zwei in sengender Hitze durch die Wüste. Sie haben wahnsinnigen Hunger.
Da kommen sie an einer Leiche vorbei und halten an. Der eine steigt von seinem Kamel, holt Messer und Gabel hervor, schneidet mit dem Messer den Bauch der Leiche auf und beginnt, die letzte Speise, die der Tote gegessen hat, aus dem Bauch heraus zu essen.
»Was hat er denn gegessen, zuletzt?«, fragt der andere, der noch am Kamel sitzt.
»Mohnnudeln«, sagt der Essende. »Möchtest du auch was?«
»Nein danke«, sagt der andere.
In dem Moment wird dem Essenden schrecklich schlecht und er kotzt die gerade noch runtergeschlungenen Mohnnudeln aus dem Bauch der Leiche in den Wüstensand.
Daraufhin steigt der andere vom Kamel und beginnt die ausgekotzten Nudeln zu essen, die inzwischen schon mit Sand vermischt sind.
»Warum isst du denn jetzt die Mohnnudeln«, fragt der andere, »vorher wolltest du doch nicht.«
»Weil ich keine kalten Mohnnudeln mag.«

Musik hören II

Von keiner Heilung sprechen kann ich bezüglich meiner Liebe, meiner Sucht, meiner Abhängigkeit von Schallplatten und von hochwertigem, teurem Hi-Fi-Gerät, von der ja schon die Rede war. Mit dazu gehörenden Phasen von Euphorie und Depression, eine anstrengende, kräftezehrende Geschichte. Mit dem, was ich hier schreibe, möchte ich der Sache gerecht werden, aber wieso überhaupt Gerechtigkeit?

Den schon beschriebenen LP-12-Plattenspieler habe ich immer wieder auf den neuesten technischen (klanglichen) Stand gebracht. Auch mit dem Schallplatten-Sammeln habe ich nie aufgehört.

Mit meinem Älterwerden sieht die Sammlung einer ungewissen Zukunft entgegen, gut, das betrifft alle Sammlungen dieser Art. Trifft ja auch auf die Bücher zu, auch meine Büchersammlung ist groß und eigentlich zu groß, aber mein Umgang damit ist rationaler, wenn ich so sagen kann, mit weniger Vater-Mutter-Kind-Spuk. Die Plattensammlung stellt ständig Fragen, viel zu früh beginne ich mich damit zu beschäftigen, was damit werden soll, wenn ich mal nicht mehr bin. Der schwarze Rabe hockt schon da und lässt sich nicht mehr vertreiben.

Diese düsteren Fragen stellen sich immer dringender, da mich die in all den Regalmetern für alle Zeiten gespeicherte Musik immer weniger interessiert, das meiste will ich gar nicht mehr hören. Das mir einzugestehen wage ich aber kaum, weil es sich wie tausend kleine Tode anfühlt.

Tschüss, Beatles. Tschüss, Bowie. Tschüss, ich mag es nicht hinschreiben, es tut so weh. Auf Wiedersehen, Van Morrison. Das war's, Lou Reed.

Es ist ein verlässlicher Gradmesser meiner Niedergeschlagenheit, wenn ich vor den Tausenden Platten stehe und KEINE hören möchte, einen Selbsthass entwickle, eine Scham, in was für eine Situation habe ich mich hier gebracht, und einen Hass auf all die bescheuerten Künstler. In solchen Momenten würde es mir nichts ausmachen, die Möbelpacker kämen und der Krempel wäre weg. Ich würde ruhig dasitzen und zusehen und froh sein, dass ich nicht schleppen muss.

Genauso verlässlich, wenn die Depression nachlässt, entdecke ich eine Platte. Zum Beispiel komisch gesungene Cover-Versionen, Bryan Ferry, oder »Spanish Is The Loving Tongue«, gesungen von Bob Dylan. Bei solchen Aufnahmen besteht eine seltsame Distanz zwischen dem Interpreten und dem Material, ein Zwischenraum, in den ich gut hineinkomme.

Ein paar Mal im Jahr tue ich mir neue Nischen auf, beginne mich anfallartig für Sun Ra zu interessieren, laufe los, hole Platten, höre mich ein, höre ein paar Tage nichts anderes, bis es, was, die Begeisterung, die Hoffnung, die Hoffnung auf was, Erlösung, oder Erfüllung eines Versprechens, wer hätte denn was versprochen, wieder erlischt. Ähnlich ist es übrigens, wenn ich mir neue Teile für das Hi-Fi-System anschaffe, supergeile Tonabnehmer oder Netzteile, die ihre heilende Wirkung auch meist schnell verlieren und viel zu oft ein beschissenes Gefühl hinterlassen.

Viel hat es mit nicht erfüllter Hoffnung zu tun, die ist ja auch Kern des ganzen Nostalgiegeschäfts, jedes Mal Hoffnung, wenn irgendein ein neu ausgegrabenes altes Zeug von Bob Dylan erscheint, erhöhter Puls, wie auf einen geheimen Startschuss hin geht im Feuilleton der Schönschreiber-Wettbewerb los, alle finden alles gut und vor allem wahnsinnig wichtig.

Es ist, wie wenn in Marokko die Muezzins zum Gebet rufen und alle zusammenlaufen und auf die Gebetsteppiche sinken – und dann: der große Abtörn, der Mega-Abfuck, die tödlichste Abwichsung, diese Art von Enttäuschung, die dann eintritt, hat keine bessere Sprache verdient, nicht, weil alle Sachen schlecht wären, sondern weil sie dieser kranken, überlebensgroßen Erwartung nicht genügen können, die getrieben ist vom Entsetzen über das eigene Scheitern.

Es gibt keine deprimierendere Art, die Freizeit zu verbringen, als sich solche Musik andächtig vorm Hi-Fi sitzend anzuhören.

Einer der ersten Songs, die mich elektrisierten, okay, damit war ich nicht allein, war »I Can't Get No Satisfaction« von den Rolling Stones, über den ich anlässlich des Konzerts am 1. September 1973 in Wien in der *Neuen Freien Presse* eine ziemlich pennälerhafte Kritik schrieb. Ich übertrug darin das sexuelle Motiv der vorenthaltenen Befriedigung in die soziale Sphäre, die Qualität des Songs liegt ja eben auch darin, dass er zu solchen Interpretationen einlädt, und ich war immerhin so schlau, dieser Einladung zu folgen.

Jedenfalls gab ich in dem kurzen Aufsatz meine Fantasien preis, oder erfand sie erst beim Hinschreiben, was ja fast auf das Gleiche hinausläuft, »im Rhythmus der Trommeln« meinem damaligen Lehrherren, dem guten alten, stockschwulen Herrenreiter Georg Prachner, in die Eier zu boxen, ja, so schrieb ich es und so wurde es auch gedruckt. Ich glaube, ich hatte mich damals schon in die Position gebracht, der Letzte zu sein, der auf Texte guckt.

»No Satisfaction« ist jedenfalls die Überschrift, die am Ende über das ganze Kapitel »Plattensammeln« gehört. Wahrscheinlich auch im Sinne einer Vorlust-Fixierung, bei Freud steht so was, eine Neurose, bei der die Vorbereitung auf den Sex, die damit verbundenen Reize und Signale wichtiger und lusterfüllter sind als das Ficken selbst und in der pathologischen Ausprägung den Sex sogar unmöglich machen.

Ursache ist nach Freud, dass es nicht gelingt, die sexuellen Antriebe aus der kindlichen Welt der Fantasie und der lebendigen Gegenstände loszulösen und auf ihren eigentlichen Ort, die Geschlechtsorgane und ihre Benutzung, zu übertragen. Trifft alles auf mich zu, beim Sex, bei Platten und bei Hi-Fi eigentlich genauso, es ist eine ewiges, irres »I Can't Get No Satisfaction«-Hamsterrad, *Nur Pferden gibt man den Gnadenschuss*, wer kennt den Film mit Richard Harris?

Und so erleide ich jeden Tag tausend kleine Tode, jeden Tag, wenn ich zu den Plattenregalen gehe und den Plattenspieler angeworfen habe, lauern sie und nehmen mir die Freude an etwas, das doch eigentlich beglückend sein sollte. Ein ewiges Scheitern, es sind nicht die richtigen

Platten, so viele es auch sind, und es klingt auch nicht richtig. Können Tausende Platten alle die falschen sein? Jede einzelne. Und gäbe es genauso viele richtige? Jede einzelne richtig. Jede gut klingend. Mit diesem irren Wunsch wäre ich ja besser bei digitalen Playlists aufgehoben, auf die ich aber keinen Bock habe. Warum eigentlich?

Der Herr des Klangs will ich sein und bin doch nur sein Sklave. Eine Art Masochismus, in dem ich etwas, das eigentlich dazu da ist, Freude zu machen, in einen Quell von Frust, Enttäuschung und Selbsthass verwandle. Aufstellen, anschließen, Musikhören, damit konnte der Audiophile noch nie etwas anfangen, machte sich vor Kurzem eine dieser von mir gesammelten und archivierten Audiozeitschriften über ihre eigenen Leser lustig, – der Weg zum vollkommenen Sound muss steinig und jeder Klangfortschritt hart erkämpft sein. Deshalb kämpft er lieber gegen die Unzulänglichkeiten der von ihm eingesetzten Uralt-Technologie, während sein Normalo-Kumpel, so schrieb die Zeitschrift, schon lange zufrieden mit irgendwelchen digitalen Miniwürfeln der Musik lauscht – und das noch zu einem Bruchteil des Budgets!

Das Strenge, Gnadenlose, Sektenhafte zieht mich an, die Erfüllung, die nie kommt, auch beim Sex finde ich, wie gesagt, die Vorlust am besten, weil mit dem Orgasmus, diesem kleinen Tod, bekanntlich nichts anderes als die große Leere kommt. Es wäre auch sicher so, dass es für mich nichts Schlimmeres, nichts Traurigeres, nichts Trostloseres gäbe als ein perfektes, himmlisch klingendes Hi-Fi-System, also das, das ich angeblich so herbeisehne.

Bis zu dem Zeitpunkt der Erlösung, der nicht eintritt, heißt es also Zähne zusammenbeißen, verzichten, dienen … Auf einer Online-Plattform fand ich eine Definition des Audiophilen, die ich mir sofort an die Wand hängen würde, wäre es mir dann nicht doch zu blöd: »All audiophiles have already heard the saying ›Hi-Fi is a quest‹. It is a quest for perfection, a quest for the absolute, for beauty, for the musical truth. The truth doesn't have to please or not to please. It simply is and that's all. Beware of the spectacular, the hype. The living musical event is the truth and playing a recording at home is something else entirely. Any serious audiophile expects his audio equipment to sound as close to the living event as possible and he spares no pains, no time and no money to reach that point solely for the passion of music. Who is there for other reasons is not an audiophile. The audiophile always looks for the best. Step by step, as his experience and knowledge proceeds, he improves his audio system, trial after trial, and goes through all hopes, satisfactions and disappointments. The game is endless.«

Leider liegt das Thema unterhalb des Radars der Psychoanalyse und vielen wird schon der Gedanke, die beiden Bereiche aufeinander beziehen zu wollen, absurd erscheinen. Und so konnte ich, was das alles für mich bedeutet, nicht meinen Analytikerinnen deutlich machen und mir selbst eigentlich auch nicht, obwohl ich über all die Jahre viel darüber geschrieben habe. Die Audiophilie! Was für ein bescheuertes Wort! Wie Philatelie, Homophilie, wie spießig, dann wäre ich lieber audiosexuell …

Es scheint selbst für erfahrene Analytiker, »gehen Sie zu Frau Doktor Von«, hatte mir Frau Doktor Zu einst gesagt, »sie ist sehr erfahren«, schwer vorstellbar zu sein, wie sehr sich harmlose Unterhaltungstechnologie mit fehlgeleiteten Emotionen aufladen lässt und wie wenig ein Individuum die Fetische, die es selbst ausbildet, verstehen kann.

Frau Doktor Zu in München hatte ich im besoffenen Zustand den Song »It Ain't Me, Babe« von Bob Dylan in einer exzentrischen Live-Version vorgeführt. Ich hatte die Nummer zu Hause am Plattenspieler abgespielt, brüllend laut, dabei einen Kassettenrecorder mitlaufen lassen und ihr in der nächsten Stunde diese Aufnahme vorgespielt. Der skurrile Versuchsaufbau hatte sicher die Funktion, die beiden Sphären miteinander zu verbinden, Doktor Zus Therapie- und mein Wohnzimmer, symbolisch meinen Plattenspieler bei ihr aufzubauen oder sie zu mir nach Hause zum Plattenhören einzuladen – was man eben so träumt als Patient in einer Psychoanalyse. Die extrem standardisierte und reduzierte Wahrnehmung der Person des Analytikers, die man, von der Begrüßung im Flur abgesehen, immer nur in einem Raum erlebt und da fast nur sitzend, führt zu allerhand Wunschträumen und Fantasien. Frau Doktor Zu meisterte die Vorführung in ihrer Praxis souverän, auch mir war es damals nicht peinlich, ich wollte es ja so.

Bei Frau Doktor Von gelang es mir, sie kurz in ein Gespräch über meine Schallplattensammlung zu verwickeln, an der sie gar nichts auszusetzen hatte. »Das ist sicher interessant, was Sie da haben«, sagte sie, »wenn es Ihnen Freude macht, sollten Sie sich das auch gönnen. Musikhören entspannt, nicht wahr?«

Typisch für meine ihr gegenüber oft missmutige Haltung war, dass ich den Zuspruch nicht als wohlgemeint annehmen konnte, sondern, ohne es zu zeigen, eher verärgert reagierte. Denn Frau Doktor Von hatte nicht in Betracht gezogen, dass richtig Plattensammeln viel Geld kostet, was mir, der ich immer zu wenig davon habe, jedes Mal, wenn ich ein Plattengeschäft betrete, Qualen der Entsagung bereitet.

In den Augen von Doktor Von, das unterstelle ich jetzt mal, ist es lediglich eine gekränkte Größenfantasie, wenn ich darüber klage, dass mir heute nicht mehr Stapel von Schallplatten auf Samtkissen wie Opfergaben dargereicht oder, wie ich mich an »früher, in Wien« erinnere, als große und schon unüberschaubare Mengen von Freiexemplaren von den Plattenfirmen zugestellt werden – so viele, dass ich schon zu bequem war, das Zeug überhaupt anzufassen, geschweige denn nach Hause zu schleppen.

Diese Bilder, ob sie stimmen oder nicht – es stimmt schon, ich bekam damals Rezensionsexemplare, aber ob es so viele waren –, diese Bilder können mich jederzeit terrorisieren … und dann stehe ich da, in Hamburg, mit der kleinen Brieftasche im großen Plattengeschäft – und keiner schenkt mir was!

Keiner! Schenkt! Mir! Was! Die Fülle des Angebots, Schaufenster, Regale, Wühlkisten, lässt mein Herz schneller schlagen, eine Gier erfasst mich, Jagd- und Sammelinstinkt erwachen, fahren das Adrenalin hoch und schärfen meine Sinne, in sinnloser Hast blättere ich die Alben durch und kann plötzlich wieder lesen ohne Brille.

Dieser Zustand währt einige Minuten, bevor die Vernunft wieder Oberhand gewinnt und mir klarmacht, dass ich von den jetzt schon Dutzenden als interessant ins Auge gefassten Alben vielleicht gerade mal zwei, drei werde kaufen können.

Wie bei einem ruinierten Orgasmus säuft die soeben noch brennende Gier blitzschnell in dem dunklen Tümpel der Missmut ab, und ich möchte den Laden gleich wieder verlassen.

Die zwei, drei Käufe, die ich dann doch tätige, geschehen nur noch, um beim Bezahlen mit den Plattenhändlern in einen scheinbar entspannten Kontakt zu treten und mein Image aufrechtzuerhalten, ich sei ein toller Plattensammler. Um irgendwie aus der Situation rauszukommen.

Die gekauften Platten sind mir zu dem Zeitpunkt fast schon egal und mich nervt es, die Plastiktüte zu schleppen.

Den Laden verlasse ich müden Schritts, schwer deprimiert über die sehr wahrscheinlich falsche Auswahl an Platten und über meine irrwitzige, aber vielleicht auch irgendwie harmlose Geisteskrankheit.

Das Nervige daran ist die Zwangsläufigkeit: Selbst, wenn ich mir das gestörte Verhalten klarmache wie in diesem Moment des Aufschreibens, bewahrt mich das nicht davor, dass beim nächsten Besuch im Plattenladen die gleiche Symptomatik die Regie übernimmt. Ich kann den Plattenläden aber auch nicht fernbleiben.

Der längste Zeitraum, den ich es ertrage fernzubleiben, ist zwei Wochen. Dann werde ich unruhig, gereizt, beginne meinen Terminkalender und meine Familie zu verfluchen, alles, was mich abhält, in die Plattenhöhlen zu gehen.

Panikattacken auch in dem Fall, dass das neue Bob-Dylan-Album erscheint und ich nicht das Geld dafür habe. Echte, ernste Panik, der erste Gedanke beim Aufwachen, der letzte beim Einschlafen. Jetzt wird mir noch das Einzige genommen, das ich habe, hatte, habe ich es doch bisher, mein ganzes Leben hindurch, geschafft, jedes, jedes neu erschienene Bob-Dylan-Album zu kaufen, selbst in den finsteren Zeiten der Insolvenz. Es ist unglaublich, was ich für eine Scheiße denken kann, fühlen kann. Wenn ich ganz übel drauf bin, fange ich darüber schlimmen Streit mit Eva an.

»Wenn es Ihnen eine Freude macht, sollten Sie sich das auch gönnen«, sagte Doktor Von zum Thema. Ich denke, ich habe die Leserinnen und Leser von meiner Ansicht überzeugt, dass diese Empfehlung angesichts meiner wahren Problematik unterkomplex ist, um nicht zu sagen: ignorant, und mir nicht weiterhilft, wenn das auch viel verlangt ist und ein verfehlter Anspruch.

Das göttliche Kind, dem alles zusteht und das Realität prinzipiell als Kränkung erfährt, saß mir oft im Ohr mit frechen Sprüchen: »Eine Freude gönnen! Ist ja wohl ein Witz! Und das sagt die, die dir für jede Stunde einen Betrag im Wert von vier Schallplatten abnimmt oder abzunehmen versucht!« In diesem Punkt stellte die Analytikerin den

Zusammenhang nicht her, in einem anderen schon. Die Freude gönnen, ja, aber wie bezahlen?

Ein anderes Mal trieb mich Doktor Von in einen ähnlichen, schwer auszuhaltenden Konflikt, als sie sich in einem unserer hitzig geführten Geld-Dispute auf den Standpunkt stellte, wenn ich ihr Honorar schulde, könne ich Pia eben keinen Unterhalt schicken und den Kindern keine Weihnachtsgeschenke. Ich weiß nicht mehr, wie das ausging, wahrscheinlich bekamen Pia und Doktor Von kein Geld und die Kinder aber Weihnachtsgeschenke, weil ich immer zu feige war, die Kinder zu enttäuschen und mit der Realität zu konfrontieren.

Und einmal erzählte ich Doktor Von, dass Vinyl-Schallplatten heute wieder sehr gefragt seien und hohe Preise erzielten. Sie meinte daraufhin, dass ihr Plattenspieler schon lange kaputt sei und sie ihre Platten daher nicht mehr hören könne. Sie habe schon überlegt, sie zu verkaufen. Sofort hakte ich nach, ob ich – der Experte – mir die Platten mal ansehen könne, weil ich hoffte, dadurch einmal in ihr Arbeitszimmer vordringen zu können.

Daraus wurde nichts, doch ich wurde in anderer Hinsicht und völlig unerwartet belohnt: In einer der nächsten Stunden gab mir Doktor Von eine handgeschriebene Auflistung ihrer Platten mit und ich versprach, nach Wegen zu suchen, die Platten zu verkaufen. Das tat ich dann nie (warum eigentlich?) und sie kam auch nie mehr darauf zu sprechen. Die handgeschriebene Liste der Platten aber empfand ich als eine Art Aufschluss über ihre Person und legte sie gut ab in meiner Doktor-Von-Sammlung.

Beethoven: Violinkonzert D-Dur, Opus 61
Beethoven: Erzherzog-Trio Klavier Nr. 7 B-Dur, Opus 97
Beethoven: Tripelkonzert
Beethoven: Appassionata, Mondschein, Pathétique
Beethoven: Symphonie Nr. 9
Beethoven: 5. Klavierkonzert
Beethoven: Missa Solemnis
Schubert: Winterreise
Schubert: Interpret Pablo Casals
Schubert: sämtliche Pianotrios
Schubert: Wanderer Fantasie
Schubert: Duos für Violine und Klavier
Schubert: Am Brunnen vor dem Tore
Schubert: Der Tod und das Mädchen
Richard Strauss: Lieder Margaret Price
Dietrich Fischer-Dieskau singt Lieder von Strauss
D. Fischer-Dieskau, Strauss 1. Folge
D. Fischer-Dieskau, Strauss 3. Folge
Johann Strauss: Die Fledermaus
H. von Karajan spielt J. Strauss
Richard Strauss: Liederalbum
Strauss: Zarathustra Karajan
Gould plays Bach
J. S. Bach: Tripelkonzert
J. S. Bach: Christ lag in Todes Banden
J. S. Bach: d-Moll nach BWV 1060 und a-Moll BWV 1044 auf Originalinstrumenten
J. S. Bach: Violinkonzert a-Moll BWV 1041 / Nr. 2 E-Dur BWV 1042 / c-Moll BWV 1060

J. S. Bach: Brandenburgische Konzerte 1–3
J. S. Bach: Brandenburgische Konzerte 4–6
Menuhin spielt Bach, Beethoven, Mozart …
J. S. Bach: Armin Schoof an der kleinen Orgel in St. Jakobi zu Lübeck
J. S. Bach: die zwei- und dreistimmigen Inventionen Glenn Gould 1–15 BWV 772–801
C. Ph. E. Bach: vier Hamburger Sinfonien
C. Ph. E. Bach: vier Triosonaten
J. S. Bach: Sinfonien aus den Kantaten BWV 12021
J. S. Bach: Partiten 1–3 BWV 1002 / 1004 / 1006 / Violine solo
Goethe: west-östlicher Divan Gedichte
Goethe: Über allen Gipfeln Lyrik 2. Folge
Thomas Mann: Tonio Kröger
Hugo v. Hofmannsthal: Jedermann
Ingeborg Bachmann liest I. B.
I. Bachmann: Die gestundete Zeit
Schoenberg: Gurrelieder
Schoenberg: Moses und Aron
Schoenberg: verklärte Nacht
Jessye Norman: Richard Strauss Lieder
J. N.: Richard Strauss vier letzte Lieder
J. N.: Wagner Wesendonck-Lieder / Vorspiel / Liebestod Tu. I.
J. N.: Sacred Songs
J. N.: Negro Spirituals
J. N.: Schubert Lieder
J. N.: Händel, Schubert, Schumann
J. N.: Brahms Lieder, Gestillte Sehnsucht, Geistliches Wiegenlied

Herbert von Karajan spielt Strauss / Berliner Philh.
H. v. K. Beethoven Eroica
Maurizio Pollini: Karl Böhm
Mozart: Klavierkonzerte KV 488 / KV 459
   Wiener Philh.
Mozart / Beethoven: Bläserquintette
Mozart: sämtliche Werke für Violine und Orchester
Mozart: Così fan tutte Wiener Philh.
Mozart: Es-Dur KV 365 / F-Dur KV 242–2
   und 3 Klaviere
Mozart, Kozeluh, Weber: Fagottkonzerte
Mozart: Flötenkonzerte G-Dur KV 313 /
   D-Dur KV 314
Mozarteum – Quartett Kaiserquartett
Haydn: Jagdquartett Mozart
Mozart: Zauberflöte
Mozart: Exsultate Jubilate
Mozart: Posthorn-Serenade Nr. 9, D-Dur KV 320
Mozart: Requiem KV 626
Mozart: die vier späten Symphonien
Mozart: Klarinettenkonzert KV 622, Fagottkonzert
   KV 191
Mozart: Symphonien Nr. 32, Nr. 35 Haffner /
   Nr. 36 Linzer
Mozart: Mass in C minor KV 427
Mozart: le Nozze di Figaro
Mozart: sämtliche Konzerte für Klavier
   und Orchester
Wagner: Tristan und Isolde Furtwängler

Was lässt mich immer weitermachen, was motiviert mich? Was lässt mich eben keine Anzeige in den Hi-Fi-Zeitschriften schalten, wie man sie immer öfter findet, »Linn-System zu verkaufen, wegen altersbedingter Hobbyaufgabe.« Sind es wirklich die seltenen Momente des angeblichen Wohlklangs?

Oft fantasiere ich am angsterfüllten Morgen eines bevorstehenden anstrengenden, potenziell fürchterlichen Tages, dass ich abends oder spätestens nachts den Plattenspieler zum Drehen bringen und an der Verstärkerendstufe das grüne Dämmerlicht auslösen werde. Dann wird mir nichts geschehen sein. So weit, so gut.

Doch zu der freundlichen und entspannenden Magie des stoisch drehenden Plattentellers und der schwarzen Quader mit dem grünen Auge gehören auch der atem- und gnadenlose Geräte- und Markenfetischismus, das süchtige Verschlingen jedes Artikels, jedes Online-Eintrags, die nächtlichen Streifzüge im Internet nach den kleinsten Details dieser Produkte, nach Phonoplatinen mit geheimnisvollen Bezeichnungen wie NA 3235/K (K wie Karma, nicht zu verwechseln mit der S-Version) oder alternativen Gummifüßen dubioser Hersteller, die man auch unter die Geräte schrauben könnte – und alles, jedes noch so kleine Detail könnte der Durchbruch sein zum idealen Klang, geht mit einem Erlösungsversprechen einher.

Immer wieder Aufregung, Erregung, aber wenig Erfüllung. Wenn ich im Internet von den Hi-Fi-Seiten zu Porno-Seiten wechsle, fühlt es sich genauso an, viel Zeug, aber keine Erlösung.

In der Psychoanalyse ließ sich dieses Thema nicht erörtern, weder konnte ich mir neuen Mut holen, das »Hobby« doch mal anders zu sehen, noch erhielt ich Ratschläge zur Entwöhnung.

Es ist auch ein verwirrendes Gestrüpp an Banalitäten, durch das man sich kämpfen muss, bevor überhaupt irgendetwas zu erkennen ist. Was ist dieses Hobby aus Sicht meiner Analytikerinnen? Ein am Ende vielleicht liebenswerter Spleen des Patienten, der zu seiner umfassend selbstquälerischen und partiell pedantischen Art passt, ihm vielleicht aber auch Entspannung und Ablenkung bietet? Würde man denn tatenlos zusehen, wenn das »Hobby« – das Plattensammeln und die Beschäftigung mit Hi-Fi – zum Trigger der Depression zu werden drohte, in Gefahr geriete, im großen Schwarz unterzugehen? Würde man dann, mit den Mitteln der Analyse, versuchen, es dem Krakenarm der Depression wieder zu entwinden, oder ließe man den Dingen ihren Lauf? Keine Antworten auf nicht gestellte Fragen.

Na ja, der Hi-Fi-Leidensweg, das wird hier schon so redundant wie die Klagegesänge des Blues mit ihren immer gleichen Strophen. Eventuell hat in der Zwischenzeit auch das Gehör nachgelassen.

In ihrer kräftezehrenden Vergeblichkeit haftet der Leidenschaft natürlich etwas Beschämendes an, ganz ähnlich übrigens wie dem Projekt »20 Jahre Psychoanalyse«. Ein Lektor fand mein Buchprojekt dem Prinzip nach ganz interessant, allerdings stellte er es sich schwierig vor, wenn man hier auch noch die Geschichte des berühmten Magazins Tempo erzählen wolle, und fand den geplanten Titel

»Mann auf der Couch. Was ich in 20 Jahren Psychoanalyse gelernt habe« eher abstoßend. Wie schlimm muss dann erst »40 Jahre Hi-Fi« sein!

Es zeuge doch eher, meinte er, von einer gewissen Einfalt, während eines Zeitraums von 20 Jahren (20 Jahren!) nicht einmal auf die Idee zu kommen, sich nach etwas anderem umzusehen. Er schrieb: »Und 20 Jahre Therapie, da denke ich mir: Hätte man da nicht nach fünf Jahren mal sagen müssen: Moment, das bringt jetzt nicht mehr so viel, ich such mir was anderes? 20 Jahre, das klingt eher nach einem sich ewig dahinziehenden Kaugummi. Außer man macht das richtig lustig. Woody-Allen-mäßig. Von vornherein.« Von vornherein.

Und dann passiert so was: Seit Tagen bin ich wieder gestresst von dem ganzen Quatsch. Finde unter 7.000 Platten keine einzige, die ich hören will. Nehme jede Platte, die ich dann doch auflege, absurde alte Sachen, auf die ich aufmerksam werde, wenn ich mich auf der Heimfahrt aus dem Büro in der U-Bahn auf dem Handy auf Audio- und Musikseiten umschaue, schon nach ein paar Minuten wieder runter, weil es scheiße klingt.

Mit Eva ist es ohnehin schwierig gerade. Wir streiten viel. Ich finde auch nie Musik, die sie erträgt oder die ihr gefällt. Sie erkennt nicht einmal die Stimme von Leonard Cohen. Mit einer Frau zusammen zu sein, die nichts von Musik versteht, geht gar nicht, las ich in einem Buch. Bin ich aber. Geht schon. Normalerweise. Heute nicht. Wenn sie sich im Wohnzimmer zu mir vors Hi-Fi-System setzt, klingt es gleich noch unangenehmer! Strahlt die Frau was aus? PSYCHO!

Und dann eben das: Ich lege *Bringin It All Back Home* von Bob Dylan auf. Seite 1: »Subterranean Homesick Blues«. Die Gitarre, die E-Gitarre, das Schlagzeug, das göttliche Geschrammle, Gegnidel, Gerumpel, das geniale Gekreische der Mundharmonika und der Gesang, der Text, das Gedicht: »Johnny's in the basement Mixing up the medicine I'm on the pavement Thinking about the government.« Das steht alles im Raum, das nimmt sich den Raum, das ist luftig, laut, das atmet und pulsiert wie das Leben selbst, das ist Musik, von Menschen gemacht. Jedes Klanggetue erübrigt sich, gibt es nicht, sinnloses Gequatsche, aber nur dann, wenn es funktioniert. Dann erklärt es sich von selbst.

Gegen Bob Dylan zu sein ist übrigens auch sinnloses Gequatsche, erübrigt sich. Es ist eine alte CBS-Platte, ich habe zwei davon, eine noch von Pia, eine aus einer Erbschaft. Die Musik erfasst mich, ergreift mich, fast muss ich weinen. So ein Erlebnis ist beides: der Grund, mit dem Zeug aufzuhören, und genauso der Grund, weiterzumachen.

Meine Gedanken kreisen immer um das Gleiche, kreisen es ein, aber das ganze System implodiert nicht, offenbar wird es ja noch gebraucht.

Teils verfalle ich in einen ironischen Ton, den ich sonst verabscheue, weil er mich schützen soll, mich am Ende nicht völlig nackt dastehen lassen soll, mit meinem schmerzenden Körper, Rücken, Knie, am Boden kriechend, um einen Stecker zu reinigen, den ich in Verdacht habe, sich der Sünde der Klangverschlechterung schuldig zu machen. Schlimmer Stecker.

Österreich ist eine kleine Welt, in der die große Probe hält, sagte der Dichter Franz Grillparzer, mein lieber Vater Günther Nenning hat das oft zitiert, und dann ich auch. Das lässt sich gut übertragen auf die Bedeutung von Schallplatten und Hi-Fi in meinem seelischen Haushalt. Eine kleine Welt, in der die große Probe hält, wenn das auch in den Psychoanalysen nicht entsprechend gewürdigt wurde.

Was bietet mir diese kleine Welt, was sperrt mich ein in ihr? Beim Alkohol gibt es die Theorie, der Mensch unternehme mit dem Saufen einen Selbstheilungsversuch. Der Alkohol ist sein Medikament, hilft also gegen Schuldgefühle, Angst, solange er im Blut ist jedenfalls.

Wovon heilt mich also Hi-Fi, welchen Schmerz lindert es? Dem Vater näherkommen, hatten wir schon, weg von der Mutter, hin zum Vater. Die Einsamkeit vor mir selbst bemänteln, kultivieren, erträglich machen. Ich habe ja schon geschrieben, den Tätigkeiten rund um Plattensammeln und Hi-Fi kann man am besten allein nachgehen. Das In-den-Plattenladen-Laufen, das Pflegen der Sammlung, das Herumschrauben am Gerät. Das Hören. Das Leiden, wenn man die falsche Platte geholt hat oder alles wieder scheiße klingt.

Auf der Plattform im Internet, die ich oft nutze, stand eine Umfrage, wie viele der Fans abends allein hören – es waren fast alle. Abgesehen davon, dass es, wenn es mit der Raumakustik dumm läuft, oft überhaupt nur einen einzigen Platz gibt, an dem es richtig gut klingt, an einem zweiten Platz im Raum klingt es schon nicht mehr. Allein sein an diesem

Platz bedeutet auch – was für mich eine Rolle spielt – einen Platz *haben*, sich einen Platz genommen haben.

»Wo sitzen Sie eigentlich am Familientisch?«, fragte mich die Familientherapeutin damals in München, mit meiner ersten Familie, vor der Trennung, als ich noch so tat, mich nicht trennen zu wollen. »Mal da, mal dort«, sagte ich, es stellte sich heraus, dass ich keinen festen Platz hatte. Das nahm sie natürlich psychologisch, ich müsse mir eben einen nehmen, den Platz des Vaters. Seit diesem Tag hatte ich an all unseren Tischen in all unseren Wohnungen, in München, in Hamburg, egal, wo wir waren, selbst in den Ferien, einen festen Platz, von den Frauen und Kindern, die damit auch ihren festen Platz gefunden hatten, unbestritten, von Besuchern oder Anverwandten oft verhöhnt. Also, das Hi-Fi-System gibt mir einen Platz.

Natürlich besteht die Hi-Fi-Welt aus gleich oder sagen wir ähnlich Gesinnten. Aber am Ende bleibt es ein misstrauischer Austausch unter einsamen älteren Männern, die man dann doch lieber nicht kennenlernt. Wer will schon was mit einsamen älteren Männern zu tun haben, die können sich eigentlich gleich umbringen, sagt Houellebecq, haben keinen Wert mehr am geschäftlichen und am sexuellen Markt, und das stimmt ja auch, sieht man an meinem Beispiel.

Wenn ich nach München auf die große Audio-Messe »High End« fahre, bin ich erschlagen von den Tausenden grauhaarigen, dickbäuchigen Rauten-Pullover-Trägern, es könnte auch eine Pornomesse sein, und wie total fremd sie mir sind oder ich ihnen. Dabei bin ich einer von ihnen.

Ironie ist hier verfehlt und am Ende auch eine Verlogenheit, nämlich das Vorgaukeln einer existierenden oder gewonnenen Reife. Trotzdem hilft sie mir, etwas Abstand zu gewinnen, doch der Spott und die Freude an der Denunziation machen mich auch einsam, Nestbeschmutzer. Wenn es dann mal hingeschrieben ist, gehe ich den Dingen wieder zwanghaft und völlig humorlos nach, also ist diesem Text auch besonders zu misstrauen, überblättern Sie die Seiten, ich sehe es Ihnen nach.

Es wird schon alles nicht stimmen, gehen Sie lieber mal davon aus. Allein aus fehlender Konzentration, denn auch während des Schreibens bin ich ständig abgelenkt, vom Umdrehen, Wegräumen, Hervorholen einer Platte und dem Reinigen des Tonabnehmers, vom Gucken ins Internet, ob es irgendeinen idiotischen (warum so brutal?) Internet-Eintrag gibt von einem Fan aus Vietnam, dem Land mit der aufstrebenden Audio-Szene.

Klar bin ich inzwischen mit mir selber ungeduldig, mein Kopf dröhnt schon von dem Unsinn, den ich hineinstopfe, in den Ohren saust und zischt der Tinnitus, wie das Ventil am Druckkochtopf meiner Großmutter, als hätte ich keine anderen Probleme, warum bestraft mich nicht mal jemand für meine sinnlosen, sündigen Gedanken, vielleicht würde mich das befreien.

Als ich zwölf, dreizehn war, hatte mich der Pfarrer im Beichtstuhl der Kirche in der Laimgrubengasse gefragt (und war sicher dabei geil geworden), ob ich schon an mir selbst sündig gewesen sei. Ich verstand damals nicht, was er meinte, aber die Möglichkeit faszinierte mich seit dem

Tag. Auch heute kann ich noch sündig »gegen« mich selbst werden, wenn ich hinter eigenen oder vom Vater oder von wem auch immer gesetzten Ansprüchen zurückbleibe.

Es soll ja irgendwie lustig wirken, aber es wird sich sicher nicht jeder damit beschäftigen wollen, wie sehr ich das Thema Schallplatten und Hi-Fi als Passionsweg erlebe, wie Christus das Kreuz schleppe ich den Plattenspieler auf der rechten Schulter, in einer düsteren Welt von Schuld, Scham, Onanie, verbotenen Gedanken und Taten, als ein An-mir-selber-sündig-Werden.

Wie viel Lebensenergie, wie viel Libido würden frei, die ich jetzt im Hi-Fi-Wahn verschwende, wie glücklich könnte ich damit meine Kinder und Frauen machen, oder lässt sich das nicht so umleiten?

Jedenfalls ist mein Über-Ich nicht einverstanden mit dem ganzen Zeug und wie ich umgehe damit und verbündet sich auch mit allerhand Realitäten, die sich in Kontrast zu dem Unvernünftigen, dem Infantilen dieser Leiden schaffenden Leidenschaft erheben. Zum Beispiel mit der Realität des Geldes, das all die audiophilen Luxusprodukte kosten.

Auf der anderen Seite habe ich gelernt, dass ich da am interessantesten, am meisten »Ich« bin, wo ich mich nicht verstehe, düsteren Antrieben folge und dem Konflikt mit dem Über-Ich nicht ausweiche. Wäre ich nie schuldig geworden, hätte ich heute gar nichts. Keine Platten, keine Bücher, nicht die Geräte, die für mich immer mehr zu meinem eigentlichen Besitz werden, weil ich sie mir irgendwann mal erlaubt habe.

Man kann einfach sagen, dass ich viele meiner Gefühle ablehne, sonst könnte es ja eine einfache »Freude« sein – die »Freude«, die Doktor Von auch mal angesprochen hat –, und dass ich die nicht so geradeheraus empfinden kann, hat mich ja vielleicht zum chronischen Fall in der Psychoanalyse gemacht.

Ich hasse alles an mir, das nicht eindeutig ist, mit sich selbst im Konflikt steht, auf das meiste in meiner »Gefühlswelt« könnte ich gern verzichten. Man könnte mir unterstellen, ich wäre eigentlich gern ein Roboter, mit einer künstlichen Intelligenz (das auf jeden Fall), der jede Menge profitiert vom Daten-Einsaugen und vom Deep Learning und gerne auch Schachweltmeister ist – aber eben ein Wesen, das keinen Unsinn macht, sich auf keine neurotischen, zum Scheitern verurteilten Beziehungen einlässt und nur in dem Punkt unrealistisch ist, dass es keine Grenzen des Optimierens anerkennt. Ein Wesen, das auch nicht gestraft wird und sich nicht selber strafen muss. Das nicht zu viel Geld ausgibt und keine Schulden macht. Herrlich!

In meiner schwulen Zeit, Mitte der 70er Jahre, ließ ich mich einmal, es war Winter und es lag etwas Schnee, von einem älteren Sadisten auspeitschen. Erich hieß er, Erich Kafka. Erich war der Herausgeber eines Sadomaso-Bulletins, schrieb schwule Kitschromane und arbeitete schon seit Jahren an einer Geschichte der Homosexuellenverfolgung im Dritten Reich. Erich war klein, gedrungen und hatte Glupschaugen wie ein Frosch. Er lebte im Erdgeschoss des Hauses seiner verstorbenen Mutter am Rande von Wien und er benutzte den Keller.

Als wir nachts da ankamen, wir hatten uns in einer Schwulendisco in der Sonnenfelsgasse in der Innenstadt getroffen und waren mit dem Taxi gefahren, war Vollmond und im Garten leuchtete eine weiß lackierte Sitzgarnitur. Es sah verführerisch aus, magisch. Erich drückte mich in einen der Stühle, obwohl Schnee auf der Sitzfläche lag.

Ich konnte mich kaum wehren, ich merkte, wie fest er zugriff, er schien sehr stark zu sein. Dann nahm er meinen Kopf in beide Hände, brachte ihn in Positur und streckte mir die Zunge in den Mund. Im Keller band er mich mit einer Wäscheleine an einer Leiter fest. Auf einem Stuhl lagen akkurat gefaltete Handtücher und Waschlappen, wofür braucht er die, dachte ich.

Das Festgebundensein war schlimmer als die Schmerzen, eindeutig. Er sagte kein Wort, ich auch nicht. Erich begann, mich mit einer dünnen Gerte auszupeitschen, davon hatte er mehrere, in verschiedenen Stärken. Der jähe, rasch verebbende Schmerz ist etwas, das einen sehr stark mit sich selbst und seinem Körper verbindet. Es ist nicht nur unangenehm.

Nach 25 Hieben, er zählte sie, wir hatten 25 vereinbart, solche Vereinbarungen trifft man, trat der alte Sadist hinter mich und begann, meinen inzwischen blutenden Hintern zu behandeln, zu massieren, einzucremen, mit den Lappen abzuwischen, und steckte mir dabei nach und nach den Daumen ins Arschloch. Er tat dies zärtlich, sanft, schön. Ich dachte daran, gelesen zu haben, dass der Sadist Empathie erst empfinden kann, nachdem er Schmerz zugefügt hat. Mit der anderen Hand, übrigens trug er Chirurgenhandschuhe an beiden Händen, begann er mich vorne zu wichsen. Ich kam schnell und stark und spritzte die Leiter voll. Das schaltete den Sadisten wieder in den autoritären Modus und er beschimpfte mich als »Drecksau«, die hier alles vollmache, so was habe er noch nicht erlebt.

Ich bekam es mit der Angst, er werde mich nicht wieder losbinden. Und er hatte Angst, ich werde ihn niederschlagen, wenn er mich losmache. Das sei ihm mit Strichjungen schon mehrmals passiert, die, wenn sie ihren Lohn bekämen, in alles einwilligten und am Ende doch die Nerven verlören. Da gäbe es immer wieder Tote, sagte Erich.

Ich hatte aber keinen Impuls, mich rächen zu wollen. Seine Angst berührte mich mehr als meine, bis heute. Am Ende gab er mir den Durchschlag eines fertig gewordenen Kapitels seines Buchs über die Schwulen im Dritten Reich mit, ich solle das doch lesen bis zum nächsten Mal, und setzte mich ins Taxi, das er vorher bezahlte.

Am nächsten Tag lief ich in der Redaktion bei Günther Nenning herum und quatschte leutselig mit allen, denn das Sitzen tat mir verdammt weh. Ich war aber insgesamt stolz, ich schwelgte in einem Gefühl, etwas geschafft zu haben, und war keineswegs unglücklich. Ich fühlte mich befreit, von irgendwas, ohne es benennen zu können. Vielleicht von der Vernunft.

Meine Striemen, die sich regelmäßig über beide Pobacken verteilten, wie die Kriegsbemalung der Indianer im Gesicht, trug ich mit Stolz und hoffte, sie würden Narben hinterlassen. Sie gehörten nur mir.

Da möchte ich mit Hi-Fi auch gern hin. Das Unvernünftige daran als befreiend zu empfinden, das wäre es doch. Auf die Wunden, die es mir schlägt, stolz sein. Zum Exzentriker werden. Ja, ich spinne.

Im Prinzip ist die Audio-Szene, da wo sie interessant ist, eine Szene von Exzentrikern. Paul Wilbur Klipsch, Saul B. Marantz, Harry Pearson Jr., Mark Levinson, Sidney Harman, Akio Morita, Nelson Pass und eben Ivor Tiefenbrun von Linn und Julian Vereker von Naim, all die großen Gründerfiguren, sie alle führten ein eher monothematisches Leben, waren unverlässliche Liebhaber und grauenvolle Väter, waren aber alles andere als durchschnittlich, wenn sie auch immer betont so aussahen.

Warum orientiere ich mich nicht mehr daran? Aber nein, ich suche nach »erwachsenen« Lösungen, da, wo es keine »erwachsenen« Lösungen gibt und braucht, will ich mich von all den Spinnern befreien, Spinnern, die gerade noch meine Freunde waren, einzigartige Brüder im edlen Geist der Unvernunft.

Es ist eine Qual, das alles aufzuschreiben und wahrscheinlich auch, es zu lesen. All die aufgeblasenen Nebensächlichkeiten, Banalitäten, enervierenden Details, da geht die Welt unter, und da und dort, und der macht das und der das und der, der ernst genommen werden will, hat nichts im Kopf als ...

Jetzt geht's ja nicht nur um meine Zeit, sondern auch um die des Lesers. Was soll er denken, wird er das überhaupt lesen? Er kann es ja auch überblättern. Im Radio haben sie sich lustig gemacht über den Prominenten

Harald Glööckler, der ein Buch geschrieben hat, von dem er sagt, dass es extrem lesefreundlich sei und eine gute Konkurrenz zum Internet, denn man könne an jeder beliebigen Stelle einsteigen. So möchte ich das auch. Mir selbst fällt es schwer und es macht mich depressiv, das schnell Hingeschriebene noch mal durchzulesen.

Das gilt nicht für das ganze Buch, aber für die Hi-Fi-Passagen, die jetzt viel zu lang sind. Wird jeder sagen, der das Manuskript in die Hand bekommt, davor fürchte ich mich am meisten. Ist jede Neurose, jede Zwanghaftigkeit auch interessant? Wahrscheinlich nicht.

Wäre von einem Mann von 65 Jahren nicht zu erwarten, dass er sein beknacktes Hi-Fi-System – ich höre in letzter Zeit so oft das Wort »beknackt«, also benutze ich es jetzt auch – mit allem, was dazugehört, in einer Weise in Ordnung bringt, dass es ihm Spaß und Freude macht? Also irgendwas in Richtung Erwachsenwerden.

Oder ist das alles ganz unterhaltend? So im Stil »Großstadtneurotiker«, der Lektor hatte es ja schon angesprochen. Es gibt übrigens im Film eine Szene mit Schallplatten, Woody sitzt am Boden und hantiert mit einer Langspielplatte, will sie gerade aus der Hülle ziehen, als Freunde eintreten und ihn fragen, wo seine Freundin Annie abgeblieben sei. »Sie ist … weg«, sagt der verwirrte Woody und zieht, während er »Weg!« sagt, die Platte mit so viel Schwung aus der Hülle, dass sie ihm entgleitet und durchs ganze Zimmer fliegt. So wird es mir bald mit Eva gehen.

Wie sollte es denn jetzt weitergehen mit der Psychoanalyse? Weit war ich ja nicht gekommen, ohne. Eva klagt darüber, dass die Entlastung durch »die Tante« fehle, jetzt merkt sie es auch, sonst hat sie sich darüber lustig gemacht: 20 Jahre, kommt dir das nicht auch etwas lang vor?

Aber da ich keine Freunde habe, niemanden, mit dem ich reden könnte, kriegt jetzt Eva alles ab. Lebensängste aller Art. Von »Plattenspieler klingt wieder scheiße« bis »Ich bin ein schlechter Großvater«.

Nachts, kurz vor dem Schlafengehen, Eva ist meist schon im Bett, gehe ich oft noch ins Internet, ohne etwas Bestimmtes zu suchen, vielleicht in der Absicht, dem Tag noch etwas abzugewinnen, etwas zu finden, etwas, das Erregung verspricht (Porno, klappt eigentlich nicht, ist trotzdem interessant), oder Erlösung (das müsste dann eher Richtung Bob Dylan oder Hi-Fi gehen). Irgendwas, das für den Moment vor dem Einschlafen hilft.

Ich checke News, Fachseiten, die mit dem Job zu tun haben, Foren für Audio und schaue bei BobDylan.com vorbei, denke mir einen Song und gucke, auf welchem Album er erschienen ist, oder wer genau auf welcher Platte mitgespielt hat. Nutzloses Wissen, verschwendete Zeit, sagt mein gnadenloses Über-Ich, deshalb mache ich alles eher eilig, mit gleich mehreren Seiten offen, durchlöchere mein Gehirn mehr, als es zu füttern. Ich bleibe auch auf keiner Pornoseite länger als zehn Sekunden, auch das mag der Erregung Abbruch tun.

Ich gucke bei Musikern, Autoren, Künstlern, stöbere in ihren Einträgen oder verfolge ihre Karriereverläufe, von den 60ern bis jetzt. Am meisten interessiert mich der Punkt, wenn die Karriere verebbt, wie sie dann ins Alter kommen, wie peinlich das ist, wie schmerzhaft, oder ob sie einfach früh sterben oder schon gestorben sind, und ich habe das nicht mitbekommen.

An diesem Abend tippe ich auch den Namen von Frau Doktor Zu in das Google-Fenster, den Namen meiner ersten Psychoanalytikerin in München, zunächst unter dem Vorwand, nachzusehen, ob sie nach *Einsamkeit*, das ja schon vor fast 20 Jahren erschienen ist, ein neues Buch geschrieben hat. Dann bleibe ich auf ihrem Foto hängen, versuche, es zu vergrößern (geht nicht), und mache schließlich einen Screenshot, den ich mir auf den Desktop ziehe.

Es ist ein seltsames Foto. Es könnte für eine Stellenbewerbung gemacht sein oder für die Seite »Bekanntschaften« in einer Zeitung. Es zeigt Zu mit einem künstlichen, durch ihren kleinen Mund leicht süffisant wirkenden Lächeln. Das Bild ist stark bearbeitet, die Haut wirkt wie aus dem Wachsfigurenkabinett. Nichts an diesem Bild verrät, wer und wie diese Frau wirklich ist.

Mir fällt ein, wie mir Doktor Zu vor vielen Jahren das bei C. G. Jung gebräuchliche Konzept der Persona erläutert hat, es ist die Maske aus dem altgriechischen Theater, die jene Persona zeigt, hinter der sich die Person verbirgt. Ich war damals noch davon ausgegangen, es sei eine Qualität, »authentisch« zu sein, das Herz auf der Zunge zu tragen, den anderen in die eigenen Befindlichkeiten zu verwickeln. Damit verband sich auch ein bestimmter Bekenntniszwang – »Ja, natürlich habe ich mit ihr geschlafen, was denkst denn du?« –, der nur zur eigenen Entlastung da ist. Und kalt lächelnd in Kauf nimmt, den anderen zu verletzen.

Die Persona, die Doktor Zu da im Internet von sich zeigte, verriet nichts von der warmherzigen, brillanten Person, wie ich sie kennengelernt hatte, von ihrer Intuition und geistigen Beweglichkeit. Die gezeigte Persona wusste auch nichts von Zus unnachahmlicher, mich sofort wieder herstellenden Art, meinen Namen zu intonieren: »Herr H-ooopp«. Aber das Foto reichte, mir den Klang in den Kopf zu zaubern.

Diese Differenz so deutlich zu empfinden, dies anderen vorauszuhaben, stimmte mich fröhlich und zuversichtlich an diesem späten Abend. Kindisch kitzelte ich mit dem Cursor Doktor Zus Nase auf dem Screenshot, der auf meinem Desktop lag. Ich klickte auf die Kontaktseite, kopierte die Mail-Adresse und fügte sie in eine neue E-mail ein. Dabei fiel mir ein, dass ich die Adresse ja von früher schon gespeichert haben müsste. Aber nein, ich nahm die neu kopierte, fühlte sich irgendwie unschuldiger an oder mehr nach Neuanfang.

Die Mail, ich sei demnächst in München, meine vor einem Jahr geborene Enkelin zu besuchen, ob wir uns da nicht sehen könnten, ging noch in derselben Nacht raus. Am nächsten Morgen war sie schon beantwortet: »Ja, gerne, freut mich, lassen Sie uns einen Termin finden.«

Lassen Sie uns einen Termin finden – ich liiiebe es, wie andere McDonald's. Dafür mochte ich sie immer, die freundliche, offene Art. Obwohl, das war nicht das, was ich geplant hatte. Einen richtigen »Termin« – wird sie dafür Geld nehmen?

Geplant hatte ich gar nichts, aber zur ersten Analytikerin zurückzukehren, so konnte es sich ja jetzt schon anfühlen, eben auch nicht. Gleich kam mir auch ein Verbot aus der Kindheit in den Sinn, dass man sich nicht, wenn einem Leid widerfahren sei, bei jemand anderem »ausweinen« könne, das sei nicht »schön«.

Wollte ich mich also bei Doktor Zu über Doktor Von ausweinen? Nein, ich wollte es natürlich erwachsen, supercool und mit analytischem Überblick angehen. Dass es am Ende in gewisser Weise doch darauf hinauslaufen sollte, und zwar durch unser beider Verhalten, überraschte mich dann selbst.

Doch zunächst fühlte es sich wie frisch verliebt an, gut durchblutet. Ich machte mich mit sonst nicht gekannter Emsigkeit an das »Finden« des Termins, ich, der ich sonst das Verabreden von privaten Terminen über Wochen hinausschiebe.

Amelia und Kati, meine erwachsenen Töchter in München, schienen bass erstaunt gewesen zu sein, wie ich dahinter war, das geeignete Wochenende zu finden, um die beiden, ihre Ehemänner und meine Enkelin Penelope, Amelias einjährige Tochter, zu besuchen.

Am Schluss war es an Doktor Zu, die Terminfindung hinauszuzögern, weil sie noch Zusagen von Patienten abwarten wollte, die gerade verreist waren. Ich reagierte sofort eifersüchtig, sah aber auch, ich hatte es schon fast vergessen, wie wohltuend sich die einfühlende Terminvergabe von der strengen und behördlichen Art unterschied, mit der das Doktor Von in Hamburg handhabte.

Die Strenge in Hamburg verlangt einem allerdings mehr ab, was mir nicht geschadet hat, nun ja.

Ich war am Abend davor, Donnerstag, mit der Bahn spätabends nach München gekommen und hatte gleich in der Wohnung meiner geschiedenen Frau Pia eingecheckt, die sie mir für meine München-Wochenenden überlässt. Mit der Geburt von Penelope, meiner ersten Enkelin, bin ich in eine neue Phase des Pendelns zwischen Hamburg und München getreten. Allerdings bei Weitem nicht so regelmäßig und kräftezehrend wie 20 Jahre vorher, als ich in München den Wochenend-Papa gab und in Hamburg arbeitete, mit allen selbstzerstörerischen Nebenerscheinungen, die ich schon erzählt habe.

Trotzdem beinhaltet mein Comeback in München jede Menge sentimentaler und beklemmender Momente. Plötzlich sind fast alle Kinder wieder da, die großen Töchter Amelia und Kati, die zwischendurch schon ausgeflogen waren, nach Berlin, Hamburg und London. Nun waren sie zurückgekehrt, just nach Nymphenburg. In den Stadtteil, in dem wir damals lebten, oder ganz nahe dran. Was für mich damals in München eher ein Stranden war, ein Angespültwerden, für die Kinder war es Heimat geworden.

Nach der Geburt der Enkelin hatte sich Pia eine kleine Wohnung genommen, im Westend, ein Stück weiter weg, um Amelia mit der Neugeborenen helfen zu können. In dieser Wohnung übernachte ich also in München, wenn ich da bin, in ihrem Bett. Die Wunden gelten als verheilt, man ist freundlich zueinander.

Ich hatte in der Wohnung auch schon mit meiner Hamburger Tochter T. übernachtet, auch um nicht den Eindruck zu erwecken, ich kehrte nach München zurück, sozusagen weg von der Hamburger Familie. Patchwork will immer sorgfältig inszeniert sein, sonst gibt es Irritationen. Wer will das schon.

War ich natürlich in gewisser Weise schon, nach München zurückgekehrt, in die Zeit, in der alles am Zerbrechen war. Sehen wir mal, wie sich das anfühlt, wie groß der Kontrast zu heute ist, wo angeblich alles zur Ruhe gekommen ist. Auch der neue Termin mit Doktor Zu hatte ja was von einem Déjà-vu, denn genauso hatte ich es ja auch damals gemacht: in Hamburg gelebt und in München zur Therapie gegangen.

Auch diesmal war es ein Freitag, in den früheren Jahren der Tag, der das Papa-Wochenende eröffnete. Damals fuhr ich vom Flughafen direkt in die Therapiestunde, um mich irgendwie stark zu machen, holte danach die drei kleinen Kinder aus Nymphenburg ab und wir fuhren zu Eloise, wo wir das weitere Wochenende verbrachten.

Tom und Amelia fanden diese Papa-Wochenenden immer ganz cool, verbanden sie eventuell mit Vorteilen wie mehr Fernsehen und Später-ins-Bett. Für Kati, die Kleinste, war es anstrengend, sie hing am stärksten an Pia, eigentlich bis heute.

Und jedes Mal, wenn es Sonntag spätnachmittags an den gefürchteten Abschied ging, fuhren wir zu McDonald's am Harras, um den Schmerz mit Ketchup, Mayo und McFlurry zuzukleistern.

Ich segelte ohnehin schon auf einem hohen Bier-Spiegel an diesen Sonntagnachmittagen, und wenn die Kinder dann nach Hause gebracht waren, fuhr ich schon recht schummrig von Nymphenburg nach Untersendling zu Eloise. Wir fickten eine Runde, soffen weiter und fickten noch eine Runde, wenn ich noch konnte. Als Trost, die Kinder jetzt eine oder zwei Wochen nicht zu sehen, und als Vergewisserung, dass die Trennung doch richtig war. Denn hier war ich in einer Situation angekommen, in der Sex und Geborgenheit irgendwie eins waren, das war das Schöne an dieser Liebe, aber es sollte mir ja nicht reichen.

Montagmorgen mit der 5:30 Uhr-Maschine ging es dann wieder nach Hamburg, an dem Tag war ich dann für nicht viel zu gebrauchen. Gleich nach der Arbeit in der Redaktion saß ich wieder in der Kneipe und rief auf meinem neuen Nokia-Handy österreichische Frauen in Hamburg an, meist entfernte Bekannte aus Wien, die nun auch hier arbeiteten und von denen ich wusste, dass sie unter der Woche einsam waren, so wie ich es war an diesen Wochentagen. Auf den Schwingen des Alkohols hatte ich mir eine sexuell sehr direkte Art zugelegt und war damit erstaunlich erfolgreich.

Das alles ist lange her, jetzt saß ich da in der super cleanen, kleinen, ebenerdigen und damit eher düsteren Wohnung meiner ehemaligen Frau Pia, der ich so viel Kummer angetan hatte, rührte mir Nescafé ins heiße Wasser und kämpfte mit den Dämonen der Vergangenheit. Als müsste ich die Geister noch einmal auferstehen lassen, um sie dann für immer loszuwerden.

Auch mit Eva war ich es damals mit viel Schwung angegangen. Der gemeinsame Toiletten-Gang auf der *TV Movie*-Weihnachtsfeier im Hamburger Cruise Center am Hafen, die Kollegen drohten schon die Tür zu durchbrechen. Danach, am Tresen des Portiers des Hotels Engel an der Niendorfer Straße in Lokstedt, den Inhalt des Gummibärchen-Goldfisch-Glases zuerst in unsere Taschen und gleich danach am Zimmer gegenseitig in die Mäuler gestopft, bevor wir übereinander herfielen – das war eine Power damals, wow.

Es war übrigens das letzte Mal im Leben, dass ich zweimal hintereinander konnte, also eigentlich dreimal, wenn man die Nummer auf der Toilette zwei Stunden vorher dazurechnet. So degoutant und unmöglich das alles heute klingen mag, diese denkwürdige Nacht damals vor 20 Jahren schuf offenbar ein gutes Fundament (hier spricht der Sohn des Statikers) für eine Beziehung, die bis heute hält und vielleicht noch eine Zeit.

Die Weihnachts*feier*nacht damals hatte uns offenbar beide, Eva und mich, soweit wir uns daran erinnern konnten, berührt und erschüttert. Es folgte eine Art Schockstarre, in der wir über viele Wochen keinen Kontakt hatten. Als würde jeder noch Zeit brauchen, es sich doch anders zu überlegen oder von seinem alten Leben Abschied zu nehmen.

Heute leben wir übrigens im Nachbarhaus des Hotels Engel, haben uns von unseren Wurzeln also nicht weit entfernt.

Ich nutzte diese Schockstarre, ließ mich noch mal (und noch mal und noch mal) schlimm gehen, drehte noch ein paar Runden im Suff, ging weiterhin jeden Abend aus, vor allem mit den Österreicherinnen in Hamburg. Essen gehen, ewig essen gehen, was gingen wir immer *essen*. Ich lebte damals schon von Kreditkartenabhebungen der Barclay's Bank. Für *Essen* musste natürlich immer Geld da sein, da kann ja niemand was dagegen haben.

Wenn man einen circa 30-stelligen PIN eingab, bestand die Chance, damit am Geldautomaten Beträge nicht unter 1.000 Euro abzuheben. Eine irre Regelung, denn diese Karte hatte nur, wer ohnehin schon in Problemen war. Um an die Karte zu kommen, hatte ich im Sprinken Hof am Burchardplatz gegenüber dem Bauer Verlag einen Kreditvermittler getroffen, der in der dunklen, schummrigen Kneipe auf mich wartete, mit Blick zur Tür, und eine Sonnenbrille trug, die er während der ganzen Begegnung nicht abnahm.

Ich hatte den Ruin vor Augen, musste immer weiter darauf zu laufen, darauf zu rennen, darauf zu rasen, wie in meinen Träumen, wenn ich die Bremse im Auto nicht treten kann, mein Fuß ist wie gelähmt, oder ist es mein Gehirn, und frontal auf das Hindernis zu rase.

Es schleudert mich dann aus dem Wagen, in hohem Bogen, und ich falle, fliege auf die Erde zu, in dem Moment entsteht in meinem Bauch und in meinem

Magen, in meinem mittleren Leib, eine Wärme, wie ein warmer Brei. Wie ein Embryo krümme ich mich, um diese Wärme herum, sie ist jetzt meine Mitte, um eins zu werden mit der Wärme ... dann wache ich auf, mit einer Erektion, knapp vorm Abspritzen, wie in der Pubertät.

»Angstlust« steht auf dem Titel einer Philosophie-Zeitschrift, während ich das hier schreibe, meinen die das Gleiche?

Am Alkohol war in der Zeit das Reizvolle, dass er nicht nur die Ängste beseitigte, sondern auch die Hemmungen, von beidem hatte ich ja zu viel. Obwohl ich am besten keinen einzigen Groschen mehr ausgegeben hätte, spielte ich weiter den mächtigen Chefredakteur, den Spesenritter mit den Spendierhosen, »Die Rechnung, bitte!«

Gab viel Trinkgeld, was mir Schwung und Selbstvertrauen gab, und dann ab mit den jungen Frauen, Journalistinnen, Designerinnen, auch mal eine Anwaltsgehilfin, die bei mir das Schreiben lernen wollte, die beeindruckt waren von meiner billigen und zunehmend tragischen Nummer.

Nach dem Intro beim Italiener ging's aber nicht nach Hause, das heißt in meine kleine Wohnung in der Schubackstraße am Eppendorfer Hayns Park, sondern es wurde gleich gemacht auf der Toilette des Portugiesen im Portugiesenviertel, im Auto bei den Landungsbrücken, auf der Parkbank an der Alster, das war Teil meiner Performance damals. Der Mann, im Grunde ein armer Teufel, gegenüber seiner früheren Familie von Schuldgefühlen zerrissen, der langweilige und völlig unerhebliche Programmzeitschriften macht – dieser Mann ist in Wirklichkeit ein wilder Hund.

Einer, der so versaut und so versoffen ist und dabei auch noch Chef, dachten die Frauen vielleicht, der muss einen Überlebensinstinkt haben, der auch für zwei reicht. Eventuell trinkt er etwas viel, aber das kriegt man ja weg. Herrje, warum muss ich das jetzt alles öffentlich machen und aufpimpen mit solchen Unterstellungen, was weiß ich schon, was die dachten.

Wie angedeutet, Sex im Bett und damit drohendes gemeinsames Übernachten vermied ich, weil ich morgens keine Zeugen meiner fast schon kompletten Zerstörung haben wollte. Außen zittrig, käsige, verschwitzte Haut, innen verzweifelt, Arschloch, schäm dich. Es war auch nicht schön, sich an das Ficken selbst nicht erinnern zu können.

Im Grunde erzähle ich die Schauergeschichten nur, damit die Moral von der Geschichte entsprechend zur Wirkung kommt, das Vorher-nachher, wie in einer Beichtstunde bei den Anonymen Alkoholikern. Ich heiße Michael und so wahr ich hier im Stuhlkreis sitze ... habe ich das Wüste, das Dreckige hinter mir gelassen, völlig. Bin seit 20 Jahren treu, trinke seit 18 Jahren nicht. Putze mir die Schuhe nicht mehr mit Hotelhandtüchern und wichse auch nicht hinein und hänge sie dann wieder hin, kleiner Scherz.

Bin keine Sau mehr. Bin geheilt. Weil ich ja immer gefragt werde, wozu die Psychoanalyse gut war. Ich bin ein ordentlicher Mensch heute.

Ein ordentlicher Mensch war ich auch an diesem Freitagmorgen in München, in der putzigen, fast schon peinlich sauberen, kleinen Wohnung meiner früheren Ehefrau Pia. Ich dusche, entferne die Rückstände von Wassertropfen auf den Fliesen, früher habe ich immer bestritten, dass es die überhaupt gibt, spanne das Laken, warum eigentlich, es bin doch nur ich, der abends wiederkommt, und zupfe die Zierdeckchen zurecht, die Pia, die Engländerin, überall verteilt hat, unter den Aufstellbilderrahmen mit in Eiform geschnittenen Familienfotos. Love It Or Shove It, die alte Britin, meine Ex, drei tolle Kinder haben wir gemeinsam, halbe Engländer.

Die Bus- und Bahnverbindung habe ich ordnungsgemäß im Internet nachgeguckt und mache mich, eine Stunde vor dem Termin, etwa um zwölf Uhr, auf den Weg zu Doktor Zu, der Frau, mit der dieses Buch beginnt. Zu arbeitet immer noch in Schwabing, ein paar Ecken weiter in der Ainmillerstraße, gegenüber der alten Adresse von Condé Nast, dem amerikanischen Verlag, wo ich Chefredakteur der *Männer Vogue* war.

Ich fahre ungern mit öffentlichen Verkehrsmitteln, Ausnahme sind längere U-Bahn-Fahrten, bei denen ich es genieße, eng unter Menschen und doch allein zu sein, ich lese dann oder starre so wie alle aufs Handy und bin gar nicht richtig da, ich mache also, was alle machen, und das entspannt mich, macht mich zum Teil von etwas Ganzem, wo ich sonst nur ein Teil allein bin.

Unter all denen, die mich nicht kennen und die ich auch nicht kennenlernen will, will ich aber auch der Beste, der Netteste, der Wertvollste sein. Und ich zeige es euch: Ich drängle und schubse nicht beim Ein- und Aussteigen, weiche geschmeidig aus, vermeide direktes Aneinanderreiben der Körper, wenn es mal voll ist, scheue aber auch die Nähe nicht, trachte danach, der Höhe nach *über* den Köpfen der um mich stehenden Mitpassagiere auszuatmen und ihnen nicht ins Gesicht zu pusten, sollte ich Mundgeruch haben, was aber keine große Anstrengung für mich ist, da ich sehr groß bin, 1,97 Meter, habe ich das schon gesagt?

Ja, ich kann sagen, ich habe mich fest im Griff. Auch wenn ich mich in der U-Bahn an einem bescheuerten Fahrrad vorbeidrücken muss, das außerhalb der dafür vorgesehenen Zeiten im Weg steht, macht mir das nichts. Beim Aussteigen beglückwünsche ich mich, wieder einmal eine so sympathische, entspannte Person gewesen zu sein. Nein, ich bin kein Misanthrop und schon gar kein Amokläufer, habe niemanden getötet, das sind doch alles Erziehungserfolge.

An diesem Freitagmorgen im Münchener Westend muss ich zuerst einen Bus nehmen, um nach Schwabing zu kommen. In den Münchner Bussen muss man stehend, während der Bus schon fährt, die Münzen in den Fahrkarten-Automaten einwerfen, wenn man nicht mit der MVV-App bezahlt hat. Hat man das Geld nicht richtig vorgehalten, braucht man dazu zwei Hände. Das bedeutet, man kann sich nicht mehr festhalten. Bei hohem Tempo turnt man herum, ohne jeden Halt, gefährlich für kleine Kinder, alte Menschen. Und besonders für mich, mit meinen schlechten Füßen, die sich nicht zum Balancieren eignen. In der Tram ist es nicht besser.

Diesen Zustand in der Münchener Familie zu beklagen, verbat ich mir aber bald, in der Angst, die Klage könne ältlich wirken. Eine Angst, die mich in letzter Zeit häufig plagt – und zu neuen Attitüden veranlasst. Gibt doch Schlimmeres, als hier ein wenig rumgeschleudert zu werden, sagte ich mir jetzt, so was trainiert die physical awareness und die Reaktionsgeschwindigkeit. Am Ende also: positiv. Mit der Realität ausgesöhnt. Und dann das.

Als ich einsteige, ist der Bus fast leer, in der Reihe ganz hinten sitzen zwei Männer, die sich nicht auf Deutsch unterhalten, vorne in der Nähe des Münzautomaten eine junge Frau, lesend. Ich bin der Einzige, der zusteigt, und so folgen die Ein- und Ausseufzer der hydraulischen Türen schnell aufeinander. Der Bus fährt mit hoher Beschleunigung los, die Straße ist frei. Und dann passiert es.

Gerade als ich wackelig den Bezahlautomaten erreiche und die Brieftasche hervorziehe, bremst der Bus jäh ab, wirklich jäh. Für einen Augenblick halte ich der Beschleunigungsenergie, die jetzt auf meinen Körper wirkt, durch Verlagerung des Gewichts auf mein rechtes Bein noch stand, dann ist es vorbei. Ich hebe ab wie in der Schwerelosigkeit, wie Tom Cruise in *Mission Impossible I*, und beginne fliegend, segelnd die Wegstrecke zwischen dem Fahrscheinautomaten und der näher kommenden Windschutzscheibe zurückzulegen. Es gelingt mir noch, meinen Flug durch kurzes Festklammern am Bezahlpult des Busfahrers etwas zu verlangsamen, bevor ich mit der Schulter, den Kopf hatte ich eingezogen, auf die Innenseite der Windschutzscheibe knalle.

Harte Bruchlandung auf dem Weg zu Doktor Zu. Ich hätte tot sein können, wäre ich durch die Scheibe geflogen. Dann hätte es nicht sein sollen, es, was, alles Weitere.

Die Erinnerung setzt erst wieder ein, als ich wieder sitze, in der ersten Reihe, nach meiner Brieftasche und meinem Handy suche, beides da, und mich möglichst unauffällig verhalte. Alles gut hier, so weit. Der Bus steht jetzt und ich sehe, dass die Windschutzscheibe fast geborsten ist durch meinen Aufprall, die Sprünge im Glas in der Form eines Spinnennetzes.

Der Busfahrer steht mit einer Flasche Sprudelwasser neben mir und einem weißen Plastikbecher. »Du musst trinken jetzt, trinken, du ohnmächtig? Du Schmerzen?«, er ist den Tränen nahe, viel aufgeregter als ich. Durch die kaputte Scheibe sehe ich einen Müllwagen stehen, offenbar die Ursache der Notbremsung. Er war aus der Seitenstraße gekommen und hatte den Bus nicht gesehen.

Auch der Fahrer des Müllwagens spricht kein Deutsch, aber auch nicht die Sprache des Busfahrers. In einem leiernden Singsang erwidert er die Anschuldigungen des Busfahrers, als würde er gleich in den Ruf des Muezzins ausbrechen. Die beiden Männer sind in Angst um ihren Job, denke ich, der Müllfahrer noch mehr, denn er hat dem Bus die Vorfahrt genommen. »Du nicht abhaun, du nicht abhaun«, schreit der Busfahrer und hält den Müllfahrer an den Schultern fest, um ihn am Weglaufen zu hindern. Die Szene ist aber nicht ganz eindeutig, es wirkt wie ein Gerangel unter Kindern.

»Hilfe! Hilfe!«, schreit der Busfahrer, richtig laut. Wie auf ein geheimes Signal kommen drei, vier weitere Männer aus den umliegenden Häusern gelaufen, um den Müllmann festzuhalten. Der ist nun in einen Klagegesang ausgebrochen und krümmt sich seltsam ein, noch bevor ihn die Helfer des Busfahrers erreichen. Wie ein Tier, das die Flucht versäumt hat, das sich aber auch nicht anfassen lässt. Wie eine in die Enge getriebene Katze.

Auch mir ist nach Weinen zumute, denn in der Zwischenzeit ist es 12 Uhr 30, mein Termin mit Frau Doktor Zu ist um 13 Uhr. Ich gerate in echte, schwere, Panik, hier nicht rechtzeitig wegzukommen. Polizei und Rettung sind soeben tatütata mit Blaulicht angekommen und der Busfahrer redet auf zwei der Männer ein. Er weist sie in den Bus, zur ersten Reihe, wo ich sitze: »Er das Opfer! Er fast tot! Er geflogen gegen Scheibe! Er machen Anzeige! Wird teuer! Sehr teuer! Er fast tot!«

Als ich erwidern will, ich habe keine Zeit, muss sofort weiter, ein wichtiger Termin, merke ich, dass ich seit dem Unfall nur hier sitze und noch gar nicht getestet habe, ob ich überhaupt reden oder gar aufstehen kann. Es fällt mir der Großstadtmythos ein, so hatten wir das in der *Tempo*-Zeit genannt, ich hatte mal für das Magazin solche Geschichten gesammelt. Zum Beispiel der vom Motorradfahrer, der einen Unfall hat, stürzt, aufsteht, sich den Staub von der Kluft klopft und den Helm abnimmt – jedoch, da steckt seine obere Schädelhälfte drin fest, und er fällt tot um.

Ich muss zur Tante, ich muss zur Tante, ich darf den Termin nicht schmeißen, dann dauert es wieder Wochen, bis ich wieder nach München kann. So hallt es in meinem

Kopf wie tausend Sprechchöre und einen anderen Gedanken gibt es nicht. Nicht ganz, ich bin noch bei Trost genug, um zu erkennen, dass Widerstand hier jetzt keine gute Idee ist, weil sich Staatsgewalt, vor allem wenn sie unter dem Vorwand der Fürsorge auftritt, blitzschnell gegen einen selbst richtet. Man kommt dann erst wieder im Arrest oder in der Psychiatrie zu sich, wobei Psychiatrie für mich auch einmal ganz interessant wäre, fängt ja auch mit Psych an.

Aber heute bitte nicht. Heute MUSS ich zur Tante, in dem Fall Frau Doktor Zu, ich habe ja zwei Tanten, ich weiß zwar nicht genau, warum, aber ich muss. Wieder sind fünf Minuten vergangen, fünf wertvolle Minuten, und ich bin immer noch irgendwo im Westend, ganz am Beginn meiner Fahrt nach Schwabing.

Ich mache jetzt mal schneller in der Nacherzählung. Höre mich jetzt sagen, mit kaputter Stimme, aber hörbar, dass ich dringend zu einem Termin muss, das interessiert natürlich nicht. Aber als ich gleichzeitig zu erkennen gebe, gegen die bevorstehende polizeiliche Einvernahme und ärztliche Kontrolle durch den Rettungsarzt keine Einwände zu haben, sinkt das Interesse an mir sofort und eine anonyme Routine, die jetzt gegen Mittag auch schon auf das Dienstende oder die Übergabe schaut, setzt ein.

Ich stehe auf, bin wackelig, aber das bin ich ja eigentlich immer, und absolviere die Einvernahme, die im Stehen auf der Straße stattfindet, ohne Probleme. Dass ich Österreicher mit Wohnsitz Hamburg bin, mich gerade aber hier in München aufhalte, warum eigentlich, wirkt dubios. Aber wahrscheinlich auch nicht dubioser als ein aufgegriffener Flüchtling ohne Papiere, der angibt, aus Syrien zu kommen, irgend so was Unnötiges halt, aus bayerischer Sicht, für das man auf den Formularen viele Zeilen ausfüllen muss mit Worten, die man nicht schreiben kann. Meine Unterschrift kriege ich hin, zittrig zwar, aber fällt nicht weiter auf. Ist ja auch klar, der ist am Ende mit den Nerven.

Die Angst davor, vor den Augen anderer zu unterschreiben, rührt aus meiner Zeit als Alkoholiker, als das Zittern der Hände den wahren Zustand verriet. In der versoffenen Zeit als Chefredakteur im Großverlag hatte ich es mithilfe meiner Sekretärin immer so hinbekommen, es so zu drehen, dass Unterschriften erst nachmittags zu leisten waren, wenn ich den für die ruhige Hand notwendigen Alkoholspiegel schon erreicht hatte.

Heute bin ich stolz auf meine in jeder Lebenslage schwungvoll, ruhig und souverän hingezauberte Unterschrift. Ja, sie ähnelt in einem Detail immer noch der von meinem Lehrvater Günther Nenning.

Allerdings können die alten Aussetzer auch ohne Alkohol zurückkehren. Wenn ich geschwächt bin oder wenn mir jemand, von dem ich das Gefühl habe, dass er mich nicht richtig toll findet, zu sehr auf die Hände starrt, wenn ich unterschreiben soll. Dann werde ich noch heute zittrig.

Mit steifen Beinen, außen Roboter, innen Fluchttier in Panik, stakse ich nun auf den Rettungswagen zu. Der bärenstarke, freundliche Rettungsarzt nimmt mich in Empfang, das Treppchen in den Wagen hoch, aber was jetzt etwas unerwartet kommt: Der Mann steigt nicht mit in den Wagen, sondern bleibt mit den Worten »Hier können Sie kurz warten bitte, nehmen Sie schon mal Platz« hinter mir zurück und schiebt von außen die schwere Tür ins Schloss. Ich bin eingeschlossen! Ich muss zur Tante!

Mit unversöhnlicher Wucht, schlimmer noch als bei meinem Aufprall vorhin, rasen die beiden Welten, äußere Realität, innere Realität, in meinem Nervensystem aufeinander zu und setzen mich enorm unter Stress. Die spätere Untersuchung ergibt allerdings einen zu niedrigen Blutdruck. Das ist meine bewährte Angststarre, habe ich davon schon erzählt, das extreme Herunterdimmen meiner vegetativen Frequenzen in Stresssituationen. Wie bei einem Igel, der nicht flieht, sondern sich einrollt. In einem bayerischen Rettungswagen hat man keine große Auswahl, wo man sich hinsetzen soll. Der Stuhl ist bequem. Breite Armlehnen, man kann darauf auch festgeschnallt werden. Schauernd sehe ich die kleinen Gurte.

Drei Minuten vor eins entsteige ich einem Taxi, das vor der Schwabinger Adresse der Frau Doktor Zu hält. Der Sanitätsarzt war dann doch schnell wiedergekommen. In der Befragung nach Medikamenten machte ich den Fehler anzugeben, jeden Tag eine Tablette Aspirin 100 zu nehmen, zur Blutverdünnung und zur Lebensverlängerung. Für den Sanitäter waren das »Gerinnungshemmer«, die jetzt, im Falle einer inneren Blutung infolge des Aufpralls, gefährlich wirken könnten. Daher würde er mich jetzt in die nächstgelegene Klinik zur weiteren Untersuchung überstellen.

Am Ende leistete ich eine zittrige Unterschrift, eigentlich nur ein hingewackelter Strich, jetzt hatte es mich doch erwischt. Ich unterkrakelte das »Revers«, wie es heißt, wenn man auf eigene Verantwortung nicht ins Krankenhaus geht, das hatte ich mich in meinem Leben davor noch nie getraut, so ein »Revers« durchzusetzen – und war frei.

Meine Hände zitterten noch, als ich versuchte mit dem Handy ein Taxi zu rufen, klappte nicht, ich verlor schon die Nerven, bevor überhaupt ein Signal kam. Dann kam eines vorbeigefahren. Der Fahrer war sofort mein bester Freund, ich lobte überschwänglich das Münchener Taxi-System. Noch wackeliger als beim Einsteigen stieg ich aus und erkannte zuerst die Ainmillerstraße nicht, obwohl ich da ein paar Jahre gearbeitet hatte. Es wird ja so viel gebaut in München, wer soll sich hier noch auskennen, vor allem ältere Menschen nicht.

Wieder so ein bürgerliches, altes, gepflegtes Haus, wieder Gegensprechanlage, wieder so ein schönes Treppenhaus. Warum wohnt Frau Doktor Zu, frage ich mich, immer in den schönsten Häusern in ganz München, so viel schöne gibt es hier ja nicht. Diesmal muss ich nur zwei Treppen nehmen, bis ich an der halb offenen Tür ankomme.

Ich stehe nach dem Unfall immer noch unter Schock, meine Wahrnehmung ist getrübt, doch das Treppenhaus kommt mir bekannt vor. Ich war vor Jahren, als ich schon bei Von in Hamburg in Behandlung war, an einem München-Wochenende hier gewesen. Zu war damals nach der Trennung von ihrem Mann gerade neu eingezogen. Ich war gekommen, um mich zu bedanken und um stolz wie ein Kind zu berichten, dass ich keinen Alkohol mehr tränke, ohne allerdings anzusprechen, warum dies damals nicht Thema der Therapie gewesen war.

Da steht Doktor Zu in der offenen Tür, älter geworden, korpulenter, aber derselbe feste, freundliche, herausfordernde Blick, »Guten Taaag, Herr Hopppp!!«, der gute alte Doktor-Zu-Sound, da ist er wieder, live und original. Der Flur, Parkett, weiße Wände, hell, freundlich, alles wie gehabt, das Helle, das Freundliche, nur Kinder-Gummistiefel stehen nicht mehr rum. Der kleine Junge von damals muss jetzt schon groß sein, ein junger Mann, vielleicht schon ausgezogen. Das reime ich mir aber alles im Nachhinein zusammen, jetzt, als ich noch unter Schock eintrete, kann ich gar nicht so viel denken. Einen Hund, wie damals den kleinen weißen Scottisch Terrier, gibt es auch nicht mehr.

Ich folge Doktor Zu in das Wohn- und Arbeitszimmer. Die Patientencouch steht mitten im Zimmer, man sitzt mit dem Rücken zum Fenster, kommt mir seltsam vor, jedenfalls ungewohnt. In Hamburg konnte ich immer aus dem Fenster starren, das half. Ich erzähle von meinem Unfall, Doktor Zu sieht mich erschrocken an. Als ich mich hinsetze, merke ich, wie schwach und zittrig ich bin. Doktor Zu fragt, ob wir die Stunde verschieben wollen, nein, warum, sage ich, ich bin in Ordnung. Dann geht sie ein Glas Wasser holen, aber als ich daraus trinken will, habe ich Probleme damit, Schlucken geht auch nicht so gut. Scheiße, ich bin ziemlich fertig, fühle mich wie in der Alkoholzeit.

Ich habe mich seit Wochen gefreut auf die Stunde, doch jetzt werde ich schwer unglücklich, weil ich Angst bekomme, in meiner schlechten Verfassung dem Gespräch hier gar nicht richtig folgen zu können, und weil ich es offenbar wieder mal geschafft habe, dass mich etwas, auf das ich mich gefreut habe und das auch erfreulich und positiv ist, am Ende unglücklich macht. Wie wenn ich loslaufe, Schallplatten zu kaufen, und mir dann zum Weinen ist.

Aber dieses Mal ist es nicht nur in meinem Kopf, der Unfall ist ja wirklich passiert, und es war ein nicht selbst verschuldeter Unfall, oder hätte ich mich besser festhalten können? Was denkt Doktor Zu? In der Psychoanalyse gibt es keine Fehler und keine Zufälle, aber Unfälle offenbar schon. Doktor Zu wirkt nicht misstrauisch, sondern ehrlich besorgt.

Mit belegter Stimme und eher Häuflein Elend als durchtherapierter Super-Erwachsener beginne ich, die letzten Jahre zu schildern. Irgendwie konfus, ohne roten Faden, bevor ich dazu komme – dass ich dies tun würde, war klar, irgendwie unvermeidlich –, von der Arbeit an diesem Buch hier zu sprechen.

Ich erzähle Zu, so gut es geht, die Geschichte, dass die Arbeit an dem Buch wohl auch ein Weg sei, die Geschichte mit Von zu beenden oder ihr auch noch etwas abzugewinnen. Ich weiß nicht mehr, ob ich das alles sagte.

Als Tilmann Moser das Manuskript zu seinem *Lehrjahre auf der Couch* herumschickte, damals noch mit der Post, wurde ihm von der Veröffentlichung abgeraten, unter anderem mit dem Argument, wenn einer ein Buch über seine Analyse schreiben müsse, sei das ein Zeichen, dass die Analyse nicht gelungen sei. Das alles erzähle ich und Zu guckt.

Zu zieht ein wenig die Augenbrauen hoch, das tat sie immer, wenn sie etwas von dem Gesagten bemerkenswert fand, sagt aber nichts. In der weiteren Stunde geht sie mit keinem Wort darauf ein und ermuntert mich auch mit keinem Wort, das Buch zu schreiben. Wenn es das war, warum ich an diesem Nachmittag zu Doktor Zu gekommen bin, wäre es schon mal danebengegangen.

Okay, Erwähnung des Buchs war jetzt mal eine kurze Sackgasse, ab jetzt konzentriere ich mich in meiner Erzählung nur noch, fast bricht es aus mir heraus, auf meine Zeit mit Doktor Von. Vor allem auf das Ende.

Ich lasse mich gehen als das Kind, das sich ausweint, bei der einen Mama über die andere. Bei Oma habe ich mich auch oft ausgeweint, wenn Mama mal wieder »so nervös« war und mir eine runtergehauen hatte. Ich weiß nicht, ob es meine allgemein zittrige Verfassung nach dem Busflugsturz ist oder ein soeben hervorgerufener oder aus mir herausbrechender Schmerz, ein Selbstmitleid. Oder der Abschiedsschmerz, von dem ich zwar schon öfter gesprochen habe, der aber noch nie *da* war, im Sinne von Schmerz, Wehtun, aber jetzt ist er da.

Der Schmerz ist jetzt da.

Zwar kann ich für ein paar Momente noch irgendein abstraktes Zeug erzählen, dass eben kein Abschied stattgefunden habe, kein Abschiednehmen, wie es, in jedem Buch stehe es, notwendig sei zum Beenden einer Psychoanalyse. Selbst mein osteopathischer Heilpraktiker habe gesagt, dass man so eine Psychoanalyse nicht von einem auf den anderen Tag absetzen könne.

Jetzt füllen Tränen meine Augen, es ist noch im Bereich des Ausdrucks, es ist kein unkontrolliertes Weinen. Ich schlucke zweimal tief, dreimal, und achte gleich wieder auf meine Wirkung. Aber selbst wenn es nur Ausdrucks-Weinen war, der Schmerz ist wirklich da gewesen und ich merke, dass ich ihn das erste Mal, ich finde dieses Wort so bescheuert, *zugelassen* habe. Dass er das erste Mal physisch *da* war. Dann waren ja wohl auch die Tränen echt.

Doktor Zu stellt die Zwischenfrage, wie alt Doktor Von denn am Schluss gewesen sei, ich sage so etwas wie »über 80«, obwohl ich nicht ganz sicher bin, in keiner Quelle habe ich ihr Alter gefunden.

Das Alter, ja. Von war schon sehr alt gewesen, doch auch wenn mir körperliche Gebrechen oder ihre vielleicht schon reduzierte Merkfähigkeit aufgefallen waren, in der Zeit unserer Therapie hätte ich es nie gewagt, Dinge, die sie sagte, mit ihrem Alter in Zusammenhang zu bringen. Dass sie zum Beispiel meine immer mehr auf das Internet bezogene Arbeitswelt nicht mehr richtig verstehen konnte, machte mir nicht viel aus, es wäre eher kindisch, dachte ich mir, hier zu hohe Erwartungen zu haben. Was verstehe ich denn schon davon, in Wirklichkeit?

Auf der anderen Seite bedauerte ich immer, dass sich ein Thema wie »Die seelische Entwicklung in digitaler Zeit« hier nicht erörtern ließ, oder mein hilfloser Schmerz, wenn Facebook-Einträge von mir wieder nur siebenmal angeguckt werden.

Auch dass der musikalische Horizont von Doktor Von bei Richard Wagner endete und sie Bob Dylan, der ja auch nicht mehr der Jüngste ist, einfach nicht kannte, »Bob wer?«, fragte sie mehrmals, wenn ich auf Dylan zu sprechen kam, war für mich enttäuschend. Meine leicht gereizte Erklärung, wer er sei, nämlich der größte lebende Künstler, darunter mache ich es ja nicht, hatte sie beim nächsten Mal schon wieder vergessen. Dafür konnten wir uns immer auf Thomas Bernhard verständigen, den wir beide liebten.

Bei Thomas Bernhard, so sagt man doch, sind der Sarkasmus und die Misanthropie in einer großen Liebe zu den Menschen begründet. Ähnlich war es bei Doktor Von, dachte ich, in ihrer muffigen und strengen Art lag ein Kern von Zuneigung verborgen, der in ihren Blicken, ich erzählte es schon, manchmal aufblitzte. Vielleicht auch nur für den, der dafür empfänglich war. Ich war es, verdammt noch mal, ich war es.

Auch Eva hatte mich öfter auf das Alter von Doktor Von angesprochen, aus meinen Erzählungen war klar geworden, dass es Anzeichen gebe, dass sie ihre Praxis auslaufen lasse, in den letzten zwei, drei Jahren war die Assistentin nicht mehr gekommen, von neuen Patienten war nichts zu bemerken, eigentlich auch nicht von anderen, darauf gründete ja meine Fantasie, der letzte Patient zu sein, der einzige, jemand ganz besonderes, eigentlich ja schon mehr als ein Patient, ich habe schon erzählt, wie das eskaliert ist.

Aber Eva und auch mir selbst gegenüber ließ ich die längste Zeit nichts auf das Alter von Doktor Von kommen, verband es eher positiv mit so etwas wie Weisheit, auf jeden Fall großer, übergroßer Erfahrung. Von sei eine Analytikerin mit »sehr großer Erfahrung«, so hatte sie mir Doktor Zu, bei der ich jetzt wieder saß, damals angekündigt und diese »große Erfahrung« der Analytikerin war für mich die ganze Zeit die große Überschrift geblieben.

Mit dem weiteren Verlauf der Stunde empfinde ich es als immer unfairer, mit dem Rücken zum Fenster zu sitzen. So kann der Analytiker kurz nachdenklich rausschauen und sich inspirieren, und der Patient kann das nicht. In Hamburg hatte ich das umgekehrt. Ich kannte jeden Strauch in Vons Garten, im Wandel der Jahreszeiten.

Zu kommentiert auch meine Antwort auf die Frage nach Doktor Vons Alter nicht, belässt meine ungefähre Angabe auch im Ungefähren, alt eben, ist klar. Von war ja schon alt gewesen, als Zu uns zusammengebracht hatte. »Sehr erfahren«, was ja auch ein Code für alt sein kann.

Zu und ich rechnen kurz gemeinsam, wann denn das gewesen sei, etwa 1999, und seither, nun, sind ja ein paar Jahre vergangen, und wir alle sind älter geworden. So viele Jahre, vielleicht ist es ja das, diese besonders lange Therapie, die Beziehung, die hier entsteht, dazu kommt das hohe Alter der Analytikerin, mit wenigen Worten skizziert Doktor Zu, was hier alles zusammengekommen sein mag. Sachen, die man sich auch selbst denken kann, die aber aus dem Mund von Zu für mich besonderes Gewicht haben. Und oft sei es so, dass gerade besonders lange Therapien am Ende nicht gelängen, dass die Ablöse nicht gelinge. Dass beide versagten, der Analytiker und der Patient.

Mich zu distanzieren, mich abzulösen, ist es das, wobei mir Doktor Zu jetzt helfen soll, bin ich deshalb hier? Behindert mich die gescheiterte Ablöse jetzt in meiner weiteren Entwicklung, auch das könnte sein, ich lasse mich ja von allem behindern. Heiß, heißer, am heißesten ... Yes, yes!!!

Es wäre ja ein Wunder, sagt Zu auch noch, wenn das immer gelänge, dann wäre die Psychoanalyse ja sozusagen ein perfektes System, und das ist sie natürlich nicht. Nicht wahr, Herr Hopp?

»Es freut mich zu hören, dass es Ihnen gut geht«, waren die letzten von Doktor Von an mich gerichteten Worte, auf der Postkarte mit den Luftballons, die ich bekam, nachdem ich nach der letzten Stunde noch mal hingefahren und das *Arte*-Magazin ins Postfach gesteckt hatte. Wie ist sie darauf gekommen, mir könne es gut gehen, diese absurde Annahme, ein Witz eigentlich und eine gedankenlose Wortwahl – oder eben nicht, gar nicht, dass es einem »gut« gehe, ist ja auch eine Aufgabe, die der Mensch hat, ist seine Verantwortung in der Welt, und wer dem nicht gerecht wird, der macht was falsch und kann sich nicht dauernd beklagen. So gesehen wäre auch die Ablöse von Von jetzt meine Aufgabe, unabhängig davon, wie viel sie zum Ende beigetragen hat. Und selbst wenn sie es komplett versemmelt haben sollte – das dürfte mich nicht zum Opfer machen.

Die Stunde mit Zu, oder die 50 Minuten, auf die ich konditioniert bin, sind fast vorüber. In der Zeit mit Von in Hamburg, sie hat die Stunde immer auf die Minute genau beendet, habe ich eine exakt laufende innere Uhr entwickelt. Allein schon, um mir zu ersparen, heimlich auf die Armbanduhr zu schauen, wie ich es in den ersten Monaten noch tat, was mir oft ein mürrisches »Sind Sie unruhig, haben Sie einen Termin?« eintrug.

Auch hier mit Zu jetzt läuft diese innere Uhr, obwohl ja nicht mal klar ist, ob wir hier eine »Stunde« haben oder nur eine Besprechung. Das Geld. Ich habe den Betrag jedenfalls in bar dabei, obwohl er mir an diesem Wochenende in München dann wieder fehlen würde. Aber ich will nicht gleich wieder Schulden machen und in diesem Punkt erwachsen, souverän, cool wirken, dazu passend, dass ich heute so wunderbar abstinent, so total nüchtern dasaß, ganz anders als in der ersten Zeit mit Doktor Zu, das sollte doch alles jetzt mal passen. Nur dass es mich gerade durch den Autobus geschleudert hat.

Die innere Uhr sagt mir, wir müssten jetzt zum Ende kommen, als Zu noch zu einer neuen Runde ansetzt und mich fragt, ob ich mir schon einmal überlegt hätte, warum mich die gescheiterte Ablöse denn so mitnehme und ob, an die genauen Worte kann ich mich nicht erinnern, obwohl sie ihrem Gehalt nach bis heute nachhallen, ob ich das nicht schon öfter erlebt hätte, dass eine Beziehung zu einer Mutterfigur gescheitert sei, ohne dass ich die Chance gehabt hätte, mich abzulösen. Mit meiner Mutter in der Kammer. Was war das?

Die Stunde geht danach schnell zu Ende, obwohl das kein Ende ist, sondern sich eher so was wie ein neues Kapitel eröffnet, wovon, ist nicht ganz klar. Ich spreche noch an, wie es jetzt weitergehen könnte, so oft würde ich in nächster Zeit nicht nach München kommen. Ich wolle das auch nicht wieder wie damals verknüpfen, die München-Fahrten mit einer regelmäßigen Therapie. Ob sie auch per Skype arbeite, ja, das mache sie. Noch so ein Unterschied zu Von, die allerdings auch Telefonstunden angeboten hat.

Zu gibt zu erkennen, offen zu sein für eine weitere »Zusammenarbeit«, ich weiß nicht, ob das Wort fiel, es spreche nichts dagegen, dass man sich unterstützen lasse, auch wenn man schon älter sei – und man sich im Bus nicht mehr richtig festhalten könne. Als ich aus dem Sofa mit dem Rücken zum Fenster aufstehe, spüre ich, wie weich meine Knie noch sind. Vielleicht jetzt noch weicher.

Auf der Rückfahrt nehme ich wieder den Bus, dieselbe Linie, nur andere Richtung, um kein Trauma entstehen zu lassen, so denke ich mir das. Doch es tritt eher das Gegenteil ein.

Ich setze mich auf den gleichen Platz, auf dem ich vorhin nach meinem Sturzflug wieder aufgewacht war, und das Ereignis aktualisiert sich.

Ich bin schockiert, wie weit der Abstand zwischen dem Fahrscheinautomaten und der Windschutzscheibe ist. Mir wird schlecht bei dem Gedanken, wie weit ich durch den Bus geflogen bin, und ich sehe Bilder, wie ich mit der Schulter und dem Kopf die Windschutzscheibe durchschlage, nach vorne aus dem Bus stürze und eine Hundertstelsekunde, nachdem ich auf dem Asphalt gelandet bin, von dem Bus, aus dem ich gerade geflogen bin, überfahren werde. Tot. Das wäre was gewesen. Was? Irgendwer muss noch sterben in der Geschichte.

Bäume im Garten

Die Ablöse von der Mutter, die nicht gelingt. Das Rausgeschmissenwerden von der Mutter. Das Nicht-wieder-zurück-Können. Das Nicht-wieder-hinein-Können. Die wenigen Sätze gegen Ende der Stunde, die ja gar keine Stunde war, mit Doktor Zu in München, laufen immer wieder in meinem Kopf ab: Ob ich das nicht schon öfter erlebt hätte, dass eine Beziehung zu einer Mutterfigur gescheitert sei, ohne dass ich die Chance gehabt hätte, mich abzulösen.

Bin ich hier auf ein weiteres großes Ding gestoßen? Das Vater-Ding, und jetzt das Mutter-Ding? In meinem Garten, in dem die beiden Bäume stehen, die Vater und Mutter sind. Nur das »Zwei« habe ich ausgelassen, Oma soll sich nicht ausgeschlossen fühlen.

Das Mutter-Ding. Auch in diesem Buch ließ ich sie bisher ja vor allem sterben. Und der eine Traum, der Hexen-Traum, ich beschütze meine Mutter. Zuerst fiel mir John Lennon ein, sein Song »Mother« auf dem autobiografischen Album *John Lennon/Plastic Ono Band* von 1970, einem der ersten nach der Trennung von den Beatles. »Mother you left me but I never left you ...« Am Ende hört man Lennon nach der Mutter rufen, schreien. Es ging um den Schmerz, den er empfand, als ihn seine Mutter zu seiner Tante Mimi weggab.

Zu der Zeit, als Lennon das Album aufnahm, machte er eine Urschrei-Therapie bei dem Psychologen und Autor Arthur Janov in Kalifornien, ich weiß das alles schon, aber plötzlich ist es ganz aktuell. Ich hole mir die Janov-Bücher aus dem Regal, recherchiere im Internet, finde ein Telefon-Interview mit Lennon zu seiner Therapie, ein Interview mit »Aunt Mimi«, dem Blog von Arthur Janov, den er führte, bis er 2017 starb.

Evas Schwester Susa, die in Kalifornien lebt und sich heute noch wie ein Hippie gibt, machte bei Janov eine Urschrei-Therapie, das wäre doch auch was für mich, denke ich für einen Moment ernsthaft, bevor ich realisiere, dass er schon tot ist.

Den Schmerz wegbrüllen, erst mal egal, welchen, das wäre doch toll. Ohnehin denke ich oft, dass ich mit der Psychoanalyse womöglich nicht mehr recht weiterkomme und eher »something more physical« brauche, Yoga, Tantra oder eine Ficktherapie, mit dem Körper wieder in Kontakt kommen, der stirbt nur noch schmerzend vor sich hin. Dass ich etwas brauche für meine *ganze Person*, inklusive Körper, nicht immer nur Seele und Kopf, Seele und Kopf. Urschrei. Mama. Wo bist du. Ich will zurück. In deinen Bauch. Mach schon mal Platz. Oder ich mache es.

Manchmal gab mir Doktor Von in Hamburg Bücher mit, die in der Stunde davor zur Sprache kamen. Ich war dann froh und fühlte mich ernst genommen, auch auf der intellektuellen Ebene, nicht nur doofer Patient. Vielleicht testet sie, dachte ich, meine Eignung für eine Lehranalyse, ich könnte mich ja schon mal nach einem Ausbildungsplatz am C. G. Jung-Institut in Zürich umsehen, wie Grandpa, mein Londoner Schwiegervater. Für ein Talent wie mich würde schon eine Ausnahme gemacht, denn mir fehlt ja eigentlich die Voraussetzung für die Ausbildung zum Psychoanalytiker, ein abgeschlossenes Studium der Geistes- oder Naturwissenschaften.

Klar war mir diese hohe Barriere unsympathisch, aber sie erhöhte auch mein Vertrauen in die Psychoanalyse als solcher, als Wissenschaft. Ihr nachgewiesen akademischer Auftritt müsste ja Scharlatane und falsche Propheten, wie man sie sonst in der Heiler-Szene trifft, abhalten. Auch das Elitäre daran gefiel mir, »Analysepatient« zu sein ist doch etwas anderes als in der Familienberatung der evangelischen Gemeinde zu hocken. Auf verhaltenstherapeutische Ansätze, die etwas »kurz springen«, blickte ich herab, das war Fachhochschule oder zweiter Bildungsweg, obwohl sie mir – etwa in der Familientherapie, damals in München, oder in der Paartherapie, die ich heute mit Eva mache – oft schneller zu Einsichten verhalfen als die langwierige Analyse, die viel mehr Geisteswissenschaft ist als unmittelbare Lebenshilfe. Allerdings gibt es keine Lebenshilfe, das lernt man dann auch, weil man sich nur selbst helfen kann, With a Little Help from Your ... Analytiker, haha.

Man kann auch versuchen, sich die Psychoanalyse lesend zu erschließen, ein paar Regalmeter habe ich. Da ich mich ja schon seit den 60er Jahren dafür interessiere, ist eine Menge zusammengekommen. Uns Linken, so sagte man damals, stand der Freud-Schüler Wilhelm Reich näher als Freud selbst, weil Reich versuchte, die Erkenntnisse der Psychoanalyse mit der Lehre vom Klassenkampf zusammenzubringen. Er gab damit der »sexuellen Befreiung« eine politische Dimension, Sex wurde zur politischen Notwendigkeit. Das hörten wir alle natürlich gern und lebten nach Kräften danach, auch mit Kindern, immer hart an der Grenze zu dem, was heute Missbrauch wäre.

Mein erstes psychoanalytisches Buch war ein dunkelroter, auf schwer holzhaltigem Papier gedruckter Raubdruck von Wilhelm Reichs *Der sexuelle Kampf der Jugend*, erstmals erschienen 1932, eine billig kopierte Version des Originaltextes. Ich wollte natürlich mitmachen bei diesem Kampf. Der Text selbst war eher enttäuschend und enthielt recht biedere Aufklärung, was in den 30er Jahren aber revolutionär war.

Auch Wilhelm Reichs 60er-Jahre-Bestseller *Die Funktionen des Orgasmus*, die legendäre Kiepenheuer & Witsch-Ausgabe mit den ineinander übergehenden Regenbogenfarben, fand ich faszinierend, wenn auch der Titel durch den Text nicht so richtig erhellt wurde. Auf zu viel versprechende Titel sollte ich mich später ja auch verstehen.

Ich hatte einen Freund, den jungen Grafen Alexander von Kielmansegg, der sich einen Orgonakkumulator gebaut hatte. Sah aus wie ein selbst gebauter Kühlschrank, wird auch heute noch im Internet angeboten. Ich durfte mich auch mal hineinhocken. Die Theorie war, mit jedem Orgasmus würde Orgon, ein anderes Wort für Lebensenergie, in die Atmosphäre abgegeben, das man mit dem Kasten zurückgewinnen könne. Und das ohne Orgasmus, es wäre auch mühsam gewesen, in dem ungemütlichen Schrank einen herbeizuführen. Ich bekäme die Energie des Orgasmus, den ein anderer gehabt hätte, wenn ich das richtig verstanden habe.

In dem Folgeband *Die Entdeckung des Orgons* wurde Orgon als essenzielle Lebensenergie beschrieben, die auch gegen Krebs wirke. Etwas vergröbert ergab sich bei mir daraus das Weltbild, dass zu wenige Orgasmen zu einer Krebserkrankung führen. Orgasmus ist eine großartige Idee der Vorsorge, schien mir, hundertmal angenehmer als die heute obligatorische Darmspiegelung, die zwar auch in den Arsch reingeht, aber bevor man das Teil richtig spürt, wird die Narkose wirksam. Dass Unglücklichsein zu Krebs führen kann, glaube ich immer noch.

Auch Wilhelm Reichs *Charakteranalyse* fand in mir 20-jährigem Jungredakteur einen begeisterten Leser. Der Freud-Schüler Reich hatte vieles von seinem Lehrvater übernommen, banalisiert und in die Theorie vom Klassenkampf hineingezimmert.

Die Unterscheidung in anale und orale Charaktere, mit der Reich die von Sigmund Freud definierten Entwicklungsphasen in eine Typologie übertrug, war damals neu für mich. Ich begann zu entdecken und sah es auch bei den Autoren in Günther Nennings *Forum*, dass ein psychoanalytisches Grundbesteck beim Schreiben und beim Denken enorm hilft.

So deutete ich in einer Buchbesprechung für das *Neue Forum* gegen Ende der 70er Jahre den damals nachlassenden Einfluss der dogmatischen autoritären K-Gruppen und das Aufsteigen der vielfältigen undogmatischen Spontis als einen Rückgang des zwänglerischen analen Charakters (der K-Gruppen) zugunsten der genussorientierten Oralität (der Spontis). Das war zwar nicht meine Idee, ich hatte es aber ganz geschickt nacherzählt.

Mein eigenes Verhalten damals schwankte zwischen gierig-oral und zwänglerisch-pervers-anal, ich nahm anfangs noch spielerisch das Beste aus beiden Welten. Der Analverkehr war etwas, das mich immer faszinierte, aktiv wie passiv. Das »Zurückhalten« von Scheiße und damit Geld – die Sparsamkeit des analen Charakters wird in der Theorie als Sublimierung des Wunsches interpretiert, als Kind den Stuhl zurückzuhalten, um sich der Sauberkeitserziehung zu widersetzen – war dagegen etwas, das ich ja gerade nicht konnte. Andererseits gibt es viel Zwänglerisches in meinem Leben, und der sadistische Hang, etwas zu zerstören, um es kennenzulernen, so wie Kinder Spielzeuge zunächst einmal kaputt machen, ist mir auch nicht fremd.

Der Traum meines Vaters mit der Karotten-Kackwurst, die mein Futter sein sollte, und seine Wirkung auf mich müssten der reinen Lehre nach klassisch unter »anal-sadistisch« fallen, mit allen Implikationen von Scham und Schuld, die mich mein Leben lang terrorisieren.

Das Oral-Genusssüchtige ist mir beim Älterwerden jedenfalls gründlich abhandengekommen, ich feiere nicht, trinke nicht, was ich esse, ist mir fast egal (nur hin und wieder Wiener Schnitzel ist wichtig – Soulfood) und mir sind »Lifestyle«-Produkte völlig fremd geworden. Dabei hatte ich auf »Lifestyle« große Teile meiner journalistischen Existenz aufgebaut, auf die »oralen«, luxussüchtigen Yuppies der 80er Jahre, mit meinen Jobs bei *Wiener*, *Tempo*, *Männer Vogue*.

Wenn ich mir etwas leiste, wie Platten, Bücher, vermiese ich mir das selbst mit Reue und Schuldgefühlen. Genau umgekehrt, wie ich es eben beschrieben habe – damals war es der Siegeszug der »oralen« Spontis gegen die

»analen« Stalinisten, Maoisten und Kommunisten –, hat sich bei mir das Anale gegenüber dem Oralen behauptet, wenn man dem Denken in diesen Kategorien überhaupt noch etwas abgewinnen kann.

Doch wem, wie mir, vieles am eigenen Empfinden und Verhalten unverständlich bleibt, der neigt eventuell dazu, finstere innere Mächte verantwortlich zu machen. Mächtige, nicht kontrollierbare Triebe, die vielleicht im Sexleben zum Ausdruck kommen, in den sexuellen Wünschen, die man zu äußern wagt, oder nicht, und in den Wichsfantasien.

Ich kam jedenfalls zu nichts anderem (als Wichsen) mehr, fast, als mir in den 70er Jahren zum ersten Mal Marquis de Sades *Die Philosophie im Boudoir* in die Hand gefallen war, und war über mich selbst erschrocken, dass ich so darauf abfahre.

Auf meine streberhaften Anwandlungen, die Analyse mit Lektüre zu begleiten und zu versuchen, mich zum Beispiel in das Werk von C. G. Jung einzuarbeiten, hatte Doktor Von immer eher zurückhaltend reagiert.

Beschämt erinnere ich mich, dass ich einmal in der Stunde mit zwei großen Plastiksäcken voll von Jung- und jungianischen Büchern aufgetaucht war, einzelne Titel sogar in verschiedenen Ausgaben. Eine Audio-CD mit einem Radio-Interview, das Jung in den 50er Jahren in der Schweiz gegeben hatte, war auch dabei, darauf war ich besonders stolz. Ich hatte begonnen, C. G. Jung-Material zu sammeln, genauso wie ich das mit dem Bob-Dylan-Zeug tue.

Auf Jung, den Schweizer Arzt und Analytiker, war ich schon vor der Begegnung mit Doktor Von gestoßen. Zunächst, weil Pias Vater nach seiner Zeit bei einer Mineralölfirma in der Schweiz eine Ausbildung zum Jung'schen Analytiker gemacht hatte, was mich zunächst gegenüber Jung misstrauisch gestimmt hatte. Da mein Schwiegervater es nicht ertrug, wenn Tampons im Badezimmer offen rumlagen und nicht im Schrank versteckt waren, dünkte mir Jung, von dem ich damals noch nichts wusste, als »Freud für Spießer«. Ich grenzte mich, wenigstens gegenüber Pia, gleich mal vom Schwiegervater ab.

Zehn Jahre später traf ich unter anderen Vorzeichen wieder auf C. G. Jung. Eine damals in Kalifornien entstandene Männerbewegung um den Philosophen Robert M. Bly hatte sich – neben dem Gebrüder-Grimm-Märchen vom Eisenhans – auf das Archetypen-Konzept von C. G. Jung berufen, ich schrieb darüber in *Männer Vogue*. Ich war damals selbst schwer in der Krise, es war die Zeit, die erste Zeit nach der Trennung in München, als ich mit meinem Hund Rocky die »Wälder« um Münchens Isar durchstreifte, und es faszinierte mich, dass in mir ein »Zauberer«, ein »Krieger«, ein »Wotan« oder gar ein »König« stecken sollten. Wesentlich erhabenere »Imagos« jedenfalls als mein damaliges von Alkohol und Schuldgefühlen, Frau und Kinder verlassen zu haben, getränktes Selbstbild. Das Konzept der Archetypen fand ich sehr inspirierend, während ich mit dem zweiten großen Konzept von Jung, der Vorstellung von »Anima« und »Animus«, nie viel anfangen konnte. Vielleicht war es unserer Generation aber schon zu selbstverständlich, dass auch im Mann weibliche Anteile schlummern und umgekehrt.

Über die »Archetypen« und was man damit anfangen kann, schrieb ich mit Begeisterung und wechselte mit fliegenden Fahnen von den eher »linken« Heroen Wilhelm Reich und Sigmund Freud zum »rechten« Jung. In der Zeit mit Doktor Von las ich dann die damals neu erschienene Jung-Biografie einer australischen Autorin, die sich besonders ausführlich mit dem zweifelhaften Verhalten Jungs in der Nazi-Zeit beschäftigt, als er sich aus Opportunismus vom Juden Freud lossagte, angeblich um die Psychoanalyse zu retten.

Als ich dies in der Stunde erzählte, sicher auch aus voyeuristischer Neugier, wie die Jüdin Doktor Von darauf reagieren würde, erntete ich tatsächlich eine stärkere Reaktion als sonst. Es entstand ein kurzes Gespräch auf der von mir so ersehnten »Augenhöhe«, bei dem sich herausstellte, dass Von mit der Jung-Tochter Helene Hoerni Jung bekannt war. Ich saß also an der Quelle. Die Jung-Tochter, die 2015 100-jährig in Küsnacht, am Familiensitz der Jungs, starb, hatte die Archetypen-Lehre weiterentwickelt und auf Ikonen angewendet. »Nicht wir sehen die Ikonen an«, schrieb sie im Jahr 1991, »sondern die Ikonen sehen uns an.«

Heute steht Jungs familiäre Vielweiberei – er lebte zeitweise mit zwei Frauen im Haushalt und hatte vier Töchter – im Verdacht des Missbrauchs. Erst später bekam ich mit, dass sich Doktor Von genau aus dem Grund der Charakterschwäche, die sich auch in seinem Umgang mit Frauen zeigte, Jung abgewandt und Freud zugewandt hatte, ein Wandel, den ich dann irgendwie mitvollzog, in der Analyse allerdings völlig ungefragt und ungebeten. Bei mir war die dauernde Beschäftigung mit dem Thema eine Parallelspur in meiner Biografie, auf der ich ohnehin schon unterwegs war.*

Ein Buch, das mir Doktor Von in einer Stunde für ihre Verhältnisse sehr dezidiert empfahl, heißt *Zwei Bäume im*

---

* Sich mit Psychoanalyse auszukennen, oder es zu versuchen, vielleicht in dem Sinn, wie man sich früher mit Marx auskennen sollte, oder mit Hegel (was meinem Freund, dem Schriftsteller Robert Menasse, beeindruckend gelungen war, zumindest tat er so), ist etwas völlig anderes, als eine Psychoanalyse zu machen. Vielleicht ist es sogar störend, weil die theoretische (und am eigenen Beispiel theoretisierende) Beschäftigung auch von einem selbst wegführen kann. Vielleicht bin ich selbst das beste Beispiel dafür.

Anders als ich mir ausgemalt hatte, reicht es völlig, als psychoanalytischer Laie in die Behandlung zu gehen. Für den Laien gibt es nicht viele psychoanalytische Bücher, die sich lohnen. Am ehesten noch die im Grunde schon literarischen Fallstudien von Sigmund Freud wie *Der Rattenmann oder Der Fall Schreber*. Vor allem C. G. Jung ist schwer lesbar und schwer verständlich, es gibt viele Widersprüche und Ungereimtheiten, das Theoriegebilde ist alles andere als kohärent. Es ist eben eher eine Grenzwissenschaft, eine intuitive Wissenschaft, voll von irrationalen und magischen Motiven, mit einer Nähe zur Kunst, wie Jungs Handschriften und Mandala-Malereien zeigen. Wenn die Psychoanalyse auf viele, wie auf mich, eine magische Anziehung hat, dann ist es eben auch Magie, für die man empfänglich sein muss.

Garten, von Janine Chasseguet-Smirgel, der Grande Dame der französischen Psychoanalyse. Jetzt, wo ich wieder mit dem Mutterthema beschäftigt war, fiel mir das ein und ich holte das Buch heraus. Die Autorin beschäftigt sich darin auf die typisch psychoanalytische, oft etwas verquaste und in sich widersprüchliche Art mit der »Archaischen Matrix des Ödipuskomplexes«, wie eines der Kapitel heißt. Darin bezieht sie sich auf Autoren wie Sándor Ferenczi, Melanie Klein oder Sigmund Freud selbst.

Es geht dabei um eine Verbindung zwischen der ursprünglichen Geburtsangst und der Kastrationsangst in der ödipalen phallischen Phase, zwischen der Inzestfantasie und dem Wunsch nach Rückkehr in den Mutterleib. Ziemlich perverses Zeug, zugegeben, tatsächlich sind es »Perversionen«, die hier beschrieben werden, beziehungsweise das regressive Verharren in der analen Phase. Etwas, das auf mich mit hoher Wahrscheinlichkeit im Großen und Ganzen zutrifft und sich in meinen sexuellen Vorlieben zeigt – die ich immer vor meinen Analytikerinnen verbarg.

Janine Chasseguet-Smirgel vertritt die These, dass es einen primären Wunsch gebe, eine Welt ohne Hindernisse, ohne Unebenheiten und ohne Unterschiede wiederzuentdecken, eine völlig glatte Welt, die mit einem seines Inhalts entleerten Mutterleib zu identifizieren sei, einem Innenraum, zu dem man freien Zugang habe. Hinter der Fantasie, alles, was da sei oder schon da gewesen sei (der Penis des Vaters, die – anderen – Kinder, die Exkremente), zu zerstören oder sich anzueignen, lasse sich der grundlegende archaische Wunsch feststellen, in den Mutterleib zurückzukehren. Der Vater, sein Penis, die Kinder repräsentierten die Realität. Sie müssten zerstört werden, damit die dem Lustprinzip eigene Art des psychischen Geschehens wiedererlangt werden könne – ohne Barrieren, mit frei fließender psychischer Energie.*

* Chasseguet-Smirgel berichtet von einem ihrer Patienten, der einen Teil seines Lebens damit verbrachte, sich mit Autofahrern zu streiten. Sie schreibt: »Er träumte, meine Straße sei ein Fußgängerweg geworden, also von Hindernissen befreit: den Autos und Autofahrern, Objekte seiner ständigen Rachegedanken. Ein geheimnisvolles System ermöglichte es uns, miteinander zu kommunizieren, ich von meinem Büro aus und er im Souterrain des Gebäudes, einer Örtlichkeit, die er mit einer Frauenklinik identifizierte, in der er gearbeitet hatte. Meiner Meinung nach zeigt dieser Traum sehr deutlich, dass es darum geht, das Innere meines Körpers von den unerwünschten Inhalten (den Autos) zu befreien und in meinen Uterus zurückzukehren (die glatt gewordene Straße und das mit der Frauenklinik identifizierte Souterrain). Auf diese Weise stellen wir eine direkte, absolute Kommunikation her, ähnlich der zwischen dem Fötus und seiner Mutter. Ganz allgemein kann dieser Patient keine Hindernisse auf seinem Weg ertragen.

Die Phantasie, die Realität zu zerstören, verleiht der Phantasie, den Mutterleib zu leeren, ihre überragende Bedeutung. Es sind die Inhalte des Bauches, die der Realität gleichkommen, nicht der Behälter selbst. Schwebe- und Flugträume sind nicht nur Erektionsträume, und wenn sie für den Orgasmus stehen, dann nur insofern, als sich das Subjekt ungehindert in einem glatten Raum bewegt, analog der Phantasie vom entleerten, völlig zugänglichen Mutterleib.« (Janine Chasseguet-Smirgel, *Zwei Bäume im Garten*, 1992, vergriffen)

Warum hatte mich Doktor Von, die mich sonst nicht mit Literaturtipps überhäufte, gerade auf *Zwei Bäume im Garten* hingewiesen, mir noch ein krakelig, aber auch schön beschriebenes Zettelchen mitgegeben? Zu einem relativ frühen Zeitpunkt der Analyse. Sollte es ein Wink sein, ein Hinweis?

Wollte sie mich auf die Probe stellen, nein, das glaube ich nicht, so dachte sie nicht.

Ich war damals dafür unempfänglich, vielleicht las ich das Buch auch nicht richtig. So offensichtlich der Zusammenhang zwischen der Sich-den-Mutterleib-zurückerobern-Theorie der Französin und meinem Einzug in die Doktor Von'sche Uterus-Oma-Höhle auch war, ich konnte es nicht erkennen.

Das ist das Fiese beziehungsweise das Tolle an der Psychoanalyse, dass man nichts erkennt bzw. dass man zu erkennen beginnt, dass man nichts erkennt. So ist es ja auch mit der Traumdeutung: Mit dem, was man sich selbst zusammengedeutet hat, liegt man eigentlich nie »richtig«. Der Analytiker nimmt es nur als weiteres Material und entwickelt daraus eine neue, weitere Perspektive auf das Traumgeschehen – die umso »richtiger« ist, je »falscher« oder unannehmbarer sie sich in dem Moment anfühlt, in dem der Analytiker sie ausspricht. Das ist das Reglement. Es ist wie der Hase und der Igel, der immer schon da ist. Doch jetzt bin ich ja allein auf der Bahn, keiner wartet auf mich.

Ich nehme das Buch der Französin wieder zur Hand. Jetzt. Nach der Verstoßung aus dem Mutterleib. Nach der unsanften Geburt. Nach dem misslungenen Abschied, der gescheiterten Beziehung. Nachdem ich auf dem Weg zu Doktor Zu fast verunglückt bin und sie die plötzlich alles grell ausleuchtende Frage gestellt hat, ob ich das nicht schon öfter erlebt hätte, dass eine Beziehung zu einer Mutterfigur gescheitert sei, ohne dass ich die Chance gehabt hätte, mich abzulösen.

Einige Wochen lang trage ich das blaue Buch mit der grünen Titelschrift jeden Tag in meiner blauen Tasche herum und wage nicht hineinzuschauen. Dann finde ich im Kapitel »Die archaische Matrix des Ödipuskomplexes« die oben zusammengefassten Stellen wieder.

Den Mutterleib leeren. Alles, was stört, beseitigen. Mit meiner Mutter in der Kammer, dieser Uterus ist eine Falle, denn meine Mutter sitzt selbst noch drin. In der Höhle meiner Großmutter mache ich es mir gemütlich und verliere meinen Samen. Die Kackwurst (bei Freud »die Kotstange«) identifizieren mein Vater und ich mit dem Penis, ich esse sie auf, lasse sie verschwinden, verwandle sie. Davon handelte der »Karottentraum« meines Vaters, den zwar er geträumt hat, angeblich, den ich mir hier aber zu eigen mache.

Freuds für die anale Phase gesetzte Formel »Kot=Penis= Kind« taucht hier auf, vielleicht auch leicht verwandelt, ohne dass mein Vater oder ich von Freud je was gehört hätten damals.

In die Höhle meiner Mutter dringe ich ein, räume sie brutal aus und möchte dableiben. Den Penis (die »Gummiwurst«, die er mir im Auto gezeigt hat) meines Vaters ließ ich im eigenen Arsch verschwinden, als ich mich von Männern ficken ließ. Das ödipale Subjekt versucht nicht, schreibt Chasseguet-Smirgel, die väterlich-genitale Dimension wegzuschieben, sondern sie sich durch Identifikation anzueignen.

Jede Nähe zu den anderen Bewohnern des Mutterleibs, meinen Geschwistern, ist mir unmöglich, in den letzten Jahren habe ich den Kontakt abgebrochen. Die Realität – in Form meiner Schulden – habe ich nicht anerkannt, war überzeugt, auch sie zerstören zu können. Ich war in anderen Welten, schwelgte in der entgrenzten Freiheit von Schwebe- und Flugträumen und fand in der aufrechterhaltenen analen Regression eine Möglichkeit, die Repräsentanten des Vaters und der Realität zu zerstören, ohne dass es zu einer Auflösung meiner Persönlichkeit käme.

Die Zerstörung der Realität und der wiedergewonnene Zugang zum glatten Leib der Mutter sind letzten Endes wahrscheinlich das, was die »kosmischen Herostraten« unserer Zeit motiviert, schreibt Chasseguet-Smirgel. Darin ganz ähnlich Doktor Von, die ja einmal in einer unserer Stunden bemerkte, Religion sei eine »Psychose«. Die Fantasie stehe im Mittelpunkt der Glaubensvorstellungen und Ideale, die eine wunderbare Regeneration versprächen, die aus einer furchtbaren Umwälzung hervorbrechen werde.

Welcome to the Pleasure Dome of Erkenntnis, denn wenn wir diesen Bildern, diesen Ideen folgen, führt von hier, der ekligen, düsteren Welt der Perversionen, der Weg schnurstracks ins Himmelreich, wie es die Religionsgründer sahen – zwei Welten, die praktisch identisch sind, in ihrem Furor, Realität zu vernichten. Zum Nachweis zitiert Chasseguet-Smirgel aus der »Offenbarung des Johannes«, Kapitel 21:

»Und ich sah einen neuen Himmel und eine neue Erde; denn der erste Himmel und die erste Erde vergingen, und das Meer ist nicht mehr. Und ich sah die heilige Stadt, das neue Jerusalem von Gott aus dem Himmel herabgefahren, bereitet wie eine geschmückte Braut ihrem Mann. Und ich hörte eine große Stimme von dem Thron, die sprach: Siehe da, die Hütte Gottes bei den Menschen! Und er wird bei ihnen wohnen, und sie werden sein Volk sein, und er selbst, Gott wird mit ihnen sein; und Gott wird abwischen alle Tränen von ihren Augen, und der Tod wird nicht mehr sein, noch Leid noch Geschrei noch Schmerz wird mehr sein; denn das Erste ist vergangen.«

Ist es Zufall, nein, Zufälle gibt es nicht, Fügung, was soll Fügung sein, oder eine Art geistiger Verwandtschaft zwischen der französischen Analytikerin, »meiner« Doktor Von und – mit Von im Mittelpunkt – inzwischen auch mir, der ich als Patient auch schon zum Protagonisten dieser Erzählung geworden war? Es schien mir schon fast unheimlich, dass sich in dem blau-grün eingeschlagenen *Zwei Bäume*-Band der Französin noch zwei weitere Passagen finden sollten, die eng verbunden scheinen mit dem, was ich in der Psychoanalyse erlebt habe.

Ohne dass während der Analyse Bezüge hergestellt worden wären, stoße ich heute in der Literatur auf Dinge, die so wirken, als ließen sie sich direkt auf mich beziehen. Als wären mein »Fall« und meine geheimen, persönlichen Fantasien keinesfalls so speziell und einzigartig, wie ich mir das immer einbilde. Das mag man als beschämend oder erleichternd empfinden, ich entscheide mich mal für – erleichternd.

Eine weitere Parallele zu Inhalten im Buch der Französin besteht im Zusammenhang zwischen dem Alter meiner Analytikerin Doktor Von und meinem Wunsch, »der letzte Patient« zu sein, was der Titel einer fiktionalen Erzählung sein sollte, die ich aus dem Stoff dieses Buches gewinnen wollte. Mit der Idee, der letzte Patient sein zu wollen, verband ich auch, mich gegen alle anderen Patienten durchgesetzt zu haben. Der letzte, einzige und damit wertvollste Patient zu sein, vergleichbar dem Mythos vom »letzten Kind«, dem besonders viel Fürsorge gilt.

Weil Von so alt war, hatte ich mich zu fragen begonnen, ob sie noch alles mitbekomme, zu argwöhnen, dass sie die heutige Zeit nicht mehr verstehe … Manchmal dachte ich daran, sie könne wegen Alters die Praxis einfach schließen und mir damit die Entscheidung, wie lange ich noch weitermachen wolle, aus der Hand nehmen.

Heute, wo alles längst vorbei ist, frage ich mich fast jeden Tag, ob Doktor Von noch lebt, und suche im Internet nach Hinweisen. Ihr Online-Eintrag steht unverändert da, auch auf Arztsuche-Seiten wird sie weiter geführt. Steckt hinter meiner ängstlichen, vielleicht nur vorgeblich besorgten Suche in Wirklichkeit ein Tötungswunsch? Könnte mich nur der Tod von Doktor Von aus der Ungewissheit erlösen, ob es noch einmal zu einer Begegnung kommt – und was würde diese Unabänderlichkeit für mich bedeuten?*

---

* Bei Chasseguet-Smirgel liest sich das so: »Dieselbe Patientin sagte mir, diesmal vor den Sommerferien, dass sie wohl meine letzte Patientin sei. Auf meine Frage ›Warum?‹ antwortete sie: ›Weil Sie

Eine weitere Episode aus der Praxis der französischen Analytikerin kommt mir bekannt vor. Sie verweist mich auf ein mögliches Motiv, warum es mir so schwergefallen war, Doktor Von immer entsprechend zu bezahlen, das mir bisher nicht aufgefallen ist. Es hat wieder mit dem unbedingten Wunsch zu tun, mich gegenüber Doktor Von aufzuwerten, in eine besondere, bevorzugte Position zu bringen. Chasseguet-Smirgel schreibt über ihren Patienten:
»Ich zeige ihm, dass er auf mich projiziert, was er im Traum seiner Mutter zufügt, um sich dafür zu rächen, dass er nicht der Einzige war, nicht der uneingeschränkte Liebling. ... Dann fügt er hinzu, dass sein Leben bisher nicht lebenswert gewesen sei. Ich bringe diesen Affekt mit der Tatsache in Verbindung, dass ich ihn gebeten hatte, noch EINE SITZUNG ZU BEZAHLEN ... und dass meine Reklamation für ihn der Beweis ist, dass ich ihn nicht BEDINGUNGSLOS, NICHT KOSTENLOS LIEBE.« – Unverzeihlich!

alt sind und sich bestimmt bald zur Ruhe setzen werden.‹ Tatsächlich drückt sie den Wunsch aus, mein letztes Kind zu sein, und ihre Angriffe richten sich gegen meine mütterlichen, schöpferischen Fähigkeiten. Nach den Ferien nimmt sie ihre Angriffe wieder auf. Sie sagt, dass es bei mir nach ›alten Leuten‹ riecht. Wie bei ihrer Großmutter. Es riecht nicht schlecht, aber eben ›alt‹. Sie denkt an Heime für alte, bettnässende Menschen, auch an ihre Großmutter, die geistesgestört war. ... Doch bevor ich auf dieses grundlegende Problem der gegen das Denken gerichteten Angriffe näher eingehe, möchte ich die Hypothese aufstellen, dass das Denken an sich schon ein Hindernis bildet, das den freien Zugang zum Mutterleib verwehrt, und dass sein Status dem des Vaters und seiner Abkömmlinge, dem Penis und den Kindern, ähnlich ist.« (Janine Chasseguet-Smirgel, *Zwei Bäume im Garten*, 1992, vergriffen)

»Wenn's dir nicht gut geht, das will ich dir nur anbieten, kann ich hier vier Wochen alles übernehmen und du gehst in eine Klinik. Aber das musst du dann wirklich machen«, sagt Eva zu mir. Burnout. Depression. Die nehmen dich sicher.

Es ist Sonntag und ich habe das Gefühl, es geht nicht weiter. Mit der Agentur, die vor dem Abgrund steht. Mit Eva und mir. Mit meinem ganzen Leben. Mit meinem Körper und den Schmerzen. Mit meinen Platten. Mit der Agentur haben wir Schulden angehäuft und können Mitarbeiter nicht bezahlen. Die Ausgaben übersteigen die Einnahmen. Wir haben keine konkreten neuen Aufträge in Aussicht. Alles, was wir machen könnten, um das zu ändern – Marketing, Events – kostet wieder Geld, das wir nicht haben.

Eva vertritt die Meinung, alles zurückfahren, auflösen, auch an mein Alter anpassen. Ich will das nicht hören, werde panisch, aggressiv. Schreie Eva an, sie zerstöre mein Leben, wer sonst. Das Altern ist die nächste Realität, die ich nicht anerkenne.

Unser Büro in der schönen Fettstraße in Hamburg-Eimsbüttel kostet 6.000 Euro, 6.000 Euro, die wir nicht haben, die uns zum täglichen Leben fehlen. Der Konferenzraum ist nach Feng-Shui-Kriterien eingerichtet, vom Architekten des Starkochs Tim Mälzer. Das Haus gehört dem Filmregisseur Detlev Buck. Der Raum unterm Dach hat auch Geschichte, in den 70er Jahren versteckten sich darin RAF-Terroristen vor der Polizei. Später zogen die

Maler der »Jungen Wilden« in der Fettstraße ein und das Vienna wurde gegründet. Die Adresse unseres »Content House« hat also Glamour.

In der *Tempo*-Zeit gingen wir nachts, nach der Redaktion, ins »Vienna« Wiener Schnitzel mit Kartoffelsalat essen, um unser Heimweh zu stillen. Einmal im April des Jahres 1986 machten Markus und ich uns spätnachts auf den Heimweg und traten vor das kleine Restaurant, das aussieht wie dem Kleinen Café am Franziskanerplatz in Wien nachgebaut. Es hatte geschneit, alles war staubgezuckert wie die Palatschinken, die wir soeben noch als Nachtisch hatten.

Wir stiegen in Markus Alfa Romeo, mit dem wir gleich mit 100 Sachen (in der Nacht hatten wir es immer am eiligsten) über den Kiez und die Elbchaussee hinausdonnern sollten, zu Markus *Tempo*-Villa in Othmarschen. Um den aggressiven Motorenlärm des Alfa zu übertönen, drehte ich das Radio lauter – und es lief »Sometimes It Snows In April« von Prince, den wir erst ein paar Tage davor in der Sporthalle gehört hatten.

Da war es keine Frage mehr, wem die Welt gehört, und wenn wir jetzt aufs Gas steigen, erwischen wir die grüne Phase zwischen Kiez und Altona. Ja, das war damals ein »Wir« zwischen Markus und mir.

Und von diesem Ort, in der Fettstraße, an dem sich für mich Vergangenheit und Zukunft verknüpfen lassen wie an keinem anderen, soll ich wieder weg? 6.000 Euro, die wir nicht haben. Okay, aber (jetzt muss ein »aber« kommen) an unser Büro, an die Veranstaltungen, die wir hier machen und die in der Zwischenzeit ein paar hundert Leute in Hamburg erreichen, ist das Ansehen unseres »Content House« geknüpft.

Wenn wir alles auflösen, bin ich durch. Kein Hahn kräht nach Michael Hopp. Das hatte ich schon mal, als ich vor zehn Jahren als arbeitsloser Chefredakteur dastand. Doch jetzt bin ich ja mehr als ein arbeitsloser Chefredakteur, nämlich ein absolut moderner Content-Experte, Head of Content. Ich bin voll transformiert. Voll digital, ein halber Roboter.

Mit unserem »Content House« hatte ich mich neu erfunden, es wurde auch notwendig, als der Vertrag mit Thomas Ganske ausgelaufen und abzusehen war, dass gedruckte Zeitschriften alleine nicht mehr reichen würden. Vom Redaktionsbüro wurden wir zum »Content House«. Das funktionierte für einige Zeit, zeitweilig hatten wir schon ein Dutzend Leute, setzten fast eine Million um. Aber dann ging ein großer Auftrag verloren, gedruckte Zeitschriften, mit denen wir gut verdienten, wurden rasch weniger. Heute machen wir in manchen Monaten Minus, das wir in diesem Jahr, so sieht es aus, gar nicht mehr aufholen können.

»Storytelling« ist das Produkt, das wir heute verkaufen, so eine Mischung aus dem, was früher Journalismus war, P. R., Werbung und Grimms Märchen. »Archetypisches Erzählen« nennen wir das, wenn alle Storys wie eine Heldengeschichte erzählt sind, und am Ende steht immer die LÖSUNG – das Unternehmen hat wieder mal alles richtig und besser gemacht (intelligenter, nachhaltiger) und der Konsument hat das richtige Produkt gefunden.

Die Inszenierung ist, wir bauen Brücken zwischen der alten und der neuen Welt, zwischen analog und digital, zwischen gedruckter und Online-Kommunikation. Wir sind die Zauberer, die »Redaktion« in »Content«, das Zauberwort für digital verwendbare Inhalte, verwandeln können. Aus meiner Erfahrung mit Zeitschriften und dem, was ich mir über digitale Kommunikation angeeignet hatte, gemeinsam mit jüngeren, für Themen wie Social Media glaubwürdigen Mitarbeitern und mit unseren Events wie »Blattkritik Salon« und »Content House Salon«: Aus all dem hatten wir was zusammengezimmert, das glaubwürdig schien und cool aussah.

In Wirklichkeit waren wir von den paar Content-Marketing-Jobs, die dann reinkamen, total überfordert. Es gab Ärger mit den Kunden, auch mit den vielen technischen Dingen, die damit verbunden waren, wir waren doch eigentlich Journalisten. Und wir taten uns schwer, damit überhaupt etwas zu verdienen, weil wir vieles, wie Video oder Social Media, an andere Agenturen rausgeben mussten. Da das Problem, dass sich mit digitalem Content schwer Geld verdienen lässt, alle haben, waren wir zunächst nicht beunruhigt.

Zwei schwere Krisen, vorletztes und letztes Jahr, hatten wir überlebt, doch dieses Mal fühlt sich alles anders an. Eva will nicht mehr. Ich alt, erschöpft, Schmerzen, depressiv. Und ANGST, jede Nacht Angst, seit Kurzem auch untertags. Meine Stimme ist belegt, man versteht mich schwer. Ich kann nicht mehr so begeistern, wie ich es früher angeblich konnte, weil ich selbst nicht mehr begeistert bin, nur noch in seltenen Momenten.

»Aber am Ende reichte es dann doch nicht«, das ist der schmerzhafte Satz, der mir in die Glieder fährt, der mich fertigmacht wie nichts anderes. Wenn ich durch die Stadt fahre, steht er auf allen Plakaten und auf Spruchbändern, die kleine Flugzeuge am Hamburger Himmel über die Elbufer entlangziehen. AM ENDE REICHTE ES DANN DOCH NICHT BEI MICHAEL HOPP. AM ENDE REICHTE ES DANN DOCH NICHT … Manchmal wechselt der Spruch und es steht zu lesen: ALTERS-ARMUT. ALTERSARMUT. ALTERSARMUT. Gäbe es das Wort nicht, es wäre alles halb so schlimm. Doch seit ich das Scheißwort kenne, auch in magischer Kombination mit ARSCHFICKEN, verfolgt es mich, läuft über die Netzhaut, dröhnt im Kopf, als wäre ich auf LSD. Öffnet die Schleusen für eine (Schlamm-?)Lawine von SCH-Begriffen: SCHULDGEFFÜHL. SCHAM. SCHANDE. SCHMACH. SCHEISSE. Da wären wir wieder. Das Über-Ich triumphiert. Würmchen sagt, hättest du doch mehr auf mich gehört und wärst Omas Rat gefolgt. Du bist zu viele Umwege gegangen und hast dich jetzt verlaufen. Und wahrscheinlich bist du auch schon zu schwach, um umzukehren.

Eva will aussteigen aus dem »Content House«, sie hat schon länger keine Lust mehr. Der Beziehung gibt sie noch eine Chance, aber Sex ist nicht mehr so das Thema. Das trifft mich hart, denn gerade jetzt, wo die Erektion nachlässt und das Ganze auch kein Augenschmaus mehr ist, brauche ich die Bestätigung, dass es noch geht. Die bekomme ich nur bei Eva. An andere Frauen traue ich mich nicht mehr ran. Wie sähe es denn aus, wenn ich auf dem halben Weg schnell unterbrechen müsste, um meinen orthopädischen Strumpf auszuziehen? Eine Idee wäre, vorher kurz ins Bad zu verschwinden und den Strumpf schon da auszuziehen und gleich in der Arbeitstasche verschwinden zu lassen, die habe ich ja immer dabei, immer, seit den 70er Jahren, als noch die Revolutionsunterlagen drin waren. Und es gibt auch keine, die mir Angebote machen.

Im Büro auf die Jagd zu gehen, das habe ich mir abgewöhnt, da lässt Eva als Königin des Content-Palasts auch keine Spielräume bzw. im Keller steht die Guillotine für solche Fälle. Müde Witze.

Die letzten Frauen, die noch annähernd reagieren und kurz aufschauen, wenn ich in ein Café komme, sind prollige, Sonnenstudio-braune, tätowierte Blondinen, die strikt atavistisch und evolutionsbiologisch auf meine Größe von fast zwei Metern reagieren. In Wahrheit finde ich solche Frauen heute ohnehin am geilsten, schon aus Dankbarkeit, dass sie mich kurz ansehen. In Wahrheit bin ich nur noch auf der Suche nach ein paar richtig schönen Schweinereien. Bevor ich den Löffel abgebe, möchte ich so was noch erleben, auf jeden Fall, das nehme ich mir fest vor. Kann sein, dass es schrecklich traurig wäre, dann in der Realität, aber das weiß man erst nachher.

An einer Beziehung bin ich nicht mehr so interessiert, mit viel Reden und danach ist man müde. Ich interessiere mich auch nicht für 62-jährige Sozialpädagoginnen und dafür, ob Yoga oder Reisen ihre Leidenschaften sind, meine natürliche Zielgruppe, wie es Anfragen auf Partnerplattformen im Internet ergeben. Ich hasse das alles! Aber ich würde gern befreit von meinem altersgeilen Pornokino im Kopf, was mir die Ganglien jeden Tag mehr zumüllt, ohne dass es mit echter Erregung verbunden wäre, ein Zustand einer latenten Dauererregung, die keine Erlösung findet. Löste sich die Spannung früher im Orgasmus auf, ist der Orgasmus jetzt zu schwach, um Spannung abzuführen. Sie scheint auch nicht mehr in den Eiern zu sitzen, sondern in einem anderen Körperteil, eher Brust, Bauch. Thomas Mann hat gesagt, er lehne es ab zu onanieren, wenn er keine richtige Erektion habe. So ist es bei mir auch. Lehne ich ab. Und auch da kann mir nur Eva raushelfen.

Der Paartherapeutin erzählt Eva, sie habe schon länger das Gefühl, der Sex mit mir *meine* nicht mehr sie. Ich sage, hey, *wen denn*? Glaubst du, ich denke an wen anders, wenn wir miteinander schlafen? Das nicht, sagt sie, du verstehst mich nicht, ich kann das nicht so genau erklären. Der Therapeutin reicht die Erklärung, mir nicht. Jede Erklärung scheitert an meiner unerfüllbaren Erwartung, Eva könne mich aus meinem Zustand befreien, erlösen. Was Magisches eigentlich.

In der Agentur findet Eva auch den Druck unerträglich, den ich weiterhin erzeuge, indem ich die Möglichkeiten unseres Ladens überverkaufe, die Leute blende, sie immer noch damit locke, wir könnten Stroh zu Gold verwandeln. Ein anderes Prinzip sehe ich aber tatsächlich nicht. Nie habe ich behauptet, vom Rumpelstilzchen-

Komplex geheilt zu sein. Ich sehe es ja auch an Eva, dass sie mich nicht mehr liebt, oder weniger, weil ich alt bin und arm. Auch unsere Agentur muss am Markt geliebt werden, um an Aufträge zu kommen.

Auch das schwächt mich, wenn Eva aus der Agentur aussteigt, ich stehe jetzt ohne Geschäftsführung da. Was früher unsere Power war, der Pärchen-Auftritt, die schlanke Ökonomie eines Familienbetriebs, das alles wendet sich jetzt mit voller Wucht gegen uns. Gerade noch hat Eva die Geschäftsführung und die Buchhaltung mitgemacht, im Rahmen unseres gemeinsamen Einkommens, jetzt müsste ich einen teuren Geschäftsführer bezahlen. Beim ersten Job, den ich ohne Eva mache, gebe ich gleich viel zu viel Geld aus, mein Geldproblem ist ja bekannt. Gefährlich.

Gerade noch haben wir uns als das Traumpaar der Content-Marketing-Branche inszeniert in Videos und Broschüren – und jetzt?

»Du bist ein Hochstapler, du bist ein Betrüger«, wirft mir Eva an den Kopf in einem der vielen unguten Konflikte, jetzt gibt es auch Schuldzuweisungen. Ich übernähme keine Verantwortung und zwänge sie dazu, in dem »Scheißladen«, an den sie längst nicht mehr glaube, weiter zu arbeiten. Ich sei immer noch das von Oma verwöhnte Kind, das den Schulranzen nicht selbst einräumen müsse.

Ich kontere, der Verlag, der ehemalige *Hopp und Frenz*-Verlag, der jetzt *Frenz*-Verlag heißt und aus der Agentur herausgelöst ist, trage die DNA von »Content House«, die Idee ihrer Reiseführer-Reihe *Wochenender* stamme eigentlich von mir, der Verlag sei ohne »Content House« und ohne mich nicht lebensfähig, weder kreativ noch wirtschaftlich.

»Wirtschaftlich?«, höhnt Eva dann und macht mich platt mit dem Argument, dass ihr ganzes privates Geld im »Content House« stecke, das dann auch weg sei, wenn ich jetzt pleitegehe – während ich ja nie was gehabt hätte, nur eine große Klappe.

Zu Doktor Von kann ich nicht mehr gehen. Aber ich kann mir vorstellen, wie sie reagiert hätte. Erst mal gelassen, reserviert, leicht genervt, mit so einer doch recht banalen Geschichte die wertvolle Analysestunde zu vertun.

»Haben Sie denn gar keine Aufträge mehr?«, hätte sie dann gefragt.

»Ja, doch, drei, vier noch«, hätte ich geantwortet, schon etwas genervt, weil ich schon spürte, in welche Richtung es geht. »Aber die reichen nicht.«

»Wieso reichen die nicht?«

»Weil wir nicht genug verdienen damit, um die Leute zu bezahlen.«

»Dann können Sie keine Leute beschäftigen, wenn Sie die nicht bezahlen können. Das geht nicht.«

»Dann können wir aber die Aufträge nicht erledigen«, hätte ich, gereizt, deprimiert, erwidert, »aber ich denke, wir können hier nicht so ins Detail gehen.«

»Gereizt«, »genervt« und »deprimiert« sind häufige Wörter hier und ich wüsste auch keine anderen, um die Stimmung in den Stunden zu beschreiben, wenn es um Themen dieser Art ging. Aber da die Agentur schon zweimal am Abgrund stand und das Thema Bankrott in den verschiedenen Varianten, die ich erlebt habe, für mich während der ganzen Zeit mit Doktor Von aktuell war, gab es einige Gesprächsverläufe, die sich so anhörten.

Ich war dann jedes Mal enttäuscht, weil Würmchen ganz andere, von Oma geprägte Erwartungen hatte, nämlich:

a) gelobt und, wenn dies nicht möglich,
b) getröstet zu werden,
c) bestätigt in seinem Vorgehen und
d) Erlösendes, Erleichterndes zu hören, das optimistisch stimmt, Depression und Angst vertreibt.

Die Freude, a) bis d) zu erfüllen, machte uns, Würmchen und mir, Doktor Von praktisch nie. Meine Enttäuschung fand Ausdruck in einer Abwehr. Die oft im Selbstgespräch geäußerte Klage »Die Tante versteht mich nicht« modifizierte ich in »Die Tante versteht nichts von unserer Branche« – und konnte damit nichts lernen von dem, was sie mir sagte.

Jetzt, mit etwas Abstand, ist leicht zu erkennen, dass Doktor Von nichts anderes gemacht hatte, als in der Art eines Steuerberaters die Grundregeln der Volkswirtschaft anzuwenden – die immer, auf jeden Fall für diejenigen, die kein Geld haben oder weniges, darauf hinauslaufen, dass man nicht mehr Geld ausgeben könne, als man habe.

Für den Einzelnen ist es sinnlos, Diskussionen zu führen, ob dies gottgewollt sei oder nicht. Doktor Von hatte sich damit, wie sie das immer tat, zum Teil des Realitätsprinzips gemacht, was für mich in meiner Größen-Ich-gesteuerten Paranoia bedeutete, sie hatte die Seiten gewechselt und mich verraten.*

Erfolg im Rahmen des Realitätsprinzips ist also etwas, das man innerhalb der Beschränkungen erreicht, die von den Geldgesetzen ausgehen. So gesehen war ich mein ganzes Leben nicht erfolgreich. Mit Ausnahme von *TV Movie* und der *Männer Vogue* (obwohl auch die schwächelte, aber der Condé Nast-Verlag schwamm damals noch in Geld) war ich nie an Projekten beteiligt, die richtig Geld verdienten. Der *Wiener* war zu meiner Zeit finanziell immer ein Desaster, mit *Tempo* hat Verleger Thomas Ganske Millionen verbrannt – trotzdem wurden wir berühmt, na ja, bekannt, mit den beiden Magazinen.

Für Medien und Kreative mögen noch etwas andere Gesetze gelten, frühere Medienprodukte brauchten immer eine Zeit, bis sie das investierte Geld wieder einspielten. Kreativität erkennt man einen ideellen Wert zu, der sich

---

* Wie ich zu der Annahme gekommen war, die Psychoanalyse verhalte sich irgendwie antagonistisch zur Realität, das muss ja die Annahme gewesen sein, weiß ich nicht. Psychoanalyse ist im Gegenteil total in der Realität verhaftet, das sieht man ja schon daran, wie die Honorare eingetrieben werden. Bei mir kam, heute weiß ich es, noch Erziehungsabsicht dazu. Sie unterscheidet nur zwischen äußerer und innerer Realität und behandelt das Verhältnis zwischen beiden, wenn es aus dem Gleichgewicht gerät, wie es bei mir der Fall ist.

nicht immer unmittelbar vermarkten lässt, deshalb springt die öffentliche Hand ein – aber wer will schon reiner Subventionskünstler sein? Doch am Ende gilt auch hier: Langfristig gibt es keine Alternative zum Erfolg und Erfolg bemisst sich zu 90 Prozent daran, ob und wie viel Geld verdient wird.

Das sehe ich auch bei meinem Sohn Tom, der mit einem Staatsstipendium studiert, aber genau weiß, dass er sich eine Karriere in der Kunst und damit ein Leben von der Kunst abschminken kann, wenn es ihm nicht bald gelingt, auch am Kunstmarkt erfolgreich zu sein und möglichst viel zu verdienen.

Warum erkläre ich das hier wie für Grundschüler? Weil ich es Würmchen und mir erklären muss. Weil mich heute noch die gleiche Scheiße in den Ruin treibt wie schon vor 10, 20, 30, 40 Jahren: das Nichtanerkennen von Realität. Das Gefühl, aufgehalten, bedrängt, bedroht zu sein im freien Flug im Uterus – oder das andere Gefühl, in der Kammer eingesperrt zu sein, nicht hinauszukönnen, sich weder wehren noch angreifen zu können.

Je weiter ich vom Erfolg entfernt bin, desto lebenswichtiger wird er für mich. Zu sagen, Erfolg sei mir egal, oder, davon hatte ich schon genug, kann ich mir nicht leisten. Nach außen nicht, und nach innen schon gar nicht.

Es ist ja auch real, *Call it Innere Realität*, das Eingestehen des Misserfolgs – und in unserer Branche scheitert man ziemlich öffentlich, weil man diese Öffentlichkeit immer gesucht hat – ist für mich mit einer unerträglichen Beschämung verbunden. Auch vor meinen Kindern.

Besser als mein Vater stünde ich nach einer weiteren Pleite auch nicht da, und ich geniere mich (so ein Kinderwort: »Michi, genierst du dich denn gar nicht?« hat meine Mutter immer gesagt) entsetzlich vor all jenen, die ich in den letzten Jahren davon überzeugt habe, dass ich nach all den beruflichen Kehrtwendungen und der Insolvenz-Niederlage auch erfolgreich sein könne. Nämlich auch wirtschaftlich erfolgreich, das, worum es am Ende geht.

Soll ich jetzt den Weg vom arbeitslosen Chefredakteur über den selbstständigen Autor und Berater zum richtigen Unternehmer, den ich gegangen bin, auch mit Evas Unterstützung, wieder zurückgehen, ein Albtraum. Ich könnte mich damit trösten, dass ich ein anderer wäre, der jetzt zurückginge.

Mit »Content House« eine Pleite hinzulegen wäre schlimmer als damals die Insolvenz, als ich nur finanziell gescheitert war. Jetzt bin ich es als ganze Person. Michael Hopp, der ganze, in allem, was er zu sein versucht hat in den letzten zehn Jahren. Wie er sich transformiert hat, an die neue Zeit angepasst.

Ich will einen neuen Geschäftsführer einstellen, als Nachfolger von Eva, aber ich weiß nicht, ob ich ihn bezahlen kann. Der Mann hat zwei Kinder, da übernimmt man Verantwortung. Im Gespräch beschwöre ich die große Chance, die »Content House« für uns beide sei. Da ich mir selbst nicht eingestehen kann, wie es um unsere Firma wirklich steht, mache ich auch anderen etwas vor. Und weil ich nie sage, wie es wirklich ist, kann mir auch niemand helfen.

Allerdings bezweifle ich, dass mir jemand aus dem Teufelskreis helfen würde, wenn ich reinen Wein einschenkte. Wer soll warum wie helfen? Eher wendet man sich vom Loser ab. Heute riecht er noch nach Pitralon, wer weiß, wie er morgen riecht.

Private Freunde habe ich nicht und das Telefon läutet nie, und wenn, hebe ich nicht ab. Und so kann ich mir mit immer mehr Berechtigung einbilden, man wende sich schon von mir ab. Wie viele werden noch zu meinem Geburtstag kommen? Misserfolg und Depression riecht man, die strahlt man aus, man hat eine üble Aura, niemand will sich da anstecken, reinziehen lassen. Die Menschen wenden sich ab. Die Wolfsherde lässt das kranke Tier zurück. Ist auch richtig. Tiere wissen, wie Überleben geht.

Und es gibt viele Anzeichen, dass ich es bin, der zurückbleibt: Auf Fotos schaue ich immer traurig aus. Ich habe kein »gutes«, strahlendes Lächeln, die Partie um meinen Mund ist wie gelähmt. Meine Stimme ist belegt und ohne Kraft. Mein humpelnder, schwankender Gang. Die Körperpflege ist noch okay, an der unteren Grenze. Immer stärker wird jetzt auffallen, dass ich kein Geld habe, mir die Zähne machen zu lassen.

Mit Klamotten komme ich mit einem reduzierten Look aus Levi's-Hosen, einfachen T-Shirts, Pullis und zwei, drei blauen Sakkos ganz gut durch, aber auch hier müsste man mal investieren.

Wenn ich Geld habe, stecke ich es lieber in Platten als in mein Auftreten. Ich habe steigende Gesundheitskosten.

Scheiß orthopädische Schuhe, die nicht funktionieren und die ich nach einmal Tragen wegwerfe. Vielleicht hätte mein Vater eine Idee, wie man mein Bein retten könnte, es ist ja immer noch dasselbe. So wie damals, da hat er das hingekriegt.

Ich fürchte mich davor, wie monothematisch das Leben wird, wenn man gar kein Geld hat.

Jetzt klagen wir noch auf hohem Niveau. Kein Rasenmäher, um den Rasen zu mähen. Keine Gartenmöbel, um im Garten zu sitzen. Die Kinder haben keine Fahrräder mehr, drei wurden uns aus dem Schuppen gestohlen. Ich verpasse so gut wie alle Konzerte, Bryan Ferry in der Elbphilharmonie, Van Morrison im Stadtpark. Immer fehlt das Geld für Tickets. Fahrten nach Wien oder München sind nicht drin. Wien wird immer als Erstes gestrichen, auch nicht gesund, sich so abzuschneiden von der Heimat. Keine Urlaube. Und wenn an meinem Hi-Fi-System etwas kaputt ist, muss ich einen Händler verlogen zum Freund machen und ihm vielleicht den Schwanz lutschen (Ha! Das wäre mal einen Versuch wert), bevor er mir eine Gerätesicherung austauscht. What a Wonderful Life, na, so schlimm ist es nicht.

Oder doch. Ich stehe jeden Tag mit mir selbst und teilweise mit Eva im Streit bei der Einschätzung der Lage. Haben wir hier – ein richtiges Desaster, das uns um Kopf und Kragen bringen kann? Ein halbes Desaster, wie es für so kleine Firmen normal ist? Oder gar kein Desaster, sondern das Kick-off für eine neue Ära? Auch Zahlen sehen mal so, mal so aus.

Wie können wir auf den Rentenbescheid gucken, der immer wieder mal in der Post steckt und der meine Österreich-Rente mit der deutschen schon zusammenzählt? Kommt auf 700 Euro, beide zusammen. Okay, da nehme ich 500 Euro für Platten, Bücher, Kulturkonsum und auch mal fein essen gehen – und 200 für das sonstige Leben, müsste doch reichen! Scherz. Altersarmut. Aus der Zeit der Insolvenz bringe ich ja schon einiges an Erfahrung mit.

Ich weiß schon, Armut, richtige Armut ist noch mal was anderes – aber ist das wirklich so? Wer sind diese Menschen, die mit den immer selben angelernten, unterwürfigen Sprüchen in der U-Bahn betteln und sich sogar bedanken, wenn sie nichts bekommen?

Nur ganz wenig Geld haben. Nicht mal eben schön essen gehen und ins Taxi springen und ein Jackett für 500 Euro kaufen und dabei schon genervt sein, weil das um 1.000 einfach viel besser war. Keine Zeitschriften, Bücher, Platten.

Das superharte Sparen an den Kindern. Kein Klavierunterricht mehr. Keine iPhones, wer will das durchsetzen, geht doch faktisch nicht. Sparen an Eva. Kein Nr. 5, sondern Mon Chéri bei Aldi, ist auch schön verpackt – um 3,29 Euro und sind 24 Pralinen drin.

Übrigens keine Psychoanalyse mehr, weder Von noch Zu, sinnlose Diskussion. Insofern hat sich auch das erübrigt, und die Geschichte endet hier.

Malt sich das mal wer aus, was dann wirklich passiert, wenn angesehene frühere Verlagsleiter, Chefredakteure, Anzeigenchefs, Ressortleiter, rasende Reporter auf die

Rutschbahn nach unten kommen. Nur wenige haben gespart in der Zeit, als es noch gut ging – man war ja felsenfest davon ausgegangen, dass das immer so bleiben würde. Eine Zeit lang klammern sie sich fest, werden Berater, machen eine Ausbildung als Coach, versuchen sich in Selbstständigkeit. Aber der Markt ist voll. Und Erfahrungen aus der vordigitalen Zeit sind nichts mehr wert.

Wen interessiert, wie wir es vor 20 Jahren gemacht haben, von einer Zeitschrift wie *TV Movie* zwei Millionen Exemplare zu verkaufen. Weil ich schnell checken will, ob das stimmt, was ich schreibe, schaue ich bei Wikipedia nach: »Den Höchststand erreichten die Verkäufe 1998 unter dem Chefredakteur Michael Hopp, als alle 14 Tage durchschnittlich 2,7 Millionen Hefte über den Ladentisch gingen.« Das wirkt heute eher skurril, kann man sich gar nicht mehr vorstellen. Wer braucht so was auch. Aus meinen Auftritten, die ich manchmal vor Studenten der Kommunikationswissenschaften halte, habe ich diese Episode längst gestrichen.

Am Ende dann Hartz IV oder irgendwas, man weiß es nicht. Es gibt ja niemanden, der Hartz IV bezieht, obwohl es 4 Millionen sind, man spricht von Empfängern. Die Scham. Die habe ja nicht nur ich. Was ich hier beschreibe, ist ein nicht existierendes Thema. Es gibt keine Erfahrungen, die man weitergibt. Es gibt kein Gespräch in der Gesellschaft, was es bedeutet, kein Geld mehr zu haben. Jeder erlebt es zum ersten Mal und bleibt total allein damit. Manche sind richtig verschwunden, weg vom Erdboden. Kein Internet-Eintrag, kein Facebook-Account oder seit

Jahren war keiner da. Einfach weg, als hätte man sie entsorgt. Vielleicht macht man das mit mir auch.

Bei Konzerten tauchen sie vereinzelt auf, wie Ole zuletzt, bei Paul Weller, oder Frank, als Fehlfarben auf Kampnagel *Monarchie und Alltag* aufführten. Sie wirkten wie frisch aus der Dusche, konstant ein Lächeln im Gesicht, wie eingraviert.

Es ist Sonntag und ich habe das Gefühl, es geht nicht weiter. »Glauben Sie, dass Sie depressiv sind?«, hatte mich Doktor Von ein, zwei Mal gefragt, immer eher beiläufig, vielleicht auch ein Überraschungsangriff.

Ich antwortete nicht eindeutig, stammelte herum, meinte, falls ja, könne ja hier geholfen werden, dachte ich. Vielleicht war es ja auch ein Motiv gewesen, ganz am Anfang, überhaupt in Therapie zu gehen.

Es stimmt, das Thema Depression, ich werde es nicht los, es begleitet mich mein Leben lang. Beide Großväter, die Mutter, der Vater, es kommt alles vor in der Analyse und damit auch in diesem Buch, litten unter Erscheinungen, die sich als Depression beschreiben ließen. Sie führten zu Zurückgezogenheit, jeder Menge Krankheiten, Alkohol- und Tablettensucht.

Für Doktor Von müsste damit offensichtlich geworden sein, dass ich hierdurch eine Disposition mitbringe, so heißt es doch, eine Mischung aus Genetik, Stoffwechsel und gelerntem Verhalten, alles nur Annahmen und Theorien, ich weiß nicht, welche davon Zu teilt. Bei Zwillingen heißt es, dass sie mit 50-prozentiger Wahrscheinlichkeit die Depression teilen.

Frau Doktor Von beteiligte sich nie am Theoretisieren, ging nicht darauf ein, wenn ich es tat, und wechselte eher unerwartet das Spielfeld, als sie in dieser einen Analysestunde sagte:

»Sie wissen, dass es sehr gute Medikamente gegen Depressionen gibt. Soll ich Ihnen einen Psychiater aufschreiben, der kann Ihnen was geben.« Pause.

»Erinnern Sie mich das nächste Mal.« Pause.

»Er ist in Eppendorf. Eppendorf, kennen Sie, ja?«

»Ja, ich kenne Eppendorf, habe da auch mal gewohnt, am Hayns Park, wunderschöner Park.« Pause.

»Manche sagen ja, man kommt schwer nach Eppendorf. Zwei Mal umsteigen, nicht wahr?« Längere Pause.

»Ich fahre wahrscheinlich mit dem Auto.«

»Ja, das ist was anderes.«

Ich weiß nicht, ob es ein Dreh von Doktor Von war oder einfach ihre persönliche Art, aber ich begann diese leicht senilen, banalen Dialoge mit der Zeit zu schätzen, denn sie nahmen den Schrecken raus aus unangenehmen, heiklen Themen. Tatsächlich fand ich kurz darauf ohne Probleme den Weg mit dem Auto nach Eppendorf, hatte sogar Glück mit einem Parkplatz – und nahm den Termin dann doch nicht wahr, das habe ich weiter vorne schon mal erzählt, aber ich will jetzt auf was anderes hinaus.

Psychopharmaka waren mir unsympathisch, und worüber sonst sollte ich mit dem Psychiater reden, ich hatte ja meine Tante. Ich kannte meine Suchtgefährdung, vor allem aber hatte ich viel zu oft gelesen, dass Antidepressiva die Libido dämpfen – und danach war mir gar nicht. Lieber depressiv und geil (ich kann beides gleichzeitig sein) als sediert und impotent. Also setzte ich weiter meine Hoffnung darauf, dass meine Depression, sollte ich überhaupt eine haben, bei Doktor Von in guten Händen war, und gab die soeben gefundene Parklücke kurz entschlossen wieder auf.

Ob sich die Psychoanalyse, meine Psychoanalyse berufen sieht, Depressionen zu behandeln, ließ sich allerdings über all die Jahre nicht aufklären. Die Frage spielte kaum je eine Rolle, das Wort Depression kam im Analysezimmer so gut wie nicht vor.

In der Literatur findet man, dass die Psychoanalyse zwar viele wertvolle Beiträge geleistet habe zur Beschreibung und Klassifizierung von Depression, aber keine zur spezifischen Behandlung, die über das hinausgingen, was Psychoanalyse in der Behandlung ohnehin bietet, wie die Arbeit mit Träumen. Sigmund Freud hat in *Trauer und Melancholie* (1917) einen Fall beschrieben, den man als eine akute und psychotische Ausprägung von Depression einordnen würde, ohne sich allzu große Gedanken zu einer speziellen Therapie zu machen.

»Trauer« und »Melancholie« scheinen mir auch Begriffe von ganz anderer Qualität zu sein, von größerer Tiefe, eher literarische Begriffe, die Grundkonstanten menschlicher Befindlichkeit beschreiben. Begriffe, die in einem selbst was zum Schwingen bringen, wenn man sie nur ausspricht oder hinschreibt. Offene Begriffe, aus denen sich vieles ergeben kann.

Dagegen wirkt das Wort Depression wie ein schweres, stumpfes Schwert, mit ihm sollen Trauer und Melancholie überführt werden in eine klinische Welt, um sie da nach standardisierten Verfahren mit Medikamentierungen behandelbar zu machen.

Moderner Depression haftet keine Spur des Wahnsinns oder der Verrücktheit mehr an. Moderne Depression hat auch keinen Anklang mehr an die eigensinnige Weltbetrachtung eines Melancholikers. Wer heute als depressiv diagnostiziert wird, entspricht in bestimmten Punkten nicht den Sollwerten einer Skala, die von einer Definitionselite von Wissenschaftlern, Technokraten und Marketingleuten ausgearbeitet werden. Die Depression als Ausdruck des Individuums findet hier keinen Niederschlag mehr.

In der Psychoanalyse geht es auch nicht um die *Abschaffung* von Trauer und Melancholie, sondern darum, wie man sie ins Leben integrieren kann.

Wie sich Freud zu modernen Psychopharmaka gestellt hätte, weiß man nicht, doch ist eindeutig überliefert, dass er in allem, was er tat, dem Experiment nicht abgeneigt war. In das damals aufkommende Kokain setzte er sogar große Hoffnung, es in der Behandlung einsetzen zu können. Er ließ sich vom Arzneimittelhersteller Merck, der begonnen hatte, Kokain aus der Coca-Pflanze zu extrahieren, Proben für Selbstversuche kommen und empfahl sich seiner Verlobten Martha Bernay als »wilder Mann mit Kokain im Leib«. Den Patienten Fleischl-Marxow wollte er mit Kokain von der Opiumsucht heilen, der verstarb dann aber an einer Kokain-Überdosis.

Es war eine Zeit, als das Phänomen »Sucht« noch weitgehend unerforscht war. So lassen sich weder Freuds eigener Umgang mit Drogen noch die Vorstellungen, die er vielleicht heute über Risiken und Chancen moderner Psychopillen hätte, in der Gegenwart sinnvoll interpretieren. Der Begriff »Depression« setzte sich erst ab 1920 nach und nach durch und verdrängte erst ab 1940, mit der amerikanischen Wirtschaftsdepression um 1940, das Wort von der Melancholie. Freud und die klassische Psychoanalyse mit der heutigen Verwendung des Begriffs »Depression« in Verbindung zu setzen, führt daher immer zu semantischen Unschärfen.

»Nein, ich bin nicht depressiv, wenn es das ist, was du meinst«, sagte ich oft zu Eva, wenn sie sich wieder mal erkundigte. Mein Selbstbild hatte sich mit der Zeit dahin verschoben, dass mich die Psychoanalyse auf jeden Fall stabil halte und ich da eine Menge lerne, mit mir und anderen klarzukommen. Sicher mehr, als mein Vater oder die anderen depressiven Anverwandten je wussten. Disposition hin oder her, oder ganz mutig gesagt, Dispositionen sind eventuell ja auch dazu da, sie zu überwinden.

Mit ihrer Art, die allgemeinen theoretischen Themen eben *nicht* zu erörtern, hatte mich Doktor Von in einen ganz anderen Bezugsrahmen gestellt und mir auch gezeigt, dass die selbstheilende Kraft der Träume stärker ist als die Wirkung jeder Psychopille. Aus der Beschäftigung mit den Träumen ergab sich auch die Fähigkeit, seelische Vorgänge bewusst zu beobachten. Nach und nach begann ich, diese Methode auch auf Niedergeschlagenheit und Ängste anzuwenden, also auf das, was man Depression nennen könnte.

Ich erlernte einen schwer beschreibbaren »Trick«, die Traurigkeit nicht abzuwehren, sondern im Gegenteil zuzulassen und richtig auszukosten, sozusagen nicht ein bisschen traurig zu sein, sondern *richtig*, bis hin zum Weinen. Wenn dann keine Tränen kommen, kann das ein Zeichen sein, dass es nicht so schlimm ist, muss aber nicht, es gibt auch Traurigkeit ohne Tränen.

Ich bilde mir ein, dass der Vorgang körperlich spürbar wird: Im Gefäß des Körpers sinkt die Traurigkeit ab, sie verlässt den Kopf in Richtung Brust, Magen … bis sie einen Grund erreicht. Hier taucht noch ein anderes Bild auf: Ich als Kind und auch noch Jugendlicher und auch noch Mann, ich im Meer, und ich lasse mich in eine Tiefe, die mich vielleicht um 50 Zentimeter oder einen Meter überragt, hinabsinken, erreiche mit den Füßen den Grund und stoße mich ab. Hinauf. Viele Male hintereinander, bis zur Erschöpfung.

Ähnlich ist es jetzt mit der Traurigkeit in mir, sie erreicht einen Grund – »von dem es nicht mehr tiefer geht«, das ist der Hilferuf an die Seele. Die Traurigkeit kommt jetzt aber nicht als übles Gas hochgerülpst – nein, im Aufsteigen verwandelt sie sich in einen kreativen Impuls, in eine Idee, in etwas, das so stark und deutlich spürbar erscheint, dass es die Depression nicht nur beendet, sondern sie einfach vergessen macht. Ohne es bemerkt zu haben, ist man schon zur Beschäftigung mit dem entstandenen Impuls übergegangen. So hatte ich viele Ideen für Zeitschriften.

Eine weitere Fähigkeit, die ich in den letzten Jahren erworben habe, ist die, allein zu sein. Als junger Mann wurde ich wahnsinnig, wenn ich nur zwei Stunden allein sein musste. Heute kann ich es gar nicht lange genug sein. Ich kenne keine Langeweile, lese, lege Platten auf, räume rum, mache Dinge, zu denen ich sonst nicht komme. Werde ruhig, friedlich, entspannt, bin in einer anderen Welt.

Wenn Eva und die Kinder nach Hause kommen, fühle ich mich gestört, kann keine Auskunft geben, was ich gemacht habe in der Zeit alleine, und tue mich schwer, mich auf die neue Situation einzustellen. Meist habe ich auch keine Stimme mehr. Manchmal entsteht dann auch Streit.

Dass die Depression (ich sage jetzt doch Depression, erkläre gleich, warum) verschwindet, wenn man den Depressiven aus seinem sozialen Umfeld herausnimmt, ist auch in der Depressionsforschung evident. Bei einem Großteil der schwer Depressiven, die in der Klinik behandelt werden – die Forscher sprechen von einem »regressiven Milieu«, also einem Milieu, das einem nichts abverlangt – gehen die Symptome schon nach wenigen Tagen zurück. Werden die Patienten dann aber in ihre alten Strukturen entlassen, ist sie sofort wieder da.

So gesehen spricht mich meine neu erworbene Fähigkeit, gut allein sein zu können, nicht frei vom Verdacht, »depressiv« zu sein, eher im Gegenteil.

Dass ich diese Fähigkeit gleich schlechtmache, zieht noch mehr Verdacht auf mich: Denn ein Wesenszug des Depressiven ist die Selbstanklage und die Selbstentwertung, etwas, von dem dieses Buch Zeugnis ablegt.

Egozentrische Verhaltensweisen und ständige Selbstanklagen hat übrigens auch Sigmund Freud als typische Symptome der »Depressiven« bezeichnet und da auch das Wort verwendet, das er sonst eher mied.

Freud hatte für die Klagen des Depressiven eine faszinierende Erklärung. Er sagt, dass die Libido in das Ich zurückgenommen und die Objektlibido in narzisstische Libido umgewandelt wird. Das erklärt die egozentrische Verhaltensweise. Auslöser dafür ist ein drohender Verlust des Objekts. In einer regressiven Bewegung kommt es zur narzisstischen Identifizierung mit dem Objekt, dessen Schatten auf das Ich fällt, der nun an die Stelle des Ichs gesetzt wird. Der drohende oder eingetretene Objektverlust wird abgewehrt, indem er in einen Ich-Verlust umgewandelt wird. Die Vorwürfe gegen das Objekt werden nun Vorwürfe gegen das Ich. So erklärt er den quälenden Zustand der Depression, der durch die Attacken des Über-Ichs gegen das Ich zustande kommt.*

---

* Im letzten Absatz benutze ich wörtlich die Darstellung zweier psychoanalytisch orientierter Psychiater, Frank Matakas und Elisabeth Rohrbach. Ich hätte den Text vielleicht ein wenig »schöner« machen können, ein bisschen beweglicher im Ausdruck, weniger abstrakt – er hätte damit aber nicht an Verständlichkeit gewonnen. Meine Empfehlung ist, mit etwas Geduld abzuwarten, ob eine eigene Vorstellung entsteht.

Matakas und Rohrbach beschäftigen sich mit dem Beitrag der Psychoanalyse zur Behandlung der schweren Depression und suchen nach Anwendungen in der Praxis, arbeiten Freud und den Altvorderen sozusagen ein wenig nach. Sie kämpfen damit auch

Meine Beschäftigung mit der Depression war aus dem Wunsch entstanden, die im Konflikt stehenden beiden Welten der heutigen »Depression« und ihrer Behandlung und der Psychoanalyse für mein Verständnis ein wenig auszusöhnen, um meine eigene Situation besser einordnen zu können. Einordnen ist für mich ja immer wichtig.

Dass es eine Abgrenzung auch bei den Analytikern gibt, hatte ich hautnah bei Doktor Von erfahren, die »den Psychiater«, der »was verschreiben« könne, sehr distanziert erwähnt hatte und auch mit vielen anderen Bemerkungen erkennen ließ, dass sie die »Depression« als eine Art Paralleluniversum zum Geschehen im Analysezimmer ansah. Ähnlich der Alkoholsucht, die abgeheilt sein muss (und zwar durch wen anderes!), bevor die Analyse überhaupt beginnen kann.

Dass Doktor Von zu einer unerwartet positiven Einschätzung von Psychopharmaka kommt – »es gibt sehr gute Medikamente heute, das wissen Sie« – mag wie ein Widerspruch wirken, ist vielleicht aber nur ein unromantischer Pragmatismus: Egal, wie der Patient das macht, Hauptsache, er kommt hier ohne Depressionen an.

gegen den schlechten Ruf an, den die Psychoanalyse im klinischen Bereich offenbar immer noch hat. Soeben noch, 2019, verlautbarte das Max-Planck-Institut für Psychiatrie: »Die nach ihrem Gründer Sigmund Freud benannte Psychoanalyse hat für die Behandlung schwerer Depressionen keine Bedeutung, obwohl dies bei Weitem immer noch diejenige Methode ist, für die am meisten Geld ausgegeben wird (75 % des Gesamtbudgets der Krankenversicherungen für therapeutische Einzelverfahren).«

Die für den verdeckt Depressiven auch nach Einschätzung der Psychoanalyse typischen Verhaltensweisen wie Selbstanklage, Selbstabwertung, aber auch Abwertung des Gegenübers und von Objekten, Abwehr, Wut, Hass, Aggression können sich auf der Couch des Analytikers allerdings besonders gut entfalten, wie dies auch bei dem Patienten Michael Hopp der Fall war ... Und sie machen es für den Analytiker nicht leicht, an den Patienten überhaupt ranzukommen, obwohl er vorgeblich so viel von sich preisgibt.*

Je mehr ich von dem Depressions-Zeug lese, desto mehr bilde ich mir ein, alles trifft auf mich zu. Ausgelöst wird die Depression von einem Beziehungskonflikt, der dem Depressiven die narzisstische Unterstützung entzieht, die Folge sind Selbstanklagen und Selbstentwertungen – in diese Richtung geht die aktuelle psychoanalytische Deutung der Depression, soweit ich das verstehe.

Die Selbstanklagen, die Selbstabwertungen. Das Buch ist voll davon. Den *Tempo*-Abschnitt musste ich drei Mal schreiben, weil mich das selbst schockierte. Erst im Schreiben bemerkte ich, wie mein inneres Bild dieser Zeit wirklich ist. Die Frage ist, ob man sich damit so direkt offenbart oder eine andere Form sucht, Ironie, Sarkasmus,

---

* Matakas und Rohrbach berichten, bei einer Fortbildungsveranstaltung für Krankenschwestern in der Psychiatrie hätten die Teilnehmerinnen auf die Frage, was ihnen im Zusammenhang mit depressiven Patienten als Erstes einfalle, wie aus einem Mund geantwortet: »Die reden nur von sich. Das ist typisch.«

etwas »Schwarzes«. Wie Thomas Bernhard, der aggressivdepressiv ist, immer aus einer Position der Stärke. Bei mir ist das anders. Vielleicht war das unverstellte, ungestaltete Aufschreiben ein Weg, die tiefe Verzweiflung, in der ich damals steckte, auch erstmals vor mir selbst sichtbar zu machen, als erster Schritt, sie zu überwinden.*

Was auf mich zutrifft:
Die reden nur von sich selbst, sagen die Schwestern auf der Psychiatriestation über die depressiven Patienten. Trifft auf mich zu, und dieses Buch ist der Exzess.

Der Verlust narzisstischer Unterstützung ... Der Verlust von Doktor Von, die mich gerade in meiner *Abwehr* gegen vieles, was sie sagte, wie auch in der Abwertung ihrer Person durch mich gegen Ende der gemeinsamen Zeit über all die Jahre in Fasson gehalten hat. Und die Wut auf sie, als sie begonnen hat, diese Unterstützung zu entziehen, oder nicht mehr in der Lage dazu war.**

---

* »Was treibt den Melancholischen dazu, sein Ich zu quälen, statt das Ich des anderen zu quälen, der ihn enttäuscht hat? Im melancholischen Syndrom greift ein Teil der Subjektivität sadistisch einen anderen Teil der Subjektivität, das *Ich*, an, tritt als Kläger auf. ›Klagen sind Anklagen‹, sagt Freud (GW X, S. 434).«

** »Befürchtet der Depressive zum Beispiel, dass seine Therapie bald zu Ende gehen könnte, macht er dem Therapeuten aggressiv Vorwürfe. Er verlangt von ihm, dass er die Verantwortung für das Wohlergehen oder bestimmte Angelegenheiten seines Lebens übernimmt und reagiert mit Wut, wenn er bemerkt, dass der Therapeut das nicht tut. Andererseits sucht der Depressive die Nähe eines Interaktionspartners, der dazu beiträgt, seine Depression aufrechtzuerhalten. Der Analytiker denkt daher, dass die Depression eine Abwehr ist. Es ist ja die Regel, dass der Patient seine neurotische Symptomatik loswerden will, aber auch viel dafür tut, damit sie erhalten bleibt.

Die Depression ist auch dazu da, Beziehungskonflikte abzuwehren. Eine Ehefrau wird depressiv, um sich nicht mit der Tatsache konfrontieren zu müssen, dass ihr Ehemann sie verachtet. Hinzu kommt, dass die Depression ein Beziehungsmoment enthält. Sie soll vielleicht den Partner bewegen, Mitleid zu haben, oder bewirken, dass die Mutter, die mit Kindbettdepressionen daliegt, selbst bemuttert wird, oder das Liebesobjekt vertreiben.

Die Klagen des Depressiven sind überwiegend Selbstanklagen, bzw. Selbstentwertungen. Doch erzählt er von seinen Beschwerden so, dass sich das therapeutische Personal aufgefordert fühlt, Vorschläge zu machen, wie die quälenden Symptome gelindert werden können. Ob diese Vorschläge nun realisiert werden oder nicht, solange die Depression andauert, ist die Antwort des Depressiven, dass das alles nichts nütze. Die Selbstentwertung verbindet der Patient mit einer Entwertung der Objekte. Mit den Selbstanklagen, so können wir Freud folgen, sind in der Tat Anklagen verbunden.

Die Entwertung der Objekte führt aber nicht dazu, dass er sich von diesen abwendet, sondern ist im Gegenteil Anlass, den Kontakt aufrechtzuerhalten. Sowohl die Ichbezogenheit wie die Klagen werden von dem Depressiven benutzt, im Kontakt mit anderen Personen zu bleiben. Er sucht die Nähe von Menschen, die sich mit ihm beschäftigen, erzählt ihnen, wie schlecht er sich fühlt, fragt danach, was er tun soll.

Der drohende Verlust von Eva, die mir tatsächlich »narzisstische Unterstützung« entzieht, indem sie unser »Content House«, das in den vergangenen Jahren die große Bühne meiner Selbstdarstellung war, zum Einstürzen bringt. Sie beraubt mich auch der narzisstischen Illusion, ich sei sexuell noch potent.

Die Freude am Alleinsein und die immer größer werdende Angst vor Anforderungen, die mein Über-Ich alarmieren, das mir dann den Schlaf raubt, aus Angst zu scheitern. Das aus der Paranoia folgende wirkliche Scheitern.

Vor Kurzem fragte mich Frau Busche, unsere Paartherapeutin, was ich denn an Eva so liebe, warum ich nicht loslassen könne. Ich sagte, nach längerem Nachdenken:

> Die positive Besetzung der Objekte scheint aufgegeben und der depressive Patient hat im Extremfall, also in der tiefsten Verstimmung, keine Beziehung, die ihm gut und wertvoll erscheint. Aber der Depressive gibt trotzdem seine Beziehungen nicht auf. Was will er von den anderen?
>
> In der Liebe wird dem geliebten Menschen die Regulierung der eigenen psychischen Prozesse überlassen. Aber zu Anfang einer Beziehung ist oft ungeklärt, was freiwillig ist und was von dem Partner an Unterstützung gebraucht wird, weil damit ein schwerwiegendes narzisstisches Problem gelöst werden soll. Oft genug ist Letzteres der Fall, der Partner ist nach einiger Zeit überfordert, und der Depressive realisiert enttäuscht die Vergeblichkeit seiner Hoffnung. Er zieht alle positive Besetzung ab, weist selbst die Unterstützung des Partners, die ihm einmal so teuer war, ab und wird depressiv.«

»Das kann ich Ihnen nicht sagen.« Frau Busche ließ das unkommentiert. Vielleicht hat sie mich in eine Falle gelockt, denn meine Antwort ist typisch für den Depressiven, der die »positive Besetzung der Objekte aufgegeben hat«, Eva wäre dann das Bild gewesen, das meinem Ich Bedeutung verliehen hat.*

* »Freud führt weiter aus, dass ›er‹ (der Melancholische) oft ›zwar weiß, *wen*, aber nicht, *was* er an ihm verloren hat‹ (GW X, S. 431). Zum Beispiel wird er sagen, dass für ihn das Leben keine Bedeutung mehr hat, weil er nicht mehr mit Ulrike zusammen ist; aber er kann nicht sagen, *was* an Ulrike derart wichtig war, dass nun, da er sie verloren hat, das Leben jeden Wert für ihn verliert. Freud spricht nicht explizit über das ›was‹, die ›Sache‹, die in der schweren Depression verloren gegangen ist (möglicherweise, weil es unmöglich in Worte zu fassen ist). Es scheint etwas zu tun zu haben mit dem *narzisstischen Wert* des ›wer‹ immer da verloren worden ist. Die schöne Ulrike zu verlieren, zerstört ihn, weil sie in gewisser Weise das Bild war, das seinem *Ich* Bedeutung verliehen hat. Mit anderen Worten, damit Trauer in Melancholie übergeht, muss man nicht nur etwas von Wert verlieren, sondern den Wert selbst. Das ist das wirkliche *Objekt*, das der Melancholische verliert. Kurz gesagt: Das Selbst ist für den Narzissten nur von Wert in Beziehung zu einem Wert-Objekt, und sobald dieser Wert ins Wanken gerät, verliert das Subjekt als Ganzes an Wert, wird zu nicht viel mehr als Abfall, den man loswerden muss.« (Frank Matakas, Elisabeth Rohrbach: *Zur Psychodynamik der schweren Depression und die therapeutischen Konsequenzen*, in: *Psyche*, 2005)

Was geschähe eigentlich, wenn ich mich mit der Figur des Depressiven identifizieren würde? Ich, Fürst der Finsternis. So verharre ich ja sozusagen in der Abwehr der Abwehr. Es ist ja auffällig, wie die Merkmale auf mich zutreffen. In der Zeit mit Doktor Von beschäftigte ich mich auf diese Weise mit dem Thema Depression nicht.

Doktor Von stellte die Frage, ob ich depressiv sei, ich habe es bereits erzählt, ließ sie aber offen bzw. ihre Beantwortung mir. Ich beantwortete sie damals damit, dass ich aus der Parklücke beim Psychiater in Eppendorf rückwärts wieder rausfuhr. In gewisser Weise versuche ich die Beantwortung jetzt nachzuholen, auch mit diesen Zeilen.

Von verlieh der Frage keine besondere Dringlichkeit, soweit ich erinnere, kam sie nicht öfter als zweimal vor in zwölf Jahren. Sie zog sie dabei eher auf die Ebene meiner orthopädischen Probleme, als Angelegenheit eines guten Facharzt-Rezepts.

Sie tat alles andere, als mich auf das Bild des Depressiven festzulegen. Das war, ich weiß es jetzt sicher, ihr größtes Verdienst. Sie gab mir damit eine Chance, da rauszukommen, oder gar nicht erst rein, egal. So viele Jahre, jede Stunde immer aufs Neue.

Die Depression lässt sich gut als monokausales Weltbild nutzen, das einen letztlich von der Verantwortung entbindet, aktiv zu werden. Vor einiger Zeit kritzelte ich in der U-Bahn auf einen Zettel, wie ein System »Depression First« für mich aussähe:

Depression First – die Kausalität einfach umdrehen

Du bist nicht depressiv, weil Du kein Geld hast, sondern Du hast kein Geld, weil Du depressiv bist. Es ist, wie wenn ich vor dem Plattenregal stehe, und finde keine einzige Platte, die ich hören möchte. Es liegt nicht an den Platten, es liegt an der Depression.
Es ist, wie wenn ich vor meiner Zukunft stehe, und ich finde keinen Weg, den ich gehen möchte. Es liegt nicht an der Zukunft und daran, dass es keine Wege gibt, es liegt an der Depression.
Beispiel Content House Depression in der Beziehung > Krise im Büro UND NICHT:
Die Beziehung ist im A., weil wir uns mit der Agentur übernommen haben
Beispiele aus der Familie, Hopp Opa, meine Mutter, mein Schwiegervater Helmut Frenz (war doch auch schwer depri; Kriegstrauma; 1 Auge verloren)
Altersdepression > Altersarmut
Die Menschen riechen, wenn du depressiv bist, und wenden sich ab

Aber selbst wenn wir Depression weniger als Folge, sondern mehr als Ursache sehen, darf sie nicht der König sein, glauben Sie mir, dann lebten wir im Land der Depression. Viele politische Entscheidungen der letzten Zeit – von Donald Trump bis zu den neofaschistischen Clowns in europäischen Ländern – lassen sich ohnehin schon als

Ausdruck völkerweiter kollektiver Depression verstehen. Da sind wir aber in der Sphäre der Politik. Die Depression, auch die kollektive, diese Individuen ansteckende Seuche, diese schreckliche Krankheit unserer Zeit, politisch zu bekämpfen, da bin ich dabei. Das hat aber nichts zu tun mit individueller Melancholie oder Zuständen der Niedergeschlagenheit, auf die jeder ein Recht hat.
Woher hat das Wort »Depression« überhaupt seine ehrfurchtgebietende, furchterregende Macht? Warum macht man sich davor so in die Hose? Weil der Milliardenmarkt Psychopharmaka damit verbunden ist? Für Doktor Von, unterstelle ich mal, war Depression eine Art Modekrankheit, oder eine Arbeitshypothese, die erst mal noch nicht viel aussagt. Und die Quantifizierbarkeit von Merkmalen schafft zwar vielleicht Märkte, bringt es aber mit sich, dass der individuelle Ausdruck der Krankheit zu wenig gewürdigt wird. Insofern scheint mir das Vorgehen der Psychoanalyse zu sein, nicht auf Krankheitsdefinitionen zu starren, sondern auf das Individuum selbst.

Andere Modekrankheiten, wie das gerade noch international angesagte »Burnout«-Syndrom oder auch die »bipolare Störung«, oder »bipolare Störung Typ 2«, die in unserer Familie aufgetaucht war, kannte Doktor Von nicht und fand sie nicht interessant. »Sie können mir ja mal einen Artikel dazu bringen«, sagte sie zum Beispiel, als ich aufgeregt mit »Burnout« angelaufen kam, »aber Sie dürfen dann nicht enttäuscht sein, wenn ich nicht dazu komme, ihn zu lesen.« Haben Sie einen Traum mitgebracht?

Sind Sie Frau Doktor Von?

Nach der Stunde bei Doktor Zu in München, sagen wir lieber Besuch, ich musste dann ja nicht bezahlen, schrieb ich Doktor Von beherzt an, mit der Briefpost. Ich war jetzt überzeugt, dass mein Wunsch nach einem bewusst gestalteten Abschied legitim war. Dass dies in »einer weiteren Stunde«, wie ich schrieb, möglich sei, glaubte ich allerdings nicht, ich schrieb es nur, um die Anfrage möglichst souverän und unaufgeregt zu halten. Meine Vorstellung wäre eher in Richtung zehn Stunden gegangen, wobei mir das dann mit der ersten Stunde zwangsläufig einsetzende Runterzählen schon beim Gedanken daran unheimlich war. Und macht man in der letzten Stunde eine Flasche auf? Ich trinke ja nicht. Das war der Brief:

Liebe Frau Dr. Von!
Ich hoffe, es geht Ihnen gut und Sie sind fit wie eh und je!
Mich beschäftigt immer noch sehr, wie wir am Ende auseinandergegangen sind.
Es würde mich freuen, wenn wir im Rahmen einer weiteren Stunde einen solchen Abschied nachholen könnten.
Wären Sie dazu bereit?

Mit freundlichen Grüßen
Michael Hopp

Der Brief blieb unbeantwortet. Ein- oder zweimal rief ich an (ich bin nicht forsch im Anrufen, weil ich selbst so ungern angerufen werde) und hörte nur ein Freizeichen, der Anrufbeantworter sprang nicht an.

Nachdem ich dem bei Doktor Zu in München gefassten Entschluss entsprochen hatte, suchte ich bei ihr um einen Telefontermin an. Ich hatte ein wenig die Hoffnung, wir würden dann auch über die als »nicht ungewöhnlich« bezeichnete Fortführung (eigentlich nicht das richtige Wort) der Therapie sprechen.

Der Telefontermin, an einem Freitagnachmittag, begann lustig und skurril. Ich war eigens aus der Agentur nach Hause gefahren, um den Termin privat zu halten. Als ich da ankam, war das Haus voller Kinder. Wie früher, in Nymphenburger Zeiten in München, zog ich mich ins Eltern-Schlafzimmer (das von Eva und mir) zurück, um ungestört telefonieren zu können.

Doktor Zu auf der Münchner Seite sollte es auch nicht ganz leicht haben mit dem Telefonieren. Ich hatte zwei Nummern von ihr, ein Festnetz-Telefon und ein Handy. Da ich nervös war, wie immer bei solchen Gesprächen, wählte ich in viel zu kurzen Abständen beide Nummern hintereinander. Ich ließ es zwei Mal läuten – »ah, Zu ist nicht da!«, ich sagte es mir so schnell, als wäre es mein Wunsch –, beendete das Gespräch und wählte sofort die andere Nummer.

Bei Zu in München, die sich in ihrer Praxiswohnung aufhielt, mit beiden Endgeräten, führte das dazu, dass die Telefone wie in einer lustigen Partitur abwechselnd klingelten. Ich in Hamburg bekam das Abheben jeweils eines

Gerätes zwei oder drei Mal mit und gewann den Eindruck, auf mein entschlossenes »Hier spricht Michael Hopp« würde sofort aufgelegt.

Beim vierten, fünften Mal klappte es dann und ich hatte eine gut gelaunte, kichernde Doktor Zu am Handy, das war ja »zum Schi-i-i-ießen«, sagte sie, »ja, wirklich zum Schi-i-i-ießen«, während ich auf ein bedrücktes »Als sollte es nicht sein ...« auswich. »Jaaa, jaaa, jaaa«, sagte sie noch, und ich wusste nicht, auf welche der beiden Einschätzungen sie dies bezog.

Dass Doktor Zu den Begriff, etwas sei »zum Schießen«, kannte, wunderte mich, ich hatte ihn zuletzt bei Oma in Wien gehört, die ihn oft verwendete, wenn ich unbeholfen Witze vortrug oder mein Hut (»Tschako«) schief am Kopf saß. Und ich dachte, wo kann man diese entspannte Fröhlichkeit lernen, das hätte ich auch noch gerne von der Psychoanalyse. Dann wäre auch für mich vieles leichter.

Im Gespräch fasste ich kurz zusammen, was wir in München gesagt hatten und dass ich mich an Doktor Von gewendet hatte mit der Bitte um eine Abschiedsstunde – und dass keine Antwort kam. Zu reagierte ausgesprochen verärgert, so kannte ich sie gar nicht, und verfiel ins Englische, das kannte ich schon, das tat sie immer dann, wenn sie exakt sein wollte. »That's unfinished business«, sagte sie, mit viel Betonung, als wäre es ein richterliches Urteil, »aber wirklich, that's unfinished business, I must say.«

Zwar wäre mir der Vergleich »nicht beendetes Geschäft« nicht eingefallen, aber ich fand die eindeutige, meine Partei ergreifende Meinungsäußerung schon mal okay und hatte für einen Moment das neurotisch gute Gefühl, es sei mir gelungen, einen Keil zu treiben zwischen meine beiden Tanten, die gerade BEIDE – wir sehen gleich, warum ich das sage – dabei waren, mir die »narzisstische Unterstützung« zu entziehen.

Das Telefonat war dann gar nicht lang. Zu meinte, sozusagen egal, was jetzt mit Von sei, sie habe sich überlegt, mir doch keine weitere Therapie anbieten zu wollen. Sie nannte keine psychologischen Motive, sondern stellte das Thema Kosten in den Vordergrund. Ich konnte mich daran zwar nicht erinnern, aber wahrscheinlich hatte ich in München erwähnt, dass die finanzielle Situation immer noch drückend sei.

Zu blieb auf der Business-Ebene und sagte so was Supertrockenes und gleichzeitig absolut nicht Zurückzuweisendes wie: »Sie wissen ja, so eine Behandlung ist sehr teuer – und ich glaube nicht, dass sich das für Sie AUSZAHLT.« Sie empfahl noch, ich solle doch auch einmal über die Psychoanalyse hinaus nachdenken, es gebe »tolle« Verfahren, die auch den Körper stärker einbezögen. »Vielleicht müssen Sie von der Kopfebene ein bisschen weg, das könnte sein«, gab sie mir noch mit. »Gestalt«, zum Beispiel, »Gestalttherapie. Da gibt es sicher gute Leute in Hamburg, denken Sie nicht?« Vielleicht auch mit »sehr viel Erfahrung, sehr erfahrene Therapeuten«?

An die Verabschiedung kann ich mich nicht mehr erinnern, wahrscheinlich war nichts Markantes daran. Mir war so ein bisschen übel, ich hatte nichts gegessen den ganzen Tag und nur dauernd Kaffee. Die Kinder waren inzwischen draußen vor dem Haus und drinnen war es zur

Ruhe gekommen. Ich stand vor dem Plattenregal und fand alles scheiße. Dann fischte ich aus der Dylan-Abteilung das schlechteste Dylan-Album aller Zeiten, *Down in the Groove*, es kommt schon im *Tempo*-Kapitel vor. Zweite Seite, erster Cut: »Ugliest Girl in the World«. Zum Schi-i-i-eßen!

Jetzt gucke ich nach Doktor Von. Es gibt seit zwei Jahren keine neuen Einträge. Es gibt aber auch keinen Hinweis, dass sie verstorben ist. Hinter mir steht die Kiste mit ihren Unterlagen. Die wollte ich ihr doch noch bringen. Ich räume sie auf, es ist vieles doppelt und dreifach drin, aus der Zeit mit den Durchschlägen aus dünnem Papier. Die Sachen sind ein guter Beweis, dass es Doktor Von gab, sonst wäre ich mir nicht so sicher.

Es ist gleich Mitternacht. Vor der Küchentür klagt wie jeden Tag um diese Zeit die Katze Puck, sie will gefüttert werden. Im letzten Moment, bevor ich den Computer zuklappe, fällt mein Blick auf der zweiten Seite der Google-Suchliste auf den Eintrag eines Arztsuche-Portals für Hamburg. Sind Sie Doktor Von? Soll ich das ausfüllen? Ich verschiebe die Entscheidung und drucke das Ding schon mal aus. Der Drucker rumpelt los, hoffentlich weckt er nicht die Kinder. Den Ausdruck klebe ich tags darauf mit Tesafilm auf die Kiste mit den Unterlagen.

Dr. Von
Psychotherapeutin
xxxstr. xx
xxxx Hamburg

Telefon:
xxxxxxxx
Homepage:
noch nicht hinterlegt
Bitte erfragen Sie die Öffnungszeiten bei Bedarf telefonisch

Sind Sie Frau Doktor Von?
Jetzt Ihren Patienten Online-Terminbuchung anbieten

Gesetzlich Versicherte
Privatversicherte

Letzte Aktualisierung des Profils am 02.09.2008
Datenänderung mitteilen
Leistungsübersicht:
Noch keine Leistungen von Dr. Von hinterlegt.
Sind Sie Dr. Von?

Hinterlegen Sie jetzt Ihre Leistungsübersicht

Weitere Informationen über Dr. Von
An dieser Stelle können sich Ärzte & Heilberufler persönlich bei jameda-Nutzern vorstellen, indem sie z. B. ihren Lebenslauf, Behandlungsschwerpunkte sowie ihr gesamtes Leistungsspektrum präsentieren.

Sind Sie Dr. Von?
Vervollständigen Sie jetzt Ihr Profil und geben Sie so

neuen Patienten einen Eindruck von Ihnen und Ihrer Praxis.

Jetzt Profil vervollständigen

Leider noch keine Bilder hinterlegt

Sind Sie Dr. Von?

Jetzt Bilder hinterlegen

Artikel von Dr. Von

Sind Sie Dr. Von

Jetzt Artikel verfassen

Das sagen Nutzer über Dr. Von

Dr. Von hat noch keine Bewertung erhalten. Geben Sie als Erster eine Bewertung ab und helfen Sie damit anderen Nutzern bei der Suche nach dem passenden Arzt/Heilberufler.

Bewerten

Gesamtbewertung (0)

Noch keine Bewertung erhalten.

Behandlung	-
Engagement	-
Vertrauensverhältnis	-
Freundlichkeit	-
Diskretion	-

Wer jetzt kein Haus hat

Das Buch ist abgeschlossen, doch jetzt mache ich es wieder auf. Es gibt News. Eva verlässt mich. Die Agentur ist am Ende. Unsere Familie zerbricht. Ich bin krank. Die Kräfte schwinden. Die Abwehr lässt nach. Alter weißer Mann. Wer jetzt kein Haus hat. Beichtgeheimnis gibt es nicht. Alles kann gegen dich verwendet werden. Verteidigung, Selbstanklage, Reue, egal. Und irgendwie klingt auch alles schlimmer, als es ist.

Ich gehöre jetzt zu den Männern, die keiner mag, keiner braucht, die keinen Wert mehr haben am Markt der Arbeit und am Markt der Liebe, die sabbernd und wichsend ihrer Entsorgung entgegendämmern. Das wäre so ein Blickwinkel auf meine Existenz. Michel Houellebecq, er hat mit allem recht, auch wenn es gar nicht so ernst gemeint ist.

Gegen diese Typen hilft nur: Klimaschutz. Sie haben den höchsten Ressourcenverbrauch. Meine Hi-Fi-Verstärker lasse ich Tag und Nacht am Netz. Von den zehn Klima-Geboten verletze ich immer noch neun. Fast eine Tonne Vinyl! Ich liebe auch Wurst. Wurst kann etwas sehr Gutes sein! Doch sie ist zum Teufelszeug geworden. Daheim kontrollieren meine groß gewordenen Töchter streng, dass keine Wurst auf den Tisch kommt. Die Fleischtheke im Supermarkt ist heute wie früher das Porno-Hinterzimmer in den Videotheken. Stehen auch nur alte Männer da, mit ungesunder Ausstrahlung.

Für die Jungen gehöre ich jetzt zu denen, die an allem schuld sind. Die alles missbrauchen, die Erde, die Tiere, die Frauen, die Kinder. Mit all den Verboten und moralischen Verdikten wächst auch die Lust an der Regelübertretung, wenigstens in Gedanken.

Eva sagt, dass ich mich so fühlte, sei nur eine Attitüde, weil ich mich zum Opfer stilisieren wolle. Und damit jemand Schuldigen, einen Täter, suche, sie zum Beispiel. Aus der Opferhaltung erwachse auch viel Aggression, Passivität. Verdeckt, verlogen alles.

Wie aus Trotz (gegen alles und alle) verschlinge ich die Schauergeschichten um Sexmonster wie Harvey Weinstein oder Jeffrey Epstein, bin überzeugt von Woody Allens Unschuld (diese irre Mia Farrow!), und wäre Allen schuld, wäre es mir auch egal, ich finde ihn toll, bleibe bei der heute reaktionären Haltung, einen Künstler solle man an seiner Kunst messen, an nichts anderem. Mein Sohn Tom, der in Hamburg an der Hochschule für bildende Künste studiert, sagt, das solle ich öffentlich lieber nicht sagen. Ich leide mit den Tätern, den sexsüchtigen Erz- und Weihbischöfen, nie mit den Opfern, die bleiben abstrakt. Finde Missbrauchsthemen in der Kirche sexuell erregend, suche gierig nach irgendwelchen Protokollen im Internet. Beichtstuhl und Wichsen lagen für mich immer ganz nahe beisammen.

»Du hast dich also unsittlich berührt.« – »Ja.« – »Dann sag mal, wie hast du dich berührt?« Schon geht es los.

Spare das MeToo-Thema im Gespräch mit Jüngeren aus, ich weiß, damit komme ich nicht durch. Wahrscheinlich auch nicht bei Sophie Passmann, die in einem Buch zur Verteidigung der alten weißen Männer antritt. Ist aber doch nur eine Parodie, nicht ernst gemeint. Nur Spaß.

Wie nicht ganz ernst gemeint (Könnte ich es nur so nehmen!) fühlt sich auch mein Leben an, ein bisschen dick aufgetragen alles: Als wäre ich mit alt und weiß nicht schon bedient genug, kommt jetzt noch arm und krank dazu. Arthrose an der Hüfte, Depression (offiziell habe ich ja keine, dabei wollte ich doch bleiben), unterm Steißbein ein Haut-Ekzem, wie bei den ganz Alten, die sich im Krankenbett wund liegen. Schmerztabletten, Schlafmittel. Was mir der Hautarzt verschreibt, macht es noch schlimmer. Eva will sich die Stelle über dem Arsch nicht mehr ansehen. Wahrscheinlich findet sie mich schon längst eklig.

Sie fickt nicht mehr mit mir, das verstehen alle ihre Schwestern und Freundinnen. Sie erträgt meine Geschichten nicht mehr, meine Fixierung auf die Vergangenheit, wie sie sagt. Das Gefängnis, in dem ich lebte, in dem ich nur nicht allein sein wolle, das sei der einzige Grund, warum ich mit ihr zusammen sei. Ich wolle sie nur als Mitgefangene. Ich brauchte sie nur, sei abhängig, weil ich allein gar nichts auf die Reihe kriege. Das sei keine Liebe. Mein Jammern und Klagen. Meine Überheblichkeit. Deshalb fände ich ja keine Freunde. Sie könne nicht atmen, nicht denken in meiner Anwesenheit.

»Bei dir gibt es immer nur Ich, Ich, Ich ...« Der Monolog, das Lamentieren, die Redundanz, trifft ja alles auch auf diesen Text zu. Ich sage, da ist schon was dran, aber das ist doch kein Grund für eine Trennung.

Ich trenne mich nicht, sage ich. Wieso soll ich mich trennen, ich habe niemand anderen, und dass ich noch jemanden finde, ist bei meinem Zustand unwahrscheinlich.

Musst *du* dich trennen, sage ich. Dir wird das genauso schwer fallen wie mir. Du hast ja auch sonst nichts. Die Probleme, die wir haben, die hat jeder. Und was heißt Liebe, im höheren Alter? Wir sind ja keine Teenager. Jemanden zu brauchen, vielleicht sogar von jemandem abhängig zu sein, ist das nicht ein Reifegrad der Liebe, im letzten Lebensabschnitt, wenn man sich nicht mehr so viel aussuchen kann?

»Du hast aber nicht viel gelernt in deiner bescheuerten Psychoanalyse«, sagt Eva, wenn sie mich richtig provozieren will. Auch die Arbeit an diesem Buch habe zersetzend gewirkt auf die Beziehung, ein langsam, über zwei Jahre schleichendes Gift. In den Augen Evas hat diese Arbeit meinen Zustand, mich nur mit mir selbst beschäftigen zu können, noch verfestigt, ins Monströse gesteigert. Mit nur nach hinten schauen meint sie auch: nicht nach vorne. Ich hätte keine Vorstellung von der Zukunft der Beziehung, davon, was sei, wenn die Kinder alle fort seien. Sie könne sich nicht vorstellen, dann jeden Abend neben mir zu sitzen, wie ich die Dylan-Platten sortierte, das gehe ja noch, dabei aber auch noch übel gelaunt und depressiv, nein.

Wenn es mit Eva jetzt wirklich zu Ende geht, bin ich auch aus der komfortablen Welt des Gratis-Sex herausgefallen. Eva fände es vielleicht verletzend, dass mir das als Erstes einfällt. Wer wird mit mir schon ficken wollen, siehe Michel Houellebecq, außer ich bezahle, und Geld habe ich keines. Doch ohne jeden Sinn wird der Saft weiter produziert, und man bekommt Krebs, wenn man ihn nicht abpumpt. Werde ich jetzt zum Wichser? Sieht ganz so aus.

Ich übe schon mal bei YouPorn und arbeite mich in die Fachbegriffe ein.

Creampie ist es zum Beispiel, wenn eine Frau nach dem Arschfick das Arschloch aufzieht, damit man sehen kann, wie das Sperma wieder rausträufelt. Das soll jetzt nicht moralisch wirken, aber ich weiß immer nicht recht, welche Rolle ich dabei spiele, das behindert die Erregung. *Mutual Masturbation* macht mich mehr an, wenn Paare gemeinsam wichsen. Oder ich suche ältere Männer und sehe mir die Erektion an, zum Vergleich, ein bisschen schwul vielleicht auch. Die athletische Fickerei der jungen Models macht mir Angst, wohler fühle ich mich bei in der Badewanne gemütlich masturbierenden *MILFs* oder schaue auch mal bei total verfickten *German Grannies* vorbei, wenn sie sich BBC (*Big Black Cocks*) reintun.

Wenn mir eine Dame, die ich gerade das erste Mal sehe, 30 Sekunden später das Arschloch ins Gesicht hält, ist mir das oft zu schnell, außer ich habe es selbst sehr eilig, dann ist es schon okay. Das ist natürlich jetzt Potenz-Geprotze, denn schnell geht bei mir garnichts mehr.

In einem zerschlissenen Kuvert verstecke ich ähnlich ausdrucksstarke Polaroids von Eva unter der Matratze, sie sind fast 20 Jahre alt und die Farben lassen schon nach. Polaroids ließen sich besser vor den Kindern geheim halten, die Dinger landen nicht nach dem Entwickeln im selben Umschlag wie Ferienfotos mit der Sandburg. Allerdings habe ich auch ein paar Nicht-Polaroids aus dieser Zeit, ich kann mich noch an das Fotogeschäft erinnern, in dem ich sie entwickeln ließ. Es waren fünf oder sechs private Pornofotos – *Reverse Cowgirl* POVs in der YouPorn-

Kategorisierung – dann eben doch mitten unter den Urlaubsfotos, wo ich sie rechtzeitig rausgezogen habe. Die anderen Bilder sind heute vergessen.

Ich war damals offenbar viel schamloser und rücksichtsloser mit so was, man könnte auch sagen: freier. Doch es waren nicht mal der Alkohol, der mich damals mutig machte und in das Fotogeschäft hinter dem Gruner und Jahr-Verlagshaus am Hafen trug, denn zu dem Zeitpunkt hatte mich Eva schon trockengelegt. Wahrscheinlich ging es mir bei den Fotos auch darum, die Festigkeit meiner Erektion zu dokumentieren – Ich, Ich, Ich! –, denn ich lebte in der Angst, der Alkohol könnte hier negativ gewirkt haben, was aber, betrachte ich die Bilder heute, nicht der Fall war.

Da setzen mir die Schmerzmittel heute mehr zu und oft bleibt mir nichts anderes übrig, als schon auf einem niedrigen Erregungslevel (ich bin auch so unkonzentriert!) und lange vor Erreichung der vollen Erektion abzuspritzen (aber was heißt spritzen, das klingt so siegessicher und stolz und nach Treffer, jetzt kommt es eher hervorgeträufelt), also genau das zu tun, was Thomas Mann in den Tagebüchern abgelehnt hat. Ich weiß nicht, ob er sich selbst daran hielt.

Enthaltsamkeit könnte tatsächlich eine Alternative sein, *NoFap* heißt das in Amerika und es gibt Apps, die dabei helfen, zum Beispiel einen *NoFap*-November durchzuhalten, gute Sache. Enthaltsamkeit bewahrte mich vor der tiefen Niedergeschlagenheit, die unweigerlich folgt auf das irgendwie doch entwürdigende Ritual. Vor der Trauer um das aus der Vergangenheit sicher übertrieben erinnerte

Erfolgserlebnis, wenn man damals, angeblich, so richtig abging. Heute: der schwache Orgasmus, ohne Wucht, ohne Ekstase, und danach die beschämende Peinlichkeit, sich wiederzufinden, wenn es dann getan ist, auf schmerzenden Knien vor dem Laptop – dem Computer, der morgen früh wieder im Büro steht für Friedrich, unseren Buchhalter, davor die Porno-Site noch schnell aus dem Verlauf gelöscht. Ob das wohl hilft, das Internet vergisst ja nie und unser IT-Mann schaut mich in letzter Zeit immer so komisch an.

Wenn es ganz dumm läuft, bekomme ich sofort hinterher starke Schmerzen hinten am Kopf und die Angst, eine Ader würde platzen, das wäre dann ein Gehirnschlag, denke ich. Aber fängt der hinten an, am Genick?

Ich versuche, mit dem Handy ein Selfie von meinem wunden Arsch zu machen. Klappt nicht. Entweder unscharf oder nicht der richtige Ausschnitt, unterm Steißbein, am Beginn der Pofalte. Ich kann mich auch sonst in der digitalen Welt nicht inszenieren.

Dass ich selbst nicht so richtig digital bin, daran scheiterte ja auch das Aufpimpen des Redaktionsbüros zur tollen digitalen Agentur. Aber jetzt, Michael Hopp alleine, ohne den *Hopp und Frenz*-Zinnober, ohne die Bühne, die ihm Eva baut, ist gar nichts wert. Früher Chefredakteur, jetzt Head of Content. Was für eine Lachnummer. In jeder Hinsicht unvermittelbar. An wen soll ich mich noch wenden? Ich finde nichts mehr, wo ich anschließen könnte. Wer jetzt kein Haus hat.

Die Vergangenheit. Die linke Zeit, dann die *Wiener*- und die *Tempo*-Jahre, mein toller Wikipedia-Eintrag. Als ich es mir noch leisten konnte, habe ich mithilfe einer Studentin ein Archiv meiner Texte im Internet angelegt. Sieht sich keiner an. Der Keller ist voller Kisten mit alten Zeitschriften, Dokumenten, Sammlerstücken, die ersten 100 Hefte der deutschen *Spinne*, *Fix & Foxi*-Figuren und ein *Fix & Foxi*-Würfelspiel. Eine Sammlung von *twen*-Heften. Ich bilde mir immer ein, die Sachen sind was wert. Zumindest halte ich ihr Verschwinden auf, damit auch meines, Voodoo ist das. Aber wie lange kann ich mir das noch leisten?

Manchmal steige ich in die Verliese runter und spüre eine seltsame Erregung. Da ist eine Energie, ein Lebensstrom, gespeichert in all dem Altpapier. Kann ich mich damit aufladen? Es ist sexy. Auch wegen der Sammlung von US-*Penthouse*-Heften aus den 70er Jahren. Pornografie war anders damals, Beine immer gespreizt, alles ausgeleuchtet bis in die letzte Hautfalte und zum Glitzern gebracht. Gyno-Glamour. Ja, aus dieser Wunde wurden wir alle ins Leben gedrückt, nur dass es dabei nicht so sauber blieb.

Ich finde mich als jungen Mann sexy, ehrlich. Ein paar Fotos gibt es, schwarz-weiß. Das bubenhafte Gesicht, die dicken Lippen auf manchen Fotos, wie Mick Jagger. Manchmal ist es auf den Fotos schon der Alkohol, der mir die Begeisterung ins Gesicht zaubert. Ich rieche noch auf den Fotos nach Zigaretten und Bier und der Nacht in fremden Betten, wenn man nichts dabei hatte und am Morgen in die Klamotten vom Tag davor sprang. Aber trägt mich das in die Zukunft? Was bin ich jetzt – Agenturchef, der Werbung für Unternehmen macht, Journalist, Chefredakteur, irgendwie ernst zu nehmender Autor? Oder immer noch jugendlicher Narziss, immer knapp davor, in seinem Spiegelbild zu verschwinden. Ja.

Bob Dylan kann immer Trost spenden, den Weg weisen, er ist mein Vorbild, ja. Es gibt keinen anderen Menschen, mit dem ich mich so akribisch beschäftige, alles aufsauge wie ein Schwamm, aber gar nichts abgebe. Ich habe noch nie was über Dylan geschrieben, könnte ich nicht, ist mir zu schwer. Stimmt nicht, einmal, für das *Arte*-Magazin. Ich bin in Material untergegangen, habe ewig rumgemacht dran und dann ums Dreifache zu lang abgegeben.

Es gibt keinen Tag, an dem ich im Internet nichts Neues über Dylan finde, dafür ist das Internet gut. Eva hasst auch das. Es kommt ihr infantil vor. Ein 64-Jähriger, der sich allen Ernstes Poster von seinem Lieblingsstar an die Wand hängt, im IKEA-Rahmen. Dylan, Dylan, Dylan. Alles vollgemüllt. Und damit ihr keinen Platz lässt.

Dylan hatte eine üble Phase in den 80er Jahren, Depression, Alkohol, Nachlassen der Inspiration, keinen Plan mehr. Das ist die Zeit, die mich am meisten interessiert.

»I had no connection to any kind of inspiration«, Dylan himself declared of that period. »Whatever was there to begin with had vanished and shrunk. ... I couldn't overcome the odds. Everything was smashed. My own songs had become strangers to me. I was what they called over the hill ... The mirror had turned around and I could see the future – an old actor fumbling in garbage cans outside the theater of past triumphs.«

According to *Vulture*, Dylan came back from the last Petty shows in Europe and told his tour manager he wanted to play 200 shows the following year. Then he would return to the same cities two years afterwards. He would build himself a new audience from the bottom up.

»I'd have to start at the bottom,« he wrote, »and I wasn't even on the bottom yet.«

Bin ich noch nicht genug am Ende? Das mag sein. Von der Depression, die ich nicht habe, kenne ich das ja, dass man sich ihr ganz und gar hingeben muss, bevor man sich wie vom Grund des dunklen Sees wieder abstoßen kann, hinauf.

Dylan begann dann die *Never Ending Tour*, die nie endende Welttournee, die seit 30 Jahren läuft. Was wäre meine *Never Ending Tour*, meine große Reise, die mich überallhin bringt, nirgendwohin und dann doch irgendwohin. Bei Dylan hat es geklappt, er ist heute größer als je zuvor. Ruhelos bereist er mit seiner Band Jahr für Jahr den ganzen Globus, spielt über 200-mal im Jahr, macht immer wieder in denselben Städten halt, allerdings kommen auch immer neue dazu.

Das Gesamtwerk hat Dylan auf einen Kanon von zwei Dutzend Songs eingedampft, die er in leicht veränderter Abfolge und in immer neuen Versionen immer wieder vorträgt. Was wären meine Songs? Dylan selbst geht, wenn er nach den Motiven für diese unwahrscheinliche Tour gefragt wird, auf eine ganz andere Ebene: »Critics should know there is no such thing as forever. Does anybody call Henry Ford a Never Ending Car Builder? Anybody ever say that Duke Ellington was on a Never Ending Bandstand Tour? These days, people are lucky to have a job. Any job. So critics might be uncomfortable with my working so much. Anybody with a trade can work as long as they want. A carpenter, an electrician. They don't necessarily need to retire.«

To have a job, any job. Da ist was dran. Manfred Bissinger, der mich ins Corporate Publishing, in die Welt der Firmenzeitschriften gebracht hat, als Vorstufe zum heute digitalen Content-Marketing, sagte mir einmal: »Herr Hopp, Sie haben mir nicht viel zu verdanken, aber eines doch: Ich habe Ihnen ermöglicht, in Ihrem Beruf weiterzuarbeiten.« Auch mich schickt niemand in Rente. Aber irgendwann ist auch genug, was könnte ich noch hervorkramen. Nach der Zeitrechnung Bob Dylan, er ist 79 Jahre alt, habe ich noch 14 Jahre, bis ich so alt bin wie er. Ist doch viel.

Dylans Karriere hat vor 60 Jahren begonnen. Wenn ich jungen Leuten sage, dass ich seit mehr als 40 Jahren Journalist bin, finden sie das gespenstisch, eher abschreckend, nicht nachahmenswert. Ist es Zeit aufzugeben? Heute würde man eher sagen: loszulassen. Aber was hieße das? Am Ende kein Haus. Altersarmut, die ist ohnehin kaum noch abzuwenden. Einsamkeit. Waiting Around to Die. Hatten wir alles schon. Das Buch sollte ja einen Abschluss bilden, ein Sprungbrett in einen neuen Lebensabschnitt. Der alte Michael Hopp sollte sich zusammen mit der geliebten Doktor Von auflösen, ihr ins digitale Nirwana folgen und es als Fegefeuer nutzen, darin verschwinden, ha, war alles nur Show – und neugeboren wiedererstehen. Plop, da bin ich wieder.

Doch jetzt fühlt sich alles seltsam an. Ich kann alles machen, aber auch alles lassen. Doktor Von. Hinterlegen

Sie Ihre Leistungsübersicht. Leider noch keine Bilder hinterlegt. Sind Sie Frau Doktor Von? Beweisen Sie, dass Sie kein Roboter sind. Habe ich Beweise, dass Von kein Roboter war? Hinter mir stehen die zwei Kisten mit ihren Unterlagen. Ich finde nichts. Ich habe aber auch keine Beweise, dass ich kein Roboter bin.

Es ist Zeit aufzugeben. Ist es Zeit aufzugeben? Hilft das Fragezeichen? Es ließe ein »Nein« als Antwort zu. 14 Jahre, und dann bin ich erst so alt wie Dylan jetzt, der gerade die nächste Tour angekündigt hat. Ich könnte in und mit diesem Text weiterleben. Ich kann doch machen, was ich will, ich bin frei. Das sagt man mir oft in letzter Zeit. Wie kommen die Leute auf die Idee? Ich kann erzählen, was ich will. Niemand wird es überprüfen. Aber ich bin meinen Dämonen Rechenschaft schuldig, das können die anderen ja nicht wissen.

Was bedeutet das Schreiben, was kann man erreichen damit? Die Dämonen gnädig stimmen? Mein Gott, das habe ich mich das letzte Mal in der Pubertät gefragt. Doch jetzt ist es wieder eine dringende Frage geworden. Was ist das für ein Schreiben hier? Es gibt ein Schreiben, das wirkt befreiend, mit jedem Wort schießt man sich eine Schneise frei. Und es gibt ein Schreiben, das sperrt einen ein, jedes Wort wird zum Ziegelstein für den Narrenturm, in den ich mich einmauere, jeden Tag, Stein für Stein.

Ich könnte eine gute Story erzählen. Doch noch mal die Kurve gekriegt. Das will man lesen. Es zählt umso mehr, wenn man sich wieder aufgerappelt hat. Im Aufrappeln oder im Sich-nicht-ganz-niederzwingen-Lassen war ich bisher doch ganz gut, glaube ich meiner eigenen Erzählung. Scheitern soll jetzt schick gemacht werden. Niemand spricht mehr mit mir. Deshalb kann es ja nur mit Schreiben weitergehen. Fail Again, Fail Better. Wo kann ich anknüpfen. Ich habe keinen Plan B, vielleicht ist das das Problem. Doch, das hier ist er ja!

Auch die Agentur besteht ja noch. Nach außen ist nicht viel passiert, Termine auf der Bank, beim Insolvenzverwalter, ganz so weit sind wir noch nicht, aber knapp davor. Eigentlich sind Sie zahlungsunfähig, sagt er, aber nach Ihrem Von-der-Hand-in-den-Mund-Prinzip kann sich das auch jeden Tag ändern. Nerven braucht man!

Jeden Tag kann die rettende Aussprache mit Eva kommen, der rettende Fick. Oder auch nicht. Kann ich mit Ficken noch viel bewegen? Wird mit Ficken überhaupt noch viel bewegt auf der Welt, oder ist es egal geworden? Comebacks jedenfalls sind egal geworden, weil das Internet ohnehin niemanden verschwinden lässt, unsere Erinnerung ersetzt. Auch unsere tollen Agentur-Events mit tollen Leuten schlummern da bis ans Ende aller Zeiten vor sich hin.

Vom schrecklichen Onkel Herbert, der meine Mutter ruiniert hat, dachte ich immer, er hätte mit Ficken was bewegt, nämlich immerhin meine Mutter sexuell hörig gemacht. Mit seinem »Stock«. Das war ein Thema in den Illustrierten damals, Heike B.: »So brutal hat er mich hörig gemacht.« Gibt es heute noch hörige Frauen, weiß ich nicht. Hätte ich gerne diese Macht über Eva – vielleicht ja.

Reicht meine Erektion heute dazu, die Beweglichkeit im Becken, eingeschränkt durch meine kaputte Hüfte, diese Dampfhammer-Power beim Ficken, mit ihrem Klatsch, Klatsch, Klatsch, das stoßweise Stöhnen, das

Knarren des Betts, all die Geräusche, die nur beim Ficken entstehen, krieg ich das noch hin? Gehören zwei dazu, stimmt, aber es gehört eben auch der Dampfhammer dazu. Meine ich das alles ernst? Klar. Je schwächer ich werde, desto kraftmeierischer, pornografischer, brutaler, primitiver wird meine Sprache. Das Schreiben wird zum aggressiven Akt, auch gegen mich selbst gerichtet. Ich freue mich darauf, wenn irgendwelche Betschwestern das alles unmöglich finden. Gehört zum Entertainment dazu und zur Selbstbefleckung, Selbstzerstörung – bevor ich dann wieder auferstehe, frei und rein von jeder Pornografie.

Das sind so Feuilleton-Themen, doch wenn einer wirklich umfassend scheitert, als Mann, Unternehmer, Journalist, dann ist das noch was anderes als nur in einem Bereich, zum Beispiel als Sexmonster. Dann ist das kein Entertainment mehr. Das ist irgendwie nicht vorgesehen. Das ist eine Geschichte, die man niemandem mehr erzählen kann.

»Dir geht's also richtig nass rein in diesem Jahr«, sagt einer, dem ich mich anvertraue, ein bekannter Künstler, früher war er Punk, jetzt führt er Regie am Theater. Schnell wechselt er das Thema. Eventuell fielen einem zum Trost noch andere ein, die es in dem Alter erwischt. Die es dann aber für sich behalten, sich zurückziehen, bei »Über-Jazz« auf Kampnagel auftauchen, aber in der nächsten Sekunde wie vom Erdboden verschwunden sind.

Entweder man geht schon früh auf die Loser-Schiene und richtet es sich da ein. Oder jähe Abstürze. Aber so ein Auf (mittelhoch) und Ab (ganz tief), was soll man da sagen. Man hat so ein Gefühl. Der hat keine gute Ausstrahlung mehr. Der zieht mich runter. Der textet mich so zu, weil er sonst niemanden hat, der mit ihm spricht. Der spricht immer nur über sich. Der kann nur über sich sprechen.

Ich arbeite redlich an meiner Einsamkeit, ich mauere mich ein, Stein für Stein. Während andere Leute versuchen, Bekanntschaften zu machen, mache ich das Gegenteil: Ich ziehe mich zurück, in einer Abfolge von einzelnen, schnell wieder abgebrochenen oder gescheiterten Bekanntschaften. Hast du einen Freund, Papa, fragen die Kinder. Ich sage, ja, den Gerald in Wien, aber von dem habe ich seit zehn Jahren nichts gehört und ich melde mich nicht bei ihm. Und das soll ein Freund sein, lachen die Kinder und ich sage, Ja, warum nicht, und versuche, ihnen die traurige Situation als eine mögliche Variante von Freundschaft zu verkaufen.

Außerhalb der Familie immer weniger Leute, mit denen ich reden kann. Jedes Jahr verliere ich ein oder zwei. Eigentlich gibt es niemanden mehr. Es genügen Kleinigkeiten, und ich ziehe mich total zurück. Der versteht nichts von Musik. Oder zu viel. Der ist schwach. Der ist mir zu stark, der will mich dominieren. Der ist mir zu dumm. Der ist mir zu gescheit. Der hat einen blöden Haarschnitt.

Es strengt mich an, mit Menschen zu sprechen. Ich habe das Gefühl, ich bringe mich in Gefahr damit. Der andere könnte denken, ich sei unfähig und erfolglos, und so mein negatives Selbstbild noch verstärken. Bei Handys sieht man immer, wer anruft. Das ist ideal für mich, und ich hebe nicht ab. Ich halte es nicht lange aus in Gruppen. Wenn ich mit dem Hund gehe und auf der Wiese eine

Gruppe von Hundehaltern sehe, weiche ich aus, vermeide das Über-die-Hunde-Gerede als Form der Annäherung-unter-Menschen, obwohl das wahrscheinlich noch das Nützlichste ist, wenn man einen Hund hat. Jack, der Hund, hat das Verhalten übernommen und spielt nicht mit anderen Hunden, obwohl das wahrscheinlich das Schönste ist am Hunde-Dasein.

Wenn die Sonne scheint, sehe ich an meinem Schatten, wie sehr ich hinke. Vor Kurzem noch war das Hinken nicht ununterbrochen da, jetzt ist es zu meiner normalen Fortbewegung geworden. Die Leute weichen aus, haben Angst, ich falle auf sie. Ein Mann, der hinkt. Was sagt das? Es ist ein Zeichen von Krankheit, von Schwäche, von Nicht-in-Ordnung-Sein, aber auch von Hinterhältigkeit, Bösartigkeit, Perversion, Bestialität. Der Satan hat einen Klumpfuß, Kinder fürchten sich vor Hinkenden. Nutten werden sich schon überlegen, mich zu nehmen.

Bei jungen Frauen könnte ich das Hinken nur durch Macht und Reichtum kompensieren. Lord Byron hatte einen Klumpfuß und wurde der bedeutendste Dichter seiner Zeit. Die sexuelle Frustration kann in der Kunst kompensiert werden, daran sollte ich mich halten und nicht dauernd an Sex denken, den ich jetzt eben nicht mehr so einfach bekomme, ich muss mich auch darauf einstellen: gar nicht mehr.

Gescheitert ist ja auch die Analyse. Wenn einer nach 20 Jahren Analyse noch ein Buch darüber schreiben muss, kann man sie als gescheitert ansehen. Wenn das Buch dann auch noch scheitert, noch peinlicher.

Süchtig nach Aufmerksamkeit und Lob und in der mit jedem neuen Absatz größer werdenden Panik, keine Beachtung zu finden, schicke ich ein paar Kapitel an Tilmann Moser – an den, der geschafft hat, woran ich scheitere, der als jüngerer Mann über seine Analyse geschrieben und mit *Lehrjahre auf der Couch* ein Standardwerk geschaffen hat.

Allerdings war er damals noch ein junger Mann, der noch alles und damit eine große Karriere als Psychoanalytiker vor sich hatte. Die Versuchsanordnung ist bei Moser ähnlich wie in diesem Buch, nur gelingt es ihm besser, den Blick nach innen zu richten, während ich extrem ablenkbar bin und mich immer wieder mit Äußerem verbinden will, als Mann so sein wie Bob Dylan usw.

Natürlich wollte ich von Tilmann Moser anerkannt sein, mich mit ihm in einen Mail-Wechsel stürzen, der dann schon fast ein weiteres Buch hergegeben hätte. Wollte ihn, klar, als Vaterfigur verpflichten. Eitle Fantsien, haltlose. Moser, heute ein 81-jähriger Mann, schrieb nach einiger Zeit zurück:

Lieber Herr Holl,
Ihr Schreibstil ist wie ein Tsunami, journalistisch perfekt, aber oft auch narzisstisch unernst. Noch ist in dem Text überhaupt nicht erkennbar, was die Analysen für Sie bedeutet haben. Aber ich habe nicht das Gefühl, dass Kürzen etwas nützen könnte, um einen ernsthaften Text daraus zu machen. Wann fingen Sie an, ernsthaft etwas emotional zu erleben und Übertragungen zu entwickeln, kurz wann ereignete sich etwas in Ihrer Seele. Die bisherigen Stücke lassen mich ratlos zurück, und

ich habe Zweifel, dass Sie mit dem bisherigen Plan einen Verlag finden. Oder schicken Sie noch ein viel späteres Stück, wo Sie realistisch von der analytischen Arbeit schreiben.

Mit Bedauern, Tilmann Moser

Die Kritik macht mir nichts aus, Moser kommt damit seiner Vater-Pflicht nach und ich höre artig zu, versuche zu lernen, will ein guter Sohn sein, der beste. Ich überlege, ob man seine Bemerkung, ich schriebe »wie ein Tsunami«, auf die Rückseite des Buchs drucken könnte oder ob das unseriös wäre. Ich schicke an Moser Kapitel, in denen es mehr um die Analyse geht.

Ich feiere meinen 64. Geburtstag, seit vielen Jahren die gleiche Party, mit dem Glück, immer scheint die Sonne an diesem Tag, seit 20 Jahren, jedes Mal. All die Zeitschriften-Leute meiner Generation – und auch ein, zwei Generationen jünger – haben Probleme. Die Angestellten sind nicht sicher, ob sie es noch bis zur Pensionierung schaffen. Der Springer Verlag streicht mehrere Hundert Stellen. Das Internet schafft zwar auch viel neue Arbeit, aber die Älteren braucht keiner mehr, die sind auch schwierig, verwöhnt, nicht digital genug.

Fast zwölf Jahre konnte ich mit unserer Agentur den Untergang hinauszögern, ist doch auch eine Leistung. Aber jetzt bin ich zu alt und zu müde und zu deprimiert, um noch was Neues anzufangen. Außer *Hopp und Frenz* und die Agentur irgendwie weiterzuführen, fällt mir auch nichts ein, womit ich überhaupt einen Euro verdienen könnte. Wir sitzen mit der Agentur jetzt zu dritt in unserer ehemaligen Küche, also in dem Raum, in dem wir auch gestartet sind. Back to the Roots. Aber »back« ist doch die falsche Richtung! Und wie viel können wir noch schaffen, ohne Leute, ohne Kraft? Die einzige Hoffnung: Was sich heute so scheiße anfühlt, ist morgen die gute alte Zeit, hat einer im Fernsehen gesagt.

Eva sagt, ich hätte längst umsteuern müssen, ihr sei seit Langem klar, dass das nicht klappt, kein Geschäftsmodell ist, wie man heute zu jedem Scheiß sagt. Alles ist ein Geschäftsmodell. Oder keins. Ich jedenfalls bin keins. Was wir verdienen, wird immer weniger, die Schulden werden immer mehr. Schulden bei der Bank, bei Mitarbeitern, die man nicht hängen lassen kann. Ich schreibe Bettelbriefe, versuche, Raten zu vereinbaren. Mein Ruf ist dahin. Alles, was ich mir in den letzten zehn oder mehr Jahren, nach der letzten Pleite, aufgebaut habe, stürzt in wenigen Wochen ein. Eva sagt, dadurch entsteht Raum für Neues. Eva.

Seit acht Monaten kommt kein einziges Neugeschäft rein. Eva sagt, ich will es nicht wahrhaben, erkenne die Realität nicht. Baue Marketing-Luftschlösser, mache mit den teuer bezahlten Angestellten Events, bei denen wir nur Geld ausgeben. Wie soll das gehen? Wir können das gar nicht, was wir verkaufen wollen. Content-Marketing. Das braucht die richtigen Leute, Technik, eine Software, richtig digitale Leute. Haben wir doch alles nicht. Diese Hochstapelei. Alles nur für meine Eitelkeit, sagt Eva, für meinen Geltungsdrang, für meine Sucht nach Anerkennung. Ich zwinge sie, eine Bühne zu bauen für meine Hochstapelei. Sie hat ihr ganzes Geld reingesteckt, alles weg.

Aber du doch auch, sage ich, wir haben doch beide angegeben, die John & Yoko der Agenturszene wollten wir sein, und waren wir auch. Am Ende saß John alleine im Dakota-Building, Yoko hatte ihn eingesperrt, damit er sich kein Heroin holen konnte, aber sie ließ ihm das Dienstmädchen da, zum Ficken, was sie mit ihm auch schon längst nicht mehr tat, wie Eva mit mir. Ich will auch so ein Dienstmädchen, und Lennons Millionen. Mein Sohn Tom sagt, ich solle mir keine Sorgen machen.

Ich kann hier erzählen, was ich will. Ist Wehleidigkeit eine Haltung, aus der man schreiben kann? Ich denke, ja, absolut, doch es wird verachtet, damit muss man dann auch leben. Besser wäre es, wenn man die Kraft hätte, es ins Aggressive zu drehen. Wie Thomas Bernhard. Miles Davis hatte es auch mit der Hüfte, Schmerzen ein Leben lang, bekämpft mit Alkohol, Kokain, Heroin. Bei seinem letzten Konzert am 25. August 1991 in Hollywood brachte er keinen Ton mehr raus aus der Trompete. Das gibt es in einem Film zu sehen, es hat mich erschüttert. Kein Ton mehr aus der Trompete.

Jetzt hat mir der Hausarzt ein Opiat verschrieben, Tilidin. Die Sache mit den opiathaltigen Schmerzmitteln, in Amerika mit Tausenden Toten, können wir doch auch hier gut brauchen. Das Medikament macht mich nach fünf Tagen total matschig im Hirn. Ich kriege ihn nicht richtig hoch beim Wichsen, wenn ich mich dazu überhaupt aufraffen kann, mehr um zu wissen, ob es noch geht.

Ich finde meine Dokumente am Bildschirm nicht mehr, bin dauernd am Suchen, verliere während der Suche schon das Interesse daran, starre eine ausgedruckte Textseite an, sie kommt mir vor wie ein beliebiges Blatt Papier. Das Medikament habe ich wieder abgesetzt. Ich hatte mich schon dabei ertappt, dass ich es in der Hosentasche bei mir trug, wie einen Talisman. Einen Schutzgeist.

Das ganze Buch hat noch niemand gelesen. Ich habe einen Verlag gefunden, der so klein und arm ist, dass es Monate dauert, bis das Manuskript in die Bearbeitung geht. Die Leute da sind nett, sympathisch. Ein Mann, eine Frau, eine jüngere Frau, die anderen kenne ich noch nicht. Sie haben kein Geld, aber sie sind fröhlich, wirken wie Philosophen, wie Intellektuelle, sie verlegen eine psychoanalytische Reihe, die sich auf Lacan bezieht.

Das unaufgeräumte kleine Büro im Souterrain, eine Kultur wie früher in dem Milieu, das man »linksradikal« nannte. In dem kalten Zigarettenrauch in der Luft fühle ich mich geborgen. Kein Geld haben ist hier eher ein Adel, und fröhlich und angriffslustig sein dabei. Das bewundere ich.

Sie wollen das Buch machen, sie haben die ersten vier Kapitel gelesen, sagen sie, und mochten sie, sagen sie, und wundern sich, warum ich keinen großen Verlag finde, wo ich doch so gut vernetzt bin. Ha. Als ich bei unserem ersten Treffen beim Erzählen des Inhalts von der Trennung von Von spreche, bricht mir die Stimme. Nimmt man mich in dieser Gemeinschaft hier auf? Als ich zwei Wochen später Vorschläge für weitere Projekte schicke, bekomme ich keine Antwort.

Tilmann Moser meldet sich dann wieder, nachts um halb zwölf.

Lieber Herr Hopp,
der Text ist jetzt viel nüchterner, aber immer noch vom Größenwahn durchtränkt. Mein Eindruck: Ihre Frau Von war viel zu kühl, zu orthodox, dann wieder verführbar oder redselig, aber allermeist: Ihnen nicht gewachsen. Daher mein Verdacht: Sie hätte Ihnen viel früher raten sollen, mal einen Mann zu suchen, und keinen Jungianer, die verstehen von Übertragung und Gegenübertragung viel zu wenig. Von daher mein Verdacht: Sie hat sie auf Dauer auch ausgenutzt als Dauerzahler, auch wenn es mal an Pünktlichkeit haperte. Und Ihnen scheint kein Zweifel an ihrer Kompetenz gekommen zu sein.

Ihr Stil ist trotzdem noch zu rasch hingeworfen, manchmal salopp, nicht ohne Witz. Aber klar ist auch, dass Sie keine fundierte, tragende, warmherzige, erkennende Analyse bekommen haben, deshalb sind Sie sich so fremd geblieben, auch aus Interesselosigkeit für Ihre wichtigen Personen. Ich finde es unverschämt, auf die nicht einzugehen, oder aber auch unfähig, Ihr manchmal unernstes Gerede zu stoppen, und die endlosen Lieferungen von Papieren und Auskünften zu stoppen. Da suchte sie wohl Dankbarkeit und Bleiben, auch Befriedigung für den Narzissmus, und Ihre offene Wut zu verhindern. Und die Verweigerung, über das Ende offen zu sprechen, und die Blödheit »Solange es was zu reden gibt«. Konnten Sie nie wütend werden, oder nur innerlich? Und hat sie nie bemerkt oder angemahnt, was Sie alles ausgespart oder verschwiegen haben. War es Doofheit oder Feigheit? Mein Rat: Nicht veröffentlichen, nur wenn Sie beide Damen bloßstellen oder sich rächen wollen, selbst wenn Sie einen Verleger fänden, was ich nicht glaube.

Herzlich Ti Moser

Ich schreibe sofort zurück, tippe ins Handy:

Lieber Herr Moser!
Ihre Antwort freut mich sehr! Ich finde es schade und es ist von mir nicht beabsichtigt, dass Ihnen »Frau Von« jetzt als irgendwie »schlechte« Analytikerin erscheint. Der Meinung bin ich nicht.

Im Gegenteil, ich habe ihr sehr viel zu verdanken. Das Problem ist ja, dass sie mir fehlt, dass die Ablösung nicht stattgefunden hat. Aber ich war ja der, der im Affekt die Tür zugemacht hat. Das macht mir das Leben heute sehr schwer.

Das Buch ist eine Art (vielleicht eine verfehlte, ist mir egal), damit umzugehen. Geschadet wird damit niemandem, außer mir selbst, und die Verantwortung übernehme ich.

Nicht veröffentlichen wäre keine Lösung für mich. Auch bei Lehrjahre wurde Ihnen abgeraten, zu veröffentlichen – Gott sei Dank haben Sie sich nicht daran gehalten. Natürlich kann ich mich mit Ihnen nicht auf eine Stufe stellen. Meines ist ein ganz anderes Buch, ich bin ein anderer Mensch und vor allem: kein Analytiker, sondern der Patient.

Es ist schwierig, das Buch anhand von Einzelkapiteln zu beurteilen. Es gibt viele Stellen, wo ich meine Liebe und Begeisterung zum Ausdruck bringe. In einem anderen Kapitel, das ich zur Ansicht verschickt habe, kommen meine Begegnungen mit einem bekannten Hamburger Verleger vor. Auch da wurde mir geraten, es nicht zu veröffentlichen. Verstehe ich nicht.

Einen Verlag habe ich gefunden. Denen gefällt das auch und sie wollen es wirklich machen, das ist mir wichtig. Das Hauptproblem im Moment ist die Kürzung, da es 1.400 Buchseiten sind, und das will wahrscheinlich niemand lesen. Ich hatte bisher einen sehr guten Lektor, Jürgen Teipel, der auch schon viel gekürzt hat, aber ich fand dann, das Falsche. Lektorat ist jetzt im März, Erscheinen im Herbst. Ich werde den Text irgendwann loslassen.

Na ja, es ist noch ein Weg.

Danke für Ihre Neugier, Michael Hopp

P.S.: Wütend war ich dreimal, mit Tür zuwerfen und auf die Straße laufen – aber nachher ist es auf mich zurückgefallen und ich habe mich geschämt. Der wahre Grund war aber, dass sie mir meinen Narzissmus nicht abgekauft hat und ich dann aggressiv werde, wenn das passiert – darin stimmen Sie ja mit ihr überein. Nein, sie war keine schlechte Analytikerin, das würde ich nie sagen und das steht auch nicht in meinem Buch.

Ich weiß nicht, ob das so wahr ist, wie ich es an Moser geschrieben habe. Oder ob ich den Vater nur reizen wollte, seine Aufmerksamkeit aufrechterhalten.

Ich sitze mit einem blutigen rechten Zeigefinger an der Tastatur. Gerade war ich noch bei Nur Hier an der Weidenallee, auch klein und arm. Ein großer Kaffee, »für hier«, sage ich, und ein Rosinenbrötchen. Der Barhocker am Pult vor dem Fenster hat einen Riss auf der Sitzfläche. Hier hockte ich – auf dem Hocker hockt man, stimmt eigentlich gar nicht – oft mittags in der *Hopp und Frenz*-Zeit. Der kleine Nur Hier-Bäcker mit den leeren Regalen, der von immer neuen, ehrgeizigen Muslimen im Franchise-System geführt wird, die einer nach dem anderen auf verlorenem Posten stehen, denn aus irgendeinem Grund gibt es hier an der Ecke keine Kundschaft für einen Bäcker. Manchmal bleibt einer mit dem Auto stehen in zweiter Reihe, läuft rein für ein Franzbrötchen, um sich schnell den Magen zu verkleben, das war's.

Von den drei Barhockern an der Fensterbank am Schaufenster sieht man auf die Straße, wie im Café de Fleur in Paris, sieht genauso die Leute vorbeiziehen, Café de Fleur in low budget, klar. Die Glasscheibe schafft die gleiche durchlässige Distanz zu den Menschen davor. Man muss sich nicht genieren, wenn man sie anstarrt, denn sie tun so, als würden sie es nicht merken.

Als junger Mann ging ich gern in Peepshows, anfangs dachte ich noch, die Glasscheibe dazwischen würde mich stören, z. B. meinen wilden Trieb an der wahren Entfaltung hindern oder mich akustisch ausschließen. Doch mit der Zeit merkte ich, dass es umgekehrt ist, dass ich der Schutzsuchende in der dunklen Kammer bin. Ich spritze sozusagen im Mutterleib ab. Was kann es Größeres geben, für einen wie mich.

Das Nur Hier mit dem immer gleich abgestandenen Filterkaffee aus der Thermoskanne zu der mit Gummihandschuh aus der Vitrine gegriffenen Apfeltasche oder Zimtschnecke, mit dicker Zuckerglasur gegen die akute Angst, ist auch das hundertprozentige Gegenteil von einem Café Hawelka in Wien, mit dem öligen, aggressiven Kleinen Braunen und den um Mitternacht frisch aus dem Ofen gezogenen Buchteln, wo ich als 19-jähriger Buchhändler-Lehrling unter den frühen Bildern der Fantastischen Realisten saß, die hier als Leihgabe hingen, und darauf wartete, dass André Heller reinkam.

Von so was fühle ich mich absolut frei, keine Nostalgie, keine Trauer, jetzt bin ich eben nur hier angekommen, im Nur Hier, André Heller kommt hier mit Sicherheit nicht vorbei, Gott sei Dank. An dem Punkt, scheint es mir, bin ich enorm gewachsen, fast schon ein Riese. Nora und Gustav, die Leute in meinem Verlag, sagen zu mir, ich müsse damit rechnen, mit dem Buch, wenn es bei ihnen erscheint, nicht viel Beachtung zu erfahren. Sie seien »unter dem Radar«.

Unter dem Radar, da möchte ich auch sein, aber immer die Nur Hier-Thermoskanne in Sichtweite. Manchmal bin ich alleine im Laden, die junge Türkin, die bedient, verschwindet oft für längere Zeit hinter der wie eine Kulisse wirkenden Wand mit dem Brotregal, ich frage mich oft, ob ich sie suchen gehen soll. Alle, die hier arbeiten, wünschen »Guten Appetit«, wenn sie die Zimtschnecke auf den Teller packen und eine Serviette nur auf Nachfrage abgeben, die so dünn ist, einschichtig, dass man sie weder als Taschentuch noch zum Arschabwischen (in Österreich sagt man »auswischen«, was es besser beschreibt) benutzen (in Österreich sagt man »benützen«) kann. Alles gut, nur hier. Ich trinke auch im Büro oder zu Hause nur Nescafé, von »Maxwell House«, gute, gemütliche Marke und halb so teuer wie der Original-Nescafé.

Ich bin ein Wiener, der keine »Kaffeekultur« hat, sagen die jungen Hamburger immer zu mir, die jetzt plötzlich die »Kaffeekultur« entdeckt haben. Ich brauche sie nicht. Ich scheiße auf Kaffeekultur. Ich hasse Lifestyle. Der Hass wird immer größer, je ausgeschlossener ich mich fühle. Als ich die Haltbarmilchtüte nehme, um mir etwas Milch in den Kaffee zu tun, fällt mir zu spät auf, dass ich sie mit meinem aufgerissenen Finger blutig machen könnte. Dann wäre es noch ekliger hier, denke ich. Ich scheiße ja auch auf Hygiene, immer schon. Ich wollte immer riechen nach den Männern und nach den Frauen und nach mir, die Mischung. Auf der Milchtüte hätte ich dann eine Spur hinterlassen, Blut auf der Haltbarmilchtüte. Sie bleibt aber sauber.

Aus dem Fenster gucke ich auf den Platz, was heißt Platz, am oberen Ende der Weidenallee. Wenn es dann in die Schanze geht, stehen ein paar Betonpoller im Kreis, setzt man sich mit dem Blick nach außen hin, muss man niemanden ansehen. Die Hamburger Stadtplaner können keine Plätze, sagt man, stimmt, aber eigentlich ist es wunderbar hier. In diesem Betonpoller-Kreisel saß ich vor vier Wochen mit Eva, und sie teilte mir mit, dass sie sich trennen wolle.

Ich fange laut zu weinen an. Sie holt zwei Becher Coffee to go. Dann setzen wir uns ins Restaurant Juwelier und tun so, als wäre nichts.

Den Finger habe ich mir aufgerissen beim Versuch, unser *Hopp und Frenz*-Firmenschild vom Eingang der Fettstraße abzuschrauben. Die Inbus-Schlüssel, die ich dabeihabe, passen nicht und ich habe vergessen, eine Zange einzustecken. Leute, die ich hier kenne, wie Olaf, meinen Freund bei Lotto Toto, den ich täglich besuchte, zu fragen, schäme ich mich. Dass das Büro pleite ist, ausziehen musste. Und dass ich kein Geld mehr für Zeitschriften habe. Nicht mehr wie früher, täglich *SZ* und *NZZ* und außerdem *Rolling Stone* und *Spex* (solange es sie noch gab) und *konkret* und alle Hi-Fi-Zeitschriften sowieso, was man so liest in meinem Alter, und was für die Kinder, *Bibi Blocksberg* und später *Bravo* und *Neon*. Ich war ein guter Kunde, machte ja nur Spesen fürs Büro, sparte Steuern. Hatte mir so bei Olaf Aufmerksamkeit und Freundschaft erkauft.

Den Michael Hopp, den Olaf kannte, den gibt es nicht mehr. Olaf war auch einmal für ein paar Wochen verschwunden, der Laden zu, die Zeitungen stapelten sich davor, bis er nicht mehr beliefert wurde. Irgendwann kamen wir darauf zu sprechen, dass Depression eine Krankheit ist, er in seiner Sprache (»Da kannst du platt sein, du glaubst es nicht.«), ich in meiner, dabei sahen wir uns kurz an, anders als sonst. Zwei Fürsten der Finsternis, aber darauf lässt sich keine Gemeinsamkeit gründen.

Jetzt lasse ich das Firmenschild hängen. Habe aber kein Foto gemacht, und es Eva vorwurfsvoll geschickt. Das schön gestaltete Plexiglas-Schild wäre wie ein Fremdkörper an unserem nicht renovierten 70er-Jahre-Pastorat, in dem wir wohnen und wo das Büro jetzt ist. Da hatten wir ja auch angefangen. »Auf dem Küchentisch«, wie wir in unserer Selbstanpreisung verklärend geschrieben haben. Jetzt sind wir zurück, keine zusätzliche Miete. *Hopp und Frenz*, das war einmal, in beiden Bedeutungen, privat und Agentur.

Die Toilette des neuen alten Büros ist ein viel zu hoher Raum, fast ein Schacht, und man ist der, der unten ist und das Licht sucht, ich sehe mir dabei immer von oben zu. Das kleine Fenster ist hoch oben, das gibt dem Raum, der zum Pissen und Kacken da ist, vielleicht auch zum Wichsen und Ficken, zu jeder Tageszeit eine spezielle Düsternis. Der Raum, in dem es nie hell wird. Ich bin mir selbst unheimlich, wenn ich merke, wie wohl ich mich hier fühle. Hier war ich schon mit meiner Mutter.

Der Verfall der Beziehung und derjenige der Agentur gehen Hand in Hand, oder bedingten sich oder eines war die Ursache vom anderen, mein Gott, egal, in zermürbenden Gesprächen in der Endlosschleife, morgens um viertel von sechs im noch gemeinsamen Bett, und spätabends noch mal, bis zum Ver- und Überdruss, Eva ging dann vorher ins Bett, ich noch ins Internet. Wenn ich kam, rollte sie sich in ihre Decke ein wie eine Palatschinke. No Touch, No Kiss, No Sex. Das ertrug ich nicht lange, schrie rum, wurde aggressiv. Dann auch keine Zärtlichkeit, kein Umarmen, keine Nähe. Eva lässt sich die Haare wachsen, es sieht schlimm aus.

Mit jedem Millimeter, um den die Haare wachsen, entfernt sie sich von mir. Das können Sie nicht mehr aufhalten, Herr Hopp, sagt die Paartherapeutin zu mir. Ich mag die Therapeutin, sie ist freundlich und zugewandt und attraktiv, nicht so eine schlecht riechende alte Schachtel wie Von. Eva und ich machen »Zwiegespräche«, wie es die Paartherapie vorsieht. Einmal verletze ich die Ordnung, unterbreche Eva in ihrer Viertelstunde, in der sie dran ist, sie bricht das Gespräch ab.

Die Gründe, warum sie weg will, sind 1:1 wie bei Virginia Woolf oder Simone de Beauvoir. Ich hätte sie erdrückt mit all meinem Scheiß, keinen Platz zum Atmen und zum Leben gelassen. *Ein Zimmer für sich allein.* Hat sie jetzt auch. Ist ins frühere Untermietzimmer gezogen. Mich stürzt das in die totale Einsamkeit, die wir uns sonst geteilt haben.

Das Problem der Agentur ist im Grunde meine Einsamkeit. Ich habe Angst, mit Leuten zu sprechen. Sie sind ja umtriebig, sagt so ein Firmenheini zu mir, eigentlich ein grundfreundlicher Mann, aus einer Pastorenfamilie, den ich nach langer Anbahnung zum »Business-Lunch« treffe. In einem tollen Traditionslokal auf der Tangstedter Landstraße. Ich bestelle die Mini-Schweinshaxe, er Sushi. Als das Essen kommt, sehe ich gleich, das war ein Fehler, das werde ich nicht beißen können. Beißen vielleicht schon, aber nicht schlucken. Ich habe Schluckbeschwerden, wenn ich gestresst bin, und gestresst bin ich schon, wenn jemand anderes im Raum ist.

Business-Lunch ist nicht das richtige Format für mich, ich kann nicht sprechen und essen gleichzeitig, denn um das Zeug schlucken zu können, muss ich ganz lange und sorgfältig und konzentriert kauen. Dann die Angst, ob der andere es bemerkt, das Hinken, die leicht schmuddelige Ausstrahlung, den zehn Jahre alten Trenchcoat von H&M mit den angefressenen Ärmeln und eben die Schluckbeschwerden, was noch: die Flecken am Pulli, die ich immer erst im Tageslicht sehe, schlechtes Licht im Bad, und ich habe ja den grünen UND den grauen Star, das spielt sicher auch schon eine Rolle, ich bemerke es beim Autofahren, dass ich im Dunkeln nichts mehr sehe.

Ich habe die ganze Agentur in die Einsamkeit gerissen. Jetzt auch die Kinder. Ach Gott, was maße ich mir an! Es gibt Momente, da fällt mir auf, wie größenwahnsinnig und selbstverliebt mein Lamento ist. Bin ich maßgeblich für das Glück meiner Kinder? Meiner Mitarbeiter? Warum bilde ich mir das ein?

Es regnet leicht und wird nicht richtig hell heute an diesem Sonntagmorgen. Ich bringe Eva zur U-Bahn, sie fährt nach Berlin, unseren gestörten Enkel wieder in seine gestörte Familie zurückbringen. Die Geschichte habe ich gar nicht erzählt. Eva ist konsequent kühl zu mir, ihr Blick hat sich verändert, manchmal sind ihre Augen trüb, wie unter einem Schleier. Ihre Haare wachsen, in alle Richtungen. Das können Sie nicht aufhalten, Herr Hopp. Als ich nach Hause in die Küche komme, im Radio der Sonntagsgottesdienst. So sprich nur ein Wort, so wird meine Seele gesund. Nur ein Wort.

Wenn die Vergangenheit nichts mehr erkennen lässt und die Zukunft noch im Dunkel liegt, dann zählt nur der heutige Tag, mit seinem Licht. Lebe jeden Tag, als wäre es dein letzter. Ich werde verrückt von den Kalendersprüchen, die mir durch den Kopf rasen. Jeder Tag, jede Stunde, jede Minute ist eine Chance. Erkenne sie, die Chance! Auf neues Geschäft, das mit der Mail reinbimmelt. Dass mich Eva wieder mag. Dass ich aus der Depression rauskomme. Ich freue mich auf meine neue Hüfte!

Ich muss aufhören, mich um alles zu sorgen, mich für alles zuständig zu fühlen. Ob die Kinder glücklich sind. Glück, diese Scheiße. Bob Dylan sagte auf die Frage, ob er glücklich sei: »Das habe ich mich schon lange nicht mehr gefragt.« Zum Geburtstag bekam ich ein knallrotes Buch, ein knalloranges lifestyliges Dekobuch, das bei Urban Outfitters neben den Pullis liegt.

Es heißt: *The Subtle Art of not Giving a Fuck* – die subtile Kunst, sich nichts zu scheißen. Ein Buch, das aus dem Internet geboren ist, von einem Blogger, Mark Manson. Drei Millionen Copies wurden davon angeblich schon verkauft. Ich lese rein, nachdem ich meine Schlaftropfen genommen habe, drei, vier Seiten gehen dann noch, dann kann ich mir nichts mehr merken. Es gefällt mir, spricht mich an, im Unterschied zu meinem hier hat dieses Buch eine klare Aussage, die der Leserschaft, sofern das jemand liest, es reicht eigentlich schon, es wo hinzulegen, auf die amerikanische Verkäufer-Art eingehämmert wird.

Ich sage Nora, meiner Verlegerin, das müsst ihr auf Deutsch machen, das ist gut, habt ihr überhaupt Geld für Lizenzen. Das lässt sich wahrscheinlich nicht übersetzen, sagt sie. Not Giving a Fuck, das ist gut, – aber was wäre es auf Deutsch, keinen Fick auf etwas geben, das geht doch nicht. Meine Version, »sich nichts zu scheißen«, ist wieder zu österreichisch, skurril.

Die Arbeit, wie soll es weitergehen, keine Orientierung, mein Gott, wer hat die schon? Mein Leid speist sich aus einem narzisstischen Größenwahn, der mich die normalen Herausforderungen des Lebens als gegen mich persönlich gerichtete Zumutung erleben lässt. Das kam schon irgendwie raus in den Analysen. Warum kann ich das nicht abstellen? Ich habe Angst vor der Zukunft, weil ich denke, sie entgleitet mir, Eva läuft mir davon, die Agentur fliegt mir um die Ohren, wie soll das gehen, wenn Eva nicht mehr alles macht? Ich meine alles, wofür ich Königskind mir zu gut bin. Wie es halt mit Omi war. Doch jetzt bin ich kein kleiner Prinz mehr, sondern ein alter Prinz, mit Hinkebein, der seinen Vater immer noch nicht überwinden kann, oder hat er das längst, aber nur nicht bemerkt?

Übrigens sehe ich ihm immer ähnlicher. Vor allem das rechte Auge ist exakt das rechte Auge meines Vaters, wie ein Glasauge. Wenn ich in den Spiegel schaue, sehe ich meinen Vater, wie im *König der Löwen*, wenn Simba in den Teich schaut, und sein Vater, der König, im Spiegelbild erscheint. Aber mein Leben ist anders als das von Simba. Es folgt nicht dem »ewigen Kreislauf der Natur«, es ist eher

Kreislauf ohne Natur. Ich muss noch sehen, wem oder was es folgt. Am Ende ist es ein narzisstischer Größenwahn, sein Leben kontrollieren zu wollen, Herr über Glück und Unglück, Erfolg oder Misserfolg zu sein. Mir fällt auf, ich sage schon zehnmal am Tag, dass ich kämpfe, ich kämpfe um Eva, ich kämpfe um die Agentur, ich kämpfe auch um dieses Buch, dass es fertig wird, dass es erscheint, dass ich dann etwas abgeschlossen habe.

Erwachsenwerden heißt, die Ungewissheiten anzuerkennen, die das Leben durchziehen, und – schlimmer noch – ohne Gewissheit zu leben, aber einzusehen, dass die Suche danach nicht aufhören wird, sagt die Philosophin Susan Neiman – ein schöner Blickwinkel, der einem einiges an, anderes Modewort, »Gelassenheit« abverlangt, die man, das sage ich jetzt, schwerer erlangt, wenn man auf den schwankenden Dielen der nicht vergehen wollenden Vergangenheit steht. Also nie fest. Das war es vielleicht, was ich in der Analyse erwerben wollte: eine in die Kindheit zurückreichende, wiedergutmachende Gewissheit, die für feste Planken sorgt.

Wer macht hier eigentlich die Regeln, die Gesetze? Wer sagt, was fest ist? Niemand will mein Richter sein. Ich stehe immer nur vor meinem inneren Gerichtshof. Nur ich selbst bin so streng zu mir, so Über-Ich-getrieben, behandle mich so schlecht – nur um meinen Dämonen zu genügen, um ihnen Opfer zu bringen, doch, fuck, sie sind unersättlich. Die bekomme ich nicht satt. Don't give a fuck! Ignoriere sie einfach, diese innere Geisterbahn. Ich habe vieles versucht, ich habe vieles gemacht, und wenn es nicht gereicht hat, dann hat es nicht gereicht. I don't give a fuck.

Ich weiß nicht, was kommt. Der Mensch weiß nicht, was kommt. Das heißt nicht, nichts zu tun. Aber dass man kein Anrecht darauf hat, dass es klappt. Tillmann Moser schreibt, mein Text sei von Größenwahn durchtränkt, was ich aus der Analyse wiedergebe, sei unernstes Gerede und Von habe verabsäumt, es zu *stoppen*. Von gibt es nicht mehr. Und Zu hat auf mein letztes Schreiben, ob sie einen Analytiker in Hamburg wisse, der mich noch nehme, nicht mehr reagiert. Niemand stoppt mich mehr.

Ich lasse es jetzt sein. Auch die Gedanken, was soll aus den Büchern werden, was aus den Schallplatten (soll Tom sich doch kümmern), denn erst wenn ich in der Grube liege, wird es mir wirklich egal sein, vorher nicht. Ich lege mein Leben in Gottes Hand, oder in Bob Dylans Hand, irgendwas Größeres halt, wo ich mich entspannen kann, mir's gemütlich machen, in einer weichen, großen Hand. Herrlich egal alles. Denn weder Gott noch Dylan geben einen Fuck, ob es mich überhaupt gibt oder nicht. Hey.

Ende

Liebe Nora!
Ich hatte ja erzählt und schreibe es auch im Buch, dass ich nicht davon lassen kann, im Internet nach Dr. Von zu suchen, meiner Analytikerin in Hamburg. Gestern bin ich fündig geworden.

Wenn ich richtig verstehe, ist Frau Dr. Von am 5. November 2019 in White Plains/NY verstorben und wurde am 22. November auf dem Sharon Gardens Cemetery beigesetzt. Sie wurde 97 Jahre alt. Als ich mich ins digitale Kondolenzbuch eintrug, schickte ich den Text offenbar zwei Mal los, denn es kam diese Nachricht:

»Duplicate comment detected; it looks as though you've already said that!« Mein Wiederholungszwang!

Gruß Michael

Danke

Das Buch entstand im Zeitraum zwischen Herbst 2017 und Sommer 2019 neben meiner Arbeit als Journalist und Leiter einer Kommunikationsagentur in Hamburg.

Ich bedanke mich bei allen, vor allem bei meiner Familie, die mir die Arbeit an dem Buch mit viel Geduld ermöglicht haben.

Die Namen der Familienmitglieder und der Therapeutinnen habe ich durch Pseudonyme geschützt, alle anderen Namen sind echt. Warum sollte ich C. G. Jung oder Bob Dylan umtaufen? Das Gleiche gilt für Günther Nenning oder Markus Peichl. Und ich möchte mich bei allen vorkommenden Personen entschuldigen, denen ich aus ihrer Sicht nicht gerecht wurde mit meiner Beschreibung. Ich habe mich bemüht, aber es musste auch genauso so sein.

Lieben Dank an alle, die am Schluss mit allerlei Aktivitäten dazu beigetragen haben, dieses Textmonster unter die Leute zu bekommen. Saskia Beuchel, Lo Breier, Eugen Diefenbach, Heinz Jürgen Köhler, Madeleine Palm, Yunus Peerzadah, Jessica Rachold, Stephan Timm, Justus Triller, Sabrina Waffenschmidt, Matthis Will und dem Verlag.

M. H.

Anhänge

Anhang 1: Redigierung Nenning

Günther, habe ich gemacht für ... (3)
Volksstimme-Fest: »Sonst host ane ...«

MiHo Vorschläge für Straffung. Sonst gefällt's mir
(Anmerkungen und Redigierung Günther Lemming)

»Wennst di no amal dreckig mochst, kriegst a Packl
Watschn« droht ein Schlägervater seinem ohnehin einge-
schüchterten Sohn, als ich in Richtung Volksstimme-
Fest an ihm vorbeieile
Bei einer älteren Genossin berappe ich 15 Schilling Ein-
tritt und bekomme dafür eine
Broschüre des Gewerkschaftlichen Linksblocks und ein
Erkennungstäfelchen, das ich mir stolz an den Westen-
knopf hänge.
»Heisse Würste« lockt ein Schild den Politfest-Besucher
– es ist so listig placiert, dass ~~der~~

ich neben gar nicht übersehen kann:
~~Betrachter~~ ein zweites Schild da~~hinter mit der Aufschrift~~
»Der Antikommunismus ist die
Grundtorheit unserer Epoche« gar nicht übersehen
kann, ja direkt darauf hingewiesen wird.

Das ist Agitation, denke ich mir, doch mein Lernprozess wird jäh unterbrochen. »Na, du host heit scho gnua kriagt – gib a Ruah sonst host ane!« dringt es an mein für solcherlei schon sensibilisiertes Gehör.
~~Und daran liegt's ja wahrscheinlich. Der von der Neuen Linken für die Revolution so vehement geforderte »neue Mensch«, der fehlt hier. Die Diskrepanz zwischen persönlicher Bewusstheit und politischem Anspruch stört, lässt vieles skurill erscheinen.~~
Die Wechselwirkung zwischen politischer und persönlicher Emanzipation funktioniert nicht – Politik bleibt getrennt vom sonstigen Leben – Politik bleibt ein Gschaftl für Funktionäre. Wer kann den Grünen noch raustricksen? Der Blaue? – er strengt sich ja ordentlich an – wer gewinnt die Riesenschachtel Katzenzungen?« tönt es durch ein Megaphon. ~~Traurig, aber wahr.~~
Konkurrenz, Leistungsdenken, geforderte Einzelleistungen, strahlende Gewinner und
ausgelachte Verlierer beim Geschicklichkeitsspiel am Volksstimme-Fest.
Ist's schon im Spiel so traurig, so kapitalistisch – wie sieht dann erst die (Partei-)Realität aus?
Und wer tummelt sich da auf der Jesuitenwiese?
wirklich nur ein paar Besucher?
Viele, viele Funktionäre, ~~ein paar Besucher,~~ Stemmer, Boxer und sonstige Kraftmenschen,
(Jungkommunisten)
Würschtel- und Scherzartikel-Verkäufer. Dazwischen ein paar Jukos, ~~die~~ bärtig mit
blickend. Sie können

siegessicherem Blick in die rote Zukunft schauend auch nicht über das hohe Durchschnittsalter hinwegtäuschen ~~können~~.
»Wo ist denn bitte der Stand für den siebenten Bezirk?« frage ich eine liebe alte Frau mit ~~dem~~ . D KP-Brustschildchen. Sie schaut mich ratlos an, ~~weiss~~ dann aber strahlend ~~zu berichten~~:
»Früher, da war der Stand vom Siebenten immer da vorne – rechts ums Eck ~~– dort, wo der Pfad reingeht!~~«
T
~~Einer anderen Wegbeschreibung entbehrend befolge ich die soeben gehörte – und~~ tatsächlich stosse ich gleich auf den gesuchten Stand, er ist noch dort, wo er schon »früher« war.
~~Da sieht man wieder, das Zurechtfinden in der Gegenwart ist gar nicht so wichtig, kennt man sich in der Vergangenheit nur ordentlich aus.~~
Aus so viel Vergangenheit flüchte ich zur Straßenbahn.
»De Rozlöffln – ois pickns an – mit eanan Tschilebledsinn!« schimpft meine Sitznachbarin. »Wo geht uns des an? De soin se eana eigene Ordnung schaffen.« Das Wort Ordnung spricht sie wohl akzentuiert und hochdeutsch aus.
Na servas, das war ja am Volksstimme-Fest richtig fortschrittlich~~, denke ich mir~~.
~~Irgendwie fühle ich mich solidarisch mit den KP-Würschtelverkäufern, mit ihrer seltsamen, schrulligen, in vielen Punkten nur schwer akzeptablen Art für die klassenlose Gesellschaft zu kämpfen.~~

Auf dem Weg zum Sozialismus werden wir auch mit ihnen zusammenarbeiten müssen.

Michael Hopp

Ob man mit der KP zusammenarbeiten kann (meine Antwort ist gleichfalls prinzipiell ja) ergibt sich nicht aus einem Besuch beim Volksstimme-Fest.

Anhang 2: Einigungsspiel Oberschlick

Anhang – Prolongation – Weitere 30 Jahre

KLEINES EINIGUNGSSPIEL

Aber Günther Nennings Umkrempelung der Torberg'schen Gründung vor etwa 20 Jahren fortführend, spielen wir vor Euch unser Einigungsspiel, mittels dessen das *FORVM* zuletzt inneren Gleichmut wieder bewahrte. Wir spielen darin unsere eigenen Rollen und das Spiel ist erheblich Teil unserer Leben. Die Publikation erfolgt in der chronischen Erwägung, daß Einblick in die Bedingungen der Redaktionsarbeit derjenigen Öffentlichkeit zusteht, für die sie gemacht wird.

Josef Dvorak – Michael Hopp – Günther Nenning – Gerhard Oberschlick

Das schadet uns vielleicht, sicher ist ein Nutzen: Obwohl intime Weichteile wie überall je nach Eskalation tunlich geschont bleiben, entwickeln

Innenkonflikte im Lichte möglicher Öffentlichkeit eine schöne Dialektik. Da jedes interne Papier als Waffe gegen den Autor sich wenden kann, wirkt schon die mögliche soziale Kontrolle durch die genauen Leser – die der Segen des *FORVM* sind – hübsch in Richtung Achtsamkeit, noch im hitzigsten Streit möglichst wahrhaftig, wenigstens argumentabel zu sein; sonst steht man nicht gut da vor Euch.

Warum wir uns schreiben? Vielleicht aus deformation professionelle und weil ja auch die Gespräche nicht gefeit sind vor der Niederschrift. Vertraulichkeit bleibt daher, wie überall, nur einvernehmlich gewahrt, oder aus Angst. Republikanischen Angstverzicht probt das *FORVM* aber schon, seit Günther Nenning 1958 hier eintrat. Alle diesmal gedruckten Texte wurden zwecks Publikation verfasst, ausgenommen der nicht vertrauliche Brief, das übernächste Stück.

G.O.

VORBESINNUNG

> die linke: Eine Frage zum »Forum«. Es gibt derzeit einige Kritik daran. Früher stand es im Zentrum einer lebendigen Diskussion, heute führt es eher ein stilles, feuilletonhaftes Dasein.

Nenning: Ich sehs so ähnlich. Aber vielleicht wirds einmal anders.

> die linke: Du engagierst Dich offensichtlich weniger darin. Ziehst Du Dich davon zurück?

Nenning: Naja, ich bin im Forum auf meinem Altenteil, als geschäftsführender Vizeobmann des Redakteurs- und Angestelltenvereins. Inhaltlich bin ich jetzt kaum dran. Aber ich besinne mich: vielleicht ist das falsch, vielleicht sollst was tun.

die linke
16. 11. 1983

EINLADUNG ZUM FEST

Lieber Gerhard,
    lieberweise hat mich im Nachhang zu unserer Generalversammlung Michael Hopp angerufen: ob nicht doch eine 30-Jahr-Feier gut und möglich wäre, halt in einer einfacheren, aber doch für das Blatt effektiven Form Wir machten uns aus: alle Interessierten treffen sich im *FORVM* am Mittwoch, 18. 1. 84, 20.00 Uhr, dann bleiben wir da oder gehen wohin und machen die Welt neu ...
    Eigentlich schön!!
Herzlichst Dein

30. 11. 83
Günther

PUTZ ODER DIE ERNEUERUNG DER WELT

Liebe Leser,
    aufgepaßt und unverzagt![1] Ich bin's nicht, wenn unten »Günther« steht und oben: wer friedlich für den Frieden kämpft, statt mit Gewalt, ist eine »vermummte Reaktionärin«; wer aber lahm und alt ist, darf bei Gewalt für den Frieden daheimbleiben.
    Ich bin's auch nicht, wenn unten zweimal »Günther« steht und oben zweimal eine »liebe D.« abgekanzelt wird, ihre beiden Briefe aber bleiben ungedruckt. Ein schwaches Weib hat nichts verloren in einer richtig linken Chauvi-Diskussion über Gewalt. Wir Frauen

werden Putz machen in der nächsten Redaktionskonferenz.

Ich bin's schon gar nicht, wenn in der weiland witzigsten Zeitschrift Gesamtdeutschlands jetzt schon die Datumzeile »Kalter Herbst '83« als originell herhalten muß, oder gar die Umtaufe von »Bonner Regierung« in »Bonner Reagierung«. Kein Patzerl von Günther Anders bleibt ungedruckt, dafür FORVM-Gründer Friedrich Torberg in dessen 360stem Heft unerwähnt.[2]

Aufgepaßt und unverzagt, liebe Leser! Noch einmal 30 Jahre *FORVM* und es ist anders.

Euer anderer Günther
14. 12. 83

ZYNISMUS

Lieber Gerhard,

das kann ja nur ein böser, auch trauriger Zynismus sein, wie Du im soeben erschienenen Heft »30 Jahre *FORVM*« begehst ... Ich bin kein jubiläumssentimentaler Veteran, bin ja selber erst (?!) im 20. Jahr hinzugestoßen, aber ich finde — und deshalb habe ich Günther damals nach der selbstzerstörerischen Sitzung angerufen — daß man diesen Jahrestag anders, nämlich: zukunftsorientierter — nützen sollte.

Das Heft wird zusehens nekrophil. Lauter halb- oder ganztote Autoren. Außenstehende verstehen überhaupt nicht mehr, worum es geht. Du hast eine Art *FORVM*-Esperanto entwickelt, das sich jedem Unvorbelasteten störrisch verschließt. Wie willst Du so Leser gewinnen? Anders ist ▓▓▓ und Jegge schreibt jedes Mal dasselbe. Das Heft wirkt so, als wäre es der Stehsatz vom letzten Mal. Es wird immer blasser.

Sei so lieb, und geh nicht des Weg des Sektierers. Ich weiß, es ist schwer für das *FORVM*. Deshalb unsere Sitzung im Jänner. Ich freue mich.

Bussi, schöne Weihnachten & gutes Neues Jahr

Michael Hopp
12. 12. 1983

LEHRHERR

Im *FORVM* wurde und wird nichts und niemand gefeiert.

Günther Nenning
FORVM No150, 1966

SCHÜLER

Ich bin nur von einem Thema besessen: vom Versuch, die Geschichte unserer Generation zu schreiben. »In Wirklichkeit schreibt man sein ganzes Leben nur eine Geschichte«, sagte mir einst mein Lehrherr – und übrigens auch: Narziß – Günther Nenning. Ich verstand ihn damals nicht, denn ich träumte davon, von diesem und jenem gleichermaßen schreiben zu können.

Es ist nur die nächste Windung der Schraube, die ich zuziehen möchte, bis es wehtut.

Michael Hopp
WIENER Dezember 1983

Lieber Michael Hopp,
auch wenn nicht alle Träume reiften, sollst Du nicht alles glauben, was du einmal nicht verstanden hast. Damit's nicht zu weh tut:

Nekrophil heißt die Menschen lieben, wenn und weil sie tot sind, also das übliche Nachrufverhalten; in engem Sinne sexül gemeint. Gesamteindrücke solcher Art halte ich nicht für widerlegbar und zustimmen kann ich Dir in keinem Detail. So kannst Du mir keine besondere Freude machen, eher als lebender Autor.

Ich lade Dich ein, Deinen obigen Brief (1 Wort einvernehmlich geschwärzt) nochmal herzunehmen, Dich in die Lage des Empfängers zu denken und Dir freundschaftlich selber Antwort zu geben (das hier ist keine, weiß ich). Ich unterschreib's dann blind und bring's zur Post.

Dir alles Gute, Bussi keins.

Gerhard
FORVM, derzeit

P. S. Sei lieb, erzähle den Lesern das Schützenfest, das Du initiiert hast. Ich lasse alles in Deiner Fasson, vom Titel bis zum letzten Stricherl.

SATANISCH

Gedächtnisprotokoll einer *FORVM*-Sitzung

Am 18. Jänner dieses Jahres fand in den Räumlichkeiten des *FORVM* eine Sitzung statt, in der – auf Anregung von Vereinsmitglied Michael Hopp – eine 30-Jahre-*FORVM*-Feier sowie eine eventuelle Blattreform diskutiert werden sollten. Anreger Hopp hat ein Gedächtnisprotokoll dieser Sitzung verfaßt.

Günther Nenning: Also, Michael Hopp, vielleicht könntest Du einmal kurz sagen, warum Du diese Sitzung einberufen hast ...

Michael Hopp: Mir gefällt das *FORVM* im Moment nicht recht. Und ich hab' mir gedacht, ob man das bevorstehende 30-Jahr-Jubiläum nicht nützen könnte zu einer Erneuerung. Es könnte ein Fest geben, das die bisherigen 30 Jahre irgendwie behandelt, das aber nicht nur nostalgisch und retrospektiv sein soll, sondern auch Startschuß für ein 31. Jahr ... Man könnte ja behaupten: Die Zukunft des *FORVM* hat soeben begonnen. Ab heute ist alles neu.

Gerhard Oberschlick: Also, ich bin hier nur interessierter Gast ...

Josef Dvorak: Alles muß immer neu sein, alles muß immer neu sein ... Dieser Fetisch »neu« ist allein schon unerträglich.

Gerhard Oberschlick: Das kommt mir bekannt vor, was der Michael sagt. »Sei neu, sei frei – lies Neue Freie Presse« ...

Josef Dvorak: Man weiß ja, wie das ausgegangen ist![3]

Günther Nenning: Vielleicht sollten wir uns einmal anhören, welche Vorschläge der Michael hat zu einer Blattreform.

Michael Hopp: Ich kann Euch hier keinen großen Gesamtentwurf bieten, sondern vorerst nur eine Kritik am vorliegenden Heft ... Es fängt an bei der Aufmachung der Artikel, die didaktisch katastrophal ist. Man hat das Gefühl, der Leser soll nicht informiert, sondern, er soll verwirrt werden. Und so kommt es dazu, daß viele – eigentlich interessante Texte – weit unter ihrem Wert präsentiert werden.

Josef Dvorak: »Understatement« ist der Fachausdruck dafür ...

Michael Hopp: Ich versuche immer wieder, Leute für das *FORVM* zu interessieren, indem ich ihnen ein Heft in die Hand drücke – aber sie legen's schnell wieder aus der Hand. Sie verstehen schlicht und einfach nicht, worum es da überhaupt geht.

Gerhard Oberschlick: Ich mach die Zeitung nicht für Blätterer, sondern für Leser.

Josef Dvorak: Das ist ja alles nur formal, was Du sagst. Aber was ist der Inhalt Deiner Kritik?

Michael Hopp: Ich seh' das mehr vom Journalistischen her, weniger vom Politischen

Josef Dvorak: Vom Journalistischen! Vom Journalistischen! Wie man das Wort heute noch so unbefangen in den Mund nehmen kann!

Michael Hopp: Warum können zum Beispiel die Titel und Vorspänne nicht klarer sein, warum kann ein so langer Text wie der von Friedrich Heer in der letzten Nummer nicht durch Zitate oder Hervorhebungen etwas aufgelockert werden … Was spricht dagegen?

Gerhard Oberschlick: Die journalistische Zicke, die mach ich nicht. Nein, die mach ich nicht.

Josef Dvorak: Wir sind hier ja Gottseidank nicht bei der »Kronen-Zeitung«.

Michael Hopp: Vielleicht könnte das *FORVM* auch etwas aktueller und zeitbezogener … irgendwie ist es ja immer noch eine Zeitung, oder?

Josef Dvorak: Den Zeitgeist,[4] den kannst Du Dir bei Deiner Zeitung behalten. Den brauchen wir hier nicht …

Michael Hopp: Also gut, wenn ich hier gleich als Kommerzheini hergestellt werde, kann ich ja wohl nicht viel beitragen …

Josef Dvorak: Keineswegs, keineswegs! Ich komme ja auch vom Fach, ich kenne ja das Zeitungshandwerk.
Günther Nenning: Der Dvorak ist doch gerade so ein Aktualitätsfanatiker …

Josef Dvorak: Genau. Und Du wirst sehen, Günther, meine Todestriebgeschichte in der nächsten Nummer, welche Aktualität die bekommen wird …

Günther Nenning: Davon bin ich überzeugt. Aber vielleicht sollten wir versuchen, doch noch von dieser Festidee zu sprechen. Wen sollten wir da einladen. Unter welches Motto sollten wir es stellen?

Josef Dvorak: Ich schlage vor: Satanismus. Ich leite einen satanistischen Arbeitskreis. Vielleicht kriegen wir auch eine Subvention dafür …

Ungefähr zu diesem Zeitpunkt der Sitzung wurde ich müde, so daß auch meine Erinnerung nachgelassen hat.
    Dem Leser dieser Zeilen sei nur mehr das Wesentliche mitgeteilt:

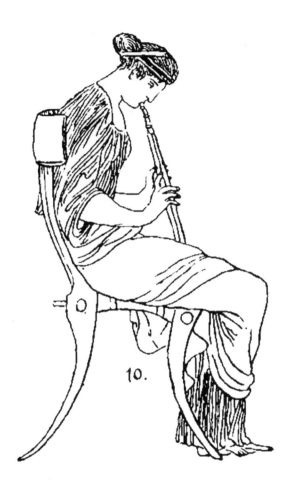

Sanftmut – körpergerecht sitzend – mit Flöte

MUSIK OHNE FEST

Es wird kein Fest »30 Jahre *FORVM*« geben. Und es wird keine Blattreform geben. Die Mehrheit der Anwesenden hielt weder das eine noch das andere für wünschenswert oder notwendig.

Ich erinnere mich außerdem, daß während der ganzen Diskussion immer wieder ein Konflikt zwischen Nenning und Oberschlick spürbar wurde — eine Art Thronfolgertragödie, in der der nachdrängende Junge dem Alten vorwirft, er habe die Staatsgeschäfte gröblich vernachlässigt, worauf der Angegriffene erwidert, es gäbe kein Indiz, daß der Junior es besser könne und noch ein bißchen komplizierter. Ein Schauspiel, das den Außenstehenden zwangsläufig in die Rolle des Zusehers drängt.

So gegen elf bin ich gegangen. »Ermüdet aber schnell, Dein Reformeifer«, hat mir Dvorak höhnisch nachgerufen.

Wie recht er hat. – Michael Hopp

ANTWORT EINES HALBTOTEN SATANISTEN

[Um die Hälfte gekürzt und mildernd redigiert, einvernehmlich mit dem Autor; Titel von ihm. G. O.]

Stierln im Mist, den man selbst geschissen hat, und dessen breites Auswalzen, verrät infantile Fixiertheit und kolossale Überschätzung der eigenen Person. Dokumentieren von Haxelstellen, Wadelbeißen und

Zumpferlzupfen zwischen irgendwelchen Vereinsmitgliedern ist einer internationalen Zeitschrift unwürdig – noch dazu, wo dadurch Raum für wichtigere Aufsätze verloren geht. Wirklich aktuelle Themen wandern dann in den Stehsatz.

Das ist meine Kritik an Gerhard Oberschlicks Bereitwilligkeit, sich in unfruchtbare Polemiken hineinmanövrieren zu lassen, und soll die Grenze meiner Toleranz markieren. Sie ist hiemit erreicht. Ich sag' das nicht zweimal.

Wenn ich dennoch auf die erbärmlichen Auslassungen Hopps verbal reagiere, geschieht dies, weil ich mich auch nicht beherrschen kann.

Die Generalversammlung vom 22. November hat durch einstimmig beschlossene Kompromisse (denen auch Hopp vorbehaltlos zugestimmt hat) versucht, den seit Jahren zwischen Nenning und Oberschlick geführten Freistilkampf zu entschärfen, und Weichen für die Zukunft zu stellen.

Hopps Briefformulierung »selbstzerstörerische Sitzung« klingt deshalb nach enttäuschtem Wunschdenken, und soll offensichtlich seinen sogleich nach Ende der Sitzung begonnenen Alleingang rechtfertigen. Man könnte das auch »Sektierertum« und »Intrige« nennen. Sie gipfelte in der ominösen geselligen Zusammenkunft vom 18. Jänner, in der Gerhard Oberschlick demontiert werden sollte, was jedoch nicht gelang. Hopp war nämlich unfähig, ein alternatives Konzept vorzulegen. Hilflos verbiß er sich in Detailfragen des Layout. Sein Umherfuchteln mit dem Schlagwort

»journalistisch« konnte deshalb keinen Erfolg haben, weil diese Leerformel lediglich die Stelle konkreter Handlungsanweisungen bezeichnet. Hopp ist jedoch Chefredakteur eines anderen Blattes als des *FORVM*.

Der »Reformvorschlag«, in Hinkunft weniger Originalbeiträge abzudrucken, sondern französische Autoren einfach zu übersetzen, und so das Blatt zu füllen (womit auch noch Honorar eingespart werden könnte), fiel auch auf keinen fruchtbaren Boden. Ich lasse mir von einem Hopp kein Berufsverbot auferlegen. So ging der Hoppsche Vorstoß ins Leere und endete wie das Hornberger Schießen.

Michael Hopp als Ezzesgeber des *FORVM* macht schon deshalb keine gute Figur, weil er als Blattmacher der »Neuen Freien Presse« seinerzeit mitbeteiligt war an der fast gelungenen Ruinierung des *FORVM*, das die Verluste des gescheiterten Nenning-Projektes tragen mußte. Zu einer Zeit, da der Höhepunkt der »freudo-marxistischen« Welle (Wilhelm Reich, freie Sexualität, Kinderläden etc.) bereits überschritten war (er ist 1968 bis 1973 zu datieren), und sich die ersten Alternativen der Meditation und den grünen Themen zuwandten (ich selbst löste 1972 alle meine Therapiegruppen auf und zog ins Waldviertel), versuchte die NFP Jugendliche durch Abdruck von Pin-ups zu rekrutieren. Tatsächlich verfehlte sie jedoch ihre Zielgruppe — von den Nackerten waren nur einige Männer über vierzig angetan. Ich gehörte damals zu jenen, die vor der Realisierung dieses falschen Konzepts warnten. Leider ohne Erfolg.

Die Toleranzgrenze erprobend – mit Lyra

Anschluß an den »Zeitgeist« (ein Ideologem
reaktionärer Kulturphilosophie, das ich nur ironisch
nehmen kann) und Rekurs auf »das Lebensgefühl der
26jährigen«, Hopps Patentrezepte, sind emotionell
und intellektuell reduzierend.

Josef Dvorak
Satansbraten

SPIELUNTERBRECHUNG

Den nächsten Beitrag bemängelt Günther Nenning: er
habe mitnichten mich aufgefordert und nicht das Thema
gestellt; sondern ich habe erwähnt, ich würde mich schon
lange beherrschen, gegen ihn zu schreiben, worauf er
sagte: »Dann mach's doch.« Wir stehen vermutlich vor
divergierenden Interpunktionen inhaltsgleicher Erinnerung, wie sie unentscheidbar in zirkulären Streiten
klassisch sind (nach Laing oder Watzlawick). Daher
halte ich diese Behauptung nicht aufrecht, habe sie aber
ebenso bona fide geschrieben, wie Günther Nenning sein
Schlußwort, das er, vor Kenntnis meiner Replik seinem
Kuli entflossen, für den Druck mir übergab.

Im Stadium der Kenntnis hat mir Günther Nenning
freigestellt, das ganze Projekt zu bringen, oder Teile
davon, oder es ganz zu lassen, wie ich wolle. Da eigens
fürs Blatt verfaßte Beiträge von Mitgliedern des Vereins
jedenfalls gebracht werden müssen und wegen der chronischen Erwägung (siehe oben die Regeln des Spiels),
habe ich versucht, diese mit aller Sorgfalt fair zu redi-

gieren, mit Zwischenbemerkungen und Zwischentiteln, 3 Wörter sind unten geschwärzt, sie beziehen sich auf nicht zur Publikation Bestimmtes im weitergehenden Streit.

MONSTRÖS

P. S. Günther Nenning, der Putz machen will, wünscht sich hier eine Darstellung seiner Beziehung zum *FORVM* aus meiner Feder. Treuherzig schrieb ich, eine Strafarbeit mit vorgegebenem Thema wie in der Schule, saure 12 Seiten, die ich nicht mag und hier nicht bringe, auch nicht um den Preis von Zeilengeld, deshalb:

Eine Nenning-Kritik nach meinem Sinn wäre eine Feinarbeit, die ihn würdigt nach allen Seiten, seine Widersprüche unterscheidet und eine Person kenntlich macht. Seit den »Werten der Republik« führen wir miteinander einen monströsen Briefwechsel und Gespräche, wobei als solide Basis der Zusammenarbeit herauskam: Einigung über die derzeitige Unlösbarkeit unseres bald zwanzigjährigen Konflikts, den er seit zwei Heften stellvertretend gegen Günther Anders führt. Das stört mich, aber er kann mir keine Autoren vertreiben.

Bei diesem Stand bin ich lustlos zum publizitären Show-Gefecht, mag ich der extraforensischen Öffentlichkeit nicht die Labe bieten, aus der sie ihre kleinliche Sensation ziehen wird: im *FORVM* fliegen wieder die Fetzen. Ich begehre nicht, meinen Namen in den Gazetten gedruckt zu sehen und bin nicht bedürftig,

mich zu irgendwelchen Zwecken deklamatorisch von
Günther Nenning zu unterscheiden. Mag er dort seine
Definitionsmacht gegen mich entfalten, hier kann er
unterstellen was er will: Das *FORVM* der Leserinnen
und Leser des *FORVM*, vor das ich mich gerne hinstellen will, beurteilt uns beide von selber und vermag es
selbst wohl.

Um Günther Nennings Bedürfnis nach Abgrenzung
zu bedienen, nicht meines, und hoffend, daß es seine
Gefühle im Verhältnis zum profil ein wenig entkrampft,
falls dieses hier wieder aufscheint, teile ich mit. daß er

- dem Blatt seine Feder seit den Nachrufen auf
  Dutschke und Torberg, Jänner 1980, entzieht;
- mit Inhalt und Gestaltung seit Mitte 1982 nichts
  zu schaffen hat;
- mir seinen Ratschlag in fast allen das Heft
  betreffenden Fragen ohne Befassung versagt,
  um hinterher pünktlich und bitter zu klagen,
  daß ich es nicht in seinem Sinne mache.

FLUGFÄHIG

Das ist eine Belastung. Als es noch eine Redaktion gab,
wußte Günther Nenning sie stets zu teilen und zu
beherrschen. Als vertraglich[5] und faktisch Alleinredigierer bin ich nicht teil- noch beherrschbar, flugfähig
schon. Bis dorthin begehre ich ungekränkt hier meine
Arbeit zu tun.

Selbst werfe ich kein Handtuch und keine Flinten in Körner; schade um das Korn.

Dreibein ohne Lehne – sehr urbanes Sitzvergnügen

GÜNSTIG

Es tut mir leid, keine bessere Nachricht zu haben, die ich durch die Erklärung ergänze, daß ich das *FORVM* durch Kollision seiner Interessen mit denen eines profil-Kolumnisten und ▮▮▮▮▮▮▮▮ hier behindert finde, aber damit leben kann. Drum schenke ich mir jetzt den gröberen Rest und überlasse Nenning seiner fahrlässigen Selbstdarstellung, von mir aus auch mich.
Auf Geheiß des Phäakischen Königs Alkinoos schenkte dem listenreichen Odysseus, nachdem sie sich balgten, der gute & liebe Euryalos sein erzen/silber/elfenbeinernes Schwert als Friedensgeste, worauf im Olymp der Götter homerisch' Gelächter erschall', was der Ithakerkönig als untrügliches Zeichen für günstige Winde zu verstehen wußte. 8. Gesang 349 al fine.

G.O.

VORWÄRTS NACH SARAJEWO ZURÜCK

Liebe Leser,

Euer Eindruck stimmt, Ihr blickt in einen Abgrund. Im *FORVM* wird gestritten auf Mord und Brand. Franz Ferdinand Oberschlick, 41, will sein Erbe endlich antreten, Franz Josef Nenning, 63, zögert. War das *NEUE FORVM* eine Zeitschrift, gegen die das alte *FORVM* gegründet wurde (definierte Torberg), so das neueste *FORVM* eine Zeitschrift, die gegen mich gegründet wurde.

Oberschlick hat recht. Ich schädige das *FORVM* außer durch die von ihm inkriminierten partei- und inseratenfeindlichen Aktivitäten auch noch durch Verbreiten von Thesen wie: Sozialismus ist nicht Fortsetzung des materiellen Größenwahns, sondern Wiederanschluß des Menschen an die Natur, Kampf um Schönheit, Wiederverzauberung der Welt. Kein aufgeklärter Geist verkiefelt so reaktionäres Blabla, sondern es muß ihn an Faschismus erinnern.

Bissel recht hab aber auch ich. Als geschäftsführender Vizeobmann des genossenschaftlichen Vereins der Redakteure und Angestellten des *FORVM* führe ich dieses so, daß jeder drin darf, vor allem gegen mich. Mein weiblicher Schutzgeist steckte mir hinter den Badezimmerspiegel einen Zettel:

»Dem lieben Günther alles Gute zur 25. Tendenzwende.

Der Wind bläst, wo er will, und du hörst sein Sausen wohl; aber du weißt nicht, von wannen er kommt und wohin er fährt. Also ein jeglicher, der aus dem Geist geboren« (Johannes 3,8).

G.N.

---

1) Siehe *FORVM* Dezember 1983, S. 5 f. -N

2) Ebenda, S. 6, genau wie diesmal im Vorspann, es war aber nicht sein 360. -O.

3) Die »Neue Freie Presse« erschien ab 1973 im Verlag des *FORVM* als unorthodoxe Jugendzeitschrift. Michael Hopp war zeitweilig ihr leitender Redakteur. 1975 mußte sie wegen finanzieller Schwierigkeiten eingestellt werden. M.H.

4) Die Zeitschrift »Wiener«, deren Chefredakteur Michael Hopp heute ist, trägt den Untertitel »Zeitschrift für Zeitgeist«. M.H.

5) *Gemäß Nennings Brief vom 17. Juli 1982:
»Lb. Gerhard, MiSi geht zum profil.
Entweder 1) wir stellen ein oder 2) Du machst weiter. Ich bin für 2) Du sammelst Autoren, Artikel, hast Ideen usw.
Dafür können wir Dich pro Heft honorieren ...
JEZ GEZ UM DI WURŠT!
Glückauf G.«

Das wurde durch konkludentes Weitermachen wirksam und durch Einigung übers Honorar (50 % der vorherigen Kosten; da ich aus der einnahmenseitigen Verlagsleitung Einkünfte erhalte). Ich rechnete, wegen unbekannt und schwerer Schreibhand, mit dem Verlust von 10 bis 25 % der Leser – sie waren aber nachsichtig und haben sich per Flüsterpropaganda sogar um Promille vermehrt. Danke.

An den Vertrag halte ich mich; die schwachsinnige Blattlinie »links von der Mitte« (Impressum) ist keine Behinderung; Nebenabreden kenne ich

nicht, mit einer Ausnahme: Vulgärausdrücke für
Geschlechtsteile und -handlungen sollen, gemäß
Anweisung an MiSi (ex 1976), nicht ins Blatt –
das habe ich damals belustigt mitunterschrieben,
weil's mir wuršt war.

                GO.

Fotonachweis: Honorarnote Psychoanalyse, 4. März 2009 (Seite 610); Krampus 1959 (612); Wiener Prater, 1960 (613); Portrait, 1978, Foto: Tony Stillos (614); Theo Van Den Boogaard, »Anne und Hans kriegen ihre Chance«, Brumm Comix, 1970 (615); Dreharbeiten, Wien 1983 (616–617); Porträt, 1971 (618–619); Foto: Wölfl, 1951 (620–621); Pötzleinsdorf, 1960 (622); Weißrussland, 1941 (623); Portrait, Mai 1961, Foto: Wölfl (624); Tillman Moser, »Lehrjahre auf der Couch«, 1974 (625); Jesolo, 1916 (626–627); Preßbaum, 1962 (628); Weihnachten, Stiftgasse, 1960 (629); Kolingasse, 1966 (630–631); Weihnachten, Hockegasse, 1985 (632); Westbahnhof, 1960 (633); Lusthaus Wien, 1960 (634–635); »Neue Freie Presse«, September/Oktober 1973, Wien (636); Ostern, 1944 (637); Dezember, 1958 (638); Hochzeitsfoto, 1969 (639); Margaretenstraße, 1969 (640); Portrait, Juni 1957, Foto: Wölfl (641); 26. Geburtstag, 25. Februar 1959 (642); Köstlergasse, 1972 (643); Westbahnhof, 1960 (644–645); Mai, 1956 (646); Westbahnstrasse, 1960 (647); Kolingasse, 1973 (648–649); Türnitz, 1962 (650–651); Semmering, 1967 (652–653); Museum des 20. Jahrhunderts, Wien, 1980, mit Gabi Delgado und Robert Görl von DAF (654–655); Schuldanerkenntnis, 24. Februar 2010 (656). Wenn nicht anders angegeben, Sammlung Michael Hopp, Hamburg

Dr.phil.
Psychoanalytikerin
Mitglied der Deutschen und Internationalen Gesellschaft
für Analytische Psychologie (C.G.Jung Gesellschaft)

Hamburg
Tel.:

Herrn
Karl-Michael Hopp
Hinter der Lieth 2

22529 Hamburg

bez 28.07 2010

Hamburg, den 4/30/2009

Rechnung

Als Honorar im Monat April

berechne ich

Euro 497,00

Spezifizierung:

7   Sitzung(en) Psychotherapie

am 1., 3., 15., 17., 22., 24. und 29. April 2009

Deutsche Apotheker- und Ärztebank Hamburg, Kto.Nr. 010 1487205, BLZ 200 906 02

Honorarnote Psychoanalyse,
4. März 2009

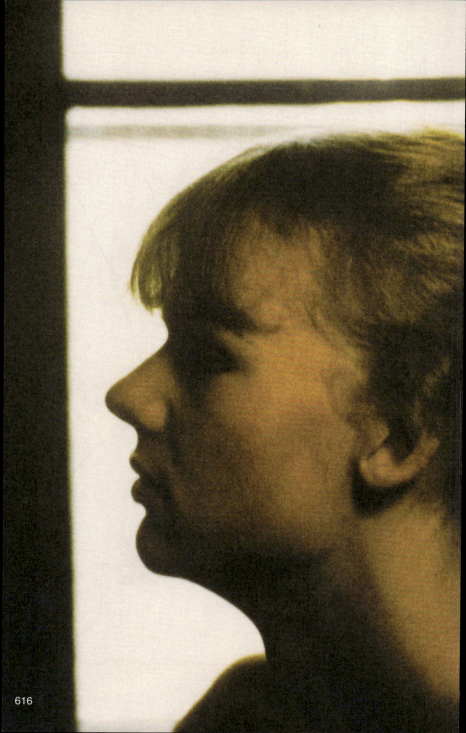

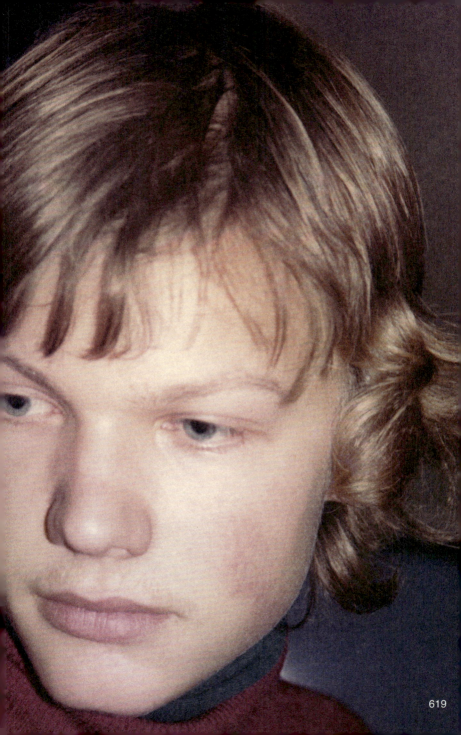

Tilmann Moser
Lehrjahre auf der Couch

Bruchstücke
meiner Psychoanalyse

suhrkamp
taschenbuch

UNSARE LEHRER KERATEN OLLE UMBROCHT

20 Seiten Comix · Die Rechte der Schüler
Günther Nenning · Peter Handke · Joe Berger
nr. 4 september/oktober 1973   A-1070 wien, museumstr. 5

öS 15,—
DM 2,—

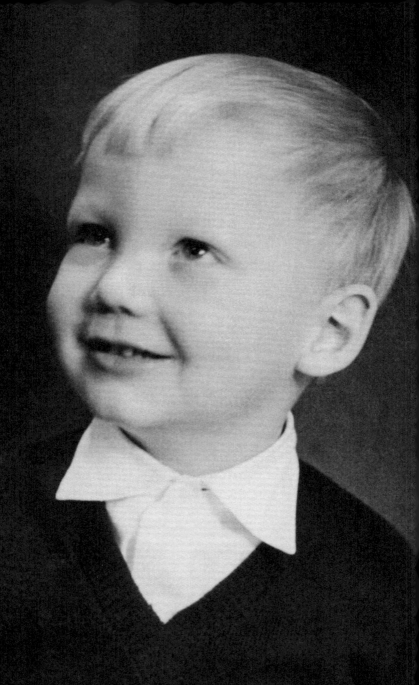

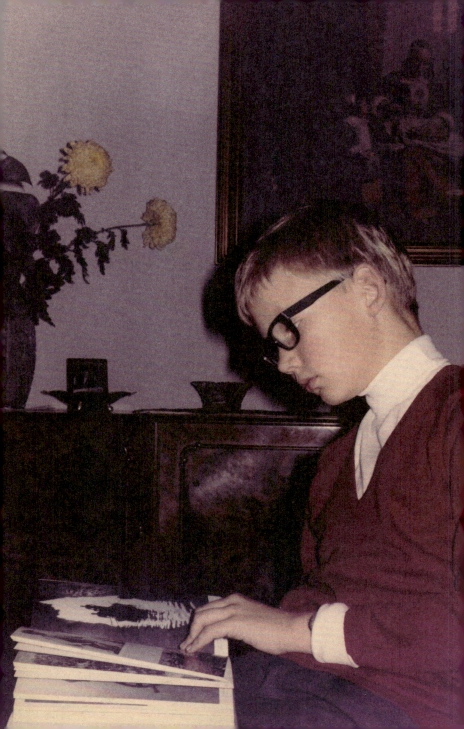

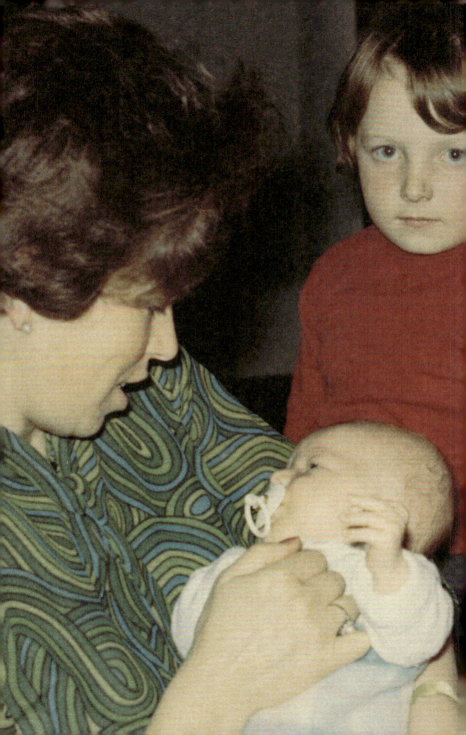

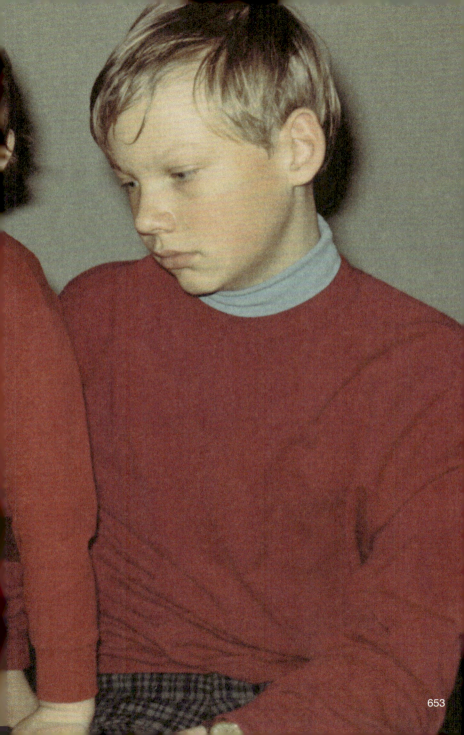

SCHULDANERKENNTNIS

Ich, Karl-Michael Hopp, wohnhaft Hinter der Lieth 2, 22529 Hamburg, erkenne an, Frau Dr. phil. 301 Hamburg, Behandlungshonorar für psychoanalytische Therapie im Jahre 2009 und für das Jahr 2010 bis einschließlich 31.01.2010 in Höhe von insgesamt

€ 4.486,00

(in Worten: viertausendvierhundertsechsundachtzig)

zu schulden.

Die geleistete Zahlung in Höhe von € 200,00, Valuta 15.02.2010, wurde auf das offene Honorar aus 2009 verrechnet.

Ich verzichte auf Einwendungen jeglicher Art hinsichtlich des Grundes und der Höhe der Honorarschuld.

Das Behandlungshonorar ist fällig. Ich verpflichte mich, das Behandlungshonorar so schnell wie möglich in Abhängigkeit meiner wirtschaftlichen Möglichkeiten in monatlichen Raten zu zahlen.

Hamburg, den 24.02.2010   _____
                                              Karl-Michael Hopp

Schuldanerkenntnis, 24. Februar 2010